Stefan Fröhlich

Die Europäische Union als globaler Akteur

Studienbücher Außenpolitik
und Internationale Beziehungen

Herausgegeben von Wilfried von Bredow

Inhalt

Vorwort

Die Idee zu dem Buch entstand aus zahlreichen Lehrveranstaltungen im In- und Ausland zu den Außenbeziehungen der Europäischen Union. Unter Studenten wie Kollegen gibt es seit Jahren eine lebhafte Debatte darüber, inwieweit die vor allem in der angelsächsischen Literatur häufig anzutreffende Reduzierung der EU-Außendimension auf die Themenbereiche GASP und ESVP nicht eine unzulässige, teils bewusste Verkürzung des außenpolitischen Profils der Union bedeutet. Nicht, dass die anderen Facetten dieses Profils in der Literatur keine Berücksichtigung finden; es gibt jedoch eine auffällige Neigung, das Gewicht der Union insbesondere an ihren Erfolgen in diesen beiden Bereichen zu messen und die anderen Dimensionen allenfalls in systematischen Einzeldarstellungen zu behandeln. Diese Verkürzung ist mit ursächlich für das Imageproblem der EU in Bezug auf ihre globale Rolle, und die Trennung von GASP und ESVP war daher ein richtiger Schritt in Richtung einer größeren Differenzierung.

Der Verfasser will mit dem Band einen Beitrag dazu leisten, das außenpolitische Profil der Union möglichst in seiner gesamten Breite zu erfassen. Ob damit der Anspruch erfüllt wird, dem Leser ein Textbuch an die Hand zu geben, mit dem er die Wechselwirkung der verschiedenen Dimensionen europäischer Außenpolitik studieren kann, bleibt dessen Urteil überlassen. Jedenfalls hofft er, dass mit dem Band der Anstoß geliefert wird, das komplexe außenpolitische Potenzial der EU systematischer als bislang zu erfassen. Dank an Stefanie Wolf für das unermüdliche Heranschaffen von Quellen, an Kollegen Wilfried von Bredow für kritische Lektüre und Frank Schindler vom VS-Verlag für seine Geduld, Beharrlichkeit und stets guten Einfälle bei der Entstehung des Buches.

Washington, Juli 2007

1. Einführung und Untersuchungsrahmen

„Ökonomisch ein Riese, politisch ein Zwerg“! Wer kennt nicht diese Charakterisierung der Europäischen Union, wenn es um die Frage nach ihrer Rolle in den internationalen Beziehungen geht. Gemeint ist nichts anderes als die von vielen Beobachtern konstatierte Diskrepanz zwischen dem ökonomischen Gewicht der EU einerseits und ihrer mangelnden Effektivität in der Außen- und Sicherheitspolitik auf der anderen Seite. Die EU 25+ ist mit über 450 Millionen Bürgerinnen und Bürgern die größte Wirtschaftsmacht mit dem größten in Kaufkraft gemessenen Binnenmarkt. Mit einem Bruttoinlandsprodukt (BIP) von etwa 9800 Milliarden Euro liegt ihr Anteil am weltweiten BIP bei knapp 29 Prozent und entspricht damit in etwa dem der USA. Die EU tätigt in etwa 20 Prozent des Welthandels und 46 Prozent der weltweiten Direktinvestitionen.[1] In einer um Kroatien, Mazedonien und die Türkei erweiterten Union würden das Bruttosozialprodukt circa 15 Prozent über dem der USA liegen und der Anteil an der Weltproduktion auf etwa 35 Prozent steigen (USA: 27 Prozent). Die EU verfügt damit heute über ein ökonomisches Potenzial von weltpolitischem Rang, das es ihr ermöglicht, in den Vereinten Nationen und den relevanten internationalen Wirtschafts- und Finanzorganisationen auch ordnungspolitisch eine größere Rolle zu spielen („strukturelle Macht“). Zwar verfügt sie dort nach wie vor nicht über eine gemeinsame Außenpräsenz, immerhin aber kamen die Union und ihre Mitgliedstaaten in den letzten Jahren für rund 35 Prozent des UN-Budgets, 55 Prozent der humanitären Hilfe und 57 Prozent der weltweit vergebenen öffentlichen Entwicklungshilfe auf.

Als außen- und sicherheitspolitischer Akteur aber hat die EU die nach 1989/90 selbst gesteckte Erwartung der Übernahme eines von den USA unabhängigen europäischen Konflikt- und Krisenmanagements verfehlt. Zwischen 1993 und 1998 blieben ihre außenpolitischen Aktivitäten weit hinter dem mit der GASP verknüpften globalen Gestaltungsanspruch, wie ihn der damalige luxemburgische Außenminister Jacques Pos mit dem Wort von der „Stunde Europas“ formulierte, zurück. Mit zahlreichen gemeinsamen Standpunkten und Erklärungen zu globalen Fragen

1 European Commission, Trade Issues. Bilateral Trade Relations, Brussels, March 2004. http://europa.eu.int/comm/trade/issues/bilateral/regions/candidates/ff040204_de.htm.

(Naher und Mittlerer Osten, Süd- und Ostafrika, Russland, China, Korea) sowie durch rege Reisediplomatie war die EU zwar präsent, wirkte aber kaum über „gemeinsame Aktionen“ gestaltend an der internationalen Politik mit. Zum Inbegriff der Ineffektivität und der Lücke zwischen den hohen Erwartungen an die EU als globaler Akteur und ihren tatsächlichen Fähigkeiten („capability-expectation gap“)[2] wurde dabei die Jugoslawienpolitik der EU. Zu den entscheidenden Akteuren während der Krise zählten die UN, die OSZE, NATO sowie die USA, Frankreich und Großbritannien, nicht aber die EU.

Die scheinbare Diskrepanz verstellt jedoch nicht nur den Blick auf eine Reihe von politischen Erfolgen der GASP. Dazu gehört generell das seit Maastricht klare Bekenntnis und Interesse der Mitgliedstaaten an kollektivem Handeln und der Schaffung eines dazu notwendigen institutionellen Rahmens. Und dazu gehört konkret der Beitrag der EU zur Stabilisierung der eigenen Peripherie u. a. durch die Förderung gut nachbarschaftlicher Beziehungen, die wirtschaftlichen Anreize für die mittel- und osteuropäischen Staaten im Rahmen des PHARE-Programms[3] und den Stabilitätspakt, der im Dezember 1993 als eine der ersten gemeinsamen Aktionen unter dem Maastrichter Vertrag beschlossen wurde. Sie ist auch Ausdruck einer zwischen 1993 und 1998 (Einrichtung der Europäischen Sicherheits- und Verteidigungspolitik – ESVP) deutlich wahrnehmbaren Verengung der Zielprojektion der GASP auf die Frage nach der Rolle und dem Beitrag der EU zu einem aktiven Konfliktmanagement innerhalb und außerhalb Europas an der Seite des amerikanischen Bündnispartners. Und sie ist schließlich das Ergebnis einer in der EU-Forschung üblichen und durch die im Maastrichter Vertrag angelegte Pfeilerstruktur beförderten begrifflichen Ausdifferenzierung, wonach die traditionellen Bereiche gemeinschaftlicher Außenwirtschafts-, Assoziierungs-, Umwelt- und Entwicklungspolitik mehr oder weniger getrennt vom außen- und sicherheitspolitischen Krisenmanagement im Rahmen der GASP (seit 1993) und der ESVP (seit 1998) behandelt werden.

Diese Trennung von Außenbeziehungen im Sinne aller Beziehungen der EU mit anderen Staaten und internationalen Institutionen auf der einen und Außenpolitik im Sinne des politischen und diplomatischen Kerns der Außenbeziehungen auf der anderen Seite ist jedoch zu Beginn des 21. Jahrhunderts weder angemessen noch wird sie der zentralen Herausforderung der europäischen Integration, wie sie sich den Mitgliedstaaten nach der Vollendung der Wirtschafts- und Währungsunion

2 Christopher Hill, The Capability-Expectations Gap, or Conceptualising Europe's International Role, in: Journal of Common Market Studies, 31, 1 (1993), S. 305-328.

3 Ursprünglich für „Pologne, Hongrie – Assistance à la Restructuration des Economies“, bezeichnet es grundsätzlich die von der Kommission koordinierten Hilfsleistungen der G-24 für die mittel- und osteuropäischen Staaten.

und der Erweiterung stellt, gerecht: der Entwicklung eines politischen Systems der europäischen Mitgliedstaaten/Gesellschaften, welches jenseits der eigenen Verfasstheit in einer globalisierten Welt regieren und handeln kann. In dieser Welt haben die ökonomischen Beziehungen, die Rolle zwischenstaatlicher Organisationen und nicht-staatlicher Akteure sowie „weiche Machtfaktoren" (soft power) in Form von ökonomischem und kulturellem Einfluss eine ebenso große Bedeutung bei der Prävention und Lösung von politischen Krisen und Konflikten wie militärische Mittel.

Außenpolitik ist somit heute ein wesentlich komplexeres Zusammenspiel verschiedener Elemente, bei dem „situationsbedingtes, interessenbezogenes und lernfähiges Handeln" der politischen Führung eines Staates eben nicht nur die traditionellen diplomatie- und sicherheitspolitischen Entscheidungen umfasst, sondern auch die nichtpolitischen (Inter)aktionen (ökonomische, kulturelle, gesellschaftliche etc.). Zwar unterscheidet sich der Systemcharakter der Internationalen Politik ganz wesentlich vom System einzelstaatlicher Außenpolitik. Letzteres ist monozentrisch, da die Staaten, vertreten durch ihre Regierungen, in ihrer internationalen Umwelt als geschlossene Willens- und Aktionseinheiten mit einem legitimierten Entscheidungszentrum auftreten, was im polyzentrischen Interaktionssystem der Internationalen Politik fehlt. Andererseits kann von einer „klassischen" Politik" zwischen Staaten in der Internationalen Politik auf Grund der heutigen Formen politischer Interaktion, wie sie für das Zeitalter der Globalisierung und weltweiter Interdependenz charakteristisch sind, nicht mehr die Rede sein. Aus diesem Grund tritt an die Stelle des Begriffs Internationale Politik heute zunehmend der Terminus „transnationale Politik" zur Bezeichnung eines Zustandes, bei dem die Zunahme nichtstaatlicher politischer Organisationen und die Entstehung supranationaler Organisationen die äußere Souveränität der Staaten unterminieren.

Dies hat wiederum umgekehrt Auswirkungen auf die Außenpolitik eines Staates, der in seinen Aktionen entscheidend von den Interdependenzen und der Akteursvielfalt des internationalen Systems bestimmt wird und zu dessen außenpolitischem Instrumentarium neben klassischem diplomatischen Aushandeln und dem Einsatz angedrohter oder angewendeter Machtmittel heute auch außenwirtschaftliche und entwicklungspolitische (Sanktions-)Maßnahmen gehören. Verstärkt wird dieser Befund zudem durch die Besonderheiten des politischen Systems der EU an sich. Da die GASP weder eindeutig intergouvernemental noch supranational ausgerichtet ist, die Mitgliedstaaten also bewusst einen pragmatischen Ansatz gewählt haben, der die Existenz divergierender Vorstellungen über die Weiterentwicklung und Finalität einer gemeinsamen außenpolitischen „Stimme" in Kauf nimmt, ist es konsequent, im Falle der europäischen Außenpolitik auch nicht den Maßstab staatlichen Handelns anzulegen, sondern darunter vielmehr die Summe der Außenbeziehungen der EU einschließlich ihrer Aktivitäten im Bereich des außen- und sicherheitspolitischen Krisenmanagements zu verstehen.

Eine solche Herangehensweise wird auch der komplizierten wie komplexen Organisationsstruktur der europäischen Außenbeziehungen gerecht, da sie das durch die Pfeilerstruktur geschaffene Mehrebenensystem auch in diesem Bereich aufheben kann. Europäische Politik gegenüber einem Drittstaat oder einer Region oder aber einer horizontalen Frage, wie etwa der nach einer konkreten Sanktionspolitik im Zusammenhang mit Missachtung von Menschenrechten, ist zunehmend aus mehreren Dimensionen der unterschiedlich verfassten Felder zusammengesetzt. Die Mitgliedstaaten haben bei der Konstruktion der GASP im Sinne des Kohärenzgebots zwar bereits im Vertrag bestimmte Vorkehrungen getroffen, um diesem Befund Rechnung zu tragen und zu einem verzahnten Dualismus der Außenbeziehungen der Union zu gelangen. In der Praxis aber haben sich diese Vorkehrungen als wenig tragfähig erwiesen und nur sehr begrenzt Verschränkungen der verschiedenen Handlungsstränge des außenpolitischen Institutionengefüges der EU zugelassen, da sie durch die parallele Einführung der Flexibilisierungsklausel im Amsterdamer Vertrag zugunsten mitgliedstaatlicher Zusammenarbeit von Handlungswilligen („coalitions of the willing") praktisch wieder ausgehöhlt wurden.

Verantwortlichkeiten und Felder in den Außenbeziehungen sind daher nach wie vor mehrheitlich zwischen den verschiedenen Ebenen aufgeteilt: zwischen den Mitgliedstaaten mit ihren nationalen Außenpolitiken und der Union; zwischen Rat und der Kommission; zwischen erstem Pfeiler (Außenhandels- und Entwicklungshilfepolitik mit 128 EU-Delegationen in 123 Ländern sowie in internationalen Organisationen wie der WTO oder OECD), zweitem Pfeiler (diplomatische und militärische Aktivitäten) und drittem Pfeiler (Innere Sicherheit und Justiz mit grenzüberschreitendem Charakter). Je nach Politikfeld haben es Drittstaaten mit der Kommission, der Ratspräsidentschaft, dem „Hohen Repräsentanten" der GASP oder auch der Europäischen Zentralbank (EZB) zu tun, die ihre Positionen auf der Basis spezifischer Rechtsgrundlagen sowie unterschiedlicher Mitgliedschaften erarbeiten bzw. präsentieren.

Dieses ausdifferenzierte Netz auswärtiger Beziehungen transparenter und kohärenter zu machen bzw. die komplizierte Pfeilerstruktur zu überwinden, lag auch in der Absicht des Verfassungsvertrags, der auf eine qualitative Aufwertung des Profils der EU als internationaler Akteur zielte. Es entspricht der Intention der Mitgliedstaaten und der Erwartung an die EU, nach dem Ende des Kalten Krieges das machtpolitische Vakuum in Europa zu füllen und auch global eine Führungsrolle zu übernehmen. Die EU ist heute in mehr als 100 Staaten mit eigenen Vertretungen präsent. Mehr als 150 Staaten unterhalten im Gegenzug mit der EU diplomatische Beziehungen. Die EU steht mit mehr als 30 Staaten oder regionalen Staatengruppen in institutionalisierten Dialogen und spricht in einer Reihe von internationalen Organisationen in der Regel über die Kommission mit einer Stimme. Sie wird so betrachtet längst als ein globaler Akteur wahrgenommen, der auf vielen Feldern seiner Außenbeziehungen, ungeachtet der Probleme der inneren Solidarität und Kohärenz, der föderalen Balance und demokratischen Legitimation, handlungsfähig ist.

In der Theorie der Internationalen Beziehungen wird die Kombination aus politischer Führungskraft, ökonomischer Leistungsfähigkeit und militärischen Fähigkeiten zur gezielten Machtprojektion über das eigene Territorium hinaus als Voraussetzung für die Begründung eines Weltmachtstatus angeführt. Differenzierter betrachtet kommen zu diesen Kriterien drei weitere hinzu: eine entsprechend große Bevölkerung, hohes (Aus-)Bildungsniveau, eine gute Infrastruktur sowie eine ausgeprägte Gestaltungs- und Absorptionsfähigkeit von Gesellschaft und Wirtschaft; ein nicht minder ausgeprägter politischer Konsens über ein gemeinsames Wertesystem und dessen internationale „Attraktivität", verbunden mit der Bereitschaft, dieses in internationalen/multilateralen Foren zu vertreten bzw. zu verteidigen; schließlich eine ausgewiesene Ordnungs- und Führungskraft zumindest im eigenen regionalen Umfeld.

Die EU verfügt sowohl über eine herausragende Wirtschaftskraft, die entsprechende Infrastruktur und ein hohes (Aus-)Bildungsniveau, als auch über eine angemessene militärische Leistungsfähigkeit, also über die nötigen institutionellen und materiellen Ressourcen. Ihr fehlen jedoch der politische Wille zum gemeinsamen Handeln bzw. zum Konsens, um in bestimmten Konfliktsituationen Führungs- und Gestaltungskraft auszuüben und damit unvermeidliche weltpolitische Verantwortung mit übernehmen zu können. Unvermeidlich, weil die Union in die Konflikte der Welt eingebunden ist, weil sie durch ihre wirtschaftliche Stärke zwangsläufig ein Zentrum des Handelns und somit ein Fixpunkt von Erwartungen ist, und weil sie auf Grund ihrer eigenen Werteordnung über Gewalt und Unrecht in der Welt schlecht hinwegsehen kann.

Die vorliegende Studie behandelt daher die GASP wie auch die ESVP zwar schwerpunktmäßig als eigenständige Segmente im Sinne der oben angeführten klassischen Definition von Außenpolitik. Untersucht werden sowohl das theoretisch vorhandene Potential zu einer kollektiven Außen- und Sicherheitspolitik wie auch die Verfassungswirklichkeit, d. h. die tatsächliche Nutzung der angebotenen Mechanismen durch die verantwortlichen Akteure. Betrachtet wird aber auch der größere Kontext der europäischen Außenbeziehungen. Die GASP ist zwar Ausdruck eines ganz spezifischen Gestaltungsanspruchs der Mitglieder der EU zu bestimmten Fragen der klassischen Außen- und Sicherheitspolitik. Sie ist aber gleichzeitig als Ergänzung zu den traditionellen Bereichen gemeinschaftlicher Außenwirtschafts-, Assoziierungs- und Entwicklungspolitik zu betrachten. In bestimmten Fällen übernimmt die GASP in der Politik der EU gegenüber Drittstaaten und Regionen sogar die Führungsrolle und definiert gegenüber diesen Sektorpolitiken des ersten Pfeilers die entsprechenden Handlungsvorgaben.[4] Nur unter ihrer Einbeziehung wird die Union somit dem Anspruch auf globale Akteursqualität in vollem Umfang gerecht.

Zuvor werden zwei wesentliche Punkte für die Abhandlung erörtert: Erstens die Frage nach der angemessenen Definition und Eingrenzung dessen, was in der Literatur häufig unreflektiert als „Europäische Außenpolitik" oder „Außenpolitik der EU" beschrieben wird. In diesem Zusammenhang geht es auch um die Frage nach dem Umfang der GASP in Abgrenzung zur Außenpolitik der Mitgliedstaaten. Grundsätzlich sind Untersuchungen zu den nationalen „GASP"-Politiken eher rar, obwohl gerade in diesem Bereich die Rolle der Mitgliedstaaten wesentlich bedeutsamer ist als in den meisten anderen Politikfeldern der EU und die Gemeinschaftsorgane Kommission, Europäisches Parlament und Europäischer Gerichtshof vergleichsweise wenig in Erscheinung treten.[5] Die meisten Studien beschäftigen sich mit der Funktionsweise und den Ergebnissen außenpolitischer Zusammenarbeit der Mitgliedstaaten im Rahmen der GASP, vernachlässigen aber den enormen Einfluss, den die Mitgliedstaaten über das Instrument der permanenten Regierungskonferenzen (1991/92, 1996/97 und 2000/2001) seit Beginn der neunziger Jahre gerade im Bereich der GASP ausgeübt haben. Es waren die Mitgliedstaaten, die jeweils die Defizite und den daraus resultierenden Reformbedarf für das bestehende institutionelle Gefüge ausgemacht haben, die entschieden haben, in welchem Maße jeweils Kompetenzen auf die EU übertragen wurden, und die bestimmten, auf welche Weise sie selbst gemeinsame außenpolitische Entscheidungen trafen. Und sie waren es schließlich, die die Grenze der Belastbarkeit und der Handlungsfähigkeit der Union in einem veränderten internationalen Umfeld im Zuge der Erweiterung um zehn neue Mitglieder im Mai 2004 erkannten und daraufhin nicht nur den Weg frei machten für die neue Form des Konvents über die Zukunft der EU,[6] son-

---

4 Knud Erik Jorgensen, Making the CFSP Work, in: John Peterson/Michael Shackleton (Hg.), The Institutions of the European Union, Oxford: Oxford University Press 2002, S. 210-232; Michèle Knodt/Sebastiaan Princen, Understanding the European Union's External Relations, London/ New York 2003.

5 Zu den wenigen komparatistischen Studien zählen: Christopher Hill, The Actors in Europe's Foreign Policy, London: Routledge 1996; Ian Manners/Richard Whitman, Foreign Policies of EU Member States, Manchester: Manchester University Press 2000; Wolfgang Wagner, Die Konstruktion einer europäischen Außenpolitik. Deutsche, französische und britische Ansätze im Vergleich, Frankfurt: Campus-Verlag 2001; Simon Bulmer/Christian Lequesne (Hg.): Member States in the EU, Oxford 2005.

6 Dazu die verschiedenen Beiträge in der Zeitschrift integration 2/2002-2/2003, des Centrums für

dern auch verbindlich formulierte Angebote für die GASP im Verfassungsvertrag formulierten – mit (unabhängig vom vorläufigen Scheitern) weit reichenden Implikationen für den Fortgang der EU im Allgemeinen wie auch das außenpolitische Profil der Union im Speziellen.

Zweitens wird die Frage aufgeworfen nach den Zusammenhängen zwischen der zumeist deskriptiven GASP-Forschung auf der einen und den theoretischen Diskursen in der Integrationsforschung auf der anderen Seite. Nach der Vergemeinschaftung der Währungspolitik und der weitgehenden Vollendung des Binnenmarktes ist die Überführung der Außen- und Sicherheitspolitik in die Zuständigkeit der EU der zentrale Schritt zur Realisierung der Politischen Union. Entsprechend akribisch wurde in den letzten Jahren eine Reihe von Darstellungen vorgelegt, die den inkrementellen Charakter dieses Politikbereichs betonen und selbst geringfügige Entwicklungen in der außenpolitischen Zusammenarbeit der Mitgliedstaaten festgehalten haben, die mit der Europäischen Politischen Zusammenarbeit (EPZ) 1970 begann und mit dem Maastrichter Vertrag 1993 in die GASP überführt wurde. Dabei werden insbesondere die Funktionsweise der GASP sowie ihre Politiken gegenüber Drittstaaten und verschiedenen Regionen beschrieben.[7] Die verschiedenen Integrationstheorien aber behandeln die europäische Außenpolitik bislang eher am Rande und konzentrieren ihr Interesse primär auf den Integrationsprozess im supranationalen Bereich. Erst im Zuge einer zunehmenden Aufweichung des klassischen Gegensatzpaares „supranational/föderal" versus „intergouvernemental/realistisch" in der Außen- und Sicherheitspolitik zugunsten einer starken Einbeziehung und Verklammerung von GASP-Gremien und EU-Organen, insbesondere auf Ebene des Rates, ist auch das Interesse an der theoretischen Erfassung des Forschungsgegenstands gestiegen.[8]

Angewandte Politikforschung (CAP) (EU Reform Spotlight 2/2002-2/2003) sowie in http://european-convention.eu.int.

7 Vgl. Simon Nuttal, European Foreign Policy, Oxford: Oxford University Press 2000; Fraser Cameron, The Foreign and Security Policy of the EU: Past, Present and Future, Sheffield: Sheffield Academic Press 1999; Anthony Forster/William Wallace, Commion Foreign and Security Policy, in: Helen Wallace/William Wallace, Policy-Making in the European Union, Oxford: Oxford University Press 2000; Elfriede Regelsberger, Gemeinsame Außen- und Sicherheitspolitik, in: Werner Weidenfeld/Wolfgang Wessels (Hg.), Jahrbuch der Europäischen Integration 1990/91 ff., Bonn; Matthias Jopp, Gemeinsame Europäische Sicherheits- und Verteidigungspolitik, in: Weidenfeld/Wessels, Jahrbuch der Europäischen Integration 1998 ff., Bonn.

8 Vgl. hierzu Helen Wallace, The Institutional Setting, in: Wallace/Wallace, Policy-Making in the EU, a.a.O., S. 3-37; Wolfgang Wessels, Theoretical Perspectives. CFSP beyond the Supranational and Intergovernmental Dichotomy, in: Dieter Mahncke/Alicia Ambos/Christopher Reynold (Hg.), European Foreign Policy. From Rhetoric to Reality? Brussels: Peter Lang 2004, S. 61-96.

1.1 Konzeptionelle und theoretische Überlegungen zu einer „europäischen Außenpolitik“ und Außenpolitikforschung

1.1.1 Was ist eigentlich Europäische Außenpolitik?

Seit Erscheinen der gleichnamigen Studie von Walter Carlsnaes und Steve Smith im Jahre 1994 sind die Begriffe „Europäische Außenpolitik“ oder „Europas Außenpolitik“ in zahlreichen Publikationstiteln aufgetaucht, ohne dass von den Autoren in den meisten Fällen eine hinreichende Klärung ihrer Bedeutung geliefert wurde.[9] Zu den Ausnahmen zählt Brian White, der zehn Jahre später in einer Studie des Titels „Contemporary European Foreign Policy“ eben dieses Defizit beklagte und eine Einordnung der Begriffe vorzunehmen versuchte.[10] Andere Darstellungen begegneten der mangelnden begrifflichen Schärfe durch eine weitere Ausdifferenzierung, indem sie stattdessen von den „Außenpolitiken der EU-Mitgliedstaaten“ sprachen, die in der Summe so etwas wie eine europäische Außenpolitik ergeben.[11] Wie aber unterscheidet sich diese wiederum von der Außenpolitik der EU, die seit 1993 unter dem Akronym der GASP figuriert, oder gar von den Außenbeziehungen der Europäischen Gemeinschaft?

Die Etikettierung „europäische Außenpolitik“ hat gegenüber der populären Verwendung des Begriffes „Außenpolitik der Europäischen Union“ sicherlich den Vorzug, dass sich außenpolitisches Engagement in Europa natürlich nicht auf den territorialen wie institutionellen Rahmen der EU reduzieren lässt. Außenpolitik in Europa umfasst ein Set von Organisationen und Akteuren über diesen Rahmen hinaus und selbst innerhalb des GASP-Gefüges betreiben Mitgliedstaaten ihre parallelen nationalen Außenpolitiken, die wiederum nicht ausschließlich unter das konstitutionelle Angebot für ein gemeinsames außenpolitisches Handeln der EU-Staaten in der GASP subsumiert werden können.

---

9 Walter Carlsnaes/Steve Smith, European Foreign Policy, London: Sage 1994; Christopher Hill, The Actors in Europe's Foreign Policy, London: Routledge 1996; Christopher Hill/Karen Smith (Hg.), European Foreign Policy: Key Documents, London: Routledge 2000; Jan Zielonka (Hg.), Paradoxes of European Foreign Policy, The Hague: Kluwer Law International 1998; Simon Nuttal, European Foreign Policy, Oxford: Oxford University Press 2000; Dieter Mahncke et al., European Foreign Policy, Brussels 2004.

10 Walter Carlsnaes/Helene Sjursen/Brian White, Contemporary European Foreign Policy, London: Sage Publishers 2004, S. 11-31.

11 Ian Manners/Richard Whitman, The Foreign Policies of the European Union Member States, Manchester: Manchester University Press 2000.

Die Grenzen der EU sind zudem weder territorial noch analytisch im Sinne einer Abgrenzung zwischen inneren und äußeren Angelegenheiten klar definiert. Der Prozess der stetigen Erweiterung der Gemeinschaft/Union seit den siebziger Jahren des vergangenen Jahrhunderts hat diese zu keinem Zeitpunkt als eine dauerhaft abgrenzbare Einheit gegenüber ihren Beitrittskandidaten erscheinen lassen. Die Erweiterungsdynamik seit den Umbrüchen der Jahre 1989-1991 hat dieses Phänomen und damit die offene äußere Dimension des Integrationsprozesses dramatisch verschärft und so auch die Idee einer Europa-weiten Außenpolitik zumindest theoretisch wahrscheinlicher gemacht.

Eng damit verbunden ist das Argument einer umfassenden Transformation des Kontinents im Sinne der Herausbildung eines neuen Europas, dessen Entwicklungsdynamik seit 1992/93 zumindest für ein Jahrzehnt lang schier ungebrochen schien. Je weiter die EU sich für neue Mitglieder öffnete, desto mehr wurden nicht nur die Grenzen der Integration sichtbar, sondern desto dringlicher wurde und wird auch eine effektive politische Führung und klare Zuordnung von Kompetenzen in Kernbereichen des staatlichen Handelns wie der Außen- und Sicherheitspolitik. Die EU wird nun mal zunehmend als ein einheitlicher Akteur in der Welt wahrgenommen. Die Aufgabe der Integration der Demokratien Mittel- und Osteuropas sowie die Befriedung Westeuropas und die Projektion von Stabilität nach Südosteuropa sind zwar anfänglich primär Aufgaben der „inneren Einheit" gewesen. Sie sind aber nur die Voraussetzung für die eigentliche Herausforderung einer größeren Rolle der EU in der Welt. Es mag paradox sein, dass diese Herausforderung von innen wie außen an die EU zu einem Zeitpunkt herangetragen wurde, da sie in tragischer Weise auf dem eigenen Kontinent handlungsunfähig zu sein schien. Auf dem Balkan glich die EU lange Zeit der Karikatur ihrer selbst, im Kaukasus und Zentralasien konnte sie weder menschenverachtende Aggression vermeiden, noch eine adäquate Strategie entwickeln. Dennoch ist die Erwartung im Innern wie von außen groß. Im Lichte neuer Bedrohungen für die innere wie äußere Sicherheit, der permanenten latenten Gefahr eines amerikanischen Disengagements auf dem Kontinent sowie der eigenen Anziehungskraft an der Peripherie wachsen die Anforderungen an eine von den Mitgliedstaaten getragene, alle Facetten umfassende europäische Außenpolitik. Ob als eigenständiger Akteur bzw. Partner gegenüber Russland, regionale Ordnungsmacht, Vermittler in Friedensprozessen, Brücke zwischen OECD- und Dritte Welt oder Welthandelsmacht – Aktionsradius und Erwartungshorizont haben sich für die Union dramatisch verändert.

Diese „Internationalisierung" von Außenpolitik ist zwar keine Garantie für eine Vergemeinschaftung der Außen- und Sicherheitspolitik.[12] Immerhin aber verkör-

12 Helene Sjursen, The Common Foreign and Security Policy: An Emerging New Voice in International Politics?, Oslo: ARENA Working Paper 34, 1999.

pert die Forderung nach einer größeren „internationalen Präsenz“ der Union ein normatives und ordnungspolitisches Denken, nach dem die Union quasi aufgerufen wird, nicht nur die Verrechtlichung der internationalen Beziehungen voranzutreiben, sondern auch aktiv am Konfliktmanagement zur Bewältigung globaler Herausforderungen und militärischer Krisen mitzuwirken. Auf diese Weise wird die Herausbildung einer europäischen außenpolitischen Identität mit gefördert.

Nun kann man argumentieren, dass es formal präziser ist, von einer „EU-Außenpolitik“ zu sprechen und damit die außenpolitische Kooperation der Mitgliedstaaten im Rahmen der GASP-Politik von den Außenbeziehungen der EU zu trennen. Stärker noch wiegt das theoretische Argument einer staatszentristischen (realistischen) Sichtweise, wonach Außenpolitik eine Prärogative des Nationalstaates ist, die EU aber kein Staat, sondern allenfalls ein staatsähnliches Gebilde ist und somit kein außenpolitischer Akteur sein kann. Tatsächlich ist das Konzept einer „europäischen Außenpolitik“ aus dieser Perspektive Teil einer föderalistischen Vision von Europa.[13]

Hinzu kommt, dass die EU sicherlich nicht alle Kriterien für eine effektive Außenpolitik erfüllt. Eine solche setzt zunächst den gemeinsamen Willen zur Bestimmung bestimmter Ziele voraus. Sie erfordert ein geschlossenes Auftreten in dem Sinne, dass von verschiedenen Organen des außenpolitischen Subjekts nicht unterschiedliche Maßnahmen gesetzt werden, die womöglich einander widersprechen, zumindest aber nicht den vorgegebenen Zielen entsprechen. Außenpolitik bedarf außerdem der Zurechenbarkeit zu einem bestimmten Subjekt; soweit sich diese Politik in rechtlichen Ausdrucksformen manifestiert, ist eine Völkerrechtssubjektivität des Trägers dieser Außenpolitik indiziert. Wenn auch diese rechtliche Kategorie nicht erreicht werden muss, so muss der Träger doch identifizierbar sein, da erst dann überhaupt festgestellt werden kann, wem gegenüber der andere Partner politische Beziehungen entfaltet. Außenpolitik erfordert nicht zuletzt ein bestimmtes Maß an Flexibilität und auch Reaktionsvermögen, nicht nur im kurzfristigen Sinne (unmittelbare Reaktion auf Krisen oder den Ausbruch von Konflikten), sondern auch mittel- bis langfristig im Sinne gezielter Maßnahmen zur Konfliktprävention. Und Außenpolitik benötigt schließlich ein hohes Maß an Adaptionsfähigkeit. Eng damit im Zusammenhang steht, dass sich diese Politik kaum lediglich in einseitigen Maßnahmen verwirklichen kann, da sie *ex definitione* an dritte Staaten gerichtet ist. Gerade im Völkerrecht erweist sich in deutlichem Maße die Unfähigkeit einseitiger Maßnahmen, einen entsprechenden Erfolg zu erzielen, soll Einfluss auf die Politik anderer Staaten genommen werden.

---

13 David Allen, Who Speaks for Europe? The Search for an Effective and Coherent External Policy, in: John Peterson/Helene Sjursen (Hg.), A Common Foreign Policy for Europe?, London: Routledge 1998, S. 42.

Problematisch im Fall der EU wiegt sicherlich die Schwierigkeit, gerade innerhalb der GASP einen gemeinsamen Willen zu erreichen, d. h. Außenpolitik zu vergemeinschaften. Ebenso schwierig ist die Zurechenbarkeit auf Grund der Vielzahl der Akteure und der überlappenden Zuständigkeiten im Mehrebenesystem der GASP, obwohl dieses in den vergemeinschafteten Politikfeldern viel weiter vorangeschritten ist, da das aus der Policy-Forschung entlehnte Instrumentarium hier auch besser anwendbar ist.[14] Immerhin aber hat gerade das GASP-System in der vergangenen Dekade eine enorme Anpassungsfähigkeit und Flexibilität bewiesen, indem es durch permanente Überprüfung seine inhaltliche Reichweite vergrößert und den institutionellen Rahmen verbessert hat. Und dass der Einfluss der Union in der Welt im gleichen Zeitraum kontinuierlich zugenommen hat, wird auch von Kritikern der GASP längst eingeräumt.

Entscheidend aber ist: Die Komplexität des Aufgabenbereichs in der Internationalen Politik lässt es andererseits auch nicht zu, die EU in die traditionellen Typen von Staatenverbindungen einzuordnen, insbesondere da sie zur Setzung kollektiv verbindlicher Entscheidungen mittlerweile teilweise auch in der Außenpolitik befugt ist und wir daher durchaus von einem politischen System, in dem regiert wird, sprechen können. Roy Ginsberg hat daher bereits 2001 vorgeschlagen, unter „Europäischer Außenpolitik“ alle Aspekte von „zivilem Krisenmanagement, Politiken und Aktionen, Standpunkten, Beziehungen und Engagement der Gemeinschaft wie der EU bzw. der GASP in der internationalen Politik“ zu verstehen.[15] Die schiere Bandbreite der Aufgaben und Aktivitäten erlaube daher auch die Analogie zu jeder nationalen Außenpolitik, selbst wenn es sich bei der EU um eine Form des Regierens jenseits der Staatlichkeit handelt – zumindest im Sinne des Kontextes und der Form der Aktivitäten.

Tatsächlich ist die EU heute auch im Bereich der GASP weder mit dem Begriff „Internationale Organisation“ noch mit dem des „Staatenbundes“ zu kategorisieren, obwohl die EU alle begrifflichen Voraussetzungen beider erfüllt. Umgekehrt nämlich erfüllen diese Begriffe nicht die Voraussetzungen, um die EU hinreichend zu umschreiben. Die EU verfügt seit Anfang der neunziger Jahre auch im Bereich der GASP über besondere Merkmale, die sie von konventionellen Staatenverbindungen abheben, da sie über die Fähigkeit zum unmittelbaren Durchgriff auf den Bürger verfügt und sich ihre Tätigkeit über alle Bereiche der Außenpolitik er-

14 Zur „Mehrebenen“-Forschung vgl. Markus Jachtenfuchs/Beate Kohler-Koch, Regieren im dynamischen Mehrebenesystem, in: dies. (Hg.), Europäische Integration, Opladen: Leske + Budrich 1996, S. 15-44; Beate Kohler-Koch/Thomas Conzelmann/Michèle Knodt, Europäische Integration – Europäisches Regieren, Wiesbaden: VS Verlag für Sozialwissenschaften 2004, S. 169-192.

15 Roy Ginsberg, The European Union in World Politics, Boulder: Rowman and Littlefield 2001, S. 3.

streckt.[16] Kurzum: Sie ist kein Bundesstaat, aber weit mehr als ein bloßer Staatenbund oder eine Internationale Organisation, sondern das Gebilde *sui generis* , das sich weder in die Kategorien des Völkerrechts noch in die der Allgemeinen Staatslehre einordnen lässt.[17]

Insofern scheint es sinnvoll, die gesamte Bandbreite von Politiken und Akteuren in Betracht zu nehmen und unter die „Europäische Außenpolitik" die GASP-Politik der EU gleichermaßen wie das aus den Römischen Verträgen von 1958 entstandene ausdifferenzierte Netz von Außenbeziehungen der Gemeinschaft zu fassen. Ein wesentlicher Punkt, der hinzukommt, ist der des Umfangs der GASP bzw. der Möglichkeiten einer klaren Abgrenzung der Außenpolitik der EU von der der Mitgliedstaaten. Die analytische Schlüsselfrage lautet in diesem Zusammenhang, in welchem Maße „europäische Außenpolitik" von den nationalen Außenpolitiken bestimmt wird und umgekehrt, in welchem Maße nationale Außenpolitiken bereits transformiert bzw. im institutionellen Kontext von Gemeinschaft/Union „europäisiert" worden sind.[18]

1.2 Der Umfang der GASP – das Problem der amorphen Zielsetzung und der Zurechenbarkeit

Die Schwierigkeit, innerhalb der GASP einen gemeinsamen politischen Willen zu generieren, wird in Theorie und Praxis seit langem als ihr entscheidendes Manko gesehen. Die EU selbst attestiert daher der GASP generell eher einen reaktiven Charakter und natürlich sind die Defizite und Schwächen der GASP immer wieder auf dieses Grundproblem eines fehlenden politischen Willens zurückzuführen. Die Ursachen dafür lassen sich aus der geschichtlichen Entwicklung von heute 27 Mitgliedstaaten mit unterschiedlichen Identitäten ableiten, aus Zeiten, als im heutigen Spektrum der EU diese Staaten Konkurrenten und Gegner waren. Selbst wenn die Schlussfolgerungen eines jeden Ratsvorsitzes jeweils versuchen, Leitlinien für die GASP festzulegen, sind diese sehr fragmentarisch, woraus nicht zuletzt der entsprechende Charakter der GASP resultiert. Es geht also nicht nur um die Frage, ob die derzeitigen Strukturen überhaupt krisentauglich sind, sondern zunächst um die viel grundsätzlichere Frage, ob die unterschiedlichen Kulturen der Gemeinschaft zu-

16 Josef Isensee, Integrationsziel Europastaat?, in: Ole Due/Markus Lutter/Jürgen Schwarze (Hg.), Festschrift für Ulrich Everling, Band I, Baden-Baden: Nomos 1995, S. 567-592.

17 Bettina Thalmaier, Die zukünftige Gestalt der Europäischen Union. Integrationstheoretische Hintergründe und Perspektiven einer Reform, Baden-Baden: Nomos 2005, S. 165-168.

18 Christopher Hill, Closing the Capability-expectations Gap, a.a.O., S. 18.

sammenfinden oder sich weiter in ihrer Handlungsfähigkeit blockieren – was nicht zuletzt darauf zurückzuführen ist, dass „Krieg“ als Mittel der Politik im Binnenverhältnis der EU wie im öffentlichen Diskurs und der politikwissenschaftlichen Debatte zur Selbstverständlichkeit geworden ist.

Aus diesem Grund ist zunächst die Frage nach dem Umfang der GASP in Abgrenzung zur Außenpolitik der Mitgliedstaaten zu stellen: Art. 11 des EUV unterscheidet zwischen einer Politik der Union und einer der Mitgliedstaaten (betont also den zwischenstaatlichen Charakter der GASP), die allerdings in Ausführung einer „Unionstreue“ die Politik der Union zu unterstützen haben. Darüber hinaus unterstreicht er die Selbstdefinition als „Friedensmacht“, indem er auf die Grundsätze der Charta der Vereinten Nationen, die Prinzipien der Schlussakte von Helsinki und die Ziele der Charta von Paris rekurriert.

Ungeachtet dieser Formulierung ist die Abgrenzung zwischen beiden aber nicht klar, da die Politik der Union in Vollziehung von Art. 11 Abs. 1 davon abhängt, wie viel an außenpolitischen Bereichen die Mitgliedstaaten jener überlassen. Für den Drittstaat ist somit häufig nicht erkennbar, welche Zielsetzungen den jeweiligen außenpolitischen Akt motivieren, die der EU oder jene der einzelnen Mitgliedstaaten, die durchaus differieren können, oder wer das Zurechnungssubjekt einer außenpolitischen Maßnahme ist. Selbst in jenen außenpolitischen Bereichen, die bereits der EU selbst zugeschrieben werden, ist es der EU und ihren Mitgliedstaaten noch immer nicht gelungen, eindeutig in nach außen erkennbarer Weise zu definieren, wieweit die GASP bloß eine Koordinierung der Außenpolitik der Mitgliedstaten ist, wieweit die Organe der GASP sozusagen als Organe der einzelnen Mitgliedstaaten oder als selbständige Organe der EU agieren. Gemeinsame Aktionen stellen daher oft nur einzelne erratische Blöcke in der außenpolitischen Landschaft dar, was den fragmentarischen Charakter der GASP ausmacht. Neben ihnen stehen die bilateralen Vereinbarungen/Außenpolitiken der Mitgliedstaaten zu den gleichen Drittstaaten.

Für diesen Zustand wird in der EU gerne auf das erwähnte Gegensatzpaar „intergouvernemental“ (zwischenstaatlich) versus „supranational“ (vergemeinschaftet) zurückgegriffen. In der erstgenannten, neorealistischen Perspektive wird die GASP als ein weitgehend traditionelles Phänomen des internationalen Systems verstanden, in dem die EU primär als Instrument staatlicher Diplomatie gilt. Wenn dem so wäre, ist es allemal sinnvoll, auch von einer europäischen Außenpolitik zumindest der Mitgliedstaaten zu sprechen. In dem Kontrastbild wir die GASP aus neofunktionaler bzw. föderaler Sichtweise als Teil und Entwicklungsstufe in einem Prozess der EU hin zur Finalität einer föderalen bzw. supranationalen Union gezeichnet – mit einer vergemeinschafteten europäischen Außenpolitik.[19] Tatsächlich ist – und wird es auf absehbare Zeit wohl auch bleiben – die GASP ein signifikantes Beispiel für eine Fusion nationaler und gemeinschaftlicher Ressourcen, die durch eine spezifische und erklärbare Mischung von supranationalen und intergouvernementalen Verfahren und Handlungslogiken von Akteuren in zusammengesetzten Institutionen (etwa dem Politischen und Sicherheitspolitischen Komitee – vgl. Kap. II) geprägt wird.[20]

So haben gerade die letzten Vertragsänderungen – bei aller Intergouvernementalisierung – gleichzeitig souveränitätsbeschränkende Prinzipien verankert, indem sie die Möglichkeit zum qualifizierten Mehrheitsentscheid und zur konstruktiven Enthaltung bei GASP-Beschlüssen eröffnen. Schließlich finden sich sogar explizit supranationale Elemente im aktuellen GASP-Entscheidungssystem in Form der Mitwirkungsbefugnisse von Kommission und Europäischem Parlament. Diese mit dem Stichwort „Brüsselisierung" bezeichnete Entwicklung beschreibt die oben angesprochene Tendenz einer allmählichen pfeilerübergreifenden Verknüpfung der ersten und der zweiten Säule, ohne dass explizit ein Souveränitätstransfer auf die EU-Ebene vorgenommen wurde.[21] Mit anderen Worten: Die einschlägigen Kompetenzen der Mitgliedstaaten verbleiben bei diesen, gleichzeitig aber nehmen permanent in Brüssel vertretene Funktionsträger und Dienste Einfluss auf deren Entscheidungen. Deutlichstes Signal für diese Entwicklung in den letzten Jahren ist die systematische Ausweitung der Dienste des Hohen Vertreters und Generalsekretärs für die GASP sowie die Präsenz des neu geschaffenen Politischen und Sicherheitspolitischen Komitees (PSK) in Brüssel. So trug der derzeitige Hohe Vertreter, Javier Solana, in jüngster Vergangenheit erheblich zur Formulierung, Vorbereitung und Durchführung politischer Entscheidungen bei und führte gegebenenfalls auf Ersuchen des Vorsitzes im Namen des Rates den politischen Dialog mit Dritten durch. Außerdem unterstützt er den Ratsvorsitz bei der Vertretung der Union nach außen und bei der Durchführung von Ratsbeschlüssen.

Der Entwicklung zu einer zumindest horizontalen Fusion nationaler Steuerungsinstrumente, die im Einzelfall durchaus eine flexible Ausgestaltung der europäischen Außenbeziehungen ermöglichen mag, steht auf der anderen Seite das Pro-

---

19 Vgl. folgendes Kapitel. Zur Theoriedebatte in bzw. um die Union allgemein siehe: John Peterson, The Choice of EU Theorists: Establishing a Common Framework for Analysis, in: European Journal of Political Research, 39 (2001), S. 289-319.

20 Elfriede Regelsberger, Die GASP nach Nizza – begrenzter Reformeifer und außervertragliche Dynamik, in: integration, 24, 2 (2001), S. 156-166.

21 Ben Soetendorp, Foreign Policy in the European Union, London/New York 1999, S. 99; Wolfgang Wessels, The Amsterdam Treaty in Theoretical Perspective. Which Dynamics at Work?, in: Jörg Monar/Wolfgang Wesssels (Hg.), The European Union after the Treaty of Amsterdam, London/New York 2001, S. 70-84.

blem der Abgrenzung praktisch paralleler Außenpolitiken durch die im Maastrichter Vertrag vorgenommene Säulentrennung gegenüber. Auch wenn der Vertrag theoretisch die Kommission, Generalsekretariat und COREPER (Komitee der Ständigen Vertreter in Brüssel) für beide Säulen mitverantwortlich macht, so bleibt das entscheidende Charakteristikum der GASP in der Praxis das Nebeneinander von supranationalen und intergouvernementalen Elementen.

Es gibt bereits gewisse Lösungsansätze für diese Problematik, so etwa die im Amsterdamer Vertrag vorgesehenen „Grundsätze und allgemeinen Leitlinien" oder „Gemeinsamen Strategien" (Art. 13 EUV), die die Festlegung umfassender, säulenübergreifender Programme durch den Europäischen Rat ermöglichen; die bisherige Praxis war jedoch nicht zufrieden stellend. Kleine Schritte waren auch die Etablierung der so genannten GASP-Räte als „missing links" zwischen Politischem und Sicherheitspolitischem Komitee und COREPER oder die in Maastricht vorgesehene, aber erst unter finnischem Vorsitz teilweise realisierte Verschmelzung der regionalen Arbeitsgruppen der ersten und zweiten Säule und gewisser Arbeitsgruppen der zweiten und dritten Säule (Drogen, Bekämpfung des Terrorismus). Sie alle weisen darauf hin, dass es auch im Selbstverständnis der Mitgliedstaaten liegt, nationale Außenpolitik in fast allen Belangen als europäische Außenpolitik zu begreifen, schon weil nationale Alleingänge heute im internationalen Kontext (selbst im Falle der nach 1989/90 einzig verbliebenen Supermacht USA) weitgehend wirkungslos sind, nicht zuletzt aber auch um dem Eindruck unilateralen Handelns vorzubeugen. So ist der Nationalstaat nicht mehr die alleinige Bezugsgröße, sondern die europäische Komponente wird mit einbezogen und die nationale Identität zunehmend durch eine europäische Identität verdrängt.

Das heißt jedoch nicht, dass es ein einheitliches europäisches Außenpolitikregime der Mitgliedstaaten gibt. Sieht man einmal von den kleinen und mittleren Staaten in der EU ab, die mehrheitlich gar nicht über die entsprechenden Ressourcen für eine über das regionale Umfeld hinaus gerichtete globale Außenpolitik verfügen und deren Interessen an einer Vergemeinschaftung der Außen- und Sicherheitspolitik in der Union zur Wahrung eigener Ambitionen und Mitsprachrechte schon aus rationalen Gründen heraus entsprechend groß sind, dann verhindern allein die Differenzen der drei „Großen" (Frankreich, Großbritannien und Bundesrepublik) auf diesem Feld – trotz erstaunlicher Annäherung der Positionen in der vergangenen Dekade – nach wie vor eine gemeinsame Stimme in der Außen- und Sicherheitspolitik. Während die Bundesrepublik insgesamt zwar nicht mit Nachdruck, aber doch beharrlich für eine Vergemeinschaftung – bei gleichzeitiger transatlantischer Anbindung – eingetreten ist und die Beteiligung der Kommission an der Außen- und Sicherheitspolitik akzeptierte bzw. die Stärkung des EP aktiv unterstützte, hielt Großbritannien im gleichen Zeitraum weitgehend an der Zielvorstellung einer intergouvernementalen Zusammenarbeit auf der Basis von Regierungsabkommen fest und passte sich so insgesamt auch weniger als Frankreich an die Veränderungen in Richtung einer vertraglich festgeschriebenen Zusammenarbeit mit der Möglichkeit von Mehrheitsentscheidungen an. Gleichzeitig, trotz des Signals der Regierung Blair in Folge des Kosovo-Krieges in Richtung einer Stärkung der Europäischen Verteidigungsidentität und der Zusammenarbeit mit Frankreich, blieb London jedoch seiner traditionellen Haltung des NATO-Primats und der „special relationship" mit den USA treu.

Frankreich zeigte dem gegenüber ein größeres Interesse an einer Stärkung der GASP und erklärte sich prinzipiell auch zur Einführung von qualifizierten Mehrheitsentscheidungen in bestimmten Bereichen der außenpolitischen Zusammenarbeit bereit. In der zweiten Hälfte der neunziger Jahre gingen wesentliche Impulse zur Stärkung des institutionellen Rahmens der GASP (Vorschläge zur Ernennung eines Hohen Repräsentanten und der Einrichtung einer Analyse- und Planungseinheit) von Paris aus. Dennoch beharrt Frankreich unverändert auf den Ausbau eines von den USA unabhängigeren europäischen Profils in der Außen- und Sicherheitspolitik und sieht zur Verwirklichung dieses Ziels spätestens seit dem Irak-Krieg im Jahr 2003 in der Bundesrepublik einen natürlichen Verbündeten.

Gerade im Falle von Frankreich und Großbritannien aber gilt, dass sich ihre eigenen außenpolitischen Handlungsspielräume nach dem Ende des Ost-West-Konflikts *de facto* verringert haben und so, *ceteris paribus*, ihr Interesse an einer außenpolitischen Zusammenarbeit im Sinne der Entwicklung einer europäischen Außenpolitik gestiegen ist. Einzig die Bundesrepublik weicht von diesem Grundmuster ab, da sich ihr Handlungsspielraum nach der Wiedervereinigung vergrößert hat. Das zu erwartende nachlassende Interesse an einer verstärkten außenpolitischen Zusammenarbeit ist aber allenfalls rhetorisch und in Nuancen eingetreten. Insgesamt überwiegen die aus der außenpolitischen Tradition bestehenden Kooperationsanreize zugunsten einer Stärkung des europäischen Außenpolitikregimes.

Summa summarum lässt sich somit bereits vorwegnehmen, dass die Mitgliedstaaten zwar nach wie vor weit davon entfernt sich im europäischen außenpolitischen Entscheidungsprozess quasi überflüssig zu machen, andererseits aber Brüssel zunehmend zum *genius loci* auch in der Außen- und Sicherheitspolitik der Union geworden ist.[22] Dieser Trend wird in auffälliger Weise durch eine der Paradoxien des Integrationsprozesses verstärkt: Nach jedem Rückschlag, nach jeder Sinnkrise der Gemeinschaft in der GASP folgen neue Impulse durch ihre Mitglieder in Richtung einer weiteren Vergemeinschaftung in jüngster Zeit vor allem in der Sicher-

22 Fraser Cameron, The Future of CFSP, in: The Brown Journal of World Affairs, IX, 2 (Winter/Spring 2003).

heits- und Verteidigungspolitik.[23] Auf die Konflikte in Bosnien und Kosovo folgten erstmalig das offene Eingeständnis in die Unzulänglichkeit und Schwäche der eigenen Militärkapazitäten und der Anstoß für das Projekt der ESVP durch das britisch-französische Signal von Saint Malo. Der Irak-Krieg paralysierte vorübergehend die GASP durch den in zahlreichen Metropolen der Mitgliedstaaten praktizierten Unilateralismus, gleichzeitig gelang es der EU aber zunehmend, das Instrumentarium für internationales Krisenmanagement zu verbessern und zur Anwendung zu bringen – so in den mit zivilen wie militärischen Mitteln geführten Einsätzen in Bosnien-Herzegowina (EUPM), Mazedonien („Concordia“; „Proxima“) oder im Kongo („Artemis“) in den Jahren 2003 und 2004. Nur neun Monate nach Ende des Krieges im Irak verabschiedeten die Staats- und Regierungschefs der Mitgliedstaaten in Brüssel die erste Europäische Sicherheitsstrategie, ein Dokument, dessen Bedeutung bezüglich seiner Wirksamkeit in der politischen Praxis vielfach zwar überbewertet wird, das aber zumindest als ein erster Schritt in Richtung eines neuen sicherheitspolitischen Bewusstseins der Europäer gewertet werden muss.[24] Der Konvent zur Vorbereitung einer Verfassung für Europa begriff darüber hinaus den Krieg als Anstoß zur Reform der bestehenden Verfahren und Institutionen in GASP und ESVP, indem er vor allem die „Doppelhut“-Konstruktion (Ämter des Kommissars für Auswärtige Beziehungen und des Hohen Vertreters für die GASP) in Personalunion zusammenführte und das Amt eines EU-Außenministers schuf sowie neue Flexibilisierungsinstrumente in die Sicherheits- und Verteidigungspolitik integrierte.[25] Beide Vorschläge sind auch in dem Verfassungsentwurf enthalten, auf den sich die Staats- und Regierungschefs der 25 Mitgliedstaaten der EU am 17./18. Juni 2004 vorerst geeinigt hatten.[26] Schließlich drängen die mit der Erweiterung um zehn neue Mitglieder zum 1. Mai 2004 verbundenen hohen Erwartungen die EU als weltweit größten einheitlichen Binnenmarkt zu einem neuen Rollenverständnis vor allem auch in der Außen- und Sicherheitspolitik.

All diese Entwicklungen zeigen, dass nationale Außenpolitik durch die intensive Entwicklung und die Teilnahme an der GASP zunehmend in europäische Außenpolitik transformiert wird, und selbst wenn die Definition einer kohärenten Ge-

23 Michael Smith, The Quest for Coherence: Institutional Dilemmas of ExternalAction from Maastricht to Amsterdam, in: Alec Stone Sweet/Wayne Sandholtz/Neil Fligstein (Hg.), The Institutionalization of Europe, Oxford: Oxford University Press 2001, S. 193.

24 Vgl. Javier Solana, Ein sicheres Europa in einer besseren Welt, Europäische Sicherheitsstrategie, Brüssel, 12. Dezember 2003 (http://ue.eu.int/solana/docs/031208ESSIIDE.pdf).

25 Europäischer Konvent, Entwurf eines Vertrages über eine Verfassung für Europa, CONV 850/03, Brüssel, 18. Juli 2003.

26 Vorläufige konsolidierte Fassung des Vertrags über eine Verfassung für Europa. CIG 86/04 RK 2003/2004, Brüssel, 25. Juni 2004 (OR.fr), Art. I-27, Art. III-325, Abs. 2, Art. III-213, insbesondere Abs. 2 und 6.

meinsamen Außen- und Sicherheitspolitik der Union schwierig bleibt, so ist doch ein Rückfall in konkurrierende, selbstbezogene nationale Interessenpolitik durch die Mitgliedstaaten mittlerweile undenkbar.

1.3 Der theoretische Kontext

Rolle und Akteursqualität der Union im internationalen System können aus sehr unterschiedlichen Ansätzen heraus analysiert werden.[27] Der Grund dafür liegt nicht zuletzt im offenen Charakter der GASP-Strukturen hinsichtlich ihrer Finalität. Sowohl der Vorläufer der GASP, die Europäische Politische Zusammenarbeit (EPZ), wie auch die GASP selbst wurden von den Mitgliedstaaten bewusst als pragmatische, letztlich aber in sich widersprüchliche institutionelle Konstruktionen angelegt, die unterschiedliche theoretische Interpretationen zulassen.[28] Diese sind zum einen ziel- und methodengeleitet, zum anderen lenken sie die Aufmerksamkeit jeweils auf bestimmte Teilausschnitte der Empirie und rücken unterschiedliche Faktoren zur Erklärung der historischen Entwicklung von EPZ und GASP in den Vordergrund. Zuletzt haben die Debatten im Konvent einmal mehr die traditionellen Trennlinien und Schnittmengen der verschiedenen theoretischen Erklärungsansätze für die Rolle Europas in der Welt offenbart. Das Ergebnis entspricht dem Grundmuster aller vorangegangenen Reformschritte im Bereich der GASP: Bei allem Fortschritt lässt sich die grundsätzliche Ambiguität zwischen realistischer und institutionalistischer Herangehensweise nicht aufheben. Der jeweils ausgehandelte Kompromiss entspricht der jeweiligen Interpretation der „Realität" durch die aus diesen konkurrierenden theoretischen Perspektiven abgeleiteten impliziten Positionen (intergouvernemental vs. supranational), die den europäischen Kosmos „konstruieren" und ihm bestimmte Weltanschauungen unterlegen.[29]

---

27 Steve Smith, International Theory and European Integration, in: Morten Kelstrup/Michael Williams, International Relations Theory and the Politics of European Integration, London/New York: Routledge 2000, S. 33-56; Charlotte Bretherton/John Vogler, The European Union as a Global Actor, London: Routledge 1999; Roy Ginsberg, Conceptualizing the European Union as an International Actor: Narrowing the Theoretical Capability-Expectation Gap, in: Journal of Common Market Studies, 37, 3 (September 1999), S. 429-454; Joseph Weiler/Wolfgang Wessels, EPC and the Challenge of Theory, in: Alfred Pijpers/Elfriede Regelsberger/Wolfgang Wessels (Hg.), European Political Cooperation in the 1980s: A Common Foreign Policy for Western Europe?, Dordrecht: Nijhoff 1988; Klaus Schubert/Gisela Müller-Brandeck-Bocquet (Hg.), Die Europäische Union als Akteur in der Weltpolitik, Opladen: Leske 2000; Wolfgang Wessels, Theoretical Perspectives, in: Mahncke/Ambos/Reynolds, a.a.O., S. 61-96; Christopher Hill/Michael Smith, (Hg.): International Relations and the EU, Oxford 2005.

28 Simon Nuttall, European Political Cooperation, Oxford: Clarendon Press 1992.

29 Markus Jachtenfuchs, Die Konstruktion Europas. Verfassungsideen und institutionelle Entwick-

Realisten betrachten entweder das internationale System oder die Innenpolitik der Staaten als dominierenden Faktor. Im klassischen Realismus in der Tradition Hans Morgenthaus ist das nationale System die entscheidende Analyseebene.[30] Zwar wird eingeräumt, dass das internationale System die Handlungsmöglichkeiten des Staates einschränkt, grundsätzlich aber bleibt der Staat zentraler Akteur. In der von Kenneth Waltz begründeten neorealistischen Perspektive wird davon ausgegangen, dass das internationale System die Handlungsoptionen der Staaten bestimmt.[31] Der Staat bleibt auch aus dieser Sichtweise der entscheidende Akteur, Veränderungen seiner Außenpolitik sind aber bedingt durch Veränderungen im internationalen System.[32]

Demgegenüber unterscheiden sich Institutionalisten nicht nach der Wahl der Analyseebene, sondern nach der Funktion, die sie Institutionen und internationale Organisationen zuschreiben.[33] Zwar werden Institutionen durch politische Vereinbarungen von Staaten geschaffen, diese aber werden in ihrem Handeln durch Verhaltensnormen und Verfahrensvorschriften solchen Restriktionen unterworfen, dass ihr Handeln und ihre Interessen durch die hinter diesen stehende Idee (Organisation/Institution) quasi exogen vorgegeben sind. Institutionen werden so zum handlungsorientierenden Rahmen für den staatlichen Akteur, ihre Ideen und Handlungsrationalitäten zum Maßstab für angemessenes und vernünftiges Handeln.[34]

Aus Sicht der Realisten änderte sich die sicherheitspolitische Lage Europas nach dem Zusammenbruch der Sowjetunion fundamental. Vordringlichste Herausforderung für die Gemeinschaft war seit Maastricht die Abwehr destabilisierender Effekte vor allem an der eigenen Peripherie, aber auch in einem weiteren internationalen Umfeld. Sie gebot die Entwicklung einer autonomen europäischen Handlungsfähigkeit durch verstärkte Sicherheitskooperation der Mitgliedstaaten, nicht zuletzt vor dem Hintergrund einer abnehmenden transatlantischen Interessenübereinstimmung. Das realistische Paradigma analysiert die Entwicklung der GASP also nicht von der Ebene der EU her, sondern aus der nationalen Perspektive sowie der veränderten internationalen Systemkonstellation. Die Grundannahme lautet, dass Institutionen wie Verfahren der GASP von der Struktur des internationalen Systems

lung, Baden-Baden: Nomos 2002; Thomas Risse, Zur Debatte um die (Nicht-)Existenz einer europäischen Öffentlichkeit, in: Berliner Debatte Initial: Sozial- und geisteswissenschaftliches Journal, 13, 5/6 (2002), S. 15-23.

30 Hans Morgenthau, Politics among Nations. The Struggle for Power and Peace, New York 1948.

31 Kenneth Waltz, Theory of International Politics, New York: McGraw-Hill 1979.

32 Zu beiden Ansätzen grundsätzlich: Siegfried Schieder/Manuela Spindler (Hg.), Theorien der Internationalen Beziehungen, Opladen: Leske 2003, Kap. 2 und 3.

33 Ebd., Kap. 4-8.

34 Robert Axelrod/Robert Keohane, Achieving Cooperation under Anarchy: Strategies and Institutions, in: Kenneth Oye (Hg.), Cooperation under Anarchy, Princeton: Princeton University Press 1986, S. 379-396.

und den Reaktionen der Mitgliedstaaten innerhalb dieser beiden „Kreise" abhängig sind. Mit anderen Worten: Gestalt und Ausformung der GASP folgen den logischen Verhaltensmustern von Staaten in einem interdependenten und globalen System.[35] Um ihre Interessen zu wahren, bündeln diese zwar ihre Kräfte in einem europäischen Koordinationsregime mit einem ausdifferenzierten Angebot von Handlungsoptionen in spezifischen Fragen; letztendlich aber bleiben sie die „Herren der Verträge" durch ihr Festhalten am nationalen Vetovorbehalt, wie er auch in Art. 23 des derzeit gültigen Unionsvertrages (Nizza) explizit festgehalten ist. Entsprechend ist die institutionelle Konfiguration auf die intergouvernementalen Organe/Einrichtungen zugeschnitten, mit dem Europäischen Rat als oberstem Entscheidungsgremium (Einstimmigkeit) an der Spitze sowie Rat und COREPER als entscheidende Instanzen zur Durchführung und Implementierung von Beschlüssen (nur unter bestimmten Voraussetzungen mit qualifiziertem Mehrheitsbeschluss). Kommission und Parlament als supranationale Organe spielen nach diesem Verständnis lediglich eine nachgeordnete Rolle.[36]

In der Logik dieses Ansatzes liegt auch das Argument, wonach lediglich die Staats- und Regierungschefs bzw. Ratsvertreter der Mitgliedstaaten entscheidungslegitimiert sind. Die EU hingegen verfügt über keinerlei demokratische Basis für eine „gemeinsame", wohlgemerkt nicht vergemeinschaftete Politik. Folglich kann sie sich zwar zu einer Art „Supermacht", keinesfalls aber zum „Superstaat" entwickeln. Jede institutionelle Weiterentwicklung des GASP-Rahmens entspricht somit im Großen und Ganzen lediglich marginalen Anpassungen intergouvernementaler „Regierungsformen".[37]

Der nationale Veto-Vorbehalt ist wiederum in den oben genannten Positionsdifferenzen der Mitgliedstaaten untereinander angelegt. Diese sind weniger aus der jeweiligen Konstellation des internationalen Systems heraus zu erklären als vielmehr auf unterschiedliche Ressourcen, vor allem aber unterschiedliche politisch-ideologische Prioritäten und Problemdefinitionen zurückzuführen. Deutlich wird dies in besonderer Weise in der Frage der Entwicklung einer „Europäischen Sicherheits- und Verteidigungspolitik" (ESVP); beide Felder werden unverändert als „domaine réservé" der Nationalstaaten angesehen und bilden somit als horizontale Schiene innerhalb des GASP-Rahmens so etwas wie einen eigenen „spezifischen" Pfeiler.

---

35 Werner Link, Die Neuordnung der Weltpolitik. Grundprobleme globaler Politik an der Schwelle zum 21. Jahrhundert, München: Beck 1998, S. 148 ff.

36 Dazu Andrew Moravcsik, Reassessing Legitimacy in the European Union, in: Joseph Weiler/Ian Begg/John Peterson (Hg.), Integration in an Expanding European Union. Reassessing the Fundamentals, Oxford: Blackwell 2003, S. 77-97.

37 Beate Kohler-Koch, The Evolution and Transformation of European Governance, in: Kohler-Koch/Rainer Eising (Hg.), The Transformation of Governance in the European Union, London: Routledge 1999, S. 14-35.

Nach dem institutionentheoretischen Ansatz hingegen wird die GASP als Ergebnis und Konsequenz des Integrationsprozesses des EU-Systems betrachtet, welcher der ökonomischen die Politische Union zur Vollendung des europäischen Projekts folgen lässt. Die Kernannahme lautet: In einer interdependenten und global vernetzten Welt ist der Nationalstaat allein nicht in der Lage, angemessen und effektiv auf die Ökonomischen, sozialen und sicherheitspolitischen Herausforderungen zu reagieren, und sucht daher nach Möglichkeiten transnationaler und supranationaler Zusammenarbeit. Die freiwillige Kompetenzabtretung im Rahmen internationaler Organisationen folgt dabei der funktionalen Logik einer zunehmenden Verknüpfung der unterschiedlichsten Dimensionen von (europäischer) Außenpolitik (Wirtschaftsbeziehungen, Entwicklung, Diplomatie und Sicherheit), und der Idee einer Bündelung der Kräfte im Sinne des Ziels einer „immer engeren Zusammenarbeit", wie sie in keiner anderen internationalen Organisation möglich ist. Eine solche Dynamik induziert die zunehmende Verschmelzung intergouvernementaler und supranationaler Elemente auch in der GASP und führt zu einer graduellen Aufwertung von Kommission und EP in diesem Politikfeld.[38]

In der Logik dieser Betrachtung läge danach auch eine Aufhebung der Pfeilerstruktur, wie sie mit dem Verfassungsvertrag angestrebt wurde. Natürlich haben Kommission und Parlament ein Interesse daran, ihre eigene Rolle in der Außen- und Sicherheitspolitik aufzuwerten. Als Teil der EU kann die GASP auch keine unabhängige Einrichtung sein. Sie steht vielmehr unter dem Rechtfertigungszwang, wonach ihr Handeln, d. h. das der Mitgliedstaaten, mit dem Grundprinzip von der „Gleichheit der Bürger" vereinbar sein muss. Ganz unabhängig von der oben angesprochenen inhaltlichen Problematik der Pfeilertrennung gebietet schon die Nähe der GASP zum ersten Pfeiler eine generelle Bereitschaft der Mitgliedstaaten, dem Gemeinschaftsinteresse Rechnung zu tragen. Signifikantestes Beispiel für diese Bereitschaft ist das Festhalten am Konsensprinzip in der Union: Selbst die Einführung der qualifizierten Mehrheit durch den Amsterdamer Vertrag hat in der Praxis nichts an diesem Merkmal geändert. Eine formale Abstimmung wird im Rat in aller Regel vermieden, stattdessen wird im Konsens entschieden. Dies gilt auch für die Bereiche, in denen mit Einstimmigkeit entschieden wird, auch wenn in diesen Fällen abweichende Positionen mit größerem Nachdruck vertreten werden.

Der generelle Wille zu „europäischen Lösungen" wird aus Sicht der Institutionalisten schließlich auch durch das Instrumentarium der GASP dokumentiert. Am ehesten gilt dies für die „gemeinsame Strategie", mit der inhaltliche Richtlinien für

38 John Pinder, Nice – Towards a Federal or an Intergovernmental Europe?, in: Matthias Jopp/Barbara Lippert/Heinrich Schneider, Das Vertragswerk von Nizza un die Zukunft der Europäischen Union, Bonn: Europa-Union 2001, S. 50-57.

die Außen- und Sicherheitspolitik festgelegt werden. Die Vereinbarung einer gemeinsamen Strategie verdeutlicht nicht nur die Prioritäten europäischer Politik, sondern unterstreicht den Willen der Union, nach außen als einheitlicher Akteur aufzutreten. Sie dient insofern eindeutig dazu, „ein gemeinschaftliches Bewusstsein der Realität (im Sinne einer europäischen Position) zu konstruieren und sich auf oberste Handlungsprinzipien und Handlungsnormen zu einigen",[39] und ist so gesehen ein Instrument zur Aufhebung der Trennung von EG und GASP. Es bleibt allerdings bislang dabei, dass die politische Festlegung im Rahmen der GASP erfolgt, während die Implementierung weitgehend eine Aufgabe der EG ist. Dies zeigt sich auch – bei aller Verzahnung – bei den Strukturen: So verkörpert der „Hohe Vertreter" für die GASP die EU als globalen Akteur, gleichzeitig aber ist er als Generalsekretär des Rates für die Arbeit der Gemeinschaft zuständig – wohlgemerkt mit deutlichem Übergewicht in der intergouvenementalen Komponente.

Aus institutionalistischer Perspektive lässt sich somit festhalten, dass auch im Falle der EU Institutionen die Präferenzen der Akteure maßgeblich beeinflussen. Die dauerhafte Einbindung in die Gemeinschaftsstrukturen hat unter den Mitgliedstaaten auch auf die außen- und sicherheitspolitische Zusammenarbeit durchgeschlagen und so etwas wie ein gemeinsames Problem- und Handlungs-, ja mithin europäisches Bewusstsein in diesem Politikbereich befördert. Bestes Beispiel dafür lieferte der Kosovo-Krieg, in dessen Verlauf das europäische Eingreifen eindeutig von einem breiten normativen Konsens getragen wurde, der tief verankert ist im europäischen Selbstverständnis als Friedensmacht, für die die Achtung der Menschen- und Minderheitenrechte in bestimmten Situationen höher bewertet wird als die Wahrung der nationalen Souveränität.[40] Dieser Konsens ist das Ergebnis einer Jahrzehnte währenden institutionalisierten Zusammenarbeit auf der Ebene des Rates, der Politischen Direktoren der Außenministerien und des Politischen und Sicherheitspolitischen Komitees (PSK), der engen Kooperation unter Fachreferenten in den für bestimmte Weltregionen oder sektorale Politiken zuständigen Referenten und unter den in den Ständigen Vertretungen angesiedelten Botschaftsräten sowie den Botschaften in Drittstaaten. Durch diese Zusammenarbeit ist es über die Zeit zu einer Angleichung der Sichtweisen und Interessen gekommen, die gegenüber Drittstaaten und im Falle von an die Union herangetragenen internationalen Herausforderungen zunehmend so etwas wie einen europäischen „Abstimmungsreflex" hervorruft.[41]

---

39 Kohler-Koch/Conzelmann/Knodt, Europäische Integration – Europäisches Regieren, a.a.O., S. 290.

40 Exakt diese Position vertritt die Union in Art. 6 und 7 des Unionsvertrages.

41 Elfriede Regelberger, Die EPZ in den achtziger Jahren: Ein qualitativer Sprung?, in: Pijpers/Regelsberger/Wessels (Hg.), Die Europäische Politische Zusammenarbeit, a.a.O., S. 21-70 (62).

Ob dieser auch auf den Bereich der sicherheits- und verteidigungspolitischen Zusammenarbeit durchzuschlagen vermag, wird die Untersuchung mit zu erörtern haben. Fest steht, dass militärische Interventionen – dies hat der Irak-Krieg 2003 bestätigt – einer weitaus größeren politischen Legitimation in der Bevölkerung und einer internationalen Abstimmung bedürfen als etwa Fragen der wirtschaftlichen Zusammenarbeit mit Drittstaaten. Dem Bedürfnis, auch in solchen Fällen mit einer Stimme zu sprechen, haben die Mitgliedstaaten daher im Entwurf eines Verfassungsvertrages zumindest insofern entsprochen, als die Funktion eines neu zu schaffenden europäischen Außenministers theoretisch jedenfalls in der Formulierung eines kollektiven europäischen Interesses liegen sollte.[42] Für eine Europäisierung in diesem Bereich aber ist entscheidend, ob die nach wie vor bestehenden Unterschiede in den sicherheitspolitischen Kulturen der alten und neuen Mitgliedstaaten weiter aufgehoben und sachbezogene Interessenkoalitionen befördert werden können.

42 Vgl. „Entwurf eines Vertrages über eine Verfassung für Europa" vom 27.06.2003, CON820/03,797/1/03 REV 1.

2. Zur Rolle der EU in der Welt

2.1 Die Außenbeziehungen der Europäischen Union – institutioneller und instrumenteller Rahmen

Es ist eine Ironie der Geschichte, dass sich gerade auf dem Umweg der missglückten Folgeprojekte „Europäische Verteidigungsgemeinschaft“ (EVG) und „Europäische Politische Gemeinschaft“ (EPG) in den fünfziger Jahren des vergangenen Jahrhunderts die politische Logik des Integrationsprozesses eindrucksvoll betätigt hat. Die europäische Integration war zwar von Anfang an nicht nur ein wirtschaftlicher Prozess, sondern auch ein politischer, der die Sicherung des Friedens in Europa und die Wahrung der vor allem ökonomischen Interessen Europas in der Welt zum Ziel hat. Mit ihm verband sich der Anspruch der Gemeinschaft, Europa zu einem bedeutsamen Akteur in der Weltpolitik zu machen. Erst der Erfolg der wirtschaftlichen Integration aber hat der Gemeinschaft und später der Union auf der internationalen Bühne zu einem Bestand an gemeinschaftlichen Interessen und zu einem objektiven Gewicht verholfen, die einerseits in zunehmenden Maße nicht mehr nur ökonomisch, sondern auch politisch gesichert werden müssen, und die sich andererseits als Instrumente einer umfassenden europäischen Außen- und Sicherheitspolitik anbieten.[1]

Eine gemeinsame Außen- und Sicherheitspolitik schaffen, hieß also von Anfang an, das Potential in der Außenwirtschafts- und Entwicklungspolitik in Übereinstimmung mit der Logik des Integrationsprozesses in die Fähigkeit der Gemeinschaft/Union als solcher zum außen- und sicherheitspolitischen Handeln auf internationaler Ebene und zur Verfolgung wichtiger gemeinsamer Interessen umzusetzen.[2] Der Aufbau stabiler europäischer Institutionen, d. h. die Institutionalisierung

1 Charlotte Bretherton/John Vogler, The EU as an Economic Power and Trade Actor, in: dies., The European Union as a Global Actor, London/New York: Routledge 1999, S. 46-79; Piet Eeckhout, External Relations of the EU. Legal and Constitutional Procedures, Oxford 2005.

2 Nach der Zusammenlegung der Organe der Europäischen Gemeinschaft für Kohle und Stahl (EGKS – 1951), der EAG und der EWG (1957) durch den Fusionsvertrag 1967 setzte sich im Sprachgebrauch der Begriff der Europäischen Gemeinschaft (EG) durch. Mit In-Kraft-Treten des Maastrichter Vertrages 1993 wurde die EG zu einem Pfeiler (erster, vergemeinschafteter Pfeiler) innerhalb der Europäischen Union (EU). Für die Zeit nach 1993 wird daher der Einfachheit halber von der Union gesprochen.

des Konflikts, hat gewaltsame Konflikte etwa zwischen den ehemaligen feindlichen Brüdern Frankreich und Deutschland praktisch undenkbar gemacht. Diese Erfahrungen können im Rahmen der Erweiterung weitergegeben werden. Das wesentliche Merkmal europäischer Außenpolitik bestand (und besteht bis heute) in dem Versuch, politische Stabilität und ökonomische Entwicklung vor allem an der eigenen Peripherie, aber auch global in diesem Sinne zu fördern und auf diese Weise einen aktiven Beitrag zur Konfliktprävention und zur Friedensstiftung zu leisten. Spätestens seit Anfang der siebziger Jahre bekannte sich die Gemeinschaft zum Leitbild einer „Zivilmacht", welche zum Erreichen ihrer außenpolitischen Ziele zunächst auf den Einsatz ökonomischer wie diplomatischer Instrumente (Dialog, Multilateralismus, Verrechtlichung) setzte und bewusst auf militärische Drohungen sowie Gewaltanwendung verzichtete.[3]

Weltpolitisch gesehen ist die ökonomische wie politische Rolle der EU somit nicht zu unterschätzen: sie hat die ökonomische Potenz zu belohnen und zu betrafen, und sie kann helfen, instabile Weltregionen mit ihren administrativen und technischen Mitteln zu stabilisieren.[4] Folgerichtig entsprach die in der Vergangenheit zu beobachtende Konzentration auf die Erfolge und Misserfolge der GASP im Zusammenhang mit der Frage nach der Rolle der EU in der Welt einer erstaunlichen Verengung des Begriffs „europäischer Außenpolitik" im Sinne der o. a. Analyse, wonach unter Außenpolitik eben die Vertretung gesamtgesellschaftlicher Interessen durch einen souveränen Staat auf den Feldern Diplomatie, Allianzpolitik und Krieg zu verstehen sei – etwas, was der Union bislang in der Außenvertretung nicht gelungen ist.

Die EU hat sich aber zu einem wichtigen Akteur bei der Gestaltung internationaler (Wirtschafts-)Politik entwickelt, auch wenn für ihre internationale Präsenz insgesamt nach wie vor ein Nebeneinander von EU und Mitgliedstaaten charakteristisch ist. Entsprechend ist sie auf der internationalen Bühne je nach Sachlage unterschiedlich präsent, so dass wir zwar zwischen Außenpolitik auf der Grundlage des EG-Vertrages innerhalb der ersten Säule auf der einen Seite und Außenpolitik auf der Grundlage des EU-Vertrages innerhalb der zweiten Säule (GASP/ESVP) unterscheiden können, die einzelnen Politikfelder aber teilweise derart ineinander greifen, dass eine schematische Trennung entlang der beiden Pfeiler nicht nur der Komplexität europäischer Außenpolitik nicht gerecht wird, sondern darüber hinaus Effizienz mindernd wirkt. So fällt die Außenwirtschaftspolitik und die Assozia-

---

3 Das Schlagwort prägte François Duchêne in seinem Aufsatz „Die Rolle Europas im Weltsystem", hier in: Max Kohnstamm/Wolfgang Hager (Hg.), Zivilmacht Europe – Supermacht oder Partner?, Frankfurt a. M. 1973, S. 11-35.

4 Wolfgang Knöbl, Europäische Sicherheit aus soziologischer Perspektive, in: Franz Kernic/Guther Hauser (Hg.), Handbuch zur europäischen Sicherheit, Frankfurt: Peter Lang 2005, S. 29-40.

tionspolitik bzw. Entwicklungszusammenarbeit unter die erste, vergemeinschaftete Säule, und die klassische Sicherheits- und Verteidigungspolitik unter die zweite, intergouvernementale Säule; gerade im Bereich ihrer Dialog- und Abkommenspolitik aber verfügt die EU über ein Instrumentarium, das auch starke politische Komponenten ihrer „Gemeinsamen Strategien" im Rahmen der zweiten Säule umfasst, sowie umgekehrt diese Strategien in die Außenwirtschaftspolitik der ersten Säule hineinreichen. Es geht also für die EU um eine sinnvolle Verzahnung von supranationalen und intergouvernementalen Elementen der europäischen Außenbeziehungen, will man ihre internationale Handlungsfähigkeit verbessern.[5]

Der Maastrichter Vertrag hat dieser Schnittstellenproblematik in der Abstimmung von Außenwirtschaftspolitik (bspw. wirtschaftliche Zwangsmaßnahmen) und Außenpolitik mit Einführung von Art. 228a EGV bereits entsprochen. So werden Handelsmaßnahmen ganz bewusst zu politischen Zwecken eingesetzt. In der GASP können gemeinsame Standpunkte und Aktionen mit qualifizierter Mehrheit beschlossen werden, die zur vorübergehenden Aussetzung, zur Einschränkung des Handels mit bestimmten Produkten oder auch zur völligen Einstellung der Wirtschaftsbeziehungen mit einem Land führen. Sie unterliegen damit auch dem Rechtsschutz des EuGH und bilden so ein Einfallstor für denselben, erste Schritte in den Bereichen der Überprüfung außenpolitisch motivierter Akte innerhalb der zweiten Säule zu machen. Der Rat kann schließlich Sofortmaßnahmen ohne Rücksicht auf die WTO treffen, auch wenn er bemüht sein wird, solche Maßnahmen international abzustimmen.

Die Widersprüchlichkeit der Säulenstruktur aufzuheben, ist auch das erklärte Ziel für die Außenpolitik der EU nach Art. 2 (2) und 3 (2) des Unionsvertrages, die ausdrücklich die Herausbildung einer „europäischen Identität" in der Außenpolitik und Sicherheitspolitik über die GASP bzw. das „Kohärenzgebot" zwischen Kommission und Rat fordern, obwohl Art. 3 gleichzeitig von einem „einzelnen institutionellen Rahmen" spricht.

Grundsätzlich lässt sich das Instrumentarium der Union im Bereich der Außenbeziehungen heute in vier Komponenten zusammenfassen.

Die EU verfügt *erstens* über ein weitmaschiges und ausdifferenziertes Netz auswärtiger Beziehungen, die sowohl bilateral wie multilateral organisiert sind. Sie unterhält mit mehr als 160 Staaten diplomatische Beziehungen und steht mit mehr als 30 Staaten oder regionalen Staatengruppen in institutionalisierten Dialogen.[6] In zahl-

5 Ralf Roloff spricht in diesem Zusammenhang vom „verzahnten Dualismus": Die Außenbeziehungen der Europäischen Union zwischen Globalisierung und Regionalisierung, in: Zeitschrift für Politikwissenschaft, 11, 3 (2001), S. 1045-1072.

6 Dazu ausführlich: Hazel Smith, European Union Foreign Policy. What it is and what it does, London: Pluto Press 2002.

reichen internationalen Organisationen verhandelt in der Regel die Kommission – in bestimmten Sachfragen auch der Rat – stellvertretend für die Union mit einer Stimme. Nicht zuletzt häufen sich auch die Fälle, in denen die Union zu internationalen Ereignissen und Krisen gemeinsame Positionen beziehen. Letzteres ist vor allem das Ergebnis der seit 1995 üblichen Praxis in der Union, internationale Vereinbarungen mit Drittstaaten grundsätzlich mit einer Klausel („Konditionalitätsklausel") zu versehen, wonach solche im Falle der Missachtung von Menschenrechten und demokratischen Grundprinzipien suspendiert werden können.[7]

Die EU bietet *zweitens* einer Reihe von Drittstaaten und regionalen Staatengruppen abgestufte finanzielle Unterstützungs-, Förder- und Aufbauprogramme an, um entweder deren ökonomische und politische Entwicklung zu fördern (Kooperations- und Entwicklungshilfeprogramme) oder sie an die Union heranzuführen (Assoziierungsabkommen). Zu solchen Programmen zählen PHARE (Teil A, Kap. I, Fn. 3),[8] TACIS (Technical Assistance for the Commonwealth of Independent States – seit 1991) zur Unterstützung der früheren Sowjetrepubliken und der Mongolei,[9] CARDS (Community Assistance for Reconstruction, Development and Stabilisation – seit 1996) zum Wiederaufbau und zur Entwicklung des westlichen Balkans,[10] MEDA (Financial and technical measures to accompany the reform of economic and social structures in the framework of the Euro-Mediterranean partnership – seit 1995) zur technischen und finanziellen Unterstützung der Mittelmeerländer,[11] ALA (Asia and Latin America – seit 1992) zur ökonomischen wie technischen Kooperation mit Asien und Lateinamerika,[12] oder aber der Europäische Entwicklungshilfefonds (European Development Fund – EDF) für die AKP-Staaten (Afrika/Karibik/Pazifik-Staaten). Rechnet man die bilateralen Entwicklungshilfeprogramme der Mitgliedstaaten hinzu, so ist die EU heute mit einem

---

7 Karen E. Smith, The EU, Human Rights and Relations with Third Countries: Foreign Policy with an Ethical Dimension?, in: Karen Smith//Margot Light (Hg.), Ethics and Foreign Policy, Cambridge: Cambridge University Press 2001, S. 185.

8 Barbara Lippert (Hg.), Bilanz und Folgeprobleme der EU-Erweiterung, Baden-Baden: Nomos 2004, S. 13-72; Tim Beichelt, Die EU nach der Osterweiterung, Wiesbaden 2004; Neill Nugent (Hg.): European Union Enlargement, Palgrave-Macmillan 2004.

9 VO (EG, Euratom) Nr. 99 des Rates vom 29. Dezember 1999 (TACIS); ABl. 2000, Nr. L 12, S. 1-9.

10 Council Regulation 2666/2000 on assistance for Albania, Bosnia and Herzegovina, Croatia, the Federal Republic of Yugoslavia, and the Former Yugoslav Republic of Macedonia, in: Official Journal of the European Union, „Legislation" series 306 (7. Dezember 2000).

11 Vgl. European Commission, Fifth Euro-Mediterranean Conference of Foreign Ministers, Presidency Conclusions and Valencia Action Plan, 22-23. April 2002, Document 8254/02.

12 Council Regulation (EEC) 443/92 of 25 February 1992 on financial and technical assistance to, and economic co-operation with the developing countries in Asia and Latin America, in: Official Journal of the European Union, „Legislation" series 52 (27. Februar 1992).

Anteil von rund 47 Prozent an der weltweit geleisteten Hilfe der größte Entwicklungshelfer (Japan 27 Prozent; USA 16 Prozent).[13]

Eng mit diesen Programmen verbunden sind *drittens* die Bemühungen der Union, nach dem eigenen Modell als externer Föderator weltweit regionale Integration und intraregionale Zusammenarbeit zu fördern. Zu diesem Zweck hat die Gemeinschaft früh eine spezielle Abkommenspolitik gegenüber ost- und südostasiatischen sowie lateinamerikanischen Ländern entwickelt, die primär entwicklungshilfepolitische Komponenten enthält. Die Partnerschaft mit den AKP-Staaten wurde im Juni 2000 in Cotonou (Benin) durch ein auf 20 Jahre abgeschlossenes Abkommen mit 77 AKP-Staaten neu ausgerichtet, in dessen Rahmen die Union die Bildung von regionalen Entwicklungspartnerschaften besonders fördert. Regionale Integration unterstützt die Union darüber hinaus seit Anfang der neunziger Jahre verstärkt in Dialogen mit der Organisation der Südostasiatischen Staaten (ASEAN), dem Golf-Kooperationsrat und dem Südamerikanischen Markt (MERCOSUR). Ziel dieser Dialoge ist die Förderung ökonomischer Interdependenz und vertrauensbildender Maßnahmen sowie der Abbau politischer Spannungen in den Regionen.

Mit einem Anteil von knapp 25 Prozent am Weltbruttosozialprodukt und rund 20 Prozent am Welthandel gehört die EU *viertens* neben den USA zu den wichtigsten Protagonisten einer Liberalisierung des Welthandels im Rahmen des Welthandelsregime GATT/WTO. Grundlage einer gemeinsamen Handelspolitik bietet seit Gründung der Europäischen Wirtschaftsgemeinschaft ART. 3 des EWG-Vertrages als funktionale Entsprechung der Zollunion, die mit der Einführung eines gemeinsamen Zolltarifs gegenüber Drittländern errichtet wurde. Als größter Warenexporteur und Direktinvestor weltweit sowie wichtigster Importmarkt für die Schwellen- und Entwicklungsländer (55 Prozent aller Exporte aus diesen Ländern gehen nach Europa im Vergleich zu nur 38 Prozent in die USA sowie 6 Prozent nach Japan) übt die EU unmittelbaren Einfluss auf die Entwicklung dieser Länder aus, insbesondere durch die o. a. handelspolitischen Präferenzabkommen, über die bestimmten Ländern oder Ländergruppen ein bevorzugter Zugang zum europäischen Markt ermöglicht wird. Ziel dieser Abkommen ist es, auf diese Weise engere politische Bindungen mit den betroffenen Handelspartnern herzustellen oder im Gegenzug ebenfalls bevorzugten Zugang zu deren Märkten zu erhalten. Die Außenwirtschaftspolitik der Union ist somit nicht nur ein ökonomisches Instrument zur Aufrechterhaltung eines freien Welthandels in Abstimmung mit den Besonderheiten des regionalen Handelsregimes der EU, sondern dient auch zur Verfolgung bestimmter politischer Interessen.

13 Youri Devuyst, The European Union Transformed, Brussels: Peter Lang 2005, S. 124.

Das Instrumentarium der Union in den genannten Punkten ist Ausfluss der in Art. 300 des konsolidierten Gemeinschaftsvertrages festgelegten weit reichenden Kompetenzen der Gemeinschaft zum Abschluss internationaler Abkommen mit Drittstaaten oder internationalen Organisationen. Diese wiederum ergeben sich aus der Völkerrechtssubjektivität der Europäischen Gemeinschaft, d. h. aus ihrer völkerrechtlichen Anerkennung durch Drittstaaten und andere internationale Organisationen. Seit dem Amsterdamer Vertrag von 1997 ist die Union zudem zum Abschluss internationaler Vereinbarungen zur Implementierung von Beschlüssen im Rahmen des zweiten (Außen- und Sicherheitspolitik) und des dritten (polizeiliche und justizielle Zusammenarbeit in Strafsachen) befugt.[14]

In der Praxis werden vier Arten internationaler Vereinbarungen unter Beteiligung der Union wie der Mitgliedstaaten unterschieden:

- internationale Vereinbarungen, die in die *ausschließliche Kompetenz der Europäischen Gemeinschaft* (ohne Beteiligung der Mitgliedstaaten) fallen;
- internationale Vereinbarungen, die von der Union *im Rahmen der zweiten und dritten Säule* (ohne formalen Einschluss der Mitgliedstaaten) getroffen werden;
- internationale Vereinbarungen, die gemeinsam von EG/EU und den Mitgliedstaaten getroffen werden (*geteilte Kompetenzen*); und
- internationale Vereinbarungen, die in die *ausschließliche Kompetenz der Mitgliedstaaten* fallen.

Grundsätzlich unterscheiden sich die Verfahrensweisen bei Vereinbarungen nach ausschließlicher Gemeinschaftskompetenz (etwa Außenhandel, Fischerei- und Agrarpolitik) und solchen, die im Rahmen der zweiten und dritten Säule getroffen werden. Bei ersteren (Kooperations- und Assoziationsabkommen nach Art. 310 EGV) ist die Kommission, ähnlich wie in anderen Bereichen der Außenwirtschaftspolitik, zwar alleiniger Verhandlungsführer, benötigt dazu aber die Autorisierung durch die im Rat vertretenen Mitgliedstaaten. Die Kommission verhandelt demnach nach Maßgabe eines von der Kommission erteilten Mandats und im Benehmen mit dem in Art. 133 (3) EGV vorgesehenen Ausschuss oder anderen vom Rat bestellten Ausschüssen. Der Rat entscheidet bei solchen Abkommen in der Regel mit qualifizierter Mehrheit über Annahme oder Ablehnung von Verhandlungsergebnissen. Einstimmige Beschlüsse gelten in solchen Abkommen, in denen für die Annahme interner Vorschriften Einstimmigkeit vorgesehen ist. In der Regel muss das Europäische Parlament vor Beschluss des Rates konsultiert werden.[15]

---

14 Art. 24, Konsolidierter Vertrag der EU.

15 Vgl. dazu Art. 300 (2) und (3) EGV. Siehe auch: Stefania Di Paola, International Treaty-Making in the EU: What Role fort the European Parliament?, in: International Spectator, 38 (2003), S. 75.

Demgegenüber werden die Verhandlungen von internationalen Vereinbarungen im Rahmen der zweiten und dritten Säule von der jeweiligen Ratspräsidentschaft durchgeführt, je nach Sachlage unterstützt durch die Kommission. Das Mandat dafür erhält die Präsidentschaft durch einstimmigen Beschluss des Rates. Ratsvereinbarungen auf Empfehlung der Präsidentschaft wiederum bedürfen gleichsam der Einstimmigkeit.[16]

Die Frage nach der einer klaren Festlegung der ausschließlichen Kompetenzen der Gemeinschaft ist seit langem Gegenstand der Diskussion zwischen der traditionell extensiven Interpretation durch die Kommission und der restriktiven Haltung des Rates. Der Europäische Gerichtshof hat in diesem Kontext festgehalten, dass der Gemeinschaft sowohl vertraglich festgelegte Kompetenzen erwachsen wie auch solche, die sich implizit aus den Vertragsvorschriften ableiten lassen (Prinzip der begrenzten Einzelermächtigung; vgl. insbesondere Art. 5 (1) EGV) und in aller Regel bereits die Form paralleler innerer und äußerer Kompetenzen angenommen haben.[17] Die Schaffung darüber hinausgehender Kompetenzen der Gemeinschaft bedarf gemäß Art. 48 des Unionsvertrages einer entsprechenden vertraglichen Ergänzung, die einen neuen Vertrag und dessen Ratifizierung durch alle Mitgliedstaaten gemäß ihren verfassungsrechtlichen Vorschriften erfordert.

Die meisten internationalen Vereinbarungen sind im Ergebnis somit solche, bei denen Gemeinschaft und Mitgliedstaaten zur Kooperation angehalten sind und die sowohl der Unterschrift der Mitgliedstaaten wie auch der Gemeinschaft bedürfen. Als Grundlinie gilt auch in diesen Fällen, dass die Kommission neben ihrem üblichen Vorschlagsrecht Verhandlungen mit Drittstaaten oder internationalen Organisationen durch Ratsermächtigung führt, während der Rat Vereinbarungen beschließt und abschließt.

2.2 Die Außenwirtschaftspolitik der EU

Als Konsequenz der Entscheidung für einen Binnenmarkt auf der Grundlage einer Zollunion (Art. 3 (1 lit. a), und 23 (1) EGV) und für ein System zum Schutz des Wettbewerbs innerhalb des Binnenmarktes war es naheliegend, die politische Zu-

16 Art. 24 des konsolidierten Unionsvertrages. Nach dem Vertrag von Nizza kann der Unionsrat beim Erlass oder bei der Durchführung einer gemeinsamen Aktion oder eines gemeinsamen Standpunkts mit qualifizierter Mehrheit entscheiden (Art. 1 (4) in Ergänzung zu Art. 24 (3) des konsolidierten Unionsvertrages). Gleiches gilt für Vereinbarungen im Bereich der dritten Säule, bei denen für die Annahme interner Vorschriften die qualifizierte Mehrheit erforderlich ist.

17 Dazu ausführlicher: Youri Devuyst, The European Union Transformed, Brussels: Peter Lang 2005, S. 130 f.

ständigkeit im Bereich der Außenhandelspolitik gleichsam zu zentralisieren.[18] In die alleinige Zuständigkeit des Rates fällt es zwar, die Sätze des gemeinsamen Zolltarifes gegenüber Drittstaaten mit qualifizierter Mehrheit auf Vorschlag der Kommission festzulegen (Art. 26 EGV). Um wettbewerbsverzerrende Auswirkungen einzelstaatlich unterschiedlicher Handelspolitiken zu vermeiden, sind jedoch der Gemeinschaft seit 1970 zusätzliche Kompetenzen in der Außenhandelspolitik übertragen worden (Art. 132 ff. EGV). Mit der Realisierung des Binnenmarktes 1993 waren schließlich die letzten nationalen Nischen in der Handelspolitik, so etwa die Möglichkeiten mengenmäßiger Einfuhrbeschränkungen (Quoten) oder Selbstbeschränkungsabkommen (Voluntary Export Restraints) und Marktordnungen (Orderly Marketing Arrangements), endgültig geschlossen. So ist die Kommission heute insbesondere zuständig für „die Änderung von Zollsätzen, den Abschluss von Zoll- und Handelsabkommen, die Vereinheitlichung der Liberalisierungsmaßnahmen, die Ausfuhrpolitik und die handelspolitischen Schutzmaßnahmen, zum Beispiel im Fall von Dumping und Subventionen" (Art. 113 (1) EWG-V, jetzt Art. 133 EGV). Erfasst sind dabei auch die für die Ausfuhr in Drittländer gewährten Beihilfesysteme der Mitgliedstaaten, die wiederum für jede Abweichung von der gemeinsamen Handelspolitik ausdrücklich der Ermächtigung durch die Kommission bedürften.

Inwieweit diese Entwicklung zu einer eher restriktiven Handelspolitik der Gemeinschaft gegenüber Drittstaaten geführt hat, ist in diesem Kontext von zentraler Bedeutung. Grundsätzlich gilt für die politische Ökonomie der Handelspolitik, dass Präferenzhandelszonen dann politisch akzeptabel sind, wenn sie Handel umlenken können. In der Regel wird der mit der internen Liberalisierung erzeugte Wettbewerbsdruck auf Drittländer v. a. durch Antidumpingmaßnahmen abgewälzt.[19] Im Falle der EU aber haben Untersuchungen vor allem in den 90er Jahren gezeigt, dass trotz schwacher makroökonomischer Rahmenbedingungen und eines starken Anstiegs der Arbeitslosigkeit in mehreren Mitgliedstaaten der Protektionismus – mit wenigen Ausnahmen vor allem im Agrarsektor (s. Ausführungen unten) –, insgesamt nicht zugenommen und statt dessen eher eine weitere Öffnung gegenüber Drittstaaten stattgefunden hat. Der Grund hierfür liegt in der Vertiefung des internen Integrationsprozesses, der den einzelstaatlichen Protektionismus zuneh-

18 Zur Entwicklung der gemeinschaftlichen Handelspolitik: Manfred Elsig, The EU's Common Commercial Policy. Institutions, Interests and Ideas, Aldershot: Ashgate Publishing Limited 2002, S. 25-46; Christoph Hermann/Horst Krenzler/Rudolf Streinz (Hg.): Die Außenwirtschaftspolitik der EU nach dem Verfassungsvertrag, Baden-Baden 2006.

19 Gene Grossmann, Elhanan Helpman, The Politics of Free Trade Agreements, in: American Economic Review, 85, 4 (1995), S. 667-690; Jagdish Bhagwati/David Greenaway, Arvind Panagariya, Trading Preferentially: Theory and Policy, in: The Economic Journal, 108 (1998), S. 1128-1148.

mend aufgehoben hat, einerseits und in der insgesamt liberalisierungsfreundlichen Haltung der Gemeinschaftsinstitutionen (Sperrminorität für „liberale" Mitgliedstaaten) andererseits. Zudem wurden Diskriminierungseffekte restriktiver Binnenmarktregelungen durch die GATT-Agenda (s. Ausführungen unten) auf multilateraler Ebene kompensiert, die zwangsläufig zu einer größeren Verflechtung der Gemeinschaft mit der Weltwirtschaft und einer größeren Offenheit gegenüber Drittstaaten geführt hat.[20]

Anders als im Warenverkehr verhält es sich im Dienstleistungssektor, über den zwar fast drei Viertel des Sozialprodukts in der Gemeinschaft abgewickelt wird, der aber nur ein Fünftel des EG-internen Handels ausmacht. Im Hinblick auf die Entwicklung des Welthandelsrechts im Rahmen des Welthandelsregimes GATT/WTO wurde der Rat zwar bereits mit dem Amsterdamer Vertrag befugt, auf Vorschlag der Kommission und nach Anhörung des Parlaments durch einstimmigen Beschluss die Anwendung der Regeln über die einheitlichen Grundsätze der gemeinsamen Handelspolitik auf noch nicht erfasste internationale Verhandlungen über Dienstleistungen und Rechte des geistigen Eigentums auszudehnen (Art. 133 (5)). Grundsätzlich aber gilt, dass eine Reihe kommerzieller Dienstleistungen wie Arbeitsvermittlung, Bauwirtschaft, Informationstechnik oder Gesundheit erst im Jahr 2010, also mit der Realisierung der so genannten „Lissabon-Strategie", der zufolge die EU bis zu diesem Zieldatum zur „wettbewerbsfähigsten und dynamischsten wissensbasierten Volkswirtschaft in der Welt" aufsteigen will, endgültig von allen Beschränkungen und diskriminierenden Vorschriften befreit werden soll.[21]

Die Durchführung europäischer Außenwirtschaftspolitik ist mit Blick auf die Zuständigkeiten zwischen Rat und Kommission in den einzelnen Phasen der Verhandlungen umstritten.[22] Die Kommission verfügt zunächst in der Handelspolitik über das alleinige Vorschlagsrecht, sie ist verantwortlich für die Durchführung der gemeinsamen Handelspolitik und die Umsetzung ihrer Ergebnisse, und sie vertritt schließlich die Gemeinschaft in den entsprechenden Verhandlungen mit Drittstaaten. Nach Vorlage ihrer Vorschläge beim Rat für die Durchführung einer gemeinsamen Handelspolitik muss sie aber von diesem ermächtigt werden, auf der Basis ih-

20 Brian Hanson, What happened to Fortress Europe? External Trade Policy Liberalization in the European Union, in: International Organization, 52, 1 (1998), S. 55-85.

21 Commission of the European Communities, Proposal for a Directive of the European Parliament and of the Council on Services in the Internal Market, COM(2004) 2 final/3, Brüssel, 5. März 2004.

22 Stephen Woolcock, European Trade Policy: Global Pressures and Domestic Constraints, in: Wallace/Walace, Policy Making in the EU, Oxford: Oxford University Press 2000, S. 373-400; Sophie Meunier/Kalypso Nicolaidis, Who Speaks for Europe? The Delegation of Trade Authority in the EU, in: Journal of Common Market Studies, 37 (1999), S. 477-501; Willem Molle, The Economics of European Integration. Theory, Practice, Policy, Aldershot: Ashgate Publishing Limited 1997, S. 461-492.

rer Vorschläge die erforderlichen Verhandlungen aufzunehmen. Damit hat der zuständige Ministerrat im Prinzip das letzte Wort in der Handelspolitik, während das Parlament lediglich ein Mitspracherecht beim Abschluss bilateraler Verträge sowie ein Zustimmungsrecht bei Assoziierungsabkommen besitzt.[23]

Das „Mandat" ist das Ergebnis der inhaltlichen Abstimmungen zwischen den Mitgliedstaaten und der engen Koordination der Mitgliedstaaten mit der Kommission über den vom Rat bestellten „Ausschuss 133".[24] In diesem Ausschuss, der die Kommission zugleich bei den internationalen Verhandlungen unterstützt, sitzen außer den Vertreten der Mitgliedstaaten auch Mitglieder der „Generaldirektion Handel" der Kommission, die aufgrund ihrer Sachkompetenz auch ohne formelles Stimmrecht erheblichen Einfluss nicht nur auf die Willensbildung im Ausschuss, sondern auch während der internationalen Verhandlungen ausüben. In der Regel werden die inhaltlichen Positionsbestimmungen einvernehmlich, d. h. im Konsens getroffen, dann über den COREPER an den zuständigen Ministerrat weitergeleitet und dort „abgesegnet".[25] Wird kein Einvernehmen erzielt, entscheidet der Ministerrat „originär" auf der Basis qualifizierter Mehrheit, tatsächlich aber sind solche Abstimmungen eher die Ausnahme, zumal in der Praxis handelspolitische Entscheidungen häufig im Rahmen von „Paketlösungen" (package deals) miteinander – oder mit anderen politischen Entscheidungen – verbunden werden.[26]

Im Ergebnis stellt sich somit auch im Bereich der vermeintlich ausschließlichen Kompetenzen der Gemeinschaft die Situation so dar, dass die Kommission zwar im Namen der Gemeinschaft Verhandlungen führt – und zwar sowohl im Bereich der exklusiven wie auch im Bereich der „geteilten" Kompetenzen –, sie aber dennoch ein hohes Maß an Flexibilität aufbringen muss in der Frage der Interpretation der Vorgaben durch den Rat. Denn je mehr Ermessenspielraum sie gewinnt – was für den Verhandlungserfolg manchmal wesentlich ist –, desto eingeschränkter ist die Kontrolle der Mitgliedstaaten, was diese wiederum reflexartig zum Blockieren der gesamten Beschlussvorlage und zum Aushandeln bilateraler Vereinbarungen veran-

23 Seit dem Vertrag von Nizza ist das Parlament zudem befugt, zur Prüfung der Vereinbarkeit eines internationalen Abkommens mit dem EG-Vertrag den Europäischen Gerichtshof anzurufen. Dieser wiederum hat erheblichen Einfluss auf die Handelspolitik, wie die Urteile im Zusammenhang mit der Frage nach der Kompetenzverteilung zwischen Mitgliedstaaten und Gemeinschaftsorganen gezeigt hat.

24 Michael Johnson, European Community Trade Policy and the Article 113 Committee, London: Royal Institute of International Affairs 1998.

25 Stephen Woolcock, European Trade Policy: Global Pressures and Domestic Constraints, in: Helen Wallace/William Wallace, (Hg.), Policy Making in the EU, Oxford: Oxford University Press 2000, S. 373-393.

26 Prominentes Beispiel ist Frankreichs Zustimmung zu den Ergebnissen der Uruguay-Runde, die u. a. an die Bedingung geknüpft war, dass den französischen Bauern zusätzliche Subventionen gewährt wurden.

lassen kann. Die Arbeit der Kommission entspricht daher immer der Gratwanderung zwischen diesen beiden Polen und selbst im Bereich der exklusiven Kompetenzen, in dem Verhandlungsergebnisse im Rat mit qualifizierter Mehrheit entschieden werden, hat sie als Grundprinzip zu berücksichtigen, dass es de facto vermieden wird, einen Mitgliedstaat zu überstimmen. Aufgrund dieser EG-spezifischen Ausformung des handelspolitischen Entscheidungsprozesses sprechen nicht wenige Autoren davon aus, „dass die Menge der gewinnträchtigen Lösungen (win-set)“ auf der internationalen Ebene für die Gemeinschaft nicht selten geringer ist als für die einzelnen Regierungen, mit denen sie verhandelt.[27]

Umgekehrt ist traditionell aber auch das Bedürfnis der Mitgliedstaaten ausgeprägt, gerade in der Außenwirtschaftspolitik mit „einer Stimme“ zu sprechen und die Position der Gemeinschaftsvertretung nicht zu unterminieren. Deutlich wurde dies zuletzt bei der Doha-Entwicklungsrunde der WTO 2006, als sich sehr rasch eine EU-interne Solidarität und damit Stärkung der Kommission als Verhandlungsführerin abzeichnete, die auch als Reaktion auf die Anschuldigungen Washingtons bezüglich der mangelnden EU-Bereitschaft zu weit reichenden Reformen im Agrarbereich zu werten war.[28]

Im Ergebnis laufen Verhandlungen somit in der Praxis eben auch auf die berühmten und viel zitierten Kompromisse zwischen Gemeinschaftsorganen und Mitgliedstaaten hinaus, bei denen exklusive und geteilte Kompetenzen zunehmend verwischen, insgesamt jedoch, nicht zuletzt aus Effizienz- und Zeit-, aber auch aus Prestigegründen (man denke bspw. an Verhandlungen im Rahmen der Streitbeilegungsverfahren der WTO, deren Reform zu einer erheblichen Straffung der Verfahren geführt hat und daher eine möglichst raschen Abstimmungsprozess erforderlich macht), eine Tendenz in Richtung Vergemeinschaftung der Außenwirtschaftspolitik festzustellen ist. Einzig formal ändert sich so gesehen der Handlungsspielraum je nachdem, ob es sich um exklusive Zuständigkeiten handelt, für welche die Kommission nur die Zustimmung der Mehrheit der Mitgliedstaaten benötigt, oder um geteilte Zuständigkeiten, für welche Einstimmigkeit und die Zustimmung der nationalen Parlamente erforderlich sind.

27 Georg Koopmann, Handelspolitik in der Europäischen Gemeinschaft – Institutioneller Rahmen, Verhältnis zur Binnenmarktpolitik und Rolle in der Weltwirtschaft. Hamburgisches Welt-Wirtschafts-Archiv (HWWA), Hamburg Institute of International Economics, Discussion paper 279 (ISSN 1616-4914), Hamburg 2004, S. 10.

28 Stormy Mildner/Claudia Decker, Der Einsatz ist hoch. Wohlstandsgewinne durch die Doha-Entwicklungsrunde der WTO, Deutsche Gesellschaft für Auswärtige Politik (DGAP), DGAPanalyse, Berlin, Juni 2006.

2.2.1 Das Spannungsverhältnis zwischen Welthandel und regionaler Wirtschaftsgemeinschaft

Die Außenwirtschaftspolitik der EU leidet unter einem doppelten Spannungsverhältnis: zum einen allgemein unter dem zwischen den globalen Vereinbarungen im Rahmen von GATT/WTO und den eigenen Vereinbarungen als regionale Wirtschaftsgemeinschaft; zum anderen unter den besagten internen Kompetenzstreitigkeiten zwischen Kommission einerseits und den Mitgliedstaaten andererseits.

Seit Anfang der neunziger Jahre des 20. Jahrhunderts wird in der Literatur verstärkt über den Einfluss regionaler Wirtschaftsgemeinschaften, Zollunionen oder Freihandelszonen wie EG, NAFTA (Nordamerikanische Freihandelszone), ASEAN (Association of Southeast Asian Nations), APEC (Asia Pacific Economic Cooperation) oder MERCOSUR (Mercado Común del Sur) auf den freien Welthandel diskutiert. Im Rahmen des GATT war das Ziel seit 1947, durch die Wiederherstellung des freien Welthandels eine insgesamt leistungsfähigere Weltwirtschaft aufzubauen. Zunächst einigten sich die Gründungsländer auf das Prinzip des freien Welthandels auf eine begrenzte Anzahl Gütern durch die Normen „Meistbegünstigung" und „Reziprozität".[29] Die Umsetzung dieser Normen erfolgte in mehrjährigen Handelsrunden, mit denen sowohl der Zollabbau wie auch der Abbaus von nicht-tarifären Handelshemmnissen vorangetrieben wurden. Nach der Beilegung des Agrarstreits zwischen den USA und der EG unterzeichneten die Mitglieder 1994 das neue GATT-Abkommen, mit dem gleichzeitig die Welthandelsorganisation (WTO) gegründet wurde. Auch die WTO zielt auf die Verankerung eines Welthandelsregimes auf der Basis der beiden Grundprinzipien (Art. I WTO). Obwohl diese im Widerspruch zu der Schaffung einer „präferentiellen Handelszone" stehen, räumt die WTO ihren Mitgliedern allerdings das Recht auf Bildung einer solchen ein (Art. XXIV WTO).

Die Frage nach der Vereinbarkeit beider Regime wird in der Regel nach bestimmten ökonomischen Strukturbedingungen wie Nachfrageelastizität, Wachstumspotential oder Grad des innergemeinschaftlichen Wettbewerbs beurteilt, ist jedoch auch in hohem Maße von politischen Erwägungen bestimmt. Zentrales Beurteilungskriterium ist dabei die Frage, inwieweit die jeweilige Höhe des regionalen Außenschutzes dem Ziel einer weltweiten Liberalisierung des Handels entgegenwirkt oder dieses gar befördert.[30] Ist das politische Interesse an regionaler Zusam-

29 Meistbegünstigung heißt, dass Vergünstigungen, die zwei Vertragsparteien ausgehandelt haben, vorbehaltlos auch für andere GATT-Vertragsparteien gelten. Reziprozität bedeutet, dass handelspolitische Zugeständnisse in einem wechselseitigen Prozess gegenseitig anerkannt werden.

30 Dazu Georg Koopmann, Handelspolitik in der Europäischen Gemeinschaft – Institutioneller Rahmen, Verhältnis zur Binnenmarktpolitik und Rolle in der Weltwirtschaft. HWWA Discussion

menarbeit mit dem Willen zur Liberalisierung der Weltwirtschaft verknüpft, dann wird letztere befördert. Betreibt die regionale Wirtschaftsgemeinschaft wie die EG über Jahrzehnte im Falle ihrer Agrarpolitik jedoch eine Abschottung der eigenen Märkte, so wirkt sich dies auch negativ auf die globalen Handelsrunden aus.[31] Durch hohe Zölle und parallele Subventionierung heimischer Produkte werden ausländische Erzeugnisse vom europäischen Markt ferngehalten (Abschottungsvariante), zugleich werden inländische Erzeugnisse mittels Exporterstattung auf den Weltmarkt gedrückt (Erschließungsvariante). Auf diese Weise stützt die Gemeinschaft den Agrarmarkt mittlerweile mit annähernd der Hälfte der Summe (rund 235 Mrd. Dollar), die in der gesamten OECD-Welt für Agrarsubventionen aufgebracht wird. Umgekehrt entstehen Handelspartnern durch die durch die Gemeinschaft bewirkte Reduktion der Weltmarktpreise zusätzliche Kosten in Form entgangener Absätze und Erlöse in der Gemeinschaft, in Drittländern und im eigenen Land. Nach Borrell und Hubbard tragen so die Handelspartner mittlerweile mehr als ein Drittel der gesamten volkswirtschaftlichen Kosten der Gemeinsamen Agrarpolitik (GAP).[32]

Gerade im Zusammenhang mit der Agrarpolitik hat es daher in der Vergangenheit immer wieder politische Diskussionen über Europas „Protektionismus" gegeben, der vor allem den USA die Argumente lieferte für eigene Abwehrmaßnahmen gegen die unzulässige Behinderung ihrer Exporte. Höhepunkt dieser Auseinandersetzungen in der vergangenen Dekade war sicherlich der amerikanische Vorwurf von der „Festung Europa", mit dem Washington zu Beginn der neunziger Jahre auf die Fortentwicklung des gemeinsamen Marktes zum Binnenmarkt reagierte.[33] Auch in der aktuellen Doha-Runde ist der Agrarsektor einmal mehr Anlass für die anhaltende Debatte zwischen Industrie- und Schwellenländern um einen für beide Seiten tragbaren Kompromiss. Die EU besteht auf einer Kürzung der Agrarzölle von maximal 50 Prozent, die USA wollen bei den Agrarsubventionen nicht unter

Paper 279, Hamburg 2004 (http://www.hwwa.de/Publikationen/Discusion_Paper/2004/279.pdf); Lynden Moore, Developments in Trade and Trade Policy, in: Mike Artis/Frederick Nixson (Hg.), The Economics of the European Union, Oxford: Oxford University Press 2001, S. 271-289; Michèle Knodt (Hg.): Regieren im europäischen Mehrebenensystem. Internationale Einbettung der EU in die WTO, Baden-Baden 2005.

31 Alan Winters, Regionalism and the Next Round, in: Jeffrey Schott (HG.), Launching new Global Trade Talks. An Action Agenda, Washington D.C.: Institute for International Economics, Special Report (September 1998), S. 47-60.

32 Brent Borrell/Lionel Hubbard, Global Economic Effects of the EU Common Agricultural Policy, in: Economic Affairs, 20, 2 (2000), S. 18-26.

33 Dazu ausführlich: Ernst-Ulrich Petersmann/Mark Pollack, Transatlantic Economic Disputes. The EU, the US and the WTO, Oxford: Oxford University Press 2003; Sebastian Princen, EU Regulation and Transatlantic Trade, The Hague/London/New York: Kluwer Law International 2002.

22. Milliarden Dollar gehen und die Schwellenländer wollen im Gegenzug ihre Industriezölle nur dann stärker senken, wenn es bessere Agrarangebote gibt.

Solche Diskussionen entstehen – auch in anderen Sektoren – nicht zuletzt auf Grund der teilweise konkurrierenden Prinzipien, auf denen das EU-Handelsregime im Vergleich zu dem WTO-Regime beruht. Die Gemeinschaft ist weit mehr als eine Freihandelszone. Bei der WTO werden zwar ebenfalls die Zölle zwischen den teilnehmenden Staaten abgebaut, für die Handelspolitik gegenüber Drittstaaten bleiben aber weiterhin die einzelnen Länder zuständig. Im Falle der EU aber ist das Freihandelsprinzip neben den Grundsätzen der Entwicklungshilfepolitik, der sozialen und ökologischen Nachhaltigkeit oder historisch begründeten Verantwortungen nur eines unter vielen Prinzipien, so dass Widersprüche und Konflikte mit der WTO-Ordnung vorprogrammiert sind.[34] In all diesen Bereichen handelt es sich um Politiken, die nicht nur durchweg nicht-ausschließliche Kompetenzen betreffen, sondern auch tendenziell binnenmarktübergreifenden Charakter haben.[35] Die Bananenordnung, durch die die Einfuhr von Bananen aus Lateinamerika lange benachteiligt wurde, oder das Importverbot von Hormonfleisch sind nur zwei Beispiele, in denen sich die Widersprüche zwischen einem den Marktkräften überlassenen liberalen Wettbewerb und der Bevorzugung bzw. Diskriminierung der Importe aus einer bestimmten Ländergruppe, wie sie sich aus der breiten Zuständigkeit ergeben, offenbaren.

Aus der komplexen Zuständigkeit der Gemeinschaft in der europäischen Außenwirtschaftspolitik ergibt sich ein entsprechend breites handelspolitisches Instrumentarium, welches teilweise engen formalen Beschränkungen durch die GATT/WTO-Vereinbarungen unterliegt. Die Zollpolitik der Union ist dabei bereits seit langem als europäisches Instrument überholt, da Zölle in der Regel im Rahmen der WTO festgelegt werden. Problematischer wird es bei „Anti-Dumping"- und „Anti-Subventionsmaßnahmen", welche beide ergriffen werden dürfen, wenn die Kommission nachweisen kann, dass Importe aus einem Drittstaat in der EU billiger angeboten werden, als dies auf dem heimischen Markt des betreffenden Staates der Fall ist, oder wenn sie unter den Produktionskosten des Exporteurs liegen. Zwar stehen solche Maßnahmen in Einklang mit dem WTO-Recht, nicht selten aber landen sie in einem Streitbeilegungsverfahren vor dem entsprechenden WTO-Aus-

34 Bereits in der Einheitlichen Europäischen Akte sind als solche geteilte Kompetenzbereiche in den Außenbeziehungen die Entwicklungshilfe- und die Umweltpolitik erwähnt (Art. 181 und Art. 174 EGV).

35 Peter-Christian Müller-Graf, Die Kompetenzen in der Europäischen Union, in: Werner Weidenfeld (Hg.), Die Europäische Union. Politisches System und Politikbereiche, Bonn: Bundeszentrale für Politische Bildung 2004, S. 141-165 (156).

schuss mit dem Ergebnis, dass Ausgleichszölle oder Anti-Dumping-Maßnahmen eingeführt bzw. verhängt werden können.

Ähnliches gilt schließlich für so genannte „Schutzklauselmaßnahmen“, die dann ergriffen werden können, wenn es auf Grund von Importen zu einer „ernsthaften Schädigung“ eines Wirtschaftszweiges kommt (mengenmäßige Beschränkungen; Importüberwachungen), oder das Aushandeln von „Selbstbeschränkungsabkommen“ mit exportierenden Staaten zur freiwilligen Beschränkung des Exports bestimmter Produkte als Voraussetzung für den Zugang zum europäischen Markt. In beiden Fällen ist die Zulassung solcher Verfahren durch die WTO noch restriktiver, so dass Streitbeilegungsverfahren beinahe vorprogrammiert sind.

Auf diese Weise wird das Problem der konkurrierenden Prinzipien der EU-Handelspolitik zusätzlich erschwert durch die Frage nach der Vorrangstellung von WTO-Recht oder Gemeinschaftsrecht in solchen Streitbeilegungsverfahren vor der WTO. Der Europäische Gerichtshof (EuGH) hat in mehreren Urteilen bestätigt, dass WTO-Normen nicht zur Überprüfung der Rechtmäßigkeit des Handelns von EU-Organen herangezogen werden können, da internationales Recht nur durch Umsetzung in nationales Recht Geltung erlangen könne. Analog können WTO-Normen keine direkte Wirkung auf die Gemeinschaft entfalten, sofern diese sich nicht explizit auf solche Prinzipien beruft.[36] Schließlich hat die Union selbst durch Einführung der Handelshemmnis-Verordnung (HHV – „Trade Barrier Regulation“ – TBR) 1994 versucht, ihre internationale Verhandlungsposition zu stärken, indem sie seither das Recht in Anspruch nimmt, auf unilaterale Abschottungsmaßnahmen bzw. unfaire Handelspraktiken von Drittstaaten (vor allem USA) direkt, allerdings unter Achtung von WTO-Recht, zu reagieren: Befolgt ein Drittstaat die Entscheidungen der WTO nicht, so behält sich die EU vor, Sanktionen gegen diesen Staat zu verhängen.[37]

Die Verordnung ersetzt das „Neue Handelspolitische Instrument“ (NHI) der Gemeinschaft, das 1984 als europäische Antwort auf die Section 301 des US-Handelsgesetzes von 1974 geschaffen wurde. Ähnlich wie der in den USA in den 80er Jahren vollzogene Richtungswechsel setzt sie auf ein offensives „Aufbrechen“ ausländischer Märkte, wie es auch in der im Februar 1996 eingeleiteten „neuen“

36 Armin von Bogdandy/Tilman Makatsch, Kollision, Koexistenz oder Kooperation? Zum Verhältnis von WTO-Recht und europäischem Wirtschaftsrecht in neueren Entscheidungen, in: Europäische Zeitschrift für Wirtschaftsrecht, 11, 9 (2000), S. 261-268.

37 Europäische Gemeinschaft, Verordnung (EG) Nr. 3286/94 des Rates vom 22. Dezember 1994 zur Festlegung der Verfahren der Gemeinschaft im Bereich der gemeinsamen Handelspolitik zur Ausübung der Rechte der Gemeinschaft nach internationalen Handelsregeln, insb. den im Rahmen der Welthandelsorganisation vereinbarten Regeln, in: ABIEG 1994 Nr. L 349, S. 71, geändert durch VO (EG) Nr. 356/95, in: ABIEG 1995, Nr. L 41, S. 3.

Marktöffnungsstrategie der Gemeinschaft gefordert wird.[38] Ihr Anwendungsbereich erstreckt sich auf alle Handelspraktiken in Drittländern, die von internationalen Handelsregeln erfasst werden. Dies schließt außer Praktiken im Warenverkehr auch solche im Dienstleistungssektor ein. Anders als die US-Section 301 aber fordert die HHV, dass Strafmaßnahmen wie Zölle oder Quoten stets im Einklang mit den bestehenden internationalen Verordnungen der Gemeinschaft (bspw. Streitbeilegungsverfahren bei der WTO) stehen müssen, d. h. unilaterale Maßnahmen vorbehaltlich multilateraler Genehmigung erfolgen. Seither zeigt die Praxis, dass der über die WTO geregelte Konfliktaustrag bzw. die Regeln und Normen der WTO zunehmend auch für die EG/EU Bedeutung erlangt hat.

Beschränkungen ist die Gemeinschaft zudem durch ihre zahlreichen, o. e. bi- und plurilateralen Handelsabkommen unterworfen (vgl. nächstes Kapitel). So sind Antidumpingmaßnahmen in bestimmten Sektoren beispielsweise grundsätzlich vertraglich ausgeschlossen im Falle des Abkommens der Gemeinschaft über den Europäischen Wirtschaftsraum (EWR) mit den Mitgliedstaaten der Europäischen Freihandelsassoziation (EFTA). Geprägt werden solche Abkommen in der Regel durch so genannte Präferenzhandelsabkommen auf der Basis gegenseitiger Öffnung der Märkte, die bestimmte Handelspartner gegenüber anderen bevorzugen und letztere damit indirekt benachteiligen bzw. diskriminieren. Mit ihnen verfolgte die Gemeinschaft lange Zeit vor allem gegenüber europäischen Nachbarländern eine Strategie der allmählichen Heranführung an die Gemeinschaft. Mittlerweile aber werden solche Abkommen immer häufiger auch mit nichteuropäischen Ländern und Ländergruppen ohne Beitrittsperspektive geschlossen. Einseitige Präferenzregelungen zugunsten dieser Handelspartner werden durch Abkommen ersetzt, die zunehmend auf Reziprozität angelegt sind und der Gemeinschaft ihrerseits Zugang zu deren Märkten verschaffen.[39]

Insgesamt hat diese in erster Linie politisch motivierte Präferenzhandelspolitik der Gemeinschaft dazu geführt, dass nur noch für wenige Handelspartner der Union (unter ihnen aber die gewichtigen wie die USA, Japan, Kanada, Australien, Singapur oder Südkorea) „die im Rahmen des GATT vereinbarten Meistbegünstigungszölle (und damit faktisch Meist„benachteiligungs"zölle) gelten".[40] Ungeachtet der Frage, inwieweit diese Strategie in den beteiligten Ländern den Anreiz zu multilateraler Liberalisierung befördert – was zahlreiche Studien bezweifeln –, ist

38 Kommission der Europäischen Gemeinschaften, Welthandel als globale Herausforderung. Eine Marktöffnungsstrategie der Europäischen Union, Brüssel 1996.
39 André Sapir, EC Regionalism at the Turn of the Millenium: Toward a New Paradigm?, in: The World Economy, 23, 9 (2000), S. 1135-1432.
40 Koopmann, a.a.O, S. 26.

sie jedenfalls Ausdruck eines europäischen Regionalismus,[41] der in der Praxis zugenommen hat und künftig wohl noch häufiger mit dem multilateralen Regelwerk der WTO kollidieren wird. Die jüngste Ankündigung der Union im Rahmen der Doha-Runde im Herbst 2006, vor allem gegenüber Asien fortan stärker auf bilaterale Handelsabkommen setzen zu wollen (die ähnlich wie das Präferenzabkommen mit den AKP-Staaten stärker den Schutz geistigen Eigentums sowie Fragen von Standards und Lebensmittelsicherheit regeln), deutet jedenfalls darauf hin. Sie impliziert insofern die ständige Überprüfung und gegebenenfalls partielle Erweiterung der Zulassungskriterien im Rahmen der handelspolitischen Überprüfungsmechanismen der WTO.

2.2.2 Das interne Spannungsverhältnis

Mit Blick auf die internen Kompetenzstreitigkeiten zwischen Kommission einerseits und den Mitgliedstaaten andererseits ist zunächst festzuhalten, dass die Gemeinschaft einerseits von Anfang an daran mitgewirkt hat, die Zuständigkeiten des GATT auszuweiten und sich ihnen in ihrer Außenwirtschaftspolitik auch anzupassen. Andererseits ergab sich für sie durch diese inhaltliche Ausweitung das Problem einer zunehmenden Asymmetrie zwischen WTO-Ordnung und innergemeinschaftlicher Kompetenzverteilung. Die Zuständigkeit der Gemeinschaft beschränkte sich auf den Handel mit Gütern, der lange Zeit auch der ausschließliche Kompetenzbereich des GATT war, ohne dass die Gemeinschaft je den formalen Status eines GATT-Verhandlungspartners erhielt. Andere Bereiche der Außenwirtschaftspolitik waren lange Zeit von weitgehenden nationalen Ausnahmeregelungen gekennzeichnet. Gemäß Art. 134 EGV können die Mitgliedstaaten von der Kommission ermächtigt werden, nationale handelspolitische Schutzmaßnahmen zu ergreifen, um wirtschaftliche Schwierigkeiten zu überwinden. Darüber hinaus behielten die Mitgliedsländer handelspolitische Kompetenzen gegenüber Drittstaaten für solche Produkte, über die sie bereits vor Einführung der gemeinsamen Handelspolitik bilaterale Verträge abgeschlossen hatten. So existieren Sonderregelungen der Gemeinschaft für den Handel vor allem mit landwirtschaftlichen Produkten ebenso wie Sonderbeziehungen zu einigen Ländern.

Durch die Vollendung des Binnenmarktes und den partiellen Wegfall der Grenzkontrollen innerhalb der Gemeinschaft wurde es den Mitgliedstaaten zwar

41 Zum Thema Regionalismus/Regionalisierung vgl. Ralf Roloff, Die Außenbeziehungen der Europäischen Union zwischen Globalisierung und Regionalisierung, in: Zeitschrift für Politikwissenschaft, 11, 3 (2001), S. 1045-1072.

generell erschwert, nationale Sonderegelungen aufrechtzuerhalten; aus diesem Grund beschloss die Kommission, solche Regelungen im Sinne von Art. 134 EGV nur noch in begründeten Ausnahmefällen zuzulassen. Allerdings sind alle weitergehenden Pläne einer möglichen ersatzlosen Streichung solcher Regelungen bislang am Widerstand der Mitgliedstaaten gescheitert.

Zugenommen haben hingegen solche Bereiche, in denen sowohl die Mitgliedstaaten wie auch die Gemeinschaft Kompetenzen besitzen. Zu ihnen zählen der Dienstleistungshandel sowie Regelungen über geistiges Eigentum (Copyright-Rechte, Investitionsabkommen). In diesen Fällen sind die Grenzen nicht immer eindeutig zu bestimmen, so dass Streitigkeiten zwischen Mitgliedstaaten und Kommission über die formale Zuständigkeit nicht nur immer wieder den Integrationsprozess stören, sondern auch zu Disputen mit der WTO-Ordnung in dem Maße führen, wie diese mittlerweile auch auf diese Bereiche ausgedehnt wurde.[42] Der EuGH hat traditionell eher eine extensive Auslegung der Verträge zugunsten der Kommission unterstützt. Mit Blick auf den Widerstand aus einer Reihe von Ländern in solchen den Dienstleistungshandel und Regelungen des geistigen Eigentums betreffenden Fragen aber folgte er in einem wegweisenden Urteil aus dem Jahr 1994 der Linie der Mitgliedstaaten und entschied sich somit erstmals für eine engere Interpretation der Doktrin von den „impliziten Kompetenzen“ der Gemeinschaft in den Außenbeziehungen bzw. gegen die Gemeinschaftsmethode.[43] Allerdings erkannte er auch die Schwierigkeit einer Trennung der Handels- von Dienstleistungsfragen an und plädierte salomonisch dafür, künftig in internationalen Verhandlungen mit einer Stimme zu sprechen. Folgerichtig spricht er in seinem Urteil nicht von einer gemischten, sondern geteilten Zuständigkeit und weist damit auch auf die teilweise zwar unvermeidbare, jedoch absurde Trennung gemeinschaftlich auszuübender Kompetenzen hin, die Drittstaaten gegenüber Brüssel immer wieder monieren.

Kommission und Mitgliedstaaten einigten sich auf dieser Grundlage zwar auf eine Art Verhaltenskodex, demzufolge die Kommission in entsprechenden Verhandlungen gegenüber der WTO zwar als alleiniger Verhandlungspartner auftreten solle, die Mitgliedstaaten aber an den Verhandlungen teilnehmen dürfen. Eine formale Vereinbarung aber erfolgte nicht, so dass die Kommission anlässlich der Regierungskonferenz von Amsterdam 1996 erneut einen Vorstoß unternahm, um die Kompetenzfrage endgültig in ihrem Sinne zu klären. Auch jetzt blieb es jedoch bei einem wenig ergiebigen Formelkompromiss. Danach konnte der Rat lediglich durch einstimmigen Beschluss die Zuständigkeit der Gemeinschaft auf die Bereiche

42 Dazu Hugo Paemen/Alexandra Bensch, From the GATT to the WTO. The Euroepan Community in the Uruguay Round, Leuven: Leuven University Press 1995.

43 In seinem Urteil 1/1994, EuGH Report 1994, I-5267 (15. November 1994).

geistiges Eigentum und Direktinvestitionen ausdehnen. Erst mit dem Vertrag von Nizza erfolgte eine weitere Zentralisierung, als die Zuständigkeit der Gemeinschaft explizit auf „Übereinkünfte betreffend den Handel mit Dienstleistungen und Handelsaspekte des geistigen Eigentums“ (Art. 133 (5) EGV) ausgedehnt wurde.[44] Damit konnten Entscheidungen auf diesen Gebieten grundsätzlich auch mit qualifizierter Mehrheit getroffen werden (Art. 133 (4) EGV) Allerdings machten auch hier Griechenland, Dänemark und vor allem Frankreich nationale Vorbehalte geltend und setzten in Art. 133 (6) EGV erhebliche Ausnahmen durch: So fielen „Übereinkünfte im Bereich des Handels mit kulturellen und audiovisuellen Dienstleistungen, Dienstleistungen im Bereich Bildung sowie in den Bereichen Soziales und Gesundheitswesen“ weiterhin in die gemischte Zuständigkeit.[45]

In der Praxis haben die durch Nizza eingeführten Änderungen somit kaum zu einer Stärkung der Außenwirtschaftspolitik der EU geführt. Es bleibt für die Gemeinschaft oftmals schwierig, eine einheitliche Linie in internationalen Verhandlungen zu vertreten.[46] Kompensationsgeschäfte mit den Mitgliedstaaten auf bestimmten Feldern zur Erreichung einstimmiger Beschlüsse gehören zum Alltagsrepertoire der Kommission und dürften nach der Erweiterung eher noch zunehmen. Einen weiteren Beweis dafür lieferte im Oktober 2005 wieder einmal Frankreich im Rahmen der Klärung der europäischen Position zu den WTO-Agrarverhandlungen, indem es eine engere Kontrolle der Kommission durch die Mitgliedstaaten forderte. Die Regierung in Paris hatte verlangt, jeden Vorschlag der Kommission im Rahmen der als Entwicklungsrunde konzipierten Doha-Runde zuvor von einem Fachausschuss prüfen und von den Staaten bestätigen zu lassen.[47] Der Vorstoß fand zwar keine Unterstützung und die EU-Kommission gewann diesen Machtkampf. Dennoch zeigte er, wie begrenzt der Spielraum der Kommission ist, wenn sie allzu flexibel agiert und, wie im Agrarstreit, etwaige Konzessionen in Sachen Marktöffnung gegenüber den USA und den ärmeren Ländern macht. Im Übrigen ließ er erkennen, wie groß Gefahr ist, dass beim innereuropäischen Präferenzbildungsprozess die globale Ebene allzu rasch ausgeklammert wird. So wurden der parallele Aufstieg der so genannten „Gruppe der 20 Entwicklungsländer“ einschließlich der Handelsmächte China, Brasilien, Indien oder Südafrika und deren Forderung nach einer stärkeren Öffnung der OECD-Staaten für ihre Agrarproduk-

44 Günter Krenzler/Christian Pitschas, Progress or Stagnation? The Common Commercial Policy after Nice, in: European Foreign Affairs, 6 (2001), S. 313.

45 European Report, October 18, 2000, I-5; European Report, December 6, 2000, I-2; European Report, December 13, 2000, I-7.

46 Youri Devuyst, The European Union Transformed, a.a.O., S. 139 f.

47 Financial Times, 19. Oktober 2005.

te im Vorfeld der Verhandlungen in Brüssel lange Zeit praktisch nicht wahrgenommen.

Es bleibt daher ein Desiderat, bei den Kompetenzbestimmungen eine allgemeine konkurrierende Kompetenz für die Außenbeziehungen nach Maßgabe der EG-internen Kompetenzlage zu schaffen. Ausschließliche Kompetenzen, insbesondere gemäß Art. 133 EGV bleiben dadurch unberührt, ebenso besondere Ermächtigungen wie zum Beispiel für den Verkehr (Art. 71 (1 lit. a) EGV). Dies wäre ein wichtiger Schritt in Richtung Aufhebung der unbefriedigenden Pfeilertrennung (erste und zweite Säule) und Schaffung einer Vereinheitlichung der kompetenz-, organisations- und verfahrensrechtlichen Rahmenbedingungen für die Außenwirtschaft und Außenpolitik im Sinne des Kohärenzgebots nach Art. 3 EUV.

2.3 Die Entwicklungshilfe- und Assoziationspolitik der EU

Entwicklungshilfepolitik in der EU ist Präventionspolitik. Sie dient vor allem der politischen und ökonomischen Stabilisierung der Verhältnisse in den Entwicklungs- und Schwellenländern zu deren Heranführung an die Weltmärkte und die politischen Leitideen der Gemeinschaft wie die Achtung von Demokratie und Menschenrechten, Regionalismus und Freihandel. Da sich das Macht- und Beziehungsgefüge der internationalen Beziehungen in den kommenden Jahrzehnten nachhaltig zugunsten dieser Länder verändern wird – Bevölkerungswachstum, Urbanisierung, technologischer Fortschritt und ökonomische Globalisierung werden die gesellschaftlichen Strukturen in Asien, Afrika und Lateinamerika nachhaltig beeinflussen –, stellt sich für die Entwicklungshilfepolitik der EU jedoch auch die Frage nach ihrem künftigen Einfluss- und Gestaltungsspielraum.[48] Die Gemeinschaft muss sich im Zuge dieser Entwicklung auf einen relativen ökonomischen und weltpolitischen Bedeutungsverlust einstellen. Zu Beginn dieses Jahrtausends liegt ihr Anteil an der Weltbevölkerung nur noch bei knapp 13 Prozent; bis 2050 dürfte er nach Berechnungen der Vereinten Nationen auf etwa 7 Prozent sinken – mit entsprechenden Konsequenzen auch für den Anteil der Gemeinschaft am Weltbruttosozialprodukt. Staaten wie China und Indien sowie die Wirtschaftsblöcke ASEAN und MERCOSUR dürften dann nachhaltig die internationale Ordnung neben den Vereinigten Staaten – deren Bevölkerung auf etwa 500 Mio. anwachsen könnte – bestimmen. Für die EU wird es somit umso wichtiger, künftig ihre Assoziations- und Entwicklungshilfepolitik über wechselseitig oder nicht-reziprok ein-

48 Dazu Stefan Brüne, Europas Außenbeziehungen und die Zukunft der Entwicklungshilfepolitik, Opladen: Leske + Budrich 2004.

geräumte Handelsvorteile hinaus zu denken und in eine aktive, umfassendere Kooperationspolitik mit diesen Ländern zu treten.

Dass die Assoziations- und Entwicklungshilfepolitik von Anfang an so konzipiert war, dass sich hinter den handelspolitischen Präferenzen, die bestimmten Ländern oder Ländergruppen gewährt wurden, auch die Erwartung der Entwicklung enger politischer Bindungen stand, zeigt bereits das breite Instrumentarium der Gemeinschaft in diesem Bereich. Kernstück sind dabei die auf wechselseitigen Handelsvergünstigungen beruhenden Freihandelsabkommen auf der einen, und die so genannten Kooperations- und Assoziationsabkommen auf der anderen Seite. Im Unterschied zu reinen Freihandelsabkommen sind letztere wesentlich breiter angelegt und umfassen in der Regel die Kooperation in zusätzlichen Politikfeldern wie technische und finanzielle Zusammenarbeit, Zusammenarbeit bei grenzüberschreitenden Sicherheitsfragen oder beim Umweltschutz.[49]

Kooperationsabkommen der EU (Art. 300 EGV) bestehen u. a. mit den EFTA-Staaten,[50] der Schweiz (seit 2000), den USA und Kanada, mit zahlreichen Staaten Asiens, Lateinamerikas sowie Russland und anderen GUS-Staaten,[51] mit den Staaten des Golfkooperationsrates und den Mittelmeeranrainern (ua. im Rahmen des Barcelona-Prozesses aus dem Jahr 1995).[52] Sie sind in der Regel von größerer ökonomischer Bedeutung auf Grund des mit ihnen abgewickelten Handelsvolumens, grundsätzlich aber weniger institutionalisiert. Assoziationsabkommen hingegen sind stärker formalisiert, indem sie für die Durchführung politischer Dialoge oder die Vergabe finanzieller Hilfsleistungen „besondere Verfahren" und Konditionen vorsehen (Art. 310 EGV). Darüber hinaus begründen sie engere politische Verbindungen mit dem Ziel einer Heranführung des assoziierten Staates an die Gemeinschaft bspw. durch die Übernahme bestimmter Gemeinschaftspolitiken oder von Teilen der Binnenmarktgesetzgebung. Prominenteste Beispiele hierfür sind die bereits in den 1960er Jahren abgeschlossenen Assoziationsabkommen mit der Tür-

49 Dazu umfassend: Carol Cosgrove-Sacks (Hg.), Europe, Diplomacy and Development, Basingstoke: Palgrave 2001.

50 Abkommen zum Europäischen Wirtschaftsraum 1994 mit den sechs verbliebenen (nach Ablehnung der Schweiz) EFTA-Staaten (Österreich, Finnland, Schweden, Island, Liechtenstein, Norwegen). Nach EU-Beitritt der drei erstgenannten Staaten 1995 nur noch mit Island, Liechtenstein und Norwegen.

51 In diesen Fällen handelt es sich nicht selten um Interimsabkommen, welche die Gewährung von Handelsvergünstigungen bereits vor Ratifikation der Abkommen durch die Mitgliedstaaten erlauben. Im Falle der GUS-Staaten handelt es sich um die so genannten Partnerschafts- und Kooperationsabkommen.

52 Ägypten, Algerien, Jordanien, Syrien, Libyen (Beobachterstatus). Mit Ägypten, Algerien und dem Libanon wurden mittlerweile Assoziationsabkommen geschlossen, mit Syrien wird ein entsprechendes Abkommen angestrebt. Der Barcelona-Prozess wurde vom Europäischen Rat 1995 zur Stärkung der europäischen Mittelmeerpolitik mit den südlichen Anrainerstaaten des Mittelmeers (außer Libyen), Jordanien und Vertretern der Palästinenser beschlossen.

kei und Griechenland, die Assoziationsabkommen mit Zypern, Malta, Israel (ab 2000), Marokko, Tunesien, Libanon und der Palästinensischen Autonomiebehörde, die „Europa-Abkommen" mit den Ländern Mittel- und Osteuropas ab 1993, welche ab 1993 unter der Bedingung der Erfüllung der Kopenhagener Kriterien (Stabilität der Institutionen; funktionierende Marktwirtschaft; Übernahme der gemeinschaftlichen Regeln, Standards und Politiken) sukzessive eine Beitrittsperspektive erhielten, sowie die Stabilisierungs- und Assoziierungsabkommen mit den Ländern Südosteuropas im Rahmen des „Stabilitätspakts für Südosteuropa" (1999), mit denen die Gemeinschaft ein längerfristig angelegtes Stabilisierungskonzept auf dem Balkan verfolgte, das als Zukunftsperspektive die EU-Mitgliedschaft auch für diejenigen Länder in Aussicht stellte, die noch nicht zum Kreis der anerkannten Beitrittskandidaten gehörten.[53]

Auch beim Abschluss von Kooperations- und Assoziationsabkommen führt die Kommission die Verhandlungen mit dem Drittstaat oder einer Staatengruppe auf der Basis eines von der Kommission erteilten Mandats und in Absprache mit dem in Art. 133 (3) EGV vorgesehenen Ausschuss oder anderen vom Rat bestellten Ausschüssen.[54] Bei Kooperationsabkommen entscheidet der Rat in der Regel mit qualifizierter Mehrheit (abgesehen von solchen Abkommen, welche Bereiche berühren, in denen für die Annahme interner Vorschriften Einstimmigkeit vorgesehen ist), bei Assoziationsabkommen ist Einstimmigkeit erforderlich. Auch in diesen Fällen besteht das dauerhafte Problem, die entsprechenden Verträge jeweils den WTO-Regeln anzupassen.

2.3.1 Von Lomé zu Cotonou

Die EU ist im internationalen Vergleich der bedeutendste Geber von Entwicklungshilfe. Im Mai 2005 hatte sie auf Vorschlag der Kommission beschlossen, die Entwicklungshilfe bis 2010 auf 0.56 Prozent und bis 2015 auf 0.7 Prozent des Bruttoinlandsprodukts zu erhöhen; damit wäre das im Rahmen der Vereinten Nationen beschlossene Millenniumsziel erreicht. Damit würden von 2010 an 20 Mrd. Euro zusätzlich zur Verfügung stehen, von denen die Hälfte für die Länder Afrikas vorgesehen ist. 60 Prozent aller Entwicklungshilfe für den Kontinent kommen schon jetzt aus dem Gemeinschaftshaushalt oder aus den EU-Mitgliedstaaten. Mit ihrem jüngsten Vorstoß, der „gemeinsamen Strategie" für Afrika, will die Union die

53 Barbara Lippert (Hg.), Bilanz und Folgeprobleme der EU-Erweiterung, Baden-Baden: Nomos 2004, S. 13-72.

54 Iciar de Chávarri Ureta, The European Commission's Institutional Framework for Development Policy, in: Carol Cosgrove-Sacks, a.a.O., S. 52-78.

Entwicklungshilfe für den Schwarzen Kontinent zudem durch eine effektivere Zusammenarbeit unter den Mitgliedstaaten verbessern.[55] Die vorgeschlagene Strategie stellt insofern einen Wendepunkt dar, da sie zum ersten Mal einen gemeinsamen Ansatz für das Engagement der Kommission und der Mitgliedstaaten vorsieht, künftig alle Vorhaben mit den afrikanischen Partnerländern im Rahmen der Afrikanischen Union (AU)[56] abgesprochen werden und mit ihnen ein ständiger Dialog geführt wird. Sie beschreibt die Voraussetzungen für eine nachhaltige Entwicklung und enthält Vorschläge für eine gemeinsame Programmplanung oder die Verbesserung von Kontrollverfahren. Als Schwerpunkte der Zusammenarbeit werden Initiativen zur Förderung verantwortlichen staatlichen Handelns und zum Ausbau der Verkehrsinfrastruktur genannt.

Tatsächlich könnte die Strategie eine Signalwirkung ausüben hinsichtlich der immer wieder geforderten handlungsbindenden Verständigung über das Verhältnis von gemeinschaftlich und national verantworteten Außenbeziehungen sowie regionaler Schwerpunktsetzung. Zwar besteht Einigkeit darüber, dass ein koordiniertes Handeln gerade in der Entwicklungszusammenarbeit vorteilhaft wäre. Dennoch gestaltet sich diese in der Praxis ausgesprochen schwierig. Nach wie vor dominieren in vielen Fällen nationalstaatlich geprägte Politiktraditionen. Acht der fünfundzwanzig EU-Mitgliedstaaten sind ehemalige Kolonialmächte. Frankreich unterhält bis heute enge bilaterale Beziehungen zu diktatorischen Regimen in Subsahara-Afrika. Offiziell aber werden solche unterhalb der Schwelle normativer Selbstansprüche europäischen Handelns angesiedelten nationalen Interessenpolitiken in Brüssel wenig thematisiert, obwohl sie nicht selten die operativen Möglichkeiten der EU konterkarieren. Man müht sich zwar um die konkrete Auflistung unstrittiger Erfordernisse und trotz häufig mangelnder Wirkung rangiert Entwicklungshandeln in der Wertschätzung der europäischen Öffentlichkeit sehr hoch (mehr als 80 Prozent sprechen sich für eine Beibehaltung öffentlicher Entwicklungshilfe aus);[57] die Vergabepraxis Brüssels aber richtet sich in der Regel interessen- und konstellationsbezogen an den unterschiedlichen entwicklungspolitischen Bedürfnissen aller beteiligten Akteure aus. Ein solches System aber, das auf nirgends einklagbare „subsidiäre Komplementarität“ (Brüne) setzt, ist weder effizient noch der Integration förderlich. Beispielhaft hierfür ist die Lomé-Politik der Union.

55 Ausführlicher dazu: Gisela Müller-Brandeck-Bocquet/Siegmar Schmidt et al. (Hg.), Die Afrikapolitik der Europäischen Union. Neue Ansätze und Perspektiven, Leverkusen-Opladen: Verlag Barbara Budrich 2007

56 Die Afrikanische Union hat sich bei ihrer vor einigen Jahren beschlossenen Reorganisation am Modell der EU orientiert und besitzt inzwischen ähnliche Strukturen wie die Kommission.

57 Stefan Brüne, Europas Außenbeziehungen und die Zukunft der Entwicklungspolitik, Opladen 2004, S. 32.

Bereits 1957 vereinbarten die damaligen Gründungsstaaten der EWG auf Drängen Frankreichs und Belgiens die bis heute gültige „Assoziierung der überseeischen Länder und Hoheitsgebiete" (aktuell Art. 182-188 EGV), welche sich im Prozess der Dekolonisierung von den Mitgliedstaaten befanden. Mit der Assoziierungspolitik verfolgte die Gemeinschaft nicht nur dass Ziel, die bestehenden wirtschaftlichen Verbindungen zwischen Mutterland und Kolonien von der angestrebten Zollunion unberührt zu lassen, sondern auch die Idee einer politischen Integration dieser Länder in die westliche Staatengemeinschaft. Frankreich und Belgien ging es darüber hinaus auch darum, die wirtschaftliche Unterstützung der ehemaligen Kolonien auf die europäischen Partnerländer zu verteilen.

1962 wurde das erste, 1969 das zweite Abkommen von Yaoundé unterzeichnet. Nach dem Beitritt Großbritanniens 1973 wurden die engen Beziehungen durch die Lomé-Abkommen auf die im Commonwealth zusammengeschlossenen ehemaligen britischen Kolonien, darunter sechs karibische und drei pazifische Inselstaaten, ausgedehnt. Zwischen 1975 und 1990 unterzeichneten die Gemeinschaft und die AKP-Staaten insgesamt vier Abkommen, von denen die ersten drei eine jeweils fünfjährige und das vierte eine zehnjährige Laufzeit hatten. Erst mit dem Maastrichter Vertrag allerdings erhielt die bis dato in Form von Assoziations- und Präferenzabkommen praktizierte europäische „Entwicklungshilfepolitik" eine rechtliche Grundlage. In Art. 130 finden sich die so genannten 3 „Ks": Demnach soll europäische Entwicklungshilfepolitik komplementär (d. h. ergänzend zu der der Mitgliedstaaten), kohärent (im Sinne der Zielgerichtetheit aller Entscheidungen) sowie koordinierend (die Mitgliedstaaten stimmen ihre Hilfsprogramme aufeinander ab) ausgerichtet sein.[58]

Die Lomé-Abkommen waren nicht zuletzt Ausdruck einer genuin europäischen Antwort auf die Anfang der siebziger Jahre intensiv geführte Debatte um die anhaltende Unterentwicklung der Dritten Welt (Modernisierungs- vs. Dependenzia-Theorie) als Ergebnis eines tendenziell „ungerechten" Weltwirtschaftssystems, in deren Folge die betroffenen Länder Garantiepreise für ihre Rohstoffe sowie erhöhte Mitteltransfers von den Industrieländern forderten.

Kernpunkte dieser Abkommen waren:

- Gewährung von Zoll- und Abgabenfreiheit für Produkte aus den AKP-Ländern im Sinne eines einseitigen Präferenzsystems zu Gunsten dieser Staaten; gleichzeitig müssen die assoziierten Staaten Waren aus der Gemeinschaft lediglich gemäß dem Prinzip der Meistbegünstigung behandeln. Ausnahmen hiervon gelten

58 Franz Nuscheler, Entwicklungspolitik, Bonn 2005, S. 527.

in wenigen „sensitiven" Sektoren, insbesondere bei einer Reihe von Agrarprodukten, die mit zusätzlichen Abgaben oder Mengenbeschränkungen belegt sind;

- Fonds zur Stabilisierung der Exporterlöse bei sinkenden Weltmarktpreisen oder Ernteausfällen – Ausgleichszahlungen für Agrarprodukte erfolgen aus STABEX, für Bergbauerzeugnisse aus SYSMIN;
- Institutionalisierter Dialog zwischen den Vertragspartnern durch regelmäßige Treffen auf Ministerebene und Einrichtung ständiger Ausschüsse zur Förderung der landwirtschaftlichen und industriellen Entwicklungskooperation.[59]

Finanziert werden die Maßnahmen der Entwicklungshilfe durch den 1958 gegründeten Europäischen Entwicklungsfonds (EEF), der sich aus Beiträgen der Mitgliedstaaten zusammensetzt. Daneben gewährt die Europäische Investitionsbank den AKP-Staaten zinsgünstige Darlehen.

Galt die Lomépolitik wegen ihrer über längere Laufzeiten hinweg verbindlich zugesagten Entwicklungshilfeleistungen, den großzügigen Handelsvergünstigungen und der Idee zwischenstaatlicher Entwicklungspartnerschaft oft als Modell einer gelungenen europäischen Außenpolitik, so ist die Bilanz der Abkommen letztlich doch gemischt: Zwar waren die in ihrem Rahmen gewährten Mittel für die AKP-Staaten von großer Bedeutung, da der überragende Anteil aus nicht-rückzahlbaren Zuschüssen bestand (was wiederum die Gemeinschaft zu einem der wichtigsten internationalen Geber von Entwicklungshilfe machte). Zudem beförderte das Programm die regionale Kooperation zwischen Entwicklungsländern. Insgesamt aber gelang es der Lomé-Zusammenarbeit aus verschiedenen Gründen nicht, die Entwicklung der AKP-Staaten nachhaltig zu befördern; insgesamt blieb die Wirksamkeit der Präferenzsysteme begrenzt.

Problematisch war zunächst der ausschließlich produktbezogene Einkommenstransfer, der von vornherein die notwendige Diversifizierung der Exportstruktur verhinderte und dazu führte, dass die betroffenen Länder die Möglichkeiten eines Marktzugangs für Fertigwaren nicht nutzten. Von diesen Transfers profitierten vor allem die rohstoffreichen Länder mit mittleren Einkommen, wo diese einseitig ausgerichtete Entwicklungshilfe zum Teil fragwürdigen Sonderbeziehungen zwischen bestimmten Interessengruppen Vorschub leistete und Wirtschaftreformen zur Entwicklung moderner Industriepotentiale und zur Erhöhung der Produktivität verhinderte.[60]

In den Ländern, in denen die Präferenzsysteme Anwendung fanden, kam wiederum erschwerend hinzu, dass ausgerechnet die Produkte vom freien Zugang in

59 Ebd., S. 41 ff.
60 Robert Kappel, Die entwicklungspolitischen Fehlleistungen von Lomé, in: Journal für Entwicklungspolitik, 15, 3 (1999), S. 247-256.

die Gemeinschaft durch Schutzklauseln ausgenommen wurden, bei denen die AKP-Staaten komparative Kostenvorteile besaßen. Komplizierte Anwendungsmodalitäten, etwa bei der Bestimmung des Warenursprungs, führten zudem dazu, dass Präferenzen häufig gar nicht in Anspruch genommen wurden.

Ein weiteres Problem der Lomépolitik liegt in der einseitigen Bevorzugung spezieller Gruppen von Entwicklungsländern gegenüber anderen; ausgenommen hiervon sind lediglich die am wenigsten entwickelten Länder der Welt (LLDC) im Rahmen der so genannten „Alles-außer-Waffen"-Initiative. Grundsätzlich wird für Produkte aus Entwicklungsländern der Zugang zum EG-Inlandsmarkt durch die o. e. einseitige Gewährung von Handelspräferenzen erleichtert. Im Rahmen des 1971 eingeführten Allgemeinen Präferenzsystems (APS) räumt die Gemeinschaft, abhängig von der „Sensibilität" der jeweiligen Produkte, der Erfüllung gewisser Sozial- und Umweltstandards oder dem Verzicht auf Drogenanbau, allen Entwicklungsländern Zollvorteile ein. Die Lomé-Abkommen aber setzen klare Präferenzen zu Gunsten der AKP-Staaten und verstoßen damit bereits generell gegen die für das Funktionieren der WTO konstitutiven Prinzipien der Reziprozität und der Meistbegünstigung.

Zwar erlaubt das WTO-Recht unter bestimmten Bedingungen Ausnahmen von diesen Prinzipien, nämlich dann, wenn Vergünstigungen gegenseitig (reziprok) gewährt werden oder aber wenn sie unterentwickelten Ländern zugute kommen – dann aber dürfen bestimmte Länder nicht gegenüber anderen bevorzugt werden. Die Lomé-Abkommen aber beruhen nicht auf Gegenseitigkeit und haben daher auch nicht den Charakter einer mit dem WTO-Recht kompatiblen Freihandelszone. Zudem machen die AKP-Staaten nur einen Teil der unterentwickelten Länder und auch nicht alle LLDCs aus, so dass die Abkommen auch nicht mit den entwicklungspolitisch motivierten Ausnahmeregeln der WTO kompatibel sind.

Vor diesem Hintergrund und nicht zuletzt auf Grund der zunehmenden Schwierigkeiten der EU, für die AKP-Kooperation beim WTO-Ministerrat Ausnahmegenehmigungen gewährt zu bekommen, bemühte sich die Gemeinschaft nach Auslaufen von Lomé IV um eine Reform der wirtschaftlichen und finanziellen Zusammenarbeit in Einklang mit den WTO-Bestimmungen. Im Abkommen von Cotonou vom Juni 2000 stellte sie die Zusammenarbeit mit den AKP-Staaten – mit besonderem Schwerpunkt auf Schwarzafrika, auf eine neue Basis. Neben dem erwähnten Ziel einer größeren WTO-Kompatibilität sah das Abkommen vor allem eine Aufwertung der politischen Dimension der Kooperation, die Intensivierung der Armutsbekämpfung sowie die stärkere Einbeziehung nichtstaatlicher Akteure vor.[61]

61 Siegmar Schmidt, Aktuelle Aspekte der EU-Entwicklungspolitik, in: APuZ, B 19-20 (2002), S. 29-38.

Die politische Dimension des Abkommens weist dabei weit über die traditionelle Lomé-Zusammenarbeit hinaus. Sie bedeutet, dass die Gemeinschaft ihre Hilfe fortan verstärkt von der Erfüllung politischer (Einhaltung der Menschenrechte, Erfüllung demokratischer Prinzipien und von „good governance" im Sinne des verantwortlichen, entwicklungsorientierten und transparenten Umgangs mit den Entwicklungsressourcen des Landes) und ökonomischer Auflagen (stärkere regionale Kooperation, verstärkte Liberalisierungsanstrengungen seitens der betroffenen Länder, Finanzzusagen der EU auf maximal fünf Jahre hin, Einrichtung einer Investment-Fazilität mit einem Umfang von 2,2 Mrd. Euro zur Ankurbelung privater Investitionen, Überwachung der finanziellen Kooperation durch Gemeinsamen Ausschuss, regelmäßige Evaluierung von Projekten) abhängig macht. Dem entspricht auch das zentrale Ziel der Einführung reziproker Handelserleichterungen durch bi- oder multilaterale Partnerschaftsabkommen (Economic Partnership Agreements – EPA). Ab 2008 müssen die AKP-Staaten schrittweise (bis spätestens 2020) ihre Märkte für EU-Produkte öffnen und so die Vereinbarkeit mit WTO-Recht sichern; ausgenommen von dieser Vereinbarung sind lediglich die LLDCS innerhalb der AKP-Gruppe. Hält sich ein AKP-Staat nicht an diese Vereinbarung, so sollen für ihn ab 2008 die allgemeinen, für alle anderen Entwicklungsländer geltenden Zugangsbedingungen zum europäischen Markt im Rahmen des so genannten „Generellen Präferenzsystems" gelten, was grundsätzlich eine Schlechterstellung gegenüber den bisherigen Lomé-Vereinbarungen bedeuten würde.

Grundsätzlich ist zweierlei als Ergebnis der Assoziations- und Entwicklungspolitik der EU festzuhalten: Der Charakter der Kooperation hat sich fundamental gewandelt. Handelsabkommen auch mit den AKP-Staaten werden nicht mehr ohne eine umfassende Kooperation auch auf anderen Feldern abgeschlossen. Die Gewährung von finanziellen Unterstützungsleistungen der EU wird zunehmend von der Einhaltung vor allem politischer Kriterien durch die AKP-Staaten abhängig gemacht. Gleichzeitig wächst der Druck auf diese Staaten, ihre außenwirtschaftlichen Strukturen den Bedingungen der Globalisierung anzupassen und ihre Märkte stärker zu öffnen. Dieser Prozess zwingt umgekehrt die Union, ihre Assoziations- und Entwicklungshilfepolitik künftig stärker mit ihrer generellen Handels- und Agrarpolitik sowie mit ihrer Gemeinsamen Außen- und Sicherheitspolitik abzustimmen, zumal sich der geographische Horizont der europäischen Kooperationspolitik sukzessive auf asiatische und lateinamerikanische Staaten ausgeweitet hat und damit den eigenen Standort herausfordert. Es bleibt somit ein doppeltes Kohärenzdilemma bestehen: Entwicklungs- und Handelspolitik gehen nach wie vor in unterschiedliche Richtungen sowie unverändert eine sinnvolle Arbeitsteilung zwischen nationaler und supranationaler Ebene nur rudimentär besteht, wie die unterschiedlichen regionalen Schwerpunkte und auch Verwaltungstraditionen zeigen.

Zweitens übt das WTO-Recht mittlerweile erheblichen Anpassungsdruck auf die Assoziations- und Entwicklungspolitik der Gemeinschaft aus. Durch die Regeln des multilateralen Handelsregimes ist die EU gezwungen gewesen, die lange Zeit gewährten Präferenzvorteile der AKP-Staaten sukzessive abzubauen. Und auch außerhalb des AKP/EU-Kooperation gilt für die Kooperations- und Assoziationsabkommen, dass die zunehmende Liberalisierung des WTO-Regimes die Präferenzsysteme der Union zunehmend aushebelt, so dass es für die betroffenen Länder attraktiver wird, an Stelle der Einhaltung der Präferenzsysteme eher auf die konsequente Anwendung von WTO-Recht gegenüber der Gemeinschaft zu setzen. Umgekehrt gilt allerdings auch, dass die zunehmend politisch bestimmte Präferenzstrategie der EU von der Gemeinschaft ihrerseits dazu genutzt wird, politische Einflusszonen zu schaffen und politischen Druck auf die Partnerländer im Sinne von „good governance", partieller Öffnung für europäische Waren und Dienstleistungen und innenpolitischer Reformprozesse auszuüben. Darüber hinaus verfolgt die Gemeinschaft die Strategie, den Regelungsbereich der WTO in ihrem Sinne auszuweiten. Sie folgt damit der inneren Logik europäischer Handelspolitik als Konsequenz aus der Binnenmarktpolitik. Für die WTO wächst damit der Druck, über ihre Kernaufgabe der Liberalisierung der Märkte hinaus zunehmend zum Schiedsgericht für protektionistische Handelsstreitigkeiten degradiert zu werden.[62]

2.4 Die Außenvertretung des Euro und das Gewicht der EU in internationalen Finanzorganisationen

Bei kaum einem Politikfeld taten sich die Mitgliedstaaten mit der Übertragung der Kompetenzen an die Gemeinschaft so schwer wie in der Frage der gemeinsamen Währung. Zwar willigten die Staats- und Regierungschefs grundsätzlich in die Schaffung einer gemeinsamen europäischen Währung ein; in der Frage nach der Vertretung der Gemeinschaft in internationalen Währungsverhandlungen aber gingen die Meinungen der Staaten während der Maastrichter Vertragsverhandlungen weit auseinander.[63] Der Vertrag legt lediglich fest, dass die Gemeinschaft eine einheitliche Position zu vertreten und die Kommission internationalen Verhandlungen beizuwohnen (associated) hat.[64] Damit signalisierten die Mitgliedstaaten, dass sie

62 Carsten Hefecker/Georg Koopmann, WTO und internationale Handelsarchitektur, in: Wirtschaftsdienst, 83, 6 (2003), S. 402-406.

63 Dazu ausführlich: Kenneth Dyson/Kevin Featherstone, The Road to Maastricht. Negotiating Economic nad Monetary Union, Oxford: Oxford University Press 1999.

64 Konsolidierte Fassung des EGV, Art. 111.

der Kommission nicht das Mandat erteilen wollten, bei entsprechenden im Namen der Gemeinschaft zu sprechen. Eine formale Vereinbarung in der Frage der Außenvertretung trafen die Staats- und Regierungschefs erst auf dem Wiener Ratstreffen im Dezember 1998, unmittelbar vor der Annahme des Euro als Gemeinschaftswährung am 1. Januar 1999, als sie sich auf das Prinzip einer Teilung der Verantwortlichkeit auf ministerielle wie Zentralbankebene einigten. Die Kommission war danach nur in dem Maße an der Außenvertretung beteiligt, wie es die im Maastrichter Vertrag „zugewiesene Rolle erforderlich machte".[65] Die Vergemeinschaftung der Wirtschafts- und Währungspolitik darf somit bei aller Unabhängigkeit der EZB in ihrer Politik (Art. 108 EGV) nicht darüber hinwegtäuschen, dass die Außenvertretung dennoch eine geteilte ist.

Ähnlich pragmatische Lösungen gibt es im Übrigen auch mit Blick auf die Regelung der Außenvertretung der Gemeinschaft auf den G7-Treffen und beim Internationalen Währungsfonds (IWF).[66] Durch die ausdrückliche Anerkennung des IWF-Regelwerkes hat der Europäische Rat den besonderen Status Frankreichs und der Bundesrepublik bezüglich ihres Besetzungsrechts im Exekutivdirektorium nicht angetastet. Der EZB hingegen wurde lediglich ein Beobachterstatus gewährt, so dass die Interessen der Gemeinschaft primär durch das jeweilige Mitglied im Direktorium vertreten werden, welches augenblicklich den Vorsitz in der Eurogruppe hat und von der Kommission lediglich unterstützt wird. Der für die Wirtschafts- und Währungsfragen zuständige Kommissar nimmt wiederum die Rolle eines Beobachters sowohl im Internationalen Währungs- und Finanzausschuss des IWF wie auch im Entwicklungsausschuss von IWF und Weltbank wahr.[67]

Ähnlich ist die Konstellation bei den G7-Treffen der Finanzminister und Chefs der nationalen Zentralbanken: Der Präsident der EZB wohnt den Diskussionen ebenso bei wie der zuständige Kommissar, die Vertretung auf Ministerebene erfolgt wiederum durch den Präsidenten der Eurogruppe neben den nationalen Vertretern. Trotz teilweise heftiger Kritik an dieser Kompromisslösung durch die Kommission und einige der kleineren Mitgliedstaaten, bleibt die Außenvertretung in diesem Bereich geteilt und entspricht somit nicht der EU-internen Kompetenzordnung für die Wirtschafts- und Währungspolitik.

Nicht zuletzt wegen dieser Ambivalenz wird dem Euro deshalb auch auf internationaler Bühne nach wie vor mit einer gewissen Skepsis begegnet. Als Reservewährung erfüllte der Euro nur teilweise die in ihn gesetzten hohen Erwartungen, auch wenn immer mehr Länder mit engen Handelsbeziehungen zur EU ihre Währung

65 Vienna European Council, Presidency Conclusions, December 11-12, 1998, Annex II, para. 5.
66 Dazu grundsätzlich: Stefan Griller/Birgit Weidel (Hg.), External Economic Relations and Foreign Policy in the European Union, Vienna: Springer 2002.
67 Devuyst, a.a.O., S. 142.

mittlerweile am Euro ausrichten und auch wenn der europäische Binnenmarkt im Grunde die gleichen Voraussetzungen dafür mitbringt wie der US-Dollar. Mit einem Welthandelsanteil von rund 20 Prozent verfügt der Euro bei Beibehaltung einer stabilitätsorientierten Währungspolitik und unter Voraussetzung eines hinreichenden Konsens der Mitgliedstaaten über Ziele und Wirkungen der wichtigen makroökonomischen Politikbereiche in jedem Fall über das entsprechende Potenzial, zu einer Weltwährung zu werden und mittelfristig mehr als ein Drittel der Devisenreserven auf sich zu vereinigen.[68] Voraussetzung dafür ist allerdings nicht nur ein entsprechendes nachhaltiges Wirtschaftswachstum in Europa, getragen von einer starken Binnennachfrage und Direktinvestitionen, sondern auch ein entsprechender Zugang zu den europäischen Märkten, wie er sich in einer annähernd ausgeglichenen Leistungsbilanz bzw. den Welthandelsanteilen widerspiegelt; dabei ist ganz offensichtlich, dass die erweiterte Union derzeit zwar relativ (9,6 Prozent gemessen am Bruttoinlandsprodukt) weniger offen für den Handel ist als die „alte" EU 15 (10,8 Prozent), grundsätzlich sich aber in der Union in den beiden vergangenen Jahren das Defizit in der Handelsbilanz erhöht hat.[69] Erfüllt die Union diese Voraussetzungen, würde sie einerseits unabhängiger von Fehlentwicklungen und währungspolitischen Störungen in anderen Weltregionen, andererseits nähme ihr Gewicht in den relevanten internationalen Währungs-Institutionen zu. In dieser Perspektive wiederum kann die Bündelung der europäischen Finanzkraft auch zu einer Stärkung des außenpolitischen Profils der Union in der Welt insgesamt beitragen.[70] Dies wäre nicht zuletzt von zentraler Bedeutung vor dem Hintergrund der Bewältigung der globalen Auswirkungen von Finanzkrisen, wie sie die Weltwirtschaft in den neunziger Jahren des vergangenen Jahrhunderts erlebte.

An diesem Punkt wird deutlich, dass mit Blick auf das Außengewicht des Euro das Haupthindernis gar nicht einmal im Fehlen einer gemeinsamen europäischen Position besteht, sondern in der mangelnden makroökonomischen Koordination zwischen den drei zentralen Märkten auf globaler Ebene – dem US-amerikanischen, dem europäischen und dem südostasiatischen; alle drei regionale Gruppierungen verfolgen im Grunde unterschiedliche wirtschaftliche Strategien: Während

68 Olaf Hillenbrand, Die Wirtschafts- und Währungsunion, in: Werner Weidenfeld Weidenfeld (Hg.), Die Europäische Union, Bonn 2004, S. 242-272 (266).

69 Vgl. Daniel Gros/Leonor Coutinho, The Larger EU in the Global Economy, in: Esther Brimmer/Stefan Fröhlich (Hg.), The Strategic Implications of European Union Enlargement, Washington 2005, S. 273-287 (278).

70 In diesem Zusammenhang könnte die Erweiterung der Union deren Einfluss auf die internationalen Finanzinstitutionen über die Zeit sogar noch erhöhen. In IWF und Weltbank ist die europäische Vertretung wie gesagt fragmentiert, da sie ausschließlich von den Mitgliedstaaten wahrgenommen wird. Das Stimmgewicht der europäischen Mitgliedstaaten im IWF ist jedenfalls größer als das der USA, wenn man die einzelnen Stimmanteile addiert (etwa 32 Prozent gegenüber 18 Prozent für die USA).

die EU die Philosophie eines (impliziten) Inflationsziels mit einer insgesamt eher passiven Fiskalpolitik verbindet und die südostasiatischen Länder eine vorwiegend merkantilistische Politik mit exportgestütztem Wachstum und nur geringer Reserveanhäufung betreiben, ist die amerikanische Strategie eher geprägt von einem moderaten Keynesianismus in der Fiskalpolitik, der in schlechten Zeiten durchaus zu wachstumsstimulierenden Maßnahmen bereit ist, sowie einer insgesamt undogmatischen Geldpolitik zur Kontrolle der Inflation. Mit anderen Worten, es gibt keine gemeinsame Wirtschaftsphilosophie. Die Geldpolitiken konzentrieren sich vor allem auf die jeweilige Inflation in den Regionen, was wiederum bedeutet, dass im Zuge globaler Kapital- und Warenmärkte die Wechselkurse untereinander zur entscheidenden Variable für globale Schockanpassungen werden. Entsprechend steigt im Grunde der Bedarf an einem aktiveren Wechselkursmanagement, was wiederum so lange nicht umsetzbar ist, wie die Geldpolitik ausschließlich auf den jeweiligen Binnenmarkt fokussiert ist.

Wesentlich wäre ein größeres Gewicht des Euro schließlich in einem anderen Kontext; und auch hier schlagen im Übrigen wiederum die unterschiedlichen Strategien der zentralen Akteure durch. Es geht um die Frage nach dem Einfluss Europas auf die Gestaltung der Politik in internationalen Organisationen wie IWF und Weltbank. Selbstverständlich stärken eine annähernd einheitliche Politik der Europäer und ein entsprechendes Gewicht des Euro deren Verhandlungsposition gegenüber Washingtons ordnungspolitischen Vorstellungen in solchen Organisationen im Speziellen und in der Außenwirtschaftspolitik im Allgemeinen. Europäer beklagen in diesem Kontext gerne nicht nur die amerikanische Ignoranz internationaler Verträge und Vereinbarungen, sondern auch deren Dominanz in internationalen Organisationen; Washington hingegen fürchtet vielmehr die Aushöhlung nationaler Souveränitätsrechte und -kompetenzen durch selbige.

Grundsätzlich gilt zunächst, dass die Regeln für die Weltwirtschaft natürlich das Ergebnis multilateraler Vereinbarungen sind, welche die Verhandlungsmacht der jeweiligen Akteure widerspiegeln. Diese Macht entspricht wiederum der wirtschaftlichen Größe und politischen Rolle des Landes in der Welt: je größer diese, desto größer auch die Gestaltungsmacht.

Die USA verfügen so gesehen über den größten Spielraum, Inhalt und Verfahrenregeln der Globalisierung zu bestimmen. Washington verfügt als Einzelstaat über das größte Stimmgewicht in Organisationen wie den UN, der Weltbank oder dem IWF und es bestimmt wesentlich das WTO-Regelwerk. Im IWF besitzen die USA mit 17 Prozent den höchsten Stimmenanteil und sind damit das einzige Mitgliedsland mit einer Veto-Macht, da grundlegende Entscheidungen mit einer Mehrheit von 85 Prozent der Stimmen verabschiedet werden müssen. Auch Europäer sehen daher den IWF gerne als Instrument der USA zur Durchsetzung ihrer

Ordnungsvorstellungen für die Weltwirtschaft. Diese waren über die Jahre hinweg erstaunlich konsistent. John Williamson hat im Zusammenhang mit der Haltung der USA gegenüber Welthandelsfragen und internationalen Organisationen vom „Washington Consensus" gesprochen. Dessen Grundphilosophie lässt sich auf die Maximen vom ungehinderten Marktzugang und einer möglichst geringen Rolle des Staates in der Wirtschaft reduzieren. Im Einzelnen besteht er nach Williamson aus zehn Elementen, die den unterschiedlichen Politikansatz Washingtons gegenüber Brüssel dokumentieren:

- Ausgabendisziplin des Staates (gegenüber relativ hohen öffentlichen Ausgaben in der EU);
- Verlagerung öffentlicher Ausgaben weg von Subventionen;
- Reduzierung der Grenzsteuersätze;
- Freigabe von Zinssätzen;
- Aufgabe relativ fester (wie sie eher in der EU der Fall sind) zugunsten flexibler, marktbestimmter Wechselkurse;
- Möglichst hoher Grad von Handelsliberalisierung;
- Öffnung der Märkte für Kapital-Direktinvestitionen im Gegensatz zu einer verstärkten Kontrolle der Kapitalmärkte;
- Privatisierung öffentlicher Unternehmen;
- Deregulierung der Produktionsmärkte, und;
- Sicherung privater Eigentumsrechte.[71]

In der EU ist die vorherrschende Meinung der letzten Jahre, die USA propagierten die Öffnung der Märkte über den IWF mehr und mehr auf Kosten einer ausgewogeneren (Sozial-)Politik gegenüber Drittstaaten und Regionen. Der Vorwurf lautet, Washington betreibe so etwas wie eine ideologische Kampagne und habe seine Seele einem „Raubtierkapitalismus" (Helmut Schmidt) zu Lasten der Armen in der Welt verkauft. Und, indem es Wettbewerbern auf den internationalen Märkten einen möglichst hohen Grad an Freiheit belässt – d. h. vor allem multinationalen Unternehmen und den großen Finanzanbietern – zeige es zugleich seine Vorliebe für das *big business*.

Dies trifft jedoch nur partiell zu: Zunächst ist festzuhalten, dass der Vorwurf einer Instrumentalisierung des IWF durch die USA schon dadurch entschärft wird, dass im Gegensatz zu den Europäern gerade Washington in der aktuellen Reformdebatte für eine Verringerung der Finanzierung und der Funktionen der Institution plädiert. Dies hat vor allem etwas mit den Grundwerten der in den USA vorherr-

71 John Williamson, What Should the Bank Think about the Washington Consensus? Institute for International Economics. Abrufbar unter: www.iie.com/TESMONY/bankwc.html.

schenden liberalen Wirtschaftsphilosophie zu tun, wonach die individuelle Selbstverantwortung der Akteure, das Vertrauen in die Mechanismen des freien Marktes und eine möglichst geringe Staatsintervention, sowie die Kopplung von Finanzhilfen an die Verpflichtung zur Selbsthilfe Priorität genießen. Entsprechend lautet die Strategie für einen reformierten IWF: Konzentration auf die Kernaufgaben im Sinne von Notfallhilfen; stärkere Marktorientierung hinsichtlich der Restrukturierung staatlicher Schulden zur Verhinderung von Finanzkrisen, und ergo; Vermeidung des „moral hazard“ (Übernahme von drohenden Verlusten privater Investoren durch den IWF) durch die Verringerung des öffentlich garantierten Sicherheitsnetzes.[72]

Dem gegenüber favorisieren die Europäer eher eine Stärkung des IWF bzw. Ausweitung seiner Funktionen in Richtung eines vorbeugenden Konflikt- und Krisenmanagements sowie der Armutsbekämpfung unter Einschluss der „Zivilgesellschaften“ im Sinne konsensualer Entscheidungsprozesse.

Zum anderen gilt, dass Washingtons Philosophie der offenen Märkte in einigen Fällen durchaus großen Erfolg hatte. In den „Tigerstaaten“ Hongkong, Singapur, Taiwan und Südkorea brachte die konsequente Deregulierung der Wirtschaft, ihre Exportorientierung und die Öffnung der Märkte eine erhebliche Verbesserung des Lebensstandards. Der hohe Zustrom von Direktinvestitionen bescherte allen Ländern über Jahre hinweg hohe Wachstumsraten. Auf der anderen Seite aber war die Handelsliberalisierung gerade in jenen Bereichen mit einem Rückzug des Staates verbunden, in denen zumindest eine teilweise Regulierung unerlässlich war. Dieses Manko wurde während der Asienkrise besonders in den strukturellen Defiziten der Arbeits- und Finanzmärkte der betroffenen Länder deutlich.

So gesehen war die Asienkrise keineswegs ausschließlich das Ergebnis der gewaltigen Kapitalströme in das Land, vor allem aus den USA, sondern auch verschiedener interner Faktoren. Sie hat erhebliche ordnungspolitische Defizite aufgedeckt: Mangelnde Rechtsstaatlichkeit, Korruption und Vetternwirtschaft, staatliche Eingriffe in die Märkte, Abschottung der Politik von der Gesellschaft. Und sie hatte ihre Ursache in strukturellen Schwächen wie dem traditionell schwach ausgeprägten Rechnungs- und Prüfungswesen, mangelnder Transparenz in Bezug auf die Finanzlage der Unternehmen in deren Beziehungen zu staatlichen Stellen, mangelnden Aufsichtsstrukturen im Finanzsektor, kurzfristige Kreditaufnahme auf Grund der Bindung der heimischen Währung an den Dollar, einer Tendenz zur Überschuldung und der zu lang anhaltenden Exportorientierung.[73] Aus diesen Erfahrungen haben aber auch der IWF und Washington durchaus gelernt, dass Maßnah-

72 Vgl. Zu der Diskussion Stefan Schirm, Internationale Politische Ökonomie, Baden-Baden 2004, S. 250 ff.

73 Paul Krugman, What happened to Asia? http://web.mit.edu(krugman/www/DISINTER.html.

men in Richtung einer gezielten Unterstützung der Länder bei der Marktintegration dringend notwendig sind. Solche Maßnahmen umfassen nicht nur die herkömmlichen Instrumente des Schuldenerlasses und des Abbaus von Handelsschranken für den Export von Entwicklungsländern auf der Basis der Meistbegünstigung. Sie umfassen auch technische Hilfe, ein Mindestmaß an sozialer Sicherheit, um die Auswirkungen ökonomischer Reformen auf die betroffenen Länder abzufedern, und höhere Ausgaben vor allem in den Bereichen Gesundheit, Erziehung und Bildung.[74]

Das Problem der internationalen Kapitalströme wird somit weiterhin ambivalent beurteilt. Da solche Transaktionen auf den Finanzmärkten den Kauf von Fremdwährungen erfordern, werden diese Kapitalbewegungen von entsprechend hohen Wechselkursrisiken und -schwankungen begleitet. Die Asienkrise hat die Risiken unkontrollierter Kapitalbewegungen offenbart, als die Flucht aus diesen Märkten die betroffenen Länder mit gewaltiger Verschuldung und dem Bankrott von Firmen und Banken zurückließ und binnen kürzester Zeit zu einem Minuswachstum der Wirtschaften führte. Wie Joseph Stiglitz im Zusammenhang mit der Krise beklagte, kann das „Dogma der Liberalisierung“ nur allzu leicht zum Selbstzweck statt zum wirksamen Reformmittel des internationalen Finanzsystems werden, wenn die institutionellen Rahmenbedingungen zur Lösung der strukturellen Probleme nicht gegeben sind.[75]

Für Europäer liegt der Schlüssel häufig in einer stärkeren Kontrolle der Kapitalmärkte. Die meisten Überlegungen kreisen in diesem Zusammenhang um die Idee einer Kapitalmarktsteuer zur Begrenzung bzw. Kontrolle der Kapitalflüsse; die Einnahmen aus dieser Steuer wiederum sollen Entwicklungsländern die Anpassungsprozesse und den Abbau von Importrestriktionen erleichtern.[76] Kritiker der so genannten Tobin-Steuer in den USA hingegen argumentieren, dass die Finanzmärkte Wege finden, um sich einer solchen Steuer zu entziehen und, dass ein Konsens in dieser Frage ohnehin nicht zu erzielen sei; nur eine lückenlose Einführungen bzw. Anwendung aber mache überhaupt Sinn. Finanzkrisen werden demnach als eine natürliche Reaktion der Märkte auf falsche Wirtschaftspolitik gesehen. Dies mag zutreffen, dennoch bedeutet es nicht, dass eine solche Steuer grundsätzlich ungerechtfertigt ist, wenn man bedenkt, dass die Vermeidung der mit Finanzkrisen ein-

74 Eduardo Aninat, Surmounting the Challenges of Globalization, in: Finance and Development (IMF Magazine), 39, 1 (March 2002).

75 Joseph Stiglitz, More Instruments and Broader Goals: Moving Toward the Post-Washington Consensus. World Institute for Development Economic Research Annual Lecture, 7. Januar 1998, S. 8. Abrufbar unter: www.iie.com/TESTMONY/Bankwc.html.

76 Thomas Palley, The Tobin Tax Debate. Destabilizing Speculation and the Case for an International Currency Transactions Tax, in: Challenge, 44, 3 (May/June 2001), S. 70-89.

hergehenden Produktionsverluste eventuell ausbleibende Investitionen in Folge von Kapitalmarktbeschränkungen längstens aufwiegen würde.[77]

Wie immer man diese Diskussion bewerten mag, fest steht zum einen, dass das Interesse an einem adäquaten multilateralen und regelgestützten Management der Weltwirtschaft und an der Rolle des IWF von beiden Seiten als logische Folge der zunehmenden Integration nationaler Ökonomien in den Weltmarkt geteilt wird, die Methoden und Grundprinzipien, wonach dieses erfolgt, hingegen nicht. Zum anderen aber zeigt die Debatte vor allem, wie sehr die Stellung der Union in internationalen Organisationen von ihrem ökonomischen Gewicht und jeweiligem politischen Einigungsgrad abhängt. Für die EU wäre daher viel gewonnen, wenn ihr künftig zweierlei gelänge: erstens eine Einigung der europäischen Mitgliedstaaten im IWF auf eine gemeinsame Agenda bei den Ministertreffen; dies wird dadurch erleichtert, dass sich die Agenda generell stärker in Richtung europäischer Themen verschoben hat (Konfliktprävention und Krisenmanagement), und ließe sich am besten über den Ecofin-Rat steuern; zweitens eine Verständigung auf eine gemeinsamen europäische Vertretung im „Board of Governors" durch die Mitglieder der Eurozone und der EZB – ein Anliegen im Übrigen, welches bei Schwellenländern und zahlreichen nichteuropäischen G/8-Ländern Unterstützung findet, dem sich die USA jedoch bislang beharrlich verweigerte.[78] Beides ist auch für die außenpolitische Handlungsfähigkeit der Union von zentraler Bedeutung, setzt aber auch voraus, dass die EU ihre seit Jahren andauernde wirtschaftliche Stagnation überwinden kann.

2.5 Die Bedeutung der Lissabon-Strategie für die Außenpolitik der EU

Im Jahr 2000 haben die EU-Staats- und Regierungschefs die Lissabon-Strategie mit dem Ziel ausgerufen, die Europäische Union bis 2010 zum „wettbewerbsfähigsten und dynamischsten wissensbasierten Wirtschaftsraum in der Welt zu machen – einem Wirtschaftsraum, der fähig ist, ein dauerhaftes Wirtschaftswachstum mit mehr und besseren Arbeitsplätzen und einem größeren sozialen Zusammenhalt zu erzielen".[79] Ergänzt wurde dieses Ziel ein Jahr später auf dem Gipfel in Stockholm am 23/24. März 2001 um den Aspekt der Nachhaltigkeit. Dort beschlossen die Staats-

77 Jay Mandle, Reforming Globalization, in: Challenge, 44, 2 (March/April 2001), S. 24-38 (35).

78 Vgl. hierzu die Ergebnisse des Kolloquiums des International Institute of Economics in Washington 2005. Abrufbar unter: http://www.iie.com/prog_imf_reform.cfm.

79 Europäischer Rat von Lissabon, 23/24. März 2000. Schlussfolgerungen des Vorsitzes, Lissabon 2000, 2.

und Regierungschefs die Integration der Strategie für nachhaltige Entwicklung in den Lissabon-Prozess.

Die Voraussetzungen dafür schienen zu diesem Zeitpunkt günstiger denn je, der Rat sprach von „besten makroökonomischen Perspektiven seit einer ganzen Generation“: Überschuss in der Leistungsbilanz als Ergebnis einer strikt eingehaltenen Stabilitätspolitik der EZB, durch welche Inflation und Zins (1.2 Prozent in 1999) in der EU niedrig gehalten wurden und der Abbau der öffentlichen Defizite vorangetrieben werden konnte; erfolgreiche Euroeinführung; nahezu vollendeter Binnenmarkt mit 380 Millionen Konsumenten und einem der höchsten Prokopfeinkommen der Welt;[80] durch die anstehende Erweiterung bedingtes hohes Wachstums- und Beschäftigungspotenzial. Vor diesem Hintergrund bekundeten die Staats- und Regierungschefs ihre Bereitschaft, die Defizite im Hinblick auf ein größeres Wirtschaftswachstum innerhalb der Union entschlossen anzugehen. Die politischen Hebel für eine – mittel- bis langfristig mögliche – Steigerung des Wachstumspotenzials sahen sie in einer konsequenten Deregulierung der Kapital-, Güter- und Arbeitsmärkte (Stichwort Flexibilisierung), geringeren Steuern und Abgaben insbesondere für kleinere und mittelständische Unternehmen (Stichwort Gründungsoffensive) sowie in der Bildung von zusätzlichem Human- und Sachkapital (Stichwort Qualifikationsoffensive im Bereich von Schlüsseltechnologien) zur Steigerung der Arbeitsproduktivität.

Flankiert werden sollten diese Reform- und Liberalisierungsschritte allerdings von einer aktiven Beschäftigungspolitik, mit deren Hilfe man die allgemeine Beschäftigungsquote auf 70 Prozent anzuheben hoffte, einer konsequenten Weiterentwicklung der sozialen Sicherungssysteme in Zeiten dramatischen demographischen Wandels in Europa (nicht nur im Vergleich mit den USA) sowie Förderprogrammen zur sozialen Integration benachteiligter Gruppen.[81] Damit folgten die Staats- und Regierungschefs der herkömmlichen Logik europäischer Wirtschaftspolitik: kontrollierte Öffnung der Märkte zur Freisetzung der Wachstumskräfte einerseits, Rückgriff auf Kreditfinanzierung des Interventionsstaates andererseits nach dem Motto: was unter Berufung auf ein erwartetes Wirtschaftswachstum mit Schulden finanziert wird, ist eine rentable Investition in die Zukunft, die ihre Rückzahlung samt Zins generiert. Neu war in diesem Zusammenhang allerdings die in Anlehnung an den Leitlinienprozess in der Beschäftigungspolitik (Art. 128 EGV) erfolgte Einführung eines Verfahrens durch die Kommission, der so genannten „Offene Methode der Koordinierung“ (OMK). Obwohl diese Methode außerhalb des Ge-

---

80 Blanke/Lopez-Claros, The Lisbon Review 2004. World Economic Forum, Cologny 2004, 2.

81 Nicholas Eberstadt, Population Power: Another Transatlantic Divergence?, in: American Enterprise Institute for Public Research/New Atlantic Initiative. European Outlook (November/December 2004), Washington 2004. www.aei.org/nai.

meinschaftsrechts angesiedelt ist und weitgehend auf Sanktionen bei Nichterreichung durch die Kommission festgelegter Ziele verzichtet, verfügt sie doch über einige Dynamik, die sich vor allem aus einem „psychologischen Moment" schöpft. Zwar erfolgt die Anpassung wirtschafts- und sozialpolitischer Maßnahmen durch die Mitgliedstaaten freiwillig, doch erzeugen Offenlegung und Koordinierung der nationalen Aktionspläne zur Umsetzung der von Kommission und Rat festgelegten quantitativen und qualitativen Indikatoren und Benchmarks im Vergleich zu den „Besten der Welt"[82] zumindest einen gewissen Handlungsdruck auf die Mitgliedstaaten. Besonders die Methode des „naming, blaming and shaming", bei der Positivbeispiele zur Nachahmung empfohlen werden, Negativbeispiele hingegen zu öffentlichem Druck auf die betroffenen Statten führen, könnte ein probates Mittel zur Erhöhung des Erfolgsdrucks auf die beteiligten Staaten sein.[83] Bisher allerdings haben die Mitgliedstaaten die Einführung eines offiziellen „Lisbon-Scoreboard" mit einer Rangliste der 25 Mitgliedstaaten verhindern können.

2.5.1 Bilanz nach dem EU-Frühjahrsgipfel 2005 – was vermag die Kommission?

Seit dem Lissabon-Gipfel von 2000 wurde die Agenda jeden März auf dem EU-Frühjahrstreffen der Staats- und Regierungschefs der EU gebetmühlartig wiederholt, ohne dass sich der wirtschaftliche „Rückstand" der EU, genauer: der meisten EU-Staaten, gegenüber den USA entscheidend verringert hätte. Zwar verweisen Optimisten darauf, dass alle Zeichen innerhalb der EU auf eine weiterhin moderate Lohnsteigerung, mehr flexible Beschäftigung, befristete Verträge, mehr Teilzeit, Leiharbeit und andere Veränderungen am Arbeitsmarkt hindeuteten. Auch wird der spezifisch europäische Charakter des Reformpakets betont, welches wirtschaftliche Effizienz mit sozialer Gerechtigkeit zu verbinden („Dritter Weg") und sich so bewusst vom „amerikanischen Modell" abzusetzen sucht.[84] Die Bilanz der Lissabon-Strategie zur Halbzeit aber fiel dennoch insgesamt enttäuschend aus. So nahm das wirtschaftliche Wachstum der 15 EU-Staaten nicht um die erhofften 3 Prozent im Schnitt zu, sondern lediglich um 1.4 Prozent; für 2005 ging die Kommission

82 Europäischer Rat von Lissabon, 12.

83 Giering/Metz, Versuchslabor der Integration – Chancen und Risiken der „offenen Methode der Koordinierung". http://www.cap.lmu.de/download/spotlight/Reformspotlight_02-04_d.pdf.

84 So die Sachverständigengruppe unter Vorsitz von Wim Kok: Die Herausforderung annehmen, Luxemburg 2004, 9; vgl. auch John Monks, Secretary-General of the European Trade Union Confederation, The Lissbon Strategy must remain balanced, in: European Policy Centre (EPC), Challenge Europe Online Journal, No. 13, 28.01.2005.

am Ende nur noch von 1.6 Prozent Wachstum im Euro-Raum aus, nachdem sie im Herbst 2004 noch ein Plus von 2 Prozent erwartet hatte.[85] Die Steigerung der Arbeitsproduktivität pro Kopf in der EU 15 blieb auch 2004 deutlich hinter derjenigen der USA zurück (ca. 20 Prozent) und auch die Investitionen fielen geringer aus. Die Beschäftigungsquote war zwar von 63 Prozent auf 64.5 Prozent gestiegen, aber noch weit vom längst relativierten ehemaligen Ziel von 70 Prozent bzw. von derjenigen der USA (75 Prozent) entfernt.[86] Dies sind die Hauptgründe dafür, dass das pro Kopf-Bruttoinlandsprodukt in den USA heute um über 30 Prozent höher liegt als innerhalb der EU.[87] Hinzu kommt, dass die Lockerung des Stabilitätspakts die Lissabon-Strategie im Grunde konterkarierte,[88] indem sie die EU dem altbekannten verbalen Trugbild verfallen lies, wonach die öffentliche Finanzwirtschaft der entscheidende Hebel zur Wachstumsförderung ist. Deutschland und Frankreich waren in den letzten Jahren der beste Beweis dafür, dass nicht weniger, sondern mehr Schulden wachstumshemmend wirken.

Die Kommission nahm dies zum Anlass, noch vor dem EU-Gipfeltreffen am 22./23. März 2005 die bisherigen, nicht mehr erreichbaren Lissabon-Ziele über Bord zu werfen, das ehrgeizige Projekt insgesamt zu straffen und sich nunmehr zunächst ausschließlich auf das Ziel einer Stärkung des Wachstumspotenzials der EU zu konzentrieren. Sie entsprach damit der Kritik der zur Prüfung der Strategie eingesetzten Sachverständigengruppe unter Vorsitz von Wim Kok, die deren Hauptschwäche in ihrer überfrachteten Agenda sah.[89]

Die von Kommissionspräsident Barroso angeführte Erklärung für die magere Bilanz, wonach die Mitgliedstaaten einfach nicht genügend getan hätten, ist jedoch so zutreffend wie entlarvend zugleich. Sie rührt an der Frage, was die EU im Allgemeinen und die Kommission im Besonderen überhaupt tun kann, um zur Steigerung des Wachstums beizutragen. Denn in der Tat liegt der Schlüssel dafür in den Händen der Mitgliedstaaten, die sich auf sehr unterschiedliche Weise in den vergangenen Jahren daran gemacht haben, die in allen ökonomischen Analysen nicht nur der Kommission anzutreffenden hinlänglich bekannten Reformvorschläge umzusetzen.

---

85 Vereinigte Wirtschaftsdienste, 4. April 2005.

86 Europäische Kommission, Strukturindikatoren. Aktualisierter statistischer Anhang zum 2005 Bericht der Kommission für die Frühjahrstagung des Europäischen Rates, Brüssel, 11. März 2005 http://europa.eu.int/comm/eurostat/structuralindicators.

87 Ebd.

88 Dazu John Palmer, in: EPC, Events Reports. http://www.theepc.be/en/default.asp?TYP=ER&LV=488&PG=ER/EN/detail&AI=488 (31. März 2005).

89 Die Herausforderung annehmen. Die Lissabon-Strategie für Wachstum und Beschäftigung. Bericht der Hochrangigen Sachverständigengruppe unter Vorsitz von Wim Kok, Brüssel, November 2004.

Die von der Kommission im Vorfeld des Gipfels 2005 vorgeschlagenen, auf drei Jahre angelegten Aktionspläne, mit denen die Mitgliedstaaten auf solche Reformen verpflichtet werden sollten, sind daher zwar ein sinnvolles wirtschaftspolitisches Kontroll- und Koordinierungsinstrument. Inwieweit die Mitgliedstaaten aber bereit sind, den Zielvorgaben der Kommission zu folgen, steht auf einem anderen Blatt. Schon auf dem Gipfel nämlich haben die Mitgliedstaaten das in Lissabon proklamierte Ziel ebenfalls als unrealistisch eingestuft, gleichzeitig aber bereits betont, dass sie künftig einen größeren wirtschafts- und beschäftigungspolitischen Spielraum für sich beanspruchen und weniger auf zentralisierte Verfahren wie in der Vergangenheit setzen wollten. In Klartext: Der Europäische Rat sollte nicht nur die Vorgaben der Kommission prüfen und auf deren Basis seine eigenen politischen Zielvorgaben formulieren, die dann vom Rat als „integrierte Leitlinien" anzunehmen und in „nationale Reformprogramme" zu überführen sind. Vor allem die großen Staaten signalisierten damit, dass sie künftig wohl noch stärker Wirtschaftspolitik nach eigenem Gutdünken betreiben wollten. Einen aktuellen Vorgeschmack lieferten die Interventionsansprüche der Mitgliedstaaten bei der so genannten „Bolkenstein-Richtlinie" zur Liberalisierung des Gemeinsamen Marktes für Dienstleistungen, im Grunde Kern der Gemeinschaftskompetenzen, der Beihilfenkontrolle in der Wettbewerbspolitik, die die EU-Kommission künftig stärker nach ihren Wachstum fördernden Kriterien beurteilen will, oder auch der Reform des Stabilitätspakts, die letztlich auf eine Aufweichung der supranationalen Regeln hinauslief. Auf all diesen Feldern besitzt eigentlich die Kommission als Hüterin der europäischen Verträge weitgehende Zuständigkeiten.

Hinzu kam schließlich der Streit um den Budgetvorschlag der Kommission für die Jahre 2007-2013; die Forderung der zuständigen Kommissarin Dalia Grybauskaité lag am Ende bei 1,26 Prozent der Wirtschaftsleistung, Deutschland und die anderen großen Nettozahler (vor allem Schweden und die Niederlande, aber auch Frankreich) wollten die Ausgaben auf nunmehr bis zu einem Prozent (so der deutsche Finanzminister Eichel), in jedem Fall aber deutlich unter dem Kommissionsvorschlag angesiedelt sehen.[90] Die Schizophrenie liegt darin, dass die Staaten selbst die Kommission beauftragt hatten, aktiv zu werden. Wer aber den Lissabon-Vorschlägen zustimmt und die Wettbewerbsfähigkeit der EU voranbringen will, indem – wie alle lauthals fordern – mehr in Forschung und Entwicklung investiert wird, der muss dafür auch die nötigen Mittel bereitstellen und sich nicht wie Frankreich und die Bundesrepublik beharrlich gegen den weiteren Abbau der weit mehr als die Hälfte des EU-Haushalts verschlingenden Agrarsubventionen und Mittel für die

90 Dalia Grybauskaité, The European Project 2007-2013: Will it Meet Europe's Challenges? European Policy Centre. Events Reports, Brussels 2005. http://www.theepc.net/en/default.asp?TYP=ER&LV=483&PG=ER/EN/detail&AI=483.

Strukturpolitik.[91] Auch hier zeigt sich, wie sehr die Mitgliedstaaten selbst über den Schlüssel zu einer ökonomisch sinnvollen Allokation der Mittel bzw. einer strikteren Haushaltspolitik in der Hand halten.

Die Kommission kann in dieser Situation nicht mehr tun, als die jährlich vorzulegenden Berichte über die Umsetzung der Strategie, in denen die einzelnen Reformbereiche deutlich voneinander abgegrenzt und die Maßnahmen der letzten zwölf Monate aufgelistet werden, kritisch zu prüfen, ihrerseits über das Ergebnis Bericht zu erstatten und gegebenenfalls Anpassungen zu fordern. Im April 2005 legte sie „integrierte Leitlinien“ auf der Basis der Schlussfolgerungen des Gipfels vor, auf deren Basis die 25 Mitgliedstaaten bis zum Herbst ihre nationalen Reformprogramme entwickeln sollten; dabei betonte sie explizit deren Verantwortlichkeit bei der Umsetzung der Strategie. Eckpunkte dieser im Kern wenig Neues präsentierenden Leitlinien waren die stärkere Verzahnung von Wirtschafts-, Beschäftigungs- und Arbeitsmarktpolitik. Und – wirtschaftliche Stabilität, so die Kommission, lasse sich nur wahren, wenn die Mitgliedstaaten in Zeiten des Aufschwungs von einer zusätzlichen Belebung der Nachfrage Abstand nähmen.[92]

Mit der Lissaboner Strategie eng verbunden ist schließlich die Binnenmarktstrategie 2003-2006, die Ende 2006 auslief. In deren Rahmen führte die Kommission u. a. eine Öffentliche Konsultation zur Zukunft des Binnenmarktes durch. Im Sommer 2006 wurde außerdem das 7. Forschungsrahmenprogramm verabschiede, welches den Rahmen für die europäische Forschung in den Jahren 2007-2013 setzt.[93]

2.5.2 Ursachen für Europas Schwäche – die unterschiedlichen Antworten der Mitgliedstaaten

Die Ursachen für Europas ökonomische Schwäche im internationalen Wachstumsvergleich sind daher differenzierter zu betrachten. Abgesehen davon, dass Europa mit seinem – gegenüber den USA, geschweige denn China oder anderen aufstrebenden Ländern Asiens als derzeit entscheidende Antriebskräfte für die Weltwirt-

91 Guillaume Durand, The EU Financial Perspectives: Negotiating in the Dark. European Policy Centre, Commentary, Brussels, 23.02.2005. http://www.theepc.net/en/default.asp?TYP=TEWN &LV=470&PG=TEWN/EN/detail.

92 Financial Times, 12. April 2005.

93 Europäische Kommission, Vorschlag für einen Beschluss des Europäischen Parlaments und des Rates über das siebte Rahmenprogramm der Europäischen Gemeinschaft für Forschung, technologische Entwicklung und Demonstration (2007-2013). KOM(2005) 119, 2005, Brüssel, 6. April 2005.

schaft[94] – ausbalancierten Wirtschafts- und Sozialmodell dennoch über erhebliche Standortvorteile verfügt und für mehr als 45 Prozent der weltweiten Direktinvestitionen steht,[95] ist es auch eine Tatsache, dass einige Mitgliedstaaten sich durchaus zu den weltweit wettbewerbsfähigsten zählen dürfen, während andere in den vergangenen Jahren systematisch zurückgefallen sind. Das „nordische" Modell zeigt, dass es möglich ist, erhebliche wirtschaftliche Steigerungsraten und eine Verringerung der Arbeitslosigkeit zu erzielen, gleichzeitig jedoch ein vergleichsweise hohes Sozialausgabenniveau und eine nachhaltige Entwicklung zu gewährleisten. Dänemark und die Niederlande kämpften in den achtziger Jahren mit teilweise strikten Deflationspaketen gegen hohe Arbeitslosenzahlen und Haushaltsdefizite, ohne jedoch den Sozialstaat grundsätzlich in Frage zu stellen. Die Regierungen zogen sich konsequent aus der Entwicklung der Produkt-, Dienstleistungs- und Arbeitsmärkte zurück, Unternehmen akzeptierten ein Mindestmaß an Arbeitsschutz und sozialer Sicherheit, umgekehrt willigten Gewerkschaften in Lohnkürzungsrunden, flexible Arbeitszeitmodelle und Reformen der Einzelversicherungen ein. Dies Sozialpartnerschaftsmodell löste in den neunziger Jahren einen enormen politischen Innovationsschub aus, der sich schließlich auch auf die sozialen Sicherungssysteme und den Arbeitsmarkt erstreckte.[96] Schweden hat seit seiner Mitgliedschaft in der EU vor allem Dank einer konsequenten Deregulierungspolitik einen erheblichen Aufholprozess innerhalb der Union durchlaufen und selbst Finnland, das nach dem Zusammenbruch der Sowjetunion vor ungleich größeren ökonomischen Herausforderungen stand, hat mittlerweile, trotz unverändert hoher Arbeitslosigkeit, erhebliche Fortschritte auf dem Weg der Restrukturierung seiner Wirtschaft gemacht. So haben alle Länder in den vergangenen Jahren über dem EU-Durchschnitt liegende Wachstumsraten erzielt, sind ihre Beschäftigtenzahlen (Dänemark 75.1, Schweden 72.9, Finnland 67.3 Prozent in 2003, Niederlande derzeit etwa 72.5 Prozent) konstant gestiegen und die Arbeitslosenquote gesunken (alle zwischen 4 und 5 Prozent, mit Ausnahme von Finnland).[97] Darüber hinaus sind die verfügbaren Einkommen vor allem im Falle von Dänemark, Schweden und den Niederlanden weit weniger ungleich verteilt als etwa in den angelsächsischen Ökonomien.[98]

94 IWF/WEO, Weltwirtschaftlicher Aufschwung setzt sich fort. Vereinigte Wirtschaftsdienste, 13. April 2005.

95 Europäische Kommission, Handel und Erweiterung – Die Erweiterung der EU – eine gute Entwicklung für Drittländer (MEMO/03/72), Brüssel, 27. März 2003.

96 Umfassender hierzu: Josef Schmid, Wohlfahrtsstaaten im Vergleich, Opladen 2002, 121-136; 179-202.

97 European Policy Centre. Task Force on the European Growth Inititative. Final Report: Growth and Jobs, Brussels, March 2005, 50-52.

98 Schmid, a.a.O.

Auch einige süd- und osteuropäische Länder können seit einigen Jahren auf eine erstaunliche nachhaltige Verbesserung ihrer ökonomischen Verhältnisse verweisen – weniger vielleicht im Sinne unmittelbar erwarteter Wachstumsraten, jedoch mit Blick auf die strukturellen Modernisierungsprozesse zur Steigerung ihrer mittel- bis langfristigen Wettbewerbssituation.

Diesen „Lissaboner Erfolgsgeschichten" standen in den letzten Jahren die Wachstumsschwächen und bescheidenen Erfolge bei der Umsetzung notwendiger Strukturreformen vor allem in den beiden größten kontinentaleuropäischen Mitgliedstaaten, Deutschland und Frankreich, gegenüber. Vergleicht man ihre Wachstumsraten speziell mit denen der angelsächsischen Welt, dann klaffte in dieser Phase eine erhebliche Lücke zwischen beiden Seiten: Lagen die Wachstumsraten in der vergangenen Dekade in Frankreich, der Bundesrepublik und Italien bei etwas über 2 Prozent im Durchschnitt, so betrug die Rate im gleichen Zeitraum in Großbritannien bei knapp 3.5 Prozent, in den USA und Kanada gar fast 4 Prozent. Ein ähnliches Bild ergibt sich für das BIP pro-Kopf in Kaufkraftstandards. Zwischen 1991 und 2004 stieg es in den USA und Kanada um ca. 30, in Großbritannien um 32 Prozent, in Frankreich jedoch nur um 19 und in der Bundesrepublik gar um lediglich 15 Prozent. Schließlich haben sich auch bei Einkommensentwicklung dramatische Veränderungen ergeben. Nach Jahren der Stagnation in den achtziger Jahren stiegen die Nominallöhne (Arbeitnehmerentgelt je Beschäftigten inklusive Lohnnebenkosten) in Deutschland und in Frankreich zwischen 1991 und 2003 um etwa 38 bzw. 34 Prozent, während sie in Großbritannien um 68 und in den USA um 46 Prozent stiegen.[99]

Welches sind die Gründe für diese Auseinanderentwicklung? Und was müssen die kontinentaleuropäischen Mitgliedstaaten der EU, tun, um die Lücke zu schließen? Skeptische Stimmen führen dies Entwicklung meist auf den primär angebotsorientierten wirtschaftlichen Kurs vor allem der USA zurück, die zu Lasten einer ausgewogenen Sozialpolitik ginge. Tatsächlich aber ist dies Politik von einem hohen Maß an Flexibilität gekennzeichnet – einer Mischung aus: moderatem Keynesianismus in der Fiskalpolitik, der in schlechten Zeiten durchaus durchaus zu wachstumsstimulierenden Maßnahmen bereit ist; einer insgesamt undogmatischen Geldpolitik zur Kontrolle der Inflation; einer liberalen Wirtschaftspolitik mit vergleichsweise niedrigen Steuersätzen und geringem Regulierungsgrad, und; einer rascheren Adaptionsfähigkeit der Politik in Zeiten ökonomischer und finanzieller Engpässe – so sind die USA, aber auch die anderen angelsächsischen Ökonomien nach relativ

99 EU-Kommission, AMECO-Datenbank, 2003 Prognose der EU-Kommission, Brüssel 2003. Bei der Reallohnentwicklung verbessert sich die Situation vor allem für die Bundesrepublik etwas auf Grund der im internationalen Vergleich sehr niedrigen Inflationsrate.

schwacher Entwicklung in den 1960er und 1970er Jahren sehr rasch nicht nur auf eine konsequente Deregulierungs- und Haushaltspolitik umgestiegen, sondern haben durch Investitionen von Politik, Unternehmen, Märkten und Börsen in Schlüsseltechnologien auch zu mehr Wachstum, Innovation, Produktivitätsfortschritt und Abbau von Arbeitslosigkeit beigetragen.[100]

Mittlerweile zur Binsenweisheit geworden ist auch die Erkenntnis, die Mancur Olson bereits 1982 in seinem Klassiker „The Rise and Decline of Nations" formuliert hat:[101] Danach haben sich in den kontinentaleuropäischen Ländern über die Jahre „Verteilungskoalitionen" gebildet, die nur zögerlich von den Errungenschaften hoher Löhne, Sozialstandards und Arbeitsplatzgarantien zugunsten von mehr Flexibilität, Innovation, Risikobereitschaft und Produktivität Abschied nehmen. Die Korrelation von vergleichsweise inflexiblen Arbeitsmärkten, überfrachteten Sozialsystemen und geringerer internationaler Wettbewerbsfähigkeit ist unter Ökonomen heute weitgehend unbestritten.

Eine zweite wesentliche Komponente betrifft die relativ späte und zögerliche Umstellung der betroffenen europäischen Mitgliedstaaten auf eine konsequente Stärkung des Dienstleistungssektors, eine Entwicklung, die schon deshalb geboten ist, weil sich die Anlagen- Industriegüteproduktion aus Kostengründen zunehmend ins Ausland verlagert hat. Gerade hier aber machen sich die Rigiditäten der Arbeitsmärkte besonders bemerkbar: Da sich die Produktivität im Dienstleistungssektor nicht beliebig durch Kapitaleinsatz steigern lässt, leiden arbeitsintensive Jobs in der Vermögensberatung, im Kundenservice oder in der Softwareinstallation besonders unter der Verteuerung der Arbeit und benötigen daher flexiblere Arbeitszeiten, andere Lohnmodelle und Formen der sozialen Sicherung.

Gleiches gilt für die Umstellung auf und größere Investitionen in die Informationstechnologien.[102] Auch hier haben vor allem die mit solchen Umstrukturierungen in den betroffenen Ländern verbundenen hohen Kosten für die Unternehmen bzw. die geringere Bereitschaft der Regierungen zu mehr Investitionen in diesem Bereich bei gleichzeitiger Ankurbelung auf der Nachfrageseite mehr Flexibilität verhindert. Hinzu kommt in diesem Kontext, dass vor allem in der Eurozone, trotz schwächerer Binnennachfrage und jährlicher Überkapazitäten, die Verbraucherpreise zwischen 2001 und 2004 um durchschnittlich über 2 Prozent gestiegen sind –

100 Vgl. Stefan Fröhlich, Globalisierung und die Zukunft der transatlantischen Beziehungen, KAS-Arbeitspapier 98/2003, Sankt Augustin 2003.

101 Mancur Olson, The Rise and Decline of Nations: Economic Growth, Stagflation and Social Rigidities, New Haven 1982.

102 Die Kommission hat in den vergangenen Jahren wiederholt auf einen Arbeitskräftebedarf von 1,5-2 Prozent der gesamten Beschäftigten in der EU in diesem Bereich hingewiesen.

ein Zeichen für die Schwäche des Marktdrucks. An dieser Stelle aber versäumte die Politik eine konsequentere Deregulierung der Märkte.[103]

2.5.3 Perspektiven und Aufgaben für Europa – Die Bedeutung internationaler Wettbwerbsfähigkeit für die Rolle der Union in der Welt

Ganz unbestritten bergen auch die Schwächen der angelsächsischen Ökonomien große Gefahren für die Weltwirtschaft: das chronische Zwillingsdefizit in der Leistungsbilanz und im Haushalt im Falle der Amerikaner; die bisweilen zu straffe Fiskalpolitik der Amerikaner wie der Briten zur Überwindung der jüngsten ökonomischen Schwächeperiode; die geringen Sparraten der privaten Haushalte, die derzeit nahe Null liegt und auch nach Einschätzung des IWF dringend erhöht werden muss. Insgesamt aber gibt ihnen der Erfolg ihrer Ökonomien bislang Recht und die Frage nach dem Risiko Amerika für die Weltwirtschaft lässt sich auch anders interpretieren. So kann man das Leistungsbilanzdefizit auch als Ausdruck der Dynamik der amerikanischen Wirtschaft betrachten. Der Saldo ist negativ, weil Investoren aus aller Welt von dieser Dynamik profitieren wollen und ihr Kapital nach Amerika schicken. Das wiederum führt zur Aufwertung des Dollars, die einen entsprechenden Güterstrom und Investitionen in die USA auslöst. Ein Risiko stellt allenfalls das Haushaltsdefizit in dem Moment dar, da die amerikanische Notenbank die Kreditbremse anzieht und damit Spekulationen auf steigende Zinsen nährt, was wiederum zu Kursverlusten am Anleihemarkt, zu entsprechenden Verwerfungen an den Kapitalmärkten führt – mit allen negativen Konsequenzen für die Leistungsbilanz. Allerdings hat Washington längst erkannt, das dies die größte Gefahr für das Land darstellt, und deshalb die Umkehr in die Etatdisziplin eingeleitet.

Europa hingegen, das heißt einige Mitgliedstaaten taten sich in der Vergangenheit schwer mit den dringend notwendigen Strukturreformen, insbesondere auf den Arbeitsmärkten, bei den sozialen Sicherungssystemen und bei den Investitionen in die wissensbasierten Industrie- und Dienstleistungszweige; vor allem auf diesen Feldern entscheidet sich aber seine künftige Wettbewerbsfähigkeit. Weniger entscheidend ist die Frage nach den geringeren Produktions- und Lohnkosten. Europa kann in den Bereichen mit dem größten Preisdruck auf den Weltmärkten nicht konkurrieren und muss daher in erster Linie die Innovationslücke gegenüber der angelsächsischen Welt durch konsequenten Ausbau und nachhaltige Entwicklung seines Humankapitals bzw. Förderung wissensbasierter Industrien und Ar-

---

103 Vgl. auch Financial Times, 13, Januar 2005, 13 (Comment & Analysis: „Global Economy").

beitsplätze schließen. Die USA und Großbritannien verdanken den hohen Beschäftigungszuwachs der vergangenen Jahre vor allem der ungleich größeren Innovationsdynamik und dem Aufbau staatlich unterstützter Leitmärkte bzw. der Schaffung neuer Arbeitsplätze – entgegen aller gegenteiligen Behauptungen – in den oberen Einkommenssegmenten. Der Forschungs- und Entwicklungsetat Washingtons entsprach in den vergangenen Jahren in etwa dem der sieben nächsten reichsten Nationen zusammengenommen. In Großbritannien beflügelte die bessere Ausbildung und Qualifikation der Beschäftigten das Pro-Kopf-Wachstum Jahr für Jahr um fast 1 Prozentpunkt. In der Bundesrepublik hingegen blieb der Qualifikationsstand der Beschäftigten in den neunziger Jahren nahezu konstant.[104]

Der zweite Punkt betrifft die Reform der Arbeitsmärkte. Flexible Arbeitszeitmodelle und Entlohnungsformen sind eine Sache. Die andere ist die Belastung des Faktors Arbeit, die in den angelsächsischen Ländern deutlich geringer ist als in den kontinentaleuropäischen. In den USA und Großbritannien werden Sozialbeiträge in etwa in Höhe von 7 Prozent des Sozialprodukts erhoben, in der Bundesrepublik und in Frankreich sind es 18 Prozent. Entsprechend unterschiedlich fallen die Beschäftigungsquoten in den Ländern aus. Mit anderen Worten, niedrigere Sozialabgaben führen nicht nur zu höherer Beschäftigung, sondern haben auch den Vorteil, dass sie eine bessere Zugangskontrolle zu allen Lohnersatzleistungen schaffen.

Eine solche Entwicklung wäre auch der Einstieg in die notwendige Reform der sozialen Sicherungssysteme als dritter notwendiger Schritt. Erst die weitgehende Abschaffung, zumindest aber Reduzierung der Sozialbeiträge versetzt die Arbeitnehmer in die Lage zu einer deutlichen Aufstockung der privaten Alters- und Gesundheitsvorsorge. Gleichzeitig ermöglicht sie Unternehmen, wieder Einstellungen in größerem Umfang vorzunehmen.

Entsprechende Reformen sind durch die Brüsseler Kommission schwer zu diktieren. Oder anders gewandt: Die Lissabon-Agenda bzw. die Bewältigung der anstehenden Finanzkrise in der EU (Agenda 2007) lassen sich erst dann realisieren, wenn die Mitgliedstaaten die entsprechende Bereitschaft zu solch grundlegenden Reformschritten unternehmen. Insofern stimmen die jüngsten Entwicklungen positiv: Die wirtschaftliche Dynamik in Europa hat sich insgesamt verstärkt. 2006 wies das Wachstum immerhin 2.8 Prozent aus. Die Arbeitslosenquote soll 2008 nur noch etwa 7.3 Prozent betragen. Die Gründe für die Trendwende liegen u. a. in den strukturellen Veränderungen in Deutschland: Nach wirtschaftlich schwachen Jahren profitiert Europas größte Volkswirtschaft allmählich von teilweise schmerzhaften Restrukturierungsprozessen ihrer Exportunternehmen und den von der Poli-

104 Institut der deutschen Wirtschaft, Wirtschaftswachstum – Auch eine Frage der Bildung, 18. Juni 2003. http://www.stellenboresen.de/aktuelles/institut-der-deutschen-wirtschaft/030618iwkoe.

tik angestoßenen Reformen, insbesondere im Finanzsystem. Beide Entwicklungen haben dazu geführt, dass die Bundesrepublik (ähnlich wie Großbritannien, Schweden und Belgien) die USA in der Produktivität mittlerweile eingeholt hat und dass aus einem konservativen, bankenbasierten Kapitalismus ein stärker unternehmerisch geprägtes Finanzsystem geworden ist. Auf diese Weise hat das Land wieder die Rolle des wirtschaftlichen Motors in der Union übernommen. Die Gründe liegen aber auch in der Zunahme der Übernahmen und Fusionen in der Union insgesamt und in der steigenden Tendenz hinsichtlich des Zuflusses von *Private Equity*- und Risikokapital: Beides verdeutlicht zum einen die Integration Europas in die Weltwirtschaft, zum anderen die Attraktivität des Standortes in Bezug auf die Gewinnerwartung von Großanlegern.

Wie wichtig diese Entwicklungen auch für die Außenpolitik der Union sind bzw. das Gewicht der EU in der Welt (v. a. im Sinne ihrer „soft power"), wird an mehreren Punkten deutlich:[105] Erstens ist der Binnenmarkt ein entscheidender Magnet für die Nachbarschaft der Union und ein wirtschaftlicher Machtfaktor im globalen Rahmen. Zweitens kann die Perspektive einer Teilhabe am EU-Binnenmarkt den von der EU gesetzten Anreizen für wirtschaftliche Strukturreformen (Deregulierung, Privatisierung) größeres Gewicht verleihen, wenn die Mitgliedstaaten glaubwürdig signalisieren, diese auch selbst durchführen zu wollen. Drittens kann die EU im Bereich der Normsetzung bei Harmonisierung ihrer eigenen Binnenmarktregeln wesentlich größeren Einfluss in entsprechenden internationalen Regulierungsgremien ausüben und die weltweite Verbreitung von EU-Standards im Sinne eines wirksamen Multilateralismus fördern kann. Viertens ist eine Verbesserung der europäischen Wettbewerbsfähigkeit insgesamt eine Voraussetzung dafür, den für die Union künftig stärker werdenden globalen „Kampf um Rohstoffe" (bedingt durch die Konkurrenz zu den neuen Aufsteigern wie China und Indien) aus europäischer Sicht durch eine geringere Abhängigkeit zu entschärfen. Fünftens kann die in der Lissabon-Strategie angeregte Förderung von Informations- und Kommunikationstechnologien ein Schlüssel für ein größeres Gewicht der EU bei der Vermittlung in der Diskussion um die „globale digitale Kluft" oder die Verwaltung bzw. Kontrolle des Internets; wie wichtig eine abgestimmte Position in diesem Bereich sein kann, zeigen in diesem Zusammenhang nicht nur die transatlantischen Spannungen wegen der Frage der Nutzung des zivilen europäischen Satellitennavigationssystems Galileo für militärische Zwecke, sondern auch die Möglichkeiten, die im Ausbau der Anwendungsbereiche des Systems für eine engere Kooperation mit anderen außenpolitischen Akteuren. Schließlich liefert der Ausbau von For-

105 Ausführlicher zu diesen Überlegungen: Cornelius Adebahr, Wachstum für Weltgeltung. Die Bedeutung der Lissabonner Strategie für die Europäische Außenpolitik, DGAPanalyse, Berlin, November 2006.

schung und Entwicklung generell auch einen Beitrag zur Bekämpfung globaler Risiken wie Krankheiten (Aids), Klimawandel und Naturkatastrophen. Sechstens bietet das mit der Lissabon-Strategie gleichsam verbundene Ziel der Vollendung des Binnenmarktes ganz konkrete Perspektiven für die Außen- und Sicherheitspolitik der Union im Bereich der Rüstungspolitik. Die Möglichkeit der Öffnung der nationalen Rüstungsmärkte kann jedenfalls die Wettbewerbsfähigkeit der europäischen Industrien erhöhen und den Ausbau der militärischen Kapazitäten der Union im Rahmen der Europäischen Sicherheits- und Verteidigungspolitik.[106] Lässt die Union die Möglichkeiten für eine Verbesserung ihrer internationalen Wettbewerbsfähigkeit aus, verspielt sie gleichzeitig die Aussicht auf ein größeres außenpolitisches Gewicht in der Welt.

106 Vgl. dazu Europäische Kommission, Grünbuch zur Beschaffung von Rüstungsgütern, Brüssel 2004.

3. Die Gemeinsame Außen- und Sicherheitspolitik der Europäischen Union

3.1 Konstitutionelle Rahmenbedingungen und institutionelle Verfasstheit der GASP

Nach den Erfahrungen zweier Weltkriege war es von Beginn an Ziel des Integrationsprozesses, dass Europa auch außenpolitisch mit einer Stimme spricht, um neuen innereuropäischen Kriegen vorzubeugen. An Stelle nationalstaatlicher Machtpolitiken sollten europäische, staatenübergreifende Überzeugungen und Institutionen treten. Bereits 1950 unternahmen die Gründer der EGKS, ausgelöst durch die mit dem Ausbruch des Koreakrieges am 25. Juni des gleichen Jahres verbundene Notwendigkeit einer deutschen Wiederbewaffnung, zunächst den Versuch, der Montanunion eine Europäische Verteidigungsgemeinschaft (EVG) folgen zu lassen. Knapp zwei Jahre später, am 10. September 1952, erteilten die sechs Außenminister auf der konstituierenden Sitzung der Montanunion den Auftrag zur Errichtung einer europäischen Verfassung und Regierung über das ehrgeizige Projekt einer Europäischen Politischen Gemeinschaft (EPG), welche der Führung der europäischen Armee eine gemeinsame „politische Autorität" voranstellen sollte.[1] Erst als beide Projekte 1954 an französischen Souveränitätsvorbehalten scheiterten, wurde mit der Gründung der Europäischen Wirtschaftsgemeinschaft (EWG) wiederum die Wirtschaft zum Motor des Integrationsprozesses.

Ein ähnliches Schicksal ereilte die als Fouchet-Pläne zu Beginn der sechziger Jahre des 20. Jahrhunderts bekannt gewordenen französischen Überlegungen zu einer intergouvernementalen Zusammenarbeit der Mitglieder der Europäischen Gemeinschaften (EG) in der Außen- und Sicherheitspolitik. Der französische Diplomat Christian Fouchet erläuterte im Oktober 1961 in einem Studienausschuss von Regierungsvertretern seinen Kollegen den Vertragsentwurf über die Gründung einer Europäischen Politischen Union (Fouchet-Plan I), wonach eine konföderal strukturierte „Staatenunion" der sechs Gründerstaaten eine engere Zusammenarbeit auf

1 Franz Knipping, Rom, 25. März 1957. Die Einigung Europas, München: dtv 2004, S. 79.

diesen Gebieten anstreben sollten. Hinter diesen Plänen stand die Idee des französischen Staatspräsidenten de Gaulle, wonach zum einen, trotz aller Integrationserfolge in den fünfziger Jahren, die Nationalstaaten die eigentlichen Akteure der internationalen Politik waren, zum anderen Frankreich wegen seiner begrenzten Machtgrundlagen auf eine politische Zusammenarbeit mit den übrigen Mitgliedstaaten angewiesen war. Dementsprechend ermöglichte die zwischenstaatliche Zusammenarbeit zwar die Aufrechterhaltung nationaler Souveränitätsrechte, gleichzeitig aber auch die Sicherung und den Ausbaus der eigenen Machtposition als *primus inter pares* innerhalb Europas und gegenüber den USA im globalen Maßstab.[2]

Der Vorstoß Frankreichs wurde jedoch von den übrigen Mitgliedstaaten als zu weitgehend und integrationsfeindlich beurteilt. Kritisiert wurde vor allem das Fehlen supranationaler Elemente. Als de Gaulle den Entwurf gar verschärfte (Fouchet-Plan II), indem er die drei Gemeinschaften EGKS, EWG und EAG (Euratom-Gemeinschaft) zu abhängigen Hilfsagenturen der Politischen Union herabzustufen und gleichzeitig die Bande zu den USA weiter zu lockern suchte, kündigten die Partner jede weitere Diskussion um eine mögliche Revision der Pläne. Lediglich die Bundesrepublik setzte die Verhandlungen bilateral mit Frankreich fort und ebnete so den Weg zum Vertrag über die deutsch-französische Zusammenarbeit vom 22. Januar 1963, der letztlich das Ergebnis einer seit den fünfziger Jahren schrittweise vollzogenen strategisch-politischen Annäherung beider Seiten bedeutete und mit der Einführung regelmäßiger Konsultationen „vor jeder Entscheidung in allen wichtigen Fragen der Außenpolitik“ zum Residuum der multilateralen Bemühungen um eine Politische Union wurde.

3.1.1 Von der EPZ zur GASP

Bis Anfang der siebziger Jahre blieben die Außenbeziehungen der Gemeinschaft von den Integrationsentwicklungen weitgehend ausgeklammert. Erst mit dem Treffen der EG-Staats- und Regierungschefs im Dezember 1969 in Den Haag erhielt der Einigungsprozess einen wichtigen Anstoß zur (außen-)politischen Vertiefung. Auf Basis des Luxemburger Berichts der Außenminister (auch „Davignon“-Bericht) an die Staats- und Regierungschefs vom Oktober 1970 nahm die Idee einer engeren außenpolitischen Kooperation der Mitgliedstaaten daraufhin in der Europäischen Politischen Zusammenarbeit (EPZ) konkret Gestalt an.[3] Die Impulse dafür

2 Heinrich Siegler (Hg.), Europäische politische Einigung, Bd. I (1949-1968), Bonn u. a., 1968, Nr. 70. Zu den Vorläufern der EPZ und GASP vgl. Philippe de Schoutheete, La coopération politique européenne, Brüssel 1986, S. 11 ff.

3 Zur EPZ umfassend: Simon Nuttall, European Political Cooperation, Oxford 1992.

lieferten wachsende internationale Spannungen, insbesondere im Nahen Osten (verbunden mit der Ölkrise), und die Pläne für eine europäische Ost-West-Konferenz, die spätere Konferenz für Sicherheit und Zusammenarbeit in Europa (KSZE), vor dem Hintergrund der aufziehenden Entspannungsphase im Verhältnis der beiden Supermächte zueinander; Strukturen und Arbeitsweise der EPZ entwickelten sich nicht zuletzt als Reaktion auf diesen Prozess.

Mit der EPZ war allerdings keine neue Organisation entstanden. Die außenpolitische Zusammenarbeit sollte nach dem Willen der beteiligten Regierungen keinesfalls völkerrechtlich normiert sein, außerhalb der Verträge stattfinden und lediglich auf vage formalisierten intergouvernementalen Abstimmungsprozessen (gemeinsamen Erklärungen, aber keinen gemeinsamen Aktionen) beruhen, auch wenn „gemeinsames Handeln" das erklärte Ziel sowohl des Luxemburger wie auch der nachfolgenden Berichte (Kopenhagen 1973; London 1981) war.[4] Einstimmig gefasste Beschlüsse entsprachen somit lediglich politischen Absichtserklärungen, an die man sich mehr oder weniger gebunden fühlte, während widerstreitende Interessen nach Möglichkeit ausgeklammert wurden. Dem vagen Charakter dieses informellen Forums der Zusammenarbeit entsprachen seine Strukturen: Weder gab es ein festes Sekretariat, noch einen Amtssitz oder irgendwelche Kommissionen. Europäisches Parlament, Kommission und der Ausschuss der Ständigen Vertreter (AStV bzw. COREPER) blieben ohne Befugnisse; die Kommission sollte lediglich zur Stellungnahme aufgefordert werden, sofern die Arbeiten der Minister Auswirkungen auf die Tätigkeit der Gemeinschaft hatten. So gerieten die vom Politischen Komitee[5] und dessen Arbeitsgruppen vorbereiteten halbjährlichen (seit den Kopenhagener Beschlüssen von 1973 viermal jährlich stattfindenden) Treffen der Außenminister eher zu lockeren privaten Zusammenkünften, bei denen man sich über die großen Probleme der internationalen Politik zu verständigen und wenn möglich einen gemeinsamen Standpunkt im Sinne der „Machtmultiplikation" gegenüber Drittstaaten (insbesondere USA) oder Regionen (Nahost) zu formulieren suchte.

Die Bilanz dieser Zusammenarbeit in den siebziger Jahren fiel gemischt aus: Dem Erfolg im KSZE-Prozess stand die Zerrissenheit der Europäer u. a. im Nahost-Konflikt (besonders nach dem Ausbruch des Yom-Kippur-Krieges im Oktober 1973), in der Südafrika-Politik, im Verhältnis zu den USA (forciert vor allem durch die partikulären Sicherheitsinteressen Frankreichs gegenüber der NATO, aber auch in der Nahost-Frage) sowie schließlich in der Frage nach der künftigen währungspolitischen Zusammenarbeit gegenüber. Europa litt unter der ersten größeren

4 Vgl. Elfriede Regelsberger, Die Gemeinsame Außen- und Sicherheitspolitik der EU (GASP), Baden-Baden: Nomos 2004, S. 11.

5 Viermal im Jahr tagende Gruppe der „Politischen Direktoren" aus den nationalen Außenministerien, die zum entscheidenden Motor der EPZ in der Gründungsphase wurde.

Wirtschaftskrise nach einem nahezu ununterbrochenen Aufschwung seit Ende des Zweiten Weltkriegs. Nach Aufhebung der Goldbindung des Dollars durch den amerikanischen Präsidenten Nixon 1971 brach das Weltwährungssystem von Bretton Woods endgültig zusammen, mit erheblichen Konsequenzen für das Vorhaben einer Europäischen Wirtschafts- und Währungsunion. In der Gemeinschaft bewirkte beides die genau umgekehrte Tendenz zu einer mangelhaften Kooperation der Mitgliedstaaten und zur „Entgemeinschaftung". Gegen Ende der siebziger Jahre kam die EPZ somit beinahe zum Stillstand. Auf die große weltpolitische Herausforderung des sowjetischen Einmarsches in Afghanistan 1979 oder aber auf die Geiselnahme in der amerikanischen Botschaft in Teheran reagierte die Gemeinschaft nicht nur zögerlich, sondern in hohem Maße unkoordiniert, was schließlich, zumal vor dem Hintergrund der sich abzeichnenden Süderweiterung der EG um Spanien und Portugal, weitergehende Reformüberlegungen hinsichtlich einer vertraglichen Verankerung der EPZ auslöste.

Verwirklicht wurde diese nach erfolglosen Vorstößen im Londoner Bericht, durch die Genscher-Colombo-Initiative im Jahr 1981 sowie über die Feierliche Deklaration von Stuttgart (Juni 1983) endgültig mit der Unterzeichnung der Einheitlichen Europäischen Akte (EEA) 1986, als sich die zehn Mitgliedstaaten auf eine völkerrechtliche Vertragsfixierung der EPZ in Art. 30 der EEA verständigten.[6] In Titel III der EEA verpflichten sich die Regierungen erstmals auf die Ausarbeitung und Verwirklichung einer koordinierten europäischen Außenpolitik (Art. 30, Abs. 1 EEA). Dabei findet neben den bekannten EPZ-Instrumenten der Unterrichtung, Konsultation und Abstimmung (Art. 30, Abs. 2b-d EEA) – deren Einhaltung den beteiligten Staaten weiterhin überlassen bleibt – auch die Durchführung gemeinsamer Maßnahmen Eingang in den Vertragstext; die Mitgliedstaaten verpflichten sich demnach in Art. 30, Abs. 3c ausdrücklich zur Vermeidung von solchen Maßnahmen, die gemeinsames Handeln behindern, und formulieren somit die spätere Klausel von der „konstruktiven Enthaltung" vor. Schließlich nimmt der Vertragstext bereits eine der zentralen Maxime des späteren Maastrichter Vertrages und Schwächen in der außenpolitischen Praxis der Union vorweg, indem er die notwendige Annäherung von EPZ und EG im Sinne des Kohärenzgebots beider Politikfelder (Art. 30, Abs. 5 EEA) oder der Beteiligungsrechte der EG-Organe Kommission und EP in der intergouvernementalen EPZ zum Ausdruck bringt. So werden die Außenministertreffen im Rahmen der EPZ durch die Anwesenheit eines Kommissionsmitglieds erweitert und dem Parlament erstmals eine „enge Beteiligung" an der EPZ durch angemessene Berücksichtigung seiner Stellungnahmen in Kernfragen eingeräumt.

---

6 Zur Einheitlichen Europäischen Akte vgl. Auswärtiges Amt (Hg.), Gemeinsame Außen- und Sicherheitspolitik der Europäischen Union (GASP), Bonn 1994 (10. Auflage), S. 78 ff.

3.1.2 Die Konstitutionalisierung der GASP

Für die anschließende Dynamisierung der europäischen Außen- und Sicherheitspolitik gibt es verschiedene Gründe, die alle mit der großen Zäsur der Jahre 1989-1991 verbunden sind. Das Ende des Kalten Krieges, der Zerfall der Sowjetunion, die damit zusammenhängenden Transformationsprozesse in Mittel- und Osteuropa sowie die Sorge um einen möglichen Rückzug der einstigen Schutzmacht USA vom Kontinent, die deutsche Wiedervereinigung und nicht zuletzt die durch den Binnenmarkt und die WWU angestoßene EG-interne Dynamik, der ökonomischen schließlich die politische Vollendung der Union folgen zu lassen, verlangten von den Mitgliedstaaten zu Beginn der neunziger Jahre eine Weiterentwicklung ihrer außen- und sicherheitspolitischen Handlungsstrukturen, die weit über die bislang praktizierten Konsultations- und Kooperationsformen hinausging. Unmittelbaren Handlungszwang empfanden die Mitgliedstaaten nicht zuletzt auf Grund ihrer relativen Ohnmacht in dem mit der Kuwait-Krise verbundenen zweiten Golfkrieg 1991.

Die Idee einer qualitativ neuen „Gemeinsamen Außen- und Sicherheitspolitik" (GASP) wurde auf dem Europäischen Rat von Dublin im Juni 1990 geboren.[7] Schon während der im Dezember 1990 einberufenen Regierungskonferenz zur Weiterentwicklung der Gemeinschaft zur Europäischen Union wurde jedoch deutlich, dass die Entwicklung zu einer europäischen Außen- und Sicherheitspolitik anderen Gesetzmäßigkeiten folgte als die europäische Wirtschaftsgemeinschaft, als sie letztlich eher eine indirekt verbesserte Kohärenz intergouvernementalen Handelns denn eine direkte Verbesserung der europäischen außenpolitischen Zusammenarbeit bedeutete.[8] Organstruktur, Entscheidungsverfahren sowie das Prinzip der Intergouvernementalität weisen darauf hin, dass es in der Außen- und Sicherheitspolitik zunächst um eine bessere Abstimmung der mitgliedstaatlichen Positionen und weniger um die Formulierung einer Politik der EU als einem einheitlichen Akteur geht. Zwar verpflichteten sich die Mitglieder in Art. J.2 des Maastrichter Vertrages (aktuell: Art 11 EUV von Nizza) auf gemeinsame Ziele wie die Wahrung gemeinsamer Werte, die Formulierung grundlegender Interessen, die Unabhängigkeit und Unversehrtheit der Union in Einklang mit den Grundsätzen der UN-Charta; Si-

7 Schlussfolgerungen des Vorsitzes des Europäischen Rates von Dublin, 25/26. Juni 1990, Anlage I – Punkt I.35.

8 Zur Entwicklung: Anthony Forster/William Wallace, Common Foreign and Security Policy. From Shadow to Substance?, in: Wallace/Wallace (Hg.), Policy-Making in the EU, a.a.O., S. 461-491; Philippe de Schoutheete, The Creation of the Common Foreign and Security Policy, in: Regelsberger/Schoutheete/Wessels (Hg.), Foreign Policy of the EU. From EPC to CFSP and Beyond, Boulder, Col./London 1997, S. 41-63.

cherheit der Union; Wahrung des Friedens und der internationalen Sicherheit; Förderung der internationalen Zusammenarbeit; Entwicklung von Demokratie und Rechtsstaatlichkeit, Achtung der Menschenrechte und Grundfreiheiten. Auch bekundeten sie ihren Willen, die Außen- und Sicherheitspolitik der Union „aktiv und vorbehaltlos im Geist der Loyalität und gegenseitigen Solidarität" zu unterstützen (Art. J.1 (4) EUV-Maastricht) und so die bisherige hohe Diskrepanz zwischen Rhetorik und Handeln aufzuheben. Die Ziele des aktiven Eintretens für Menschenrechte und Grundfreiheiten sowie der Verwirklichung von Demokratie und Rechtsstaatlichkeit lieferten dabei die entscheidende Legitimationsgrundlage für die spätere Eingliederung der so genannten „Petersberger Aufgaben" – die Übernahme humanitärer Aufgaben und Rettungseinsätze, friedenserhaltender Aufgaben sowie von Kampfeinsätzen bei der Friedensschaffung – in den Unionsvertrag in der Fassung von Amsterdam 1997 (Art. 17(2) EUV Amsterdam).[9]

Gleichzeitig aber bestand die Vision der GASP mitnichten in der Einebnung der außenpolitischen Divergenzen der Mitgliedstaaten, sondern vielmehr in der behutsamen Abgleichung von Interessen, um zumindest in unumstrittenen Fragen eine größere Handlungsfähigkeit zu erzielen. Allenfalls gelang es durch die institutionelle Neuerung der Troika, die sich aus den Außenministern des jeweiligen Ratsvorsitzes sowie dem jeweils vorhergehenden wie nachfolgenden Ratsvorsitz zusammensetzte, eine größere Kontinuität der gemeinsamen Außenpolitik herzustellen, die zudem durch die „volle Beteiligung der Kommission" gesichert wurde (Art. J.5(3) EUV Maastricht). Ansonsten aber gilt: Die Diskrepanz zwischen dem erklärten Willen zum gemeinschaftlichen Handeln im Sinne von Supranationalität und mitgliedstaatlicher Autonomie im Sinne nationaler Kontrolle der Entscheidungsprozesse ist kennzeichnend für den Charakter der GASP und bleibt das entscheidende Paradigma bis in den Verfassungsvertrag hinein.

Deutlich wurde dies von Beginn an mit Blick auf das zentrale Problem bei der Ausgestaltung der GASP: der Frage nach der Einbeziehung verteidigungspolitischer Aspekte bzw. einer militärischen Beistandsklausel analog zum WEU-Vertrag. Zwar dehnte der Maastrichter Vertrag erstmalig die Außen- und Sicherheitspolitik auf die Verteidigungspolitik aus (Art. J4 EUV Maastricht). Kein anderes Politikfeld aber ist traditionell enger mit der Ausübung nationalstaatlicher Souveränität verbunden als die Sicherheits- und Verteidigungspolitik. Insbesondere Frankreich und Großbritannien tun sich aus unterschiedlichen Motiven heraus besonders schwer mit einem Souveränitätstransfer auf die europäische Ebene und betrachten die Außen- und Sicherheitspolitik als eine „domaine réservée" der Nationalstaaten: Frankreich, da es

9 Bei der Petersberger Konferenz ging es zunächst um den Rang der WEU zwischen EU und NATO sowie um die Frage nach der Beteiligung der WEU an Maßnahmen zur Konfliktprävention und des Friedenserhalts.

eine zu starke Vereinnahmung europäischer Politik durch die USA verhindern will und weil es bei Abkehr vom Konsensprinzip und einer Einschränkung des nationalen Vetos um seine eigenständige Außenpolitik vor allem in den ehemaligen Kolonialgebieten (französische Afrika- und Mittelmeerpolitik) fürchtet – zum französischen Selbstverständnis gehört der nicht zuletzt über den Nuklearstaat-Status und den ständigen Sitz im Sicherheitsrat definierte Anspruch einer in ihren außenpolitischen Entscheidungen unabhängigen Mittelmacht mit globalen Ambitionen; Großbritannien, da es, ähnlich wie Dänemark, grundsätzlich einer politischen Vergemeinschaftung über den Binnenmarkt hinaus skeptisch gegenübersteht und weil es traditionell Bedenken hegt hinsichtlich einer möglichen Schwächung der transatlantischen Beziehungen im Allgemeinen und des NATO-Bündnisses im Speziellen durch eine eigenen sicherheits- und verteidigungspolitische Komponente der EU – London, darin unterstützt von Portugal, plädiert daher für einen starken EU-Pfeiler innerhalb der Allianz. Zwischen beiden Positionen standen schließlich die Bundesrepublik, Belgien und Italien, die für eine Vertiefung der außen- und sicherheitspolitischen Zusammenarbeit in den neunziger Jahren zumindest tendenziell offen waren.[10]

Das Ergebnis dieser Divergenzen ist bis heute eine Parallelität von nationalen, koordinierten (bspw. im Rahmen internationaler Organisationen wie den UN) und gemeinsamen Außenpolitiken. Letztere werden entweder nur von bestimmten Mitgliedstaaten der EU (Mittelmeerpolitik der südlichen EU-Staaten) oder aber von allen Mitgliedern in Form „Gemeinsamer Strategien", „Gemeinsamer Aktionen" oder „Gemeinsamer Standpunkte" als offizielle GASP-Instrumente (Art. 12, 13 EUV Nizza) durchgeführt und sind Ausfluss der gemeinschaftlichen „Bestimmung der Grundsätze und der allgemeinen Leitlinien" für die Außen- und Sicherheitspolitik durch den Europäischen Rat. Einzig im Fall „Gemeinsamer Aktionen" handelt die Union somit als einheitlicher Akteur, da die vom Rat beschlossenen Maßnahmen für alle Mitgliedstaaten bindend sind. Von gemeinschaftlicher Politik kann jedoch auch hier nicht die Rede sein, da erstens die Umsetzung der Beschlüsse dezentral erfolgt, zweitens eine Einklagung selbiger jedoch nicht möglich ist. Gleiches gilt bei den „Gemeinsamen Standpunkten"; auch hier bestimmen die Mitgliedstaaten letztlich über die Anpassung ihrer nationalen Politik an die EU-Position.

Der Diskrepanz zwischen gemeinsam bekundetem Willen und nationalem Reflex entsprechen sowohl die Organstruktur wie auch die Entscheidungsmechanismen in der GASP. Die Überführung der GASP in die zweite Säule des Maastrichter

10 Zu den unterschiedlichen Positionen der „großen" Drei vgl. Wolfgang Wagner, Die Konstruktion einer europäischen Außenpolitik. Deutsche, französische und britische Ansätze im Vergleich, Frankfurt: Campus 2001; Christopher Hill (Hg.), The Actors in Europe's Foreign Policy, London/New York: Routledge 1996, S. 19-89.

Vertrages über die Europäische Union (Titel V Art. J.1-J.18) ist Ausdruck der bewussten Trennung der Außen- und Sicherheitspolitik vom einheitlichen Integrationsprojekt im Rahmen des ersten, vergemeinschafteten Pfeilers. Eben die Erkenntnis, einerseits der Europäischen Union auch eine außen- und sicherheitspolitische Dimension verleihen zu wollen, andererseits aber weiterhin mit unterschiedlichen Vorstellungen der Mitglieder leben zu müssen, erforderte von den Mitgliedern ein hohes Maß an Flexibilität und Kompromissbereitschaft. Das Ergebnis schuf die Grundlagen für die GASP der Union, deren Bestimmungen mit Blick auf Kompetenzfrage nicht mehr waren als ein Minimalkonsens der Mitgliedstaaten, die sich im Laufe der neunziger Jahre als völlig unzureichend erwiesen, die außenpolitische Handlungsfähigkeit der EU entscheidend zu vergrößern. Nach dem Verlust der außenpolitischen „Unschuld"[11] und der Geburt der GASP in den Jahren 1990-1992 folgten somit zunächst die Jahre der Stagnation, aber auch eines gleichzeitigen, von ersten Gehversuchen der Union begeleiteten „Lernprozesses" (1993-1996):[12] Nationale Beharrungskräfte verhinderten eine zügige Umsetzung der neu geschaffenen Instrumente ebenso wie letztlich unausgereifte Vorkehrungen hinsichtlich der Finanzierung der GASP, einer klaren Trennung zwischen „Gemeinsamen Standpunkten" und „Gemeinsamen Aktionen" (die sich zumeist in Wahlbeobachtung und technischen Hilfsmaßnahmen erschöpften) oder des problematischen Dualismus von WEU und GASP.[13] Schließlich war die Ohnmacht Europas, während des Krisenmanagements im ehemaligen Jugoslawien mit einer Stimme zu sprechen, der Auslöser dafür, dass die Mitgliedstaaten in der Regierungskonferenz 1996/97 von den im Maastrichter Vertrag (Art. J.4, Abs. 6 und J.10) vorsorglich verankerten Revisionsklauseln Gebrauch machten und wesentliche Neuerungen in diesem Politikbereich herbeiführten. Die EU erwies sich als unfähig, in das Geschehen auf dem Balkan einzugreifen – zumal ohne die Möglichkeit eines Rückgriffs auf NATO-Mittel –; UNO, NATO, OSZE, USA, Frankreich und Großbritannien waren stattdessen die entscheidenden Akteure.

In der Zielumschreibung nahm der Amsterdamer Vertrag zwar keine entscheidende Änderungen vor – sieht man einmal davon ab, dass die Position der Union gegenüber den Mitgliedstaaten stärker hervorgehoben wird: So ist nunmehr explizit die Union (und nicht mehr die Union und die Mitgliedstaaten) für die Formulierung und Umsetzung der GASP verantwortlich, während die Mitgliedstaaten aufgefordert werden, von jeder Handlung abzusehen, die „den Interessen der Union

11 Roy H. Ginsberg, The European Union in International Politics: Baptism by Fire, Lanham: Rowman and Littlefield 2001.

12 Forster/Wallace, a.a.O., S. 477.

13 Ausführlich behandelt bei Marc Gottschald, Die GASP von Maastricht bis Nizza, Baden-Baden: Nomos 2001.

zuwiderläuft oder ihrer Wirksamkeit als kohärente Kraft in den internationalen Beziehungen schaden könnte“ (Art. 11, Abs. 2 EUV Amsterdam). Diese Haltung entspricht auch dem in der Agenda 2000 von der Kommission formulierten Anspruch, wonach die EU ihre Einflussnahme in den internationalen Beziehungen schrittweise verstärken und die Fähigkeit erlangen sollte, außenpolitische Entscheidungen zu treffen, die auch mit dem Einsatz militärischer Mittel verbunden sind. Unterstützt von den 1995 zur Union hinzu gestoßenen „neutralen“ Neumitgliedern Österreich, Schweden und Finnland setzten sich in Amsterdam allerdings die Gegner einer europäischen Verteidigungsidentität und damit einer umfassenden Überführung der WEU in die EU durch. Zwar gab es am Ende einen Konsens hinsichtlich der Präzisierung der EU-Aufgaben im Bereich von friedenserhaltenden und friedensschaffenden Maßnahmen und somit auch für die stufenweise Übernahme der Petersberg-Aufgaben der WEU in den Verantwortungsbereich der Union; damit wurde die in Maastricht noch auf unbestimmte Zeit verschobene Schaffung einer gemeinsamen Verteidigungspolitik explizit aufgehoben: „..alle Mitgliedstaaten können sich in vollem Umfang an den betreffenden Aufgaben (Petersberg-Spektrum) beteiligen“ (Art. 17, Abs. 2 und Abs. 3.3 EUV Amsterdam). Die mögliche Überführung der der Verteidigungspolitik in die Kompetenz der EU wurde aber ebenso deutlich unter den Vorbehalt eines entsprechenden Beschlusses des Europäischen Rats gestellt (Art. 17, Abs. 1 EUV Amsterdam).

Mit Blick auf die Instrumente und Handlungsstrukturen aber brachte Amsterdam doch einen weiteren Schub in Richtung Vertiefung und effizientere Entscheidungsverfahren – auch wenn sich an den Konfliktlinien entlang der bekannten Grundpositionen der integrationsfreundlicheren Regierungen einerseits und der um Großbritannien gescharten Verfechter eines intergouvernementalen Ansatzes nichts wesentlich änderte. So gilt nach beiden Verträgen als Grundprinzip, dass die wesentlichen Impulse im Rahmen der GASP unmittelbar vom Europäischen Rat (Staats- und Regierungschefs) bzw. Ministerrat (Außenminister), d. h. von den Mitgliedstaaten ausgehen. Der Europäische Rat entscheidet über die Grundsätze und allgemeinen Leitlinien der GASP (Art. 13, Abs. 1 EUV Amsterdam), beschließt seit der Einführung durch den Amsterdamer Vertrag auf Empfehlung des Ministerrats „Gemeinsame Strategien“[14] und legt fest, ob und wie es zum Aufbau einer Gemeinsamen Verteidigungspolitik kommt; dabei gilt das Prinzip der Einstimmigkeit der Beschlussfassung. Außerdem fördert er die institutionellen Beziehungen zur WEU, auf die sich auch seine Leitlinienkompetenz erstreckt, wenn sich

14 Gemeinsame Strategien werden vom Europäischen Rat in den Bereichen beschlossen, in denen wichtige gemeinsame Interessen der Mitgliedstaaten bestehen. Der Vorschlag dazu wird vom Ministerrat unterbreitet, der auch für die Umsetzung zuständig ist (Art. 13, Abs. 2, 3 EUV Amsterdam).

die EU zur Umsetzung der GASP der WEU bedient (Art. 13 und 17 EUV Amsterdam). Werden die politischen Richtlinien durch einen vorangegangenen einstimmigen Beschluss festgelegt, können „Gemeinsame Aktionen“ und andere Umsetzungsbeschlüsse vom Ministerrat auch mit qualifizierter Mehrheit verabschiedet und durchgeführt werden (wovon in der Praxis bislang wenig Gebrauch gemacht wurde). Dabei betreffen „Gemeinsame Aktionen“ „spezifische Situationen, in denen eine operative Aktion der Union für notwendig erachtet wird“ (Art. 14 EUV Amsterdam), während „Gemeinsame Standpunkte“ als strategisches Instrument zu verstehen sind, mit denen die Union „das Konzept ... für eine bestimmte Frage geographischer oder thematischer Art bestimmt“ (Art. 15 EUV Amsterdam). Komplettiert wird das Instrumentarium durch die Möglichkeit der Verhängung von Wirtschaftssanktionen auf Grund von GASP-Aktionen, wie es der angepasste Vertrag zur Gründung der Europäischen Wirtschaftsgemeinschaft vorsieht (Art. 301 EGV).

Die Kommission wird in „vollem Umfang“ an den GASP-Arbeiten beteiligt (Art. 27 EUV Amsterdam). Der Kommissionspräsident wird zu den Sitzungen des Europäischen Rats hinzugezogen und hat das Recht, Fragen im Zusammenhang mit der GASP an den Europäischen Rat zu richten und diesem Vorschläge zu unterbreiten. Das Parlament spielt eine untergeordnete Rolle, als es lediglich über ein Anhörungsrecht verfügt und Anfragen oder Empfehlungen an den Ministerrat richten kann. Es wird von der Kommission und vom Vorsitz regelmäßig unterrichtet und hat über die Beteiligung am Haushaltsverfahren zumindest ein Mitspracherecht in Fragen der Finanzierung der GASP (Art. 28 EUV Amsterdam).[15]

Hinsichtlich der institutionellen Neuerungen sind besonders die Schaffung des Postens eines „Hohen Vertreters für die GASP“ sowie die Einrichtung einer GASP-Strategieplanungs- und Frühwarneinheit zu erwähnen.[16] Nach französischem Verständnis sollte der Hohe Vertreter durch eine möglichst hochrangige politische Persönlichkeit bestellt werden, andere Mitgliedstaaten (darunter auch die Bundesrepublik) hingegen wollten das Amt durch einen Ministerialbeamten bzw. Zuarbeiter für die Präsidentschaft besetzt sehen. Die mit dem ersten Amtsinhaber Javier Solana im Juni 1999 getroffene Personalentscheidung entspricht zwar letzterer Vorstellung, da dessen Autorität ausdrücklich auf das Zuarbeiten für die Präsidentschaft

15 Diese Ausgaben betreffen Verwaltungsausgaben sowie die operativen Ausgaben im Zusammenhang mit der Durchführung der Bestimmungen aus Titel V, mit Ausnahme der Ausgaben aufgrund von Maßnahmen mit militärischen oder verteidigungspolitischen Bezügen, die ausschließlich von den Mitgliedstaaten getragen werden.

16 Vgl. Elfriede Regelsberger/Matthias Jopp, Und sie bewegt sich doch! Die Gemeinsame Außen- und Sicherheitspolitik nach den Bestimmungen des Amsterdamer Vertrages, in: integration, 20, 4 (1997), S. 255-263.

und den Rat beschränkt wurde (Art. 18 und 26 EUV Amsterdam). Auf der anderen Seite aber verleiht die Tatsache, dass er gleichzeitig als Generalsekretär des Rats agiert (von dem er außerdem autorisiert werden kann, mit Dritten politische Dialoge zu führen) und der neu zu schaffenden Planungszelle vorstehen sollte, dem Hohen Vertreter doch erhebliches bürokratisches Gewicht, das dieser durchaus nutzte und von den Mitgliedstaaten mit der Zeit durchaus gewollt war. So wurde er gleichzeitig als einer der drei Vertreter der „neuen Troika" eingesetzt, nachdem die alte trotz der Neuerungen von Maastricht nicht die gewünschte Kontinuität gebracht hatte. Nunmehr bestand die neue Troika aus dem Ratsvorsitz, dem für das Auswärtige zuständigen Kommissionsmitglied sowie eben dem Generalsekretär des Rates, also zumindest zwei Vertretern, die dem Einfluss einzelner Mitgliedstaaten nicht unmittelbar ausgesetzt waren. Da das neue Amt nicht an der Spitze der EU etabliert wurde, schloss diese Konstruktion allerdings Kompetenzrangeleien untereinander nicht aus.

Die Strategieplanungs- und Frühwarneinheit soll kontinuierlich internationale Vorgänge und Entwicklungen überwachen, analysieren und bewerten sowie Handlungsoptionen für den Rat erarbeiten. Sie unterstützt damit die Arbeit des Rates bzw. der Präsidentschaft, soll aber auch „angemessen mit der Kommission zusammenarbeiten, um die vollständige Kohärenz mit der Außenwirtschafts- und Entwicklungspolitik der Union" zu gewährleisten. Bemerkenswert in diesem Kontext ist der Anspruch, wonach der Planungsstab seine Aufgaben aus Unionsinteresse heraus formulieren soll. Er signalisiert somit bewusst den Versuch, mitgliedstaatliche Partikularinteressen zu überwinden.

Alles in allem ist die GASP somit nach beiden Verträgen zunächst ein intergouvernementales Unternehmen, dem die wesentlichen Elemente der Supranationalität, so die Möglichkeit zur Rechtsetzung mit Direktwirkung, weisungsunabhängige Organe mit umfassenden Handlungskompetenzen sowie Mehrheitsabstimmungen als Entscheidungsprinzip, fehlen. Weder sind Beschlüsse auf nationaler oder europäischer Ebene einklagbar, noch spielen Kommission und EP in der GASP wirklich eine entscheidende Rolle – sieht man einmal von dem Vorschlagsrecht der Kommission für alle Frage der GASP und der Tatsache, dass seither der Ratsvorsitz als gemeinsame Vertretung der Regierungen die Verhandlungsführung bei internationalen Verträgen übernimmt (Art. 24 EUV Amsterdam), ab. Zwar weisen zwei wesentliche Neuerungen beim Abstimmungsmodus doch in Richtung einer gewissen Aufweichung des ansonsten strikt intergouvernementalen Charakters der GASP: Zum einen die Möglichkeit der „konstruktiven Enthaltung" (Art. 23 EUV Amsterdam), nach der einzelne Mitgliedstaaten (maximal ein Drittel der gewogenen Stimmen) sich enthalten konnten, ohne dadurch dem Zustandekommen von Beschlüssen entgegenzustehen und an diese gebunden zu sein – machen mehrere Staaten, die insgesamt über mehr als ein Drittel der gewogenen Stimmen verfügen, von dieser Möglichkeit Gebrauch, kommt der Beschluss jedoch nicht zustande; zum anderen das generelle Mehrheitsvotum für Durchführungsbeschlüsse (Art. 23, 2 EUV Amsterdam), welches wiederum eingeschränkt wird durch das Vetorecht „aus wichtigen Gründen der nationalen Politik“ im Sinne des Luxemburger Kompromiss von 1966. Allerdings fehlen in beiden Fällen die Zwänge, die die gemeinschaftliche Politik auch tatsächlich umzusetzen, so dass Kritikern selbst eine Gemeinsame Außen- und Sicherheitspolitik mehr als Mythos denn als Realität erscheinen lässt.[17] Für die Verteidigungspolitik gilt dies umso mehr, als deren schrittweise Festlegung, die dereinst zu einer „gemeinsamen Verteidigung führen könnte“, ohnehin von einem entsprechenden Beschluss des Europäischen Rates abhängt. Damit aber blieb die Verteidigungspolitik weiterhin von der GASP ausgenommen. Ungeachtet der Ausdehnung der Leitlinienkompetenz des Europäischen Rates auf die WEU blieb letztere vorerst eine eigenständige Organisation (Art. 17, 1 EUV Amsterdam).

Auch Nizza (2000) brachte keinen gravierenden Kurswechsel. Abgesehen von der Ausdehnung der Klausel zur „verstärkten Zusammenarbeit“ auf die GASP (Art. 27a-e EUV Nizza), der Einbeziehung wesentlicher Funktionen der WEU in die EU, der Möglichkeit der Ernennung von Sonderbeauftragten (Art. 23 EUV Nizza) und des Hohen Vertreters (Art. 207 EGV Nizza), sowie der mit einer Aufgabenerweiterung verbundenen Umbenennung des Politischen zum Politischen und Sicherheitspolitischen Komitee (PSK – Art. 25 EUV Nizza) gab es keine nennenswerten Beschlüsse zur Vertiefung im Bereich der GASP.[18] Der Beginn der Beitrittsverhandlungen, die gerade einmal einjährige Testphase der mit dem Amsterdamer Vertrag eingeführten Bestimmungen sowie der Wille der Mitgliedstaaten, zunächst der durch die Kehrtwende der britischen Politik angestoßenen „außervertraglichen“ Gestaltung der europäischen Sicherheits- und Verteidigungspolitik größere Aufmerksamkeit zu widmen (vgl. dazu anschließendes Kapitel),[19] ließ die Debatte um weitere mögliche Vertragsänderungen während der Regierungskonferenz zunächst ruhen. In systematischer Hinsicht am wichtigsten ist sicherlich die Einführung der verstärkten Zusammenarbeit bzw. deren Ausdehnung auf die GASP. Danach kann

17 John Peterson, Conclusion: The Myth of the CFSP?, in: Ders./Helene Sjursen (Hg.), A Common Foreign Policy for Europe? Competing visions of the CFSP, London: Routledge 1998, S. 169-185.

18 Elfriede Regelsberger, Die Gemeinsame Außen- und Sicherheitspolitik nach Nizza – begrenzter Reformeifer und außervertragliche Dynamik, in: Mathias Jopp/Barbara Lippert, Heinrich Schneider (Hg.), Das Vertragswerk von Nizza und die Zukunft der Europäischen Union, Bonn 2001, S. 112-122; Franco Algieri, Die Europäische Sicherheits- und Verteidigungspolitik – erweiterter Handlungsspielraum für die GASP, in: Werner Weidenfeld (Hg.), Nizza in der Analyse, Gütersloh 2001, S. 161-201.

19 Bei den entsprechenden Regierungskonferenzen (Köln, Juni 1999; Helsinki, Dezember 1999; Feira, Juni 2000; sowie Nizza, Dezember 2000) ging es vor allem darum, die Grundlagen für eine eigenständige Europäische Sicherheits- und Verteidigungspolitik zu legen.

eine Gruppe von mindestens acht Mitgliedstaaten (Art. 43 EUV Nizza) in eine solche Zusammenarbeit eintreten, wenn sie die „genannten Verträge und den einheitlichen Rahmen der Union beachtet" und wenn sie den „Besitzstand der Gemeinschaft und die nach Maßgabe der sonstigen Bestimmungen der genannten Verträge getroffenen Maßnahmen" dabei bewahrt. Damit sollte integrationswilligen Staaten ein vertragskonformes Voranschreiten im Bereich der Sicherheits- und Verteidigungspolitik und bei der Rüstungskooperation im Sinne so genannter „Koalitionen von Handlungswilligen" (coalitions of the willing) ermöglicht werden, ohne die nicht kooperationsbereiten Partner völlig auszuschließen – eine Idee, die nicht zuletzt auf dem Hintergrund einer prospektive um zehn Mitglieder erweiterten Union zustande kam.

In der Praxis war die Regelung bislang von geringer Relevanz. Zu groß wiegt die Skepsis besonders der kleineren Mitgliedstaaten hinsichtlich einer möglichen Marginalisierung durch die „Großen" mittels derartiger „Avantgarde"-Ideen. Nahrung erhielten solche Bedenken beispielsweise durch die außerhalb des GASP-Rahmens agierende Bosnien-Kontaktgruppe, die Abstimmungen der „Großen" in der Kosovo-Krise oder zuletzt durch den zwischenzeitlichen Schulterschluss Frankreichs, Deutschlands sowie Belgiens und Luxemburg beim so genannten Brüsseler „Pralinengipfel" nach Ende des Irak-Krieges.[20] Außerdem schließt die Regelung eine Ausweitung auf Fragen mit militärischen und verteidigungspolitischen Bezügen aus. Immerhin aber kann man sich allein durch die vertragliche Verankerung des Prinzips eine Dynamisierung seiner Anwendung erhoffen, gleichwohl sie in der Praxis immer wieder im latenten bis offenen Konflikt mit dem in Art. 11 (2) EUV angesprochenen Prinzipien der Loyalität und Solidarität steht.

Von Bedeutung war schließlich die vertragliche Festlegung einer möglichen künftigen gemeinsamen Verteidigung, auch wenn diese ausdrücklich die bestehenden Verpflichtungen zur NATO nicht tangieren sollte (Art. 17 (1) EUV Nizza). Mit der in Amsterdam angelegten und in Nizza bestätigten vertraglichen Absichtserklärung zu einer gemeinsamen Verteidigung können weitere Integrationsschritte in diesem Bereich schließlich vom Europäischen Rat beschlossen werden, ohne dass sie von den Mitgliedstaaten bzw. nationalen Parlamenten ratifiziert werden müssen. Dies erklärt die nach Amsterdam erfolgte Dynamisierung von Beschlüssen des Europäischen Rates zur Entwicklung einer autonomen Entscheidungs- und Handlungsfähigkeit im Bereich der Sicherheit und Verteidigung. Begleitet wurde diese Regelung von einer faktischen Auflösung der WEU und der institutionellen Überführung der Sicherheits- und Verteidigungspolitik in den Bereich der EU.

---

20 Philippe de Schoutheete, Closer Cooperation: Political Background and Issues in the Negotiation, in: Jörg Monar/Wolfgang Wessels (Hg.), The European Union after the Treaty of Amsterdam, London/New York 2001, S. 150-166.

Die Post-Nizza-Debatte stand insbesondere im Zeichen der Einfügung der im Zuge der Entwicklung der ESVP entwickelten neuen Instrumente/Institutionen in das bestehende Gesamtgefüge und deren personelle Ausstattung. Die Mitgliedstaaten bemühten sich des Weiteren, unabhängig vom späten Zeitpunkt des Inkrafttretens des neuen Vertrages, um die Klärung von Detailfragen hinsichtlich der für 2003 avisierten Einsatzfähigkeit der Europäischen Krisenreaktionskräfte im Sinne der so genannten „Helsinki Headline Goals“[21], die Präzisierung der Aufgabenteilung zwischen dem Hohen Vertreter und dem für die GASP zuständigen EU-Kommissar sowie eine Belebung der Diskussion über die Ausrichtung der GASP im Zuge der Erweiterung im Allgemeinen und um eine effizientere Nutzung des bestehenden GASP-Instrumentariums (insbesondere der „Gemeinsamen Strategien)[22] im Besonderen. Insgesamt galt es die durch die ESVP angestoßene außervertragliche Dynamik über den Laeken-Gipfel im Dezember 2001 hinaus aufrecht zu erhalten und der erweiterten Union die Instrumente und Mittel zur Verfügung zu stellen, die es ihr ermöglichten, eine aktivere Rolle in der Weltpolitik spielen zu können.[23] Ausdrücklich bekunden die Staats- und Regierungschefs auf dem Gipfel in Laeken den gemeinsamen Willen, den europäischen Aktionsplan zu den militärischen Fähigkeiten (ECAP) umzusetzen und die EU in die Lage zu versetzen, bestimmte Maßnahmen zur Krisenbewältigung durchzuführen.

Damit steht die GASP – unter Berücksichtigung der Entwicklungen im Bereich der ESVP (s. im folgenden Kapitel) – im Vorfeld des Anfang 2002 installierten Konvents zur Zukunft der Europäischen Union[24] an einem Punkt, an welchem sie zwar weiterhin primär intergouvernemental organisiert ist, die Gemeinschaftsebene jedoch zunehmend eine größere Rolle spielt, die sich nicht zuletzt in der Beteiligung der Kommission, der – wenn auch begrenzten – Kontrollfunktion des Parlaments, der Rolle des zuständigen Kommissars in der reformierten Troika sowie an der Aufgabenerweiterung des Politischen und Sicherheitspolitischen Komitees und der damit verbundenen stärkeren Vernetzung mit den nationalen Ministerien abzeichnet. In diesem Zusammenhang ist die Verbindlichkeit von „europäischen“ Entscheidungen gestiegen und hat insgesamt zu einem Prozess der „Brüsselisie-

21 European Council Helsinki, Presidency Conclusions, December 10/11 1999, SN 300/99, Annex IV, S. 19-29; des Weiteren die Erklärung zur Einsatzbereitschaft auf dem Gebiet der Gemeinsamen Sicherheits- und Verteidigungspolitik, Anlage II zu den Schlussfolgerungen des Vorsitzes des Europäischen Rates von Laeken v. 14/15. Dezember 2001.

22 Eine solche forderte vor allem der Hohe Vertreter, Javier Solana.

23 Die Zukunft der Europäischen Union – Erklärung von Laeken. Vgl. http://europa.eu.int/futurum/documents/offtext/doc151201_de.htm.

24 Vgl. http://european-convention.eu.int. Vgl. des Weiteren: Stefan Fröhlich, Shaping the Issues. The Work of the Convention, in: The European Union Constitutional Treaty, Center for Transatlantic Relations (Hg.), Washington 2004, S. 3-35.

rung“ beigetragen, die – bei aller Beibehaltung des intergouvernementalen Grundprinzips – nationale Ansprüche in nahezu allen Facetten der Außen- und Sicherheitspolitik doch zunehmend einschränkt. Jedenfalls ist die oft konstatierte Nichteinigung und die damit verbundene Handlungsunfähigkeit der Gemeinschaft wie beispielsweise in den Krisen im ehemaligen Jugoslawien nicht nur Ausdruck der Unvereinbarkeit konträrer mitgliedstaatlicher Positionen, sondern umgekehrt auch der Grenzen der Durchsetzbarkeit nationaler Interessen in einem auch in der GASP zunehmend stärker verflochtenen Institutionengefüge. So oder so erhöht sich damit der Druck auf die Mitgliedstaaten, einerseits zu mehr als nur „koordinierten“ Vorgehensweisen zu kommen, andererseits – um wiederum dem Dilemma der zunehmenden Handlungsunfähigkeit in einer erweiterten Union zu begegnen – eine größere Flexibilität auch in der GASP nicht nur theoretisch, sondern auch in der Praxis zuzulassen, will man dem Anspruch sowohl der Union wie der Mitgliedstaaten hinsichtlich der Übernahme einer globalen Rolle Europas gerecht werden.[25]

Eben dieser Zielvorgabe entsprechen auch die Überlegungen, die sich nach den Vorarbeiten des Konvents schließlich im vorerst am Widerstand Frankreichs und der Niederlande gescheiterten Verfassungsvertrag der EU finden.[26] Alle darin vorgesehenen Weiterentwicklungen im Bereich der GASP spiegeln den Kompromiss zwischen einer vor dem Hintergrund der aktuellen sicherheitspolitischen Herausforderungen als notwendig empfundenen vertieften Zusammenarbeit auf Brüsseler Ebene einerseits und den unverändert anhaltenden Souveränitätsvorbehalten der Mitgliedstaaten besonders in der Sicherheits- und Verteidigungspolitik andererseits wieder. Zwar nehmen die GASP/ESVP-relevanten Bestimmungen insgesamt einen größeren Raum ein und hervorzuheben ist auch, dass die ESVP nunmehr in einem eigenen Absatz erwähnt und somit aufgewertet wird (wenn auch weiterhin als integraler Bestandteil der GASP). Einen Quantensprung aber stellen die Bestimmungen sicherlich nicht dar. Bei aller Fortsetzung des Prozesses der „Brüsselisierung“ schreibt der Text den intergouvernementalen Charakter der GASP/ESVP fort.

Wichtigste institutionelle Neuerung ist sicherlich die Einführung des Amts des Außenministers (Art. III-296 (2) VVE), der vom Europäischen Rat mit qualifizierter Mehrheit bestimmt und vom Kommissionspräsident ernannt wird. Gemeinsam mit den Mitgliedstaaten soll er künftig verantwortlich sein für die Außenpolitik der Union (Art. 40 (4) VVE), diese in allen Angelegenheiten der GASP gemeinsam mit

25 Andrew Moravcsik, Striking a New Transatlantic Bargain, in: Foreign Affairs, 82, 4 (2003), S. 74-89.

26 Dazu ausführlich: Werner Weidenfeld (Hg.), Die Europäische Verfassung in der Analyse, Gütersloh 2005, S. 205-227; Marcus Höreth/Cordula Janowski/Ludger Kühnhardt (Hg.), Die Europäische Verfassung, Baden-Baden 2005, bes. 189-198.

dem künftig hauptamtlichen Präsidenten des Europäischen Rates vertreten (wobei dieser die „Außenvertretung“ allerdings nur „unbeschadet der Befugnisse des Außenministers“ wahrnehmen soll (Art. I-22 (2) VVE)) und zudem für größere Kohärenz im außenpolitischen Handeln der Union sorgen (Art. I-28 (4) VVE). Als gleichzeitiger Vizepräsident der Kommission wird der Außenminister mit ständigem Vorsitz im Rat für „Auswärtige Angelegenheiten“ und Initiativrecht (Art. I-28 (3) VVE) zum außenpolitischen Scharnier zwischen Rat – dem er verantwortlich ist – und Kommission. Verstärkt wird diese Funktion durch die Aufwertung in beiden Organen; so hat der Außenminister den ständigen Vorsitz im Rat und verfügt außerdem als Kommissionsmitglied über das Initiativrecht in Fragen der Außen- und Sicherheitspolitik. Dadurch sollte die lange Zeit beklagte Doppelstruktur mit dem Hohen Repräsentanten der GASP und dem für die Außenbeziehungen zuständigen Kommissar zugunsten eines „Doppelhuts“ bzw. der Personalunion im Amt des Außenministers aufgehoben werden. Dieser soll in seinen erweiterten Zuständigkeiten von einem Europäischen Auswärtigen Dienst, bestehend aus den „einschlägigen Abteilungen des Generalsekretariats des Rates und der Kommission sowie Personal der nationalen diplomatischen Dienste“, unterstützt werden (Art. III-296 (3) VVE), der wiederum mit den diplomatischen Diensten der Mitgliedstaaten kooperieren soll. Schließlich sieht die Verfassung zur Steigerung der Effektivität im operationellen Bereich der ESVP die Verankerung des bereits etablierten „neuen“ „Europäischen Amts für Rüstung, Forschung und militärische Fähigkeiten“ (Europäische Verteidigungsagentur) vor, welches den operativen Bedarf der Union ermitteln und die mitgliedstaatlichen Anstrengungen bei der industriellen und technologischen Entwicklung des Verteidigungssektors koordinieren soll (Art. I-41 (3) VVE). Die Mitarbeit an diesem Vorhaben erfolgt allerdings auf freiwilliger Basis, zudem ist das Amt nicht dem Außenminister, sondern dem Rat unterstellt.

Mit Blick auf die Entscheidungsmechanismen hat der Verfassungsvertrag eine Reihe von Instrumenten geschaffen, die auf eine stärkere Flexibilisierung auch in der GASP/ESVP hinweisen. Zentral in diesem Kontext ist die uneingeschränkte Ausdehnung der „verstärkten Zusammenarbeit“ auf nunmehr beide Bereiche. Bestand die Möglichkeit zu einer solchen im Bereich der GASP schon zuvor,[27] so sieht der Verfassungsvertrag nunmehr auch innerhalb der ESVP die Möglichkeit einer so genannten „ständigen strukturierten Zusammenarbeit“ (Art. I-41 (6) VVE) auf Basis eines qualifizierten Mehrheitsbeschlusses vor (Art. III-312 VVE): Stellen mindestens ein Drittel der Mitgliedstaaten einen Antrag an den Ministerrat, so muss der Außenminister zunächst die Kohärenz der geplanten Maßnahme mit der

27 Für die GASP gelten hierfür jedoch allerdings nach wie vor besondere Bestimmungen (vgl. Art. III-419 (2) VVE).

sonstigen Außen- und Sicherheitspolitik der Union prüfen, bevor sie anschließend vom Rat gebilligt wird.

Die Mitgliedstaaten verzichteten allerdings bewusst auf eine unmittelbare Übertragung der „verstärkten Zusammenarbeit" auf die ESVP. Vielmehr schufen sie für den nunmehr eigenen, von der GASP bewusst getrennten Abschnitt der ESVP ein „eigenes" Instrument, nämlich das der „strukturierten Zusammenarbeit". Damit entsprachen sie dem Widerstand der Mitgliedstaaten, die im Verfassungskonvent eine pauschale Übertragung auf die ESVP abgelehnt hatten. Anders als bei der „verstärkten Zusammenarbeit" ist bei der „strukturierten Zusammenarbeit" eine Beteiligung der nicht-teilnehmenden und nicht-stimmberechtigten EU-Staaten (Art. III-312 (4) VVE) zumindest nicht explizit vorgesehen – was Spannungen im Verhältnis beider Instrumente zueinander in der Praxis wohl unumgänglich machte.

Abgesehen von diesen Flexibilisierungsinstrumenten bleibt es ansonsten beim Regelfall der Einstimmigkeit in der GASP/ESVP. Beschlüsse im Bereich der ESVP, einschließlich solcher zur Einleitung einer Gemeinsamen Aktion, werden vom Rat einstimmig auf Vorschlag des Außenministers oder eines Mitgliedstaates erlassen (Art. I-41 (4) VVE). Qualifizierte Mehrheitsbeschlüsse sind weiterhin nur im Rahmen des bisherigen Art. 23 (2) EUV möglich, allerdings kann der Rat nunmehr auf Vorschlag des Außenministers einen Beschluss erlassen, mit dem ein Durchführungsbeschluss oder ein Gemeinsamer Standpunkt der Union festgelegt wird (Art. III-300 (2lit. b) VVE). Für das Europäische Parlament ändert sich ebenso wenig wie für den EuGH.[28]

Insgesamt bleibt festzuhalten, dass mit Blick auf die Bestimmungen zur GASP/ESVP der Begriff „Verfassungsvertrag" an sich schon einen Euphemismus für eine in der Tradition der schrittweisen Ausdifferenzierung der vertraglichen Grundlagen stehende Fortschreibung der europäischen Außen- und Sicherheitspolitik bedeutet. Der intergouvernementale Charakter gerade in den zentralen Fragen der militärischen Friedenssicherung bleibt bei allen graduellen Fortschritten vor allem mit Blick auf die Flexibilitätsklauseln bestehen. Auch künftig lassen sich tief greifende Divergenzen zwischen den Mitgliedstaaten und Brüssel allein institutionell nicht ohne weiteres überbrücken, so dass die *ex post* vertretene These, die Irak-Krise hätte innereuropäisch einen anderen Verlauf genommen, wären die GASP/ESVP-bezüglichen Verfassungsregeln bereits in Kraft gewesen, zu bezweifeln ist.[29] Zwar könnte ein künftiger Außenminister den politischen Druck auf einzelne Mitgliedstaaten er-

---

28 Höreth/Janowski/Kühnhardt, a.a.O., S. 191.

29 So vertreten von: Thomas Risse, Auf dem Weg zu einer gemeinsamen Außenpolitik? Der Verfassungsentwurf und Die europäischen Außen- und Sicherheitspolitik; in: integration, 26, 4 (2003), 564-574 (573).

höhen, wenn er die ihm zur Verfügung gestellten strukturellen Machtinstrumente gegenüber den Mitgliedstaaten entsprechend offensiv nutzte. Diese werden aber kaum dazu ausreichen, alle Mitgliedstaaten auf eine gemeinsame europäische Perspektive zu verpflichten.[30] Hinzu kommt, dass die durch die Einführung des Amts des Außenministers viel beschworene Kohärenz (im Sinne des „Doppelhuts") durch die in der Verfassung unpräzise Abgrenzung und in der Praxis möglicherweise auftretenden Überlappungen der Kompetenzen des Außenministers und des Präsidenten des Europäischen Rates konterkariert wird. Sie zwingen den Außenminister jedenfalls in eine „dreifache Koordinierungsfunktion: zwischen Rat und Europäischem Rat, zwischen Rat und Kommission und zwischen den Mitgliedstaaten".[31] Gleiches ist auch von dem vorgesehenen Europäischen Auswärtigen Dienst zu erwarten: Zwar verspricht die Zusammenführung der außenpolitischen Bürokratien von Kommission und Rat eine größere Kohärenz bei der Bestimmung gemeinsamer Positionen; ob dieser Dienst sich aber von den mitgliedstaatlichen Diensten emanzipieren kann, darf allein wegen der Verankerung nationalen Personals in diesem Dienst ebenso bezweifelt werden.

Dennoch sind gerade die verteidigungs- und sicherheitspolitischen Bestimmungen des Verfassungsvertrages in ihrer Wirkung nicht zu unterschätzen. Die verschärften Koordinierungsverpflichtungen sowie die Flexibilisierung der Sicherheits- und Verteidigungspolitik über die Instrumente der „strukturierten Zusammenarbeit" bzw. die „verstärkte Zusammenarbeit" bilden durchaus Kernelemente zur weiteren Vertiefung im Bereich der ESVP – auch wenn die Zusammenführung beider Arten der flexiblen Zusammenarbeit sicherlich zu einer größeren Transparenz beigetragen hätte. Die vorgesehene Einschränkung, wonach die an der „strukturierten Zusammenarbeit" nicht teilnehmenden Staaten vom Stimmrecht explizit ausgeschlossen werden, mag zwar den Anpassungsdruck für diese Staaten verringern und damit die Gefahr einer Spaltung der Union in zwei Lager der Handlungswilligen und Handlungsunwilligen in sich bergen; auf der anderen Seite eröffnet sie die derzeit einzig realistische Option eines sicherheitspolitischen Kerneuropas mit gemeinsamer Verteidigungspolitik im Rahmen der NATO.

Beide Instrumente sind zudem deshalb von besonderer Bedeutung, weil ansonsten die noch vom Konvent erwogene Überwindung des Einstimmigkeitsprinzips im Bereich der GASP keinen Eingang in die Verfassung gefunden hat. Im Gegenteil, selbst im nicht-militärischen Bereich verzichtet der Verfassungsvertrag auf die

30 Nadia Klein/Wolfgang Wessels, Eine Stimme, zwei Hüte – viele Pioniere?, in: WeltTrends, 42 (2004), S. 11-26.

31 Franco Algieri, Von der Macht der Zeitumstände und der Fortführung eines integrationspolitischen Projekts: Die Gemeinsame Außen- und Sicherheitspolitik im Verfassungsvertrag, in: Weidenfeld, Die Europäische Verfassung in der Analyse, S. 205-227 (220).

Einführung qualifizierter Mehrheitsbeschlüsse als Regelfall und verhindert somit den entscheidenden Durchbruch hin zu einer effektiveren europäischen Außenpolitik. Es bleibt beim bestehenden Prinzip, wonach der Europäische Rat die Anwendung qualifizierter Mehrheitsentscheidungen kontrolliert.

Positiv ist gleichsam die Einführung einer allgemeinverbindlichen Beistandsklausel (Art. I-41 (7) VVE) sowie einer Solidaritätsklausel (Art. I-43 VVE) in den Verfassungsvertrag zu bewerten. Mit Ersterer wird den „neutralen" Mitgliedstaaten der Zugang zur ESVP erleichtert, indem man eine mögliche Beteiligung nicht an besondere Verfahren oder Kriterien auf europäischer Ebene knüpft, vor allem aber, weil man die Bereitstellung militärische Mittel zur Unterstützung möglicher EU-Aktionen nicht von vornherein zur Bedingung macht. Mit Letzterer wird umgekehrt der Rückgriff auf militärische Mittel ausdrücklich als Handlungsoption nicht nur erwähnt, sondern explizit auch in seiner Anwendung bestimmt. Dies ist insofern relevant, als im Falle eines Beschlusses zur Anwendung von Art. I-43, der auch den Verteidigungsbereich tangiert, der Rat zwar einstimmig beschließt, dabei jedoch vom PSK unterstützt wird. Auf diese Weise erfahren die an sich ausschließlich im Rahmen der ESVP konzipierten Strukturen nicht nur in anderen Bereichen Anwendung, sondern werden darüber hinaus auch stärker an die Gesamtstruktur der Union gebunden.

Insgesamt kann somit selbst im hypothetischen Fall eines Inkrafttretens des Verfassungsvertrages von einer wirklichen Vergemeinschaftung der GASP/ESVP wie in Teilen der dritten Säule nicht die Rede sein, sondern lediglich von einem Fortschreiten des Prozesses der „Brüsselisierung". Zwar stehen die seit dem Maastrichter Vertrag über die vergangenen eineinhalb Jahrzehnte hinweg eingeführten Neuerungen in beiden Bereichen für eine deutliche Stärkung der europäischen Ebene. Der Widerstreit zwischen „den Dreieckspunkten Flexibilisierung, Kohärenz und Handlungsfähigkeit bleibt als strukturelle Ambivalenz" aber weiter bestehen.[32]

32 Höreth/Janowski/Kühnhardt, a.a.O., S. 199.

3.2 Die Dynamisierung der GASP durch das Projekt der Gemeinsamen Europäischen Sicherheits- und Verteidigungspolitik (ESVP)

3.2.1 Entwicklungen seit dem Kosovo-Krieg – Institutionen und Fähigkeiten

Im Verlauf des Kosovo-Konflikts wurde erneut offenbar, dass die Europäer bei der Bewältigung einer größeren Krise weiterhin auf das Eingreifen der USA angewiesen sind: Mehr als 70 Prozent aller Einsätze wurden von den Amerikanern geflogen und mehr als 80 Prozent der verwandten Munition stammten von den USA. Seit Anfang der neunziger Jahre wurde die Zuständigkeit der EU im Bereich der Außen- und Sicherheitspolitik zwar systematisch ausgebaut, so dass Europa heute in mehr als 80 Prozent aller außenpolitisch relevanten Fragen routinemäßig mit einer Stimme spricht – dies gilt für die Außenwirtschaftspolitik über die internationale Umweltpolitik sowie die Menschenrechts- und Entwicklungspolitik bis hin zu Fragen der nicht-militärischen Sicherheit. Außerdem eröffnete sich parallel zum Amsterdamer Vertrag in der NATO die Möglichkeit, die europäische Säule durch die Entwicklung einer Europäischen Sicherheits- und Verteidigungsidentität zu stärken. Schließlich wurde von allen Mitgliedstaaten im Prinzip anerkannt, dass die Integration der Außen-, Sicherheits- und Verteidigungspolitik Voraussetzung ist für die Schaffung einer Politischen Union, die Herausbildung einer globalen Ordnungsmacht und Gleichrangigkeit gegenüber den USA. Dennoch gelang es der EU lange Zeit nicht, den fehlenden militärischen Unterbau zur Umsetzung der ambitiösen Ziele der GASP einzurichten. Bemerkenswerterweise ging die Initiative zur Schaffung geeigneter eigener Streitkräfte bzw. der Erweiterung des Handlungsspielraums für die GASP durch eine Europäische Sicherheits- und Verteidigungspolitik (ESVP) bereits vor dem Kosovo-Krieg ausgerechnet vom Regierungschef jenes Mitgliedslandes aus, das die engsten Bindungen zu den USA unterhält und traditionell auf die NATO als wichtigstes Instrument militärischer Sicherheit setzt.[33] Bei einem

33 Zur Entwicklung der ESVP: Antonio Missiroli, ESVP – wie sie funktioniert, in: Nicole Gnesotto (Hg.), Die Sicherheits- und Verteidigungspolitik der EU. Die ersten fünf Jahre (1999-2004), Institut für Sicherheitsstudien der EU, Paris 2004, S. 65-86; Franco Algieri, Die Europäische Sicherheits- und Verteidigungspolitik. Erweiterter Handlungsspielraum für die GASP, in: Werner Weidenfeld (Hg.), Nizza in der Analyse, Gütersloh 2001, S. 161-201; Christopher Hill, EU Foreign Policy since September 11, 2001, in: Journal of Common Market Studies, 42, 1 (2004), S. 143-163; Elfriede Regelsberger, Die Gemeinsame Außen- und Sicherheitspolitik der EU (GASP). Kon-

Treffen der Staats- und Regierungschefs der EU im Oktober 1998 im österreichischen Pörtschach sprach sich der britische Premierminister Tony Blair wenngleich sehr allgemein für eine Verstärkung der europäischen Sicherheits- und Verteidigungsidentität innerhalb der NATO und die Integration der WEU in die EU aus. Gemeinsam mit dem französischen Staatspräsidenten Chirac setzte Blair anschließend beim bilateralen Gipfeltreffen in Saint Malo im Dezember 1998 ein entscheidendes Signal in Richtung der Verwirklichung des zweiten europäischen „Großprojekts" nach der Wirtschafts- und Währungsunion.[34] Im Mittelpunkt der Erklärung von Saint Malo stand die Forderung nach der Fähigkeit der EU zu selbständigem, auf glaubwürdige militärische Kräfte gestütztem Handeln, den Mitteln zur Entscheidung über den Einsatz dieser Kräfte und der Bereitschaft dazu, um auf internationale Krisen reagieren zu können.[35] Dies schloss die Verantwortung des Europäischen Rates ein, über die schrittweise Verwirklichung einer gemeinsamen Verteidigungspolitik im Rahmen der GASP nachzudenken.

Beide Staaten blieben bei ihrem Vorstoß zwar beim intergouvernementalen Ansatz und betonten zudem, dass die Initiative keine Abwendung von der NATO bedeute. Dennoch war das Signal schon deswegen von großer Bedeutung, weil sich hier bezüglich der Entwicklung einer europäischen Sicherheits- und Verteidigungspolitik erstmals zwei unterschiedliche Strategieansätze trafen. Während Frankreich traditionell eine von den USA unabhängigere europäische Sicherheits- und Verteidigungspolitik anstrebte, ging es Großbritannien vor allem um die Stärkung eines europäischen Pfeilers innerhalb der NATO. Im Juni des folgenden Jahres bekräftigten die 15 Mitgliedstaaten in Köln unter dem Druck des Krieges im Kosovo diese Aussage und steckten mit ihren Beschlüssen den institutionellen Rahmen für die Entwicklung der „Gemeinsamen Europäischen Sicherheits- und Verteidigungspolitik" (ESVP) ab. Gleichzeitig präzisierten sie in dem von ihnen angenommenen Bericht der deutschen Präsidentschaft als Ziel Krisenmanagement im Bereich der Petersberg-Aufgaben (humanitäre Aufgaben und Rettungseinsätze; friedenserhaltende Aufgaben sowie Kampfeinsätze bei der Krisenbewältigung einschließlich friedensschaffender Maßnahmen) mit oder ohne Rückgriff auf NATO-Ressourcen. Die Entwicklung einer Fähigkeit der EU zu militärischer Krisenbewältigung einschließlich der Verbesserung der Kooperation der europäischen Rüstungsindustrien und der Harmonisierung militärischer Erfordernisse und der Rüstungsplanung und -be-

---

stitutionelle Angebote im Praxistest 1993-2003, Baden-Baden 2004; Werner Hoyer/Gerd Kaldrack (Hg.), Europäische Sicherheits- und Verteidigungspolitik, Baden-Baden 2002.

34 Alyson Bailes, European Defense: What are the Convergence Criteria?, in: RUSI Journal (June 1999), S. 60.

35 Erklärung von St. Malo und Pressekonferenz von Chirac, Jospin und Blair, S. Malo (4. Dezember 1998): http://www.fco.gov.uk.

schaffung wurde in den Rahmen der GASP eingeordnet und als Teil der schrittweisen Festlegung einer gemeinsamen Verteidigungspolitik gemäß Art. 17 des EUV-Amsterdam bezeichnet, die im Übrigen weiterhin nicht näher definiert blieb. Die Entwicklung der Grundlagen für die Herstellung militärischer und nicht-militärischer Fähigkeiten wurde so zum Impuls und anhaltenden Charakteristikum der sicherheitspolitischen Vertiefung des Integrationsprozesses. Gleichzeitig aber wurde die so genannte „irische Formel" wiederholt, nach der die Politik der Union auf diesem Gebiet den besonderen Charakter der Sicherheits- und Verteidigungspolitik bestimmter Mitgliedstaaten nicht berührt. Mit anderen Worten: Die 15 Staats- und Regierungschefs stellten klar, dass die Mitgliedstaaten unter allen Umständen Herren der Entscheidung darüber bleiben, ob und wann ihre nationalen Streitkräfte eingesetzt werden.[36]

Schon ein halbes Jahr später goss der Rat in Helsinki den Kölner Grundsatzbeschluß in konkrete Zahlen um:[37] Gemäß den „headline goals" sollten die Mitgliedstaaten auf Grundlage freiwilliger Zusammenarbeit bis zum Jahr 2003 in der Lage sein, innerhalb von 60 Tagen für die Dauer von mindestens einem Jahr eine Eingreiftruppe von 50 000 – 60 000 Mann für die Durchführung der gesamten Reichweite der Petersberg-Aufgaben zu dislozieren. Für die nicht-militärischen Interventionen, d. h. die Übernahme von Polizeimissionen in Krisenregionen zur Stärkung des Rechtsstaats, der Zivilverwaltung und des Zivilschutzes, verpflichteten sich die Mitgliedstaaten auf dem Gipfel von Feira im Juni 2000, bis 2003 im Rahmen einer freiwilligen Zusammenarbeit ein Kontingent von 5000 Polizeibeamten bereitzustellen; davon sollten 1000 Beamte binnen 30 Tagen verlegbar sein.

Die Mitgliedstaaten gingen über diese Vereinbarung der Gesamtstärke einer Kriseneingreiftruppe hinaus sogar noch einen Schritt weiter. Das Konzept hätte schon daran scheitern können, dass die einzelnen Staaten mangels eines verbindlichen Aufteilungsschlüssels nicht bereit gewesen wären, „ausreichende" Kontingente zur Verfügung zu stellen. Im November 2000 aber sagten die Außen- und Verteidigungsminister auf der in Brüssel stattfindenden Beitragskonferenz („Capabilities Commitment Conference") insgesamt mehr als 100 000 Soldaten (zusätzlich zu den Bodentruppen ca. 30.000 Marine- und Luftwaffensoldaten sowie etwa 450 Kampfflugzeuge und 100 Schiffe) zu.[38] Mit den erforderlichen Reserven bedeutete dies theoretisch die Verfügung der EU über eine Armee von 150 000 Soldaten in-

36 European Council Cologne, Presidency Conclusions, 3 and 4 June 1999, SN 150/99: 2 and Annex III, S. 33-42.

37 European Council Helsinki, Presidency Conclusions, 10 and 11 December 1999, SN 300/99, Annex IV, S. 19-29.

38 Council, General Affairs/Defence, Military Capabilities Commitment Declaration, Press Release, Brüssel, 20 November 2000, No.: 13427/2/00, S. 4f. http://www.ue.eu.int/pesc/military.

klusive technischer und logistischer Ausrüstung. Aufgrund der Freiwilligkeit der Zusammenarbeit handelte es sich jedoch um eine Ad-hoc-Koalitionsstreitmacht, einen Pool nationaler Truppen, auf den die EU grundsätzlich zurückgreifen kann, wenn der Rat einstimmig die Anwendung militärischer Gewalt als Reaktion auf eine internationale Krise beschließt, und nicht um eine integrierte und ständige Armee der EU. Das Ratssekretariat hatte in Folge dieser Konferenz die konkreten Beiträge zwar als „ausreichend" bezeichnet, gleichzeitig die Mitgliedstaaten jedoch aufgerufen, die Höhe ihrer Beiträge zu überprüfen und bestehende qualitative Mängel auszugleichen. Dennoch stellten die EU-Verteidigungsminister auf der „Capability Improvement Conference" nur ein Jahr später, im November 2001, insgesamt nicht weniger als 42 Fähigkeitslücken der EU-Mitgliedstaaten fest. Dabei ging es vor allem darum, vor dem Hintergrund anstehender Strukturreformen der Streitkräfte in einigen Mitgliedsländern die unzureichende Leistungsfähigkeit auf dem Gebiet der Aufklärung, der Streitkräfteführung und des strategischen Luft- und Seetransports zu verbessern, gleichzeitig aber auch um eine größere Kohärenz mit Blick auf die im Rahmen der NATO-Verteidigungsplanung bestehenden Verpflichtungen, wie sie der Europäische Rat im Oktober 2002 bestätigte – danach bekräftigten die Mitgliedstaaten, bei ihren Aktionen und Beschlüssen im Rahmen der militärischen Krisenbewältigung durch die EU „ihren Vertragspflichten als NATO-Bündnispartner stets in vollem Umfang nachzukommen".[39] Spätestens auf dem Europäischen Rat in Laeken im Dezember 2001 wollte man eine Entscheidung über die Einsatzfähigkeit der europäischen „Rapid Reaction Force" treffen.

Weiterhin beschloss der Europäische Rat in Helsinki für die GESVP einen institutionellen Rahmen:

- Der Rat für Allgemeine Angelegenheiten, gebildet durch die Außenminister, soll künftig zum zuständigen Gremium für die GESVP werden; die Verteidigungsminister können gegebenenfalls zur Beratung hinzugezogen werden. Neben der Ratspräsidentschaft spielt auch der Hohe Vertreter für die GASP eine wichtige Rolle in Rat und PSK.
- Das „Politische und Sicherheitspolitische Komitee" (PSK) aus nationalen Vertretern (Botschafter und hohe Beamte) wird zur entscheidenden Koordinierungsinstanz für alle Aspekte der GASP und ESVP. Es tagt in zwei Formationen, einmal als „Brüsseler PSK" in der Regel zweimal wöchentlich mit den Botschaftern, zum anderen mit den Politischen Direktoren der nationalen Außenministerien in der „klassischen" Zusammensetzung des PK. Spätestens seit Ende 1999 hat sich damit eine personelle Ausdifferenzierung und Verlagerung des alten PK

39 Europäischer Rat, Schlussfolgerungen des Vorsitzes, Brüssel, 24 und 25. Oktober 2002. SN 300/02, S. 17.

und heutigen PSK nach Brüssel vollzogen. Das PSK bereitet die Entscheidungen, sprich gemeinsamen Politiken und Maßnahmen des Rates im Rahmen GASP und GESVP vor; dazu gehört auch die Entwicklung der militärischen Fähigkeiten. Unter der Verantwortung des Rates nimmt das PSK außerdem die politische Kontrolle und strategische Leitung von Operationen zur Krisenbewältigung wahr. Die rechtlich bindende Beschlussfassung verbleibt allerdings weiterhin beim Rat.

- Zur Koordinierung der Aktivitäten zum Ausbau der zivilen Krisenmanagementfähigkeiten der EU wird der „Ausschuss für zivile Aspekte des Krisenmanagements" (CIVCOM) eingerichtet. Pfeilerübergreifend soll er Empfehlungen zur Krisenprävention und Handlungsoptionen zur Krisenbewältigung mit zivilen Kräften der Mitgliedstaaten erarbeiten und dem PSK zur Entscheidung zuleiten. In ihm ist auch die Kommission als Vertreterin vorgesehen.
- Wie in der NATO soll sich ein „Militärausschuss" der EU aus den Generalstabschefs der Mitgliedstaaten zusammensetzen, die durch ihre militärischen Delegierten in Brüssel ständig vertreten sind. Der Militärausschuss soll fortan das höchste militärische Gremium im Rahmen des Rates bilden und die militärische Kontrolle aller militärischen Aktivitäten im Rahmen der EU wahrnehmen. Er berät das PSK, kann diesem gegenüber Empfehlungen abgeben und militärische Direktiven an den Militärstab der EU erteilen. Schließlich soll er den Generalsekretär/Hohen Vertreter in allen militärischen Angelegenheiten beraten.
- Der „Militärstab" mit einer Personalstärke von ca. 130 Personen ist direkt dem GS/HR zugeordnet und als Generaldirektion im Ratssekretariat der EU verankert. Der Stab befasst sich mit der Frühwarnung, der Lagebeurteilung und der strategischen Planung im Hinblick auf die Ausführung der Petersberg-Aufgaben.

Damit waren die Gremien auf politisch-strategischer Ebene vorgegeben, die zum 1. März 2000 zunächst als Interimsorgane ihre Arbeit in Brüssel aufnahmen.[40] Mit den o. e. Beschlüssen des Rates von Nizza wurden dann die institutionellen Voraussetzungen für den Übergang der GESVP in die Dauerstrukturen, so wie sie in Helsinki definiert worden waren, geschaffen, indem PSK, Militärausschuss und Militärstab nunmehr als permanente Gremien eingesetzt wurden. Schließlich wurden die in Art. 17 des EUV in der Amsterdamer Fassung in Aussicht genommene weitgehende Liquidierung der WEU und die Übernahme der operativen Kapazitäten des Bündnisses durch die EU (Combined Joined Task Forces (CJTF)-Konzept) in

40 David Allen/Michael Smith, External Policy Developments, in: Journal of Common Market Studies, 40, 2, supplement 3 (2002), S. 97-115.

die Tat umgesetzt.[41] Damit war die EU mit Blick auf den Aufbau einer autonomen sicherheitspolitischen Entscheidungsstruktur relativ weit vorangekommen. Die vorhandenen Institutionen wurden so ergänzt und erweitert, dass genügend militärischer Sachverstand und operative Leitungskompetenz für ein von NATO-Strukturen weitgehend unabhängiges Krisenmanagement theoretisch zur Verfügung stehen.

Beim Europäischen Rat in Brüssel im Dezember 2003 ergänzten die Staats- und Regierungschefs den institutionellen Rahmen der GESVP durch detaillierte Vorschläge zur Weiterentwicklung der militärisch-strategischen und operativen Ebene. Dabei bezogen sie sich auf ein von der italienischen Präsidentschaft eingeführtes Papier „Europäische Verteidigung: NATO/EU Konsultationen, Planung und Operationen", welches wiederum auf eine Initiative Belgiens, Deutschlands, Frankreichs und Luxemburgs zurückging.[42] Gemeinsam mit den o. e. Flexibilisierungsvorschlägen („strukturierte Zusammenarbeit" zur Verbesserung der militärischen Fähigkeiten auf der Grundlage fester Regeln, ohne dass andere EU-Mitgliedstaaten ihre Zustimmung erteilen müssen) im Rahmen des im Oktober 2004 unterzeichneten Verfassungsvertrags und den Ratsbeschlüssen vom 16./17. Dezember 2004 bilden beide Dokumente die Grundlage für die Weiterentwicklung der ESVP sowie die strategische Partnerschaft zwischen NATO und EU. Dabei geht es im Wesentlichen um zwei Ziele:

- Verbesserung der Vorbereitung von EU-Operationen unter Rückgriff auf NATO-Mittel und Fähigkeiten durch Einrichtung einer EU-Zelle beim NATO-Hauptquartier SHAPE und eines NATO-Verbindungselements beim EU-Militärstab. Damit sollten die Kernelemente des „Berlin Plus"-Pakets bekräftigt und die Verbindungen zwischen NATO und EU im Hinblick auf Operationen mit Rückgriff auf NATO-Mittel und -Fähigkeiten gestärkt werden.[43]
- Stärkung der Fähigkeit der EU zur strategischen Planung für ein von der NATO unabhängiges Krisenmanagement durch Einrichtung einer zivil-militärischen Zelle im EU-Militärstab mit primär strategischen Planungsaufgaben. Die Zelle

41 EU Council, Presidency Report on the European Security and Defence Policy, 4 December 2000, Press Release No. 14056/2/00. http://www.ue.eu.int/newsroom.

42 Beschluss des Europäischen Rates vom 12/13 Dezember 2003 in Brüssel zum Papier „Europäische Verteidigung". www.auswaertigesamt.de/www/de/infoservice/download/pdf/publication/ap2004/02europa.pdf.

43 Die endgültige Formulierung der „Berlin Plus"-Vereinbarungen wurde auf dem Europäischen Rat in Kopenhagen am 12./13. Dezember 2002 erreicht. Sie sieht die Etablierung dauerhafter Beziehungen zwischen NATO und EU, einschließlich eines gesicherten und ständigen Zugangs der EU zu den Planungskapazitäten und der Verfügbarkeit vorab identifizierter Mittel und Fähigkeiten der NATO für EU-Operationen, sowie Vorschläge für die Schaffung eines eigenen militärischen Führungsstabes der Europäer vor.

soll die nationalen Hauptquartiere bei autonomen Operationen verstärken und als Scharnier zwischen zivilem und militärischem Bereich wirken. Darüber hinaus hat sie die Aufgabe, nach entsprechendem Ratsbeschluss ein Operationszentrum mit bis zu 89 Personen (aus EU-Militärstab, Ratssekretariat und EU-Mitgliedstaaten) zur Planung und Führung von autonomen Operationen einzurichten. Dieses soll vor allem dann zum Einsatz kommen, wenn ein kombiniertes zivil-militärisches Vorgehen erforderlich und kein nationales Hauptquartier verfügbar ist.[44]

Was das Streitkräfteziel betrifft, so war das in Helsinki definierte Ziel 2003 quantitativ zwar erreicht, so dass die EU theoretische in der Lage (gewesen) wäre, Operationen im ganzen Spektrum der „Petersberg-Aufgaben" durchzuführen.[45] Qualitativ blieben jedoch insbesondere in den Bereichen strategischer Transport, strategische Aufklärung und Führungsfähigkeiten, Verlege- und Durchhaltefähigkeit erhebliche Defizite bestehen: Europa fehlt es an den nötigen Mitteln zum Transport von Truppen und Ausrüstung über weite Distanzen, auch wenn vor allem im Bereich des strategischen Seetransports, aber auch bei den Beschaffungsprogrammen zum Ausbau der Lufttransportfähigkeiten (A400M) in der Vergangenheit Fortschritte erzielt wurden. Dadurch und nicht zuletzt auf Grund des Fehlens an militärischen Mitteln für einen effektiven Einsatz (dies betrifft v. a. präzisionsgesteuerte Waffen und Mittel zur elektronischen Kriegsführung – moderne Gefechtsfeldinformationssysteme in den Bereichen *command, control, communications, computers, intelligence, surveillance and reconnaissance*) ist auch die Durchhaltefähigkeit der Truppen bei Militäroperationen im Ausland empfindlich tangiert. Nach wie vor können nur etwa 10 bis 15 Prozent der insgesamt 1.8 Millionen Soldaten in der EU für militärische Operationen im Ausland eingesetzt werden, da die meisten europäischen Streitkräfte noch immer auf Wehrpflichtige zurückgreifen und auf die Territorialverteidigung ausgelegt sind.

Im „Fortschrittsbericht" zu den militärischen Fähigkeiten der EU im Mai 2004 heißt es entsprechend, dass der „Europäische Aktionsplan zur Verbesserung der Streitkräftefähigkeiten" (European Capabilities Action Plan – ECAP) zwar einige wenige Lücken habe schließen können, insgesamt aber nur „marginale Fortschritte" erzielt worden seien.[46] Im Lichte des Verfassungsvertrages und der Europäischen

44 Europäischer Rat, Schlussfolgerungen des Vorsitzes, Brüssel, 1. Februar 2005 (03.02). 16238/1/04 Rev. 1, Punkte 60-62.

45 Vgl. dazu Burkard Schmitt, Europas Fähigkeiten – wie viele Divisionen?, in: Nicole Gnesotto (Hg.), Die Sicherheits- und Verteidigungspolitik der EU. Die ersten fünf Jahre (1999-2004), Institut für Sicherheitsstudien (ISS), Paris 2005, S. 105-130 (112).

46 Vgl. www.regeringen.se/content/l/c6/02/53/43/5d8c6c8d.pdf für den „Capabilities Progress Report", Chart II 2004, Brüssel, 17. November 2004. Des Weiteren: EU Military Capability Com-

Sicherheitsstrategie definierte der Europäische Rat daher im Juni 2004 in Brüssel ein neues Streitkräfteziel (European „headline goals" 2010), zu dessen Realisierung bis 2010 der „Europäische Aktionsplan" sowie die Europäische Verteidigungsagentur beitragen sollen.[47] Auf der Grundlage koordinierter Zusammenarbeit zwischen den EU-Partnern sollen zahlreiche Defizite nach Möglichkeit bereits bis 2008 behoben und durch Synergieeffekte im Sinne politischer und ökonomischer Arbeitsteilung und Rollenspezialisierung eine höhere Effizienz erreicht werden.[48]

Angestoßen durch einen deutsch-französich-britischen Vorschlag beschloss der Rat in Brüssel außerdem die Aufstellung von EU-Gefechtsverbänden zur schnellen Krisenreaktion („EU battle groups") in einer Größenordnung von jeweils etwa 1500 Soldaten. Mindestens neun von insgesamt 13 geplanten Verbänden sollen nach Erlangung ihrer vollen Einsatzfähigkeit im Jahre 2007 innerhalb von 15 Tagen für maximal 30 Tage für Operationen zur Konfliktverhütung und zur Befriedung von Krisenregionen auf Ersuchen der Vereinten Nationen zur Verfügung stehen.[49] Gefechtsverbände können von einem Staat allein, von einer „Führungsnation" unter Einbringung von Nischenfähigkeiten durch andere Staaten oder von mehreren Staaten zu jeweils gleichen Teilen als multinationale Einheiten aufgestellt werden. Zwar betonen die EU-Verteidigungsminister, dass die geplanten „battle groups" die in Helsinki verabredeten Krisenreaktionskräfte nicht ersetzen sollen, Reichweite der Aufgaben und Verantwortlichkeiten der Gefechtsverbände signalisieren aber durchaus Duplizitäten und eine gewisse Kompensation für das bislang eher schleppend vorangegangenen Helsinki-Projekt.[50] Allerdings handelt es sich im Falle der Gefechtsverbände auf Grund der Größe, ihrer Flexibilität und Verfügbarkeit um eine den aktuellen Herausforderungen insgesamt besser angepasste Streitkräftekonzeption.

Parallel zum Ausbau der militärischen Fähigkeiten haben die Mitgliedstaaten auch die zivilen Fähigkeiten der EU weiter ausgebaut.[51] Dazu haben nicht zuletzt

---

mitment Conference, „Declaration on European military capabilities", Brüssel, 22. November 2004, „The evolution of ECAP 2001-04", para. 4, http://ue.eu.int/vedocs/cms_Data/Docs/press Data/eu/misc/32761.pdf.

47 Die Europäische Verteidigungsagentur wurde im Juli 2004 eingerichtet und soll in den Bereichen Forschung, Beschaffung und Rüstung zur Verbesserung der Fähigkeiten der Streitkräfte der Mitgliedstaaten der EU und damit zur Effizienzsteigerung der ESVP beitragen.

48 Council of the European Union, Capability Improvement Chart II/2004, Brüssel, 17. November 2004. Vgl. auch Gustav Lindstrom, The Headline Goal, EUISS online briefings, December 2004. http://www.iss-eu.org/esdp/05-gl.pdf. Desweiteren Fraser Cameron, Gerrard Quille, ESDP: The State of Play. EPC Working Paper No. 11, Brüssel: EPC 2004.

49 Mit dem UN-Bezug und dem ausdrücklichen Verweis auf so genannte „scheiternde Staaten" zeigt sich der deutliche Einfluss der Europäischen Sicherheitsstrategie auf die Entwicklung der militärischen Fähigkeiten der EU.

50 Declaration on European Military Capabilities, Brüssel, 22. November 2004, para. II.

51 Zur Entwicklung siehe Reinhart Rummel, Soft Power EU – Interventionspolitik mit zivilen Mit-

die positiven Erfahrungen bei den post-Konflikt-Einsätzen von Polizei und zivilen Experten auf dem Balkan und in Afghanistan in den Bereichen Polizei, Rechtsstaat, Zivilverwaltung, Katastrophenschutz und „Monitoring" beigetragen. Auch hier gilt, dass die quantitativen Vorgaben für alle Bereiche praktisch erfüllt werden, wie eine Ministerkonferenz zum zivilen Krisenmanagement am 22. November 2004 feststellte. Der Europäische Rat vom Dezember 2004 hat zudem ein „Ziviles Planziel 2008" verabschiedet, das die operativen Fähigkeiten weiter verbessern soll. Ziel ist es vor allem, die konzeptionellen Arbeiten im Polizei- und im Rechtsstaatsbereich durch so genannte „substitution missions" (Maßnahmen zum Ersatz zusammengebrochener Strukturen) sowie „strengthening missions" (Maßnahmen zur Unterstützung funktionsfähiger lokaler Strukturen) weiter voranzutreiben.[52]

3.2.2 Die Europäische Sicherheitsstrategie und die ESVP in der Praxis

Die mit den „headline goals 2010" verbundene Aktualisierung der Fähigkeitsziele der EU ist ebenso wie die im Verfassungsvertrag getroffene Vereinbarung zur Weiterentwicklung von GASP und ESVP nicht zuletzt das Ergebnis der im Juni 2003 vom Hohen Vertreter für die GASP vorgestellten und auf dem Brüsseler Gipfeltreffen im Dezember 2003 verabschiedeten EU-Sicherheitsstrategie (ESS).[53] Bei einem gemeinsamen Treffen im April 2003 in Brüssel beauftragten die Außenminister Deutschlands, Frankreichs und Großbritanniens den Hohen Vertreter zunächst mit der Ausarbeitung eines strategischen Konzepts für die EU. Aus dem so genannten Solana-Papier wurde schließlich die erste offizielle Sicherheitsdoktrin der Union. Mit ihr fasste die Union bereits eine zusätzliche Ausweitung des Einsatzspektrums über die ursprünglichen Petersberg-Aufgaben hinaus ins Auge.

Unmittelbarer Anlass für die ESS war die Zerstrittenheit der Europäer anlässlich des Irak-Krieges. Dahinter standen jedoch grundsätzliche Unterschiede in der Beurteilung der neuen Bedrohungslage seit den Anschlägen vom 11. September 2001 auf beiden Seiten des Atlantiks, wie sie am deutlichsten Robert Kagan in seiner plakativen und zugleich provokanten These von „Mars und Venus" zum Ausdruck ge-

---

teln, in: Hans-Georg Ehrhart/Burkard Schmitt (Hg.), Die Sicherheitspolitik der EU im Werden, Baden-Baden: Nomos 2004, S. 259-279.

52 Dazu: Paul Cornish/Geoffrey Edwards, The Strategic Culture of the EU: A Progress Report, in: International Affairs, 81, 4 (2005), S. 801-820 (806).

53 The European Institute for security Studies (Hg.), A Secure Europe in a Better World. European security Strategy, Paris 2003 (ESS). Vefügbar unter http://europa-eu-un.org/articles/lt/article_2449_lt.htm.

bracht hat.[54] Sie sollten einerseits mit der ESS wenn nicht ausgeräumt, so doch zumindest überbrückt werden; andererseits sollte das Dokument auch bewusst eine eigenständige europäische Position gegenüber den USA darstellen.[55] Schließlich sollte mit der ESS jenes seit Jahren beklagte Missverhältnis zwischen respektablem politisch-institutionellen Fortschritt einerseits und der Vernachlässigung strategisch-konzeptioneller und inhaltlicher Unterfütterung andererseits ausgeräumt werden. Zwar verfügte die ESVP mittlerweile sowohl über den erforderlichen institutionellen Rahmen wie auch über ausreichende militärische Fähigkeiten. Mitte 2003 aber, da die Union bereits militärische und polizeiliche Missionen auf dem Kontinent durchgeführt hatte, ihren ersten außereuropäischen Einsatz im Kongo (Artemis) vorbereitete und sich anschickte, ihre Missionen kontinuierlich auszuweiten, fehlte der Union noch immer eine klare Vorstellung über ihren möglichen geostrategischen Aktionsradius sowie die normativen Leitbilder für mögliche kollektive Einsätze. Ohne eine solche Vorstellung aber lässt sich auch die Öffentlichkeit nicht für die notwendigen Aufgaben der Sicherheit und Verteidigung mobilisieren. Mit der ESS wird zumindest der Versuch unternommen, das Leitbild einer solchen Politik zu thematisieren.

Die ESS geht insofern deutlich über den Rahmen des Verfassungsentwurfs hinaus, als sie das Phänomen des Konflikts an sich, aber auch in Verbindung zu den „neuen Bedrohungen" transnationalen Charakters erstmals explizit als Herausforderung für die EU benennt. Zu diesen gehören die Proliferation von Massenvernichtungswaffen, regionale Konflikte und der Terrorismus, das damit verbundene Scheitern von Staaten (failing states) und organisierte Kriminalität. Damit entspricht die EU in ihrer Bedrohungsanalyse weitgehend der amerikanischen Strategie. Allerdings werden das Scheitern von Staaten und die Proliferation von Massenvernichtungswaffen als eigenständige Probleme gesehen und nicht wie in der unter dem unmittelbaren Einfluss der Terroranschläge vom 11. September formulierten

54 Robert Kagan, Power and Weakness, Policy Review No. 113 (Juni/Juli 2002) – www.policyreview.org/JUN02/kagan.html. Ausführlicher sein ein Jahr später erschienenes Buch „Paradise and Power: America and Europe in the New World Order". Dazu auch Lothar Rühl, Das Reich des Guten. Machtpolitik und globale Strategie Amerikas, Stuttgart: Klett-Cotta 2005; Stefan Fröhlich, USA – Die einzig verbliebene Supermacht, in: Michael Piazolo (Hg.), Macht und Mächte in einer multipolaren Welt, Wiesbaden 2006, S. 53-78.

55 Vgl. Dieter Mahncke, Die neue Sicherheitsstrategie der EU, in: Thomas Bruha/Carsten Nowak (Hg.), Die Europäische Union: Innere Verfasstheit und globale Handlungsfähigkeit, Schriftenreihe des Europa-Kollegs Hamburg zur Integrationsforschung (Bd. 47), Baden-Baden: Nomos 2006, S. 213-219; des Weiteren: Alyson Bailes, The European Security Strategy: An Evolutionary History, SIPRI Policy Paper No. 10, Februar 2005. Abrufbar unter: http://www.sipri.org/contents/publications/Policypaper10.html; Erich Reiter, Die Sicherheitsstrategie der EU, in: APuZ, B 3-4 (2004), abgerufen unter: www.bpb.de/publikationen/IS3XME,0,0Die_Sicherheitsstrategie_der_EU.html; Karin von Hippel, Europe confronts Terrorism, Palgrave-Macmillan 2005.

NSS in direkter Verbindung mit Terrorismus und „Schurkenstaaten". Aus diesem Grund spricht die ESS auch nicht von „Schurkenstaaten", sondern lediglich von solchen Staaten, die sich „von der internationalen Staatengemeinschaft abgekehrt", dafür allerdings den Preis einer Verschlechterung ihrer Beziehungen zu den EU zu zahlen haben. Die EU signalisiert damit ihre Bereitschaft, gegebenenfalls auch Konsequenzen in Form konkreter Handlungen zu ziehen. Dies schließt ein mögliches militärisches Engagement ein, auch wenn der Einsatz von Gewalt nur als letztes Mittel vorgesehen ist. Vielmehr verweist die ESS an verschiedenen Stellen sowohl was den übergreifenden Handlungsrahmen als auch den Modus betrifft auf einen „effektiven Multilateralismus" unter Führung der Vereinten Nationen als entscheidende Legitimationsquelle. Insgesamt liefert das Dokument so zunächst einen gemeinsamen strategischen Orientierungsrahmen, in dem Sicherheit nicht verengt, sondern umfassend verstanden wird.

Über die Bedrohungsanalyse hinaus bietet das Dokument im zweiten Teil jedoch auch konkrete politische Strategien, Instrumente und Handlungsoptionen zur Bewältigung der Herausforderungen und Bedrohungen an, nicht im Sinne eines konkreten Programms oder einer umsetzbaren Doktrin, wie im Falle der Nationalen Sicherheitsstrategie der USA vom September 2002, sondern eher als eine Art Manifest. Mehr war schon deshalb nicht möglich, weil es weder die rechtliche Grundlage für bestimmte Handlungen liefert noch die hierfür notwendigen Ressourcen bereitstellt. Zunächst betont die EU die Notwendigkeit, die sozialen, ökonomischen und psychologischen Ursachen dieser Bedrohungen zu bekämpfen, zum einen, weil sie auch im Innern unmittelbar von diesen Wirkungszusammenhängen (Migration, Asyl, Innere Sicherheit) betroffen ist, zum anderen, da ihre Stärken auf Grund der wirtschaftlichen und politischen Ressourcen vor allem im Bereich des präventiven Krisenmanagements liegen; in diesem Kontext verweist die ESS explizit auf die Wirksamkeit ziviler, strafrechtlicher, polizeilicher und wirtschaftlicher Instrumente im Rahmen mehrdimensionaler Lösungsansätze sowohl bei der Bekämpfung des Terrorismus als auch bei der Bewältigung regionaler Konflikte und dem Wiederaufbau schwacher oder gescheiterter Staaten. Das ist nicht neu, eher allgemein und EU-spezifisch. Darüber hinaus aber liefert die ESS interessante Aussagen bezüglich ihres künftigen Aktionsradius.

Zunächst hält das Dokument fest, dass sich die Sicherheitspolitik der EU nicht allein auf Europa beschränken dürfe – „im Zeitalter der Globalisierung können ferne Bedrohungen ebenso ein Grund zur Besorgnis sein wie näher gelegene". Zwar schränkt die EU die Anwendung ihrer Instrumente und Fähigkeiten insofern ein, als sie an anderer Stelle von der Sicherung des geographischen Umfeldes der Union durch die Schaffung eines Ringes „verantwortungsvoll regierter Staaten" östlich der EU und an den Mittelmeergrenzen spricht. In diesem Kontext erwähnt die Union konkret die Probleme des Balkans und des Südkaukasus ebenso wie den israelisch-arabischen Konflikt und den gesamten Mittelmeerraum. Mit dem Hinweis auf den Willen zur Beförderung einer „geregelten Weltordnung“, in der „das Recht mit Entwicklungen wie Proliferation, Terrorismus und globaler Erwärmung Schritt hält“, dem Bekenntnis zum Ausbau internationaler Institutionen und zur Verbesserung bestehender Rüstungskontrollregelungen, sowie der expliziten Nennung Japans, Chinas und Indiens als strategische Partner der EU neben den USA deutet die Union aber an, dass sich ihr geostrategischer Radius über die Nachbarschaftsregionen hinaus global ausdehnt. Viel entscheidender aber: Sie erkennt gleichzeitig nicht nur ihre eigenen Sicherheitsinteressen, die Bedeutung des Erweiterungsprozesses sowie ihre globale wirtschaftliche Leistungsfähigkeit als Mittel zur Umsetzung von sicherheitspolitischen Zielen an, sondern auch die Notwendigkeit proaktiver, notfalls militärischer Sicherheitseinsätze. Das dabei angestrebte Aufgabenspektrum umfasst humanitäre Aufgaben und Rettungseinsätze, friedenserhaltende Aufgaben sowie Kampfeinsätze einschließlich Frieden schaffender Maßnahmen oder die Unterstützung von Drittstaaten bei der Terrorismusbekämpfung, letztere wohl gemerkt mit ausdrücklichem Verweis auf eine notwendige Mandatierung durch den UN-Sicherheitsrat, allerdings ohne Festlegung der geographischen Reichweite (die Ausführungen des Dokuments legen es zwar nahe, dass mögliche Aktionen zunächst auf die Nachbarschaftsgebiete beschränkt sind, allerdings signalisierte der EU-Einsatz „Artemis“ im Kongo erstmalig auch die globale Einsatzfähigkeit der Europäer).

Weniger revolutionär sind demgegenüber sicherlich die Ausführungen zum „präventiven Krisenmanagement“ der EU. Die ESS betont die notwendige Bereitschaft der Europäer, „vor Ausbruch einer Krise zu handeln. Konflikten und Bedrohungen kann nicht früh genug vorgebeugt werden“. Die europäische Erwiderung auf das amerikanische Konzept der Präemption dürfte auf Grund der eher vagen Formulierung jedoch kaum als Aufforderung an die Mitgliedstaaten zu einem präemptiven militärischen Vorgehen zu verstehen sein. Vielmehr impliziert sie nach europäischem Selbstverständnis allgemeine Krisenprävention, d. h. rechtzeitiges Handeln im Vorfeld eines sich abzeichnenden Konflikts durch die oben aufgeführten, langfristig angelegten Maßnahmen und Instrumente. Diese wiederum lassen sich am besten auf der Grundlage eines „wirksamen Multilateralismus“ umsetzen, bei dem vor allem den Vereinten Nationen bzw. deren Sicherheitsrat die „Hauptverantwortung für die Wahrung des Weltfriedens und der internationalen Sicherheit“ obliege. Allerdings macht die ESS an dieser Stelle die Einschränkung – wohl in Erinnerung an die Auseinandersetzungen im Sicherheitsrat vor dem Irak-Krieg –, dass die Europäer künftig bereit sein müssten, bei entsprechenden Verstößen gegen UN-Resolutionen zu handeln. Auch damit signalisiert die Union die Erkenntnis, dass Stabilität und Frieden nicht länger allein mit den Mitteln der Zivilmacht (soft power) erhalten werden können, sondern gegebenenfalls auch des Einsatzes militärischer Macht bedürfen.

Das Echo auf die ESS fällt sehr unterschiedlich aus: Viele sehen in ihr zumindest einen ersten entscheidenden Schritt hin zu einem Orientierungsrahmen, innerhalb dessen zum einen die strategische Ausrichtung der Union und ihrer Mitgliedstaaten verknüpft werden, zum anderen die Mitgliedstaaten nunmehr Gemeinsamkeiten suchen und auch ihre Politiken begründen müssen. Vor dem Hintergrund des aktiven Krisenmanagements der Union – Mazedonien, Bosnien, Kongo – ist sie zudem die logische und überfällige Konsequenz aus dem gestiegenen Anforderungsprofil an die EU.[56] Andere vermissen vor allem klare Aussagen bezüglich der „Bündelung" der verschiedenen Instrumente und Fähigkeiten unter einer einheitlichen Leitung und beklagen die nach wie vor offene Auseinandersetzung zwischen Anhängern des Zivilmachtkonzepts auf der einen und des „Militärmachtkonzepts" auf der anderen Seite. So sei das Papier nicht mehr als ein Grundlagendokument, welches die entscheidenden Fragen nach einer endgültigen Festlegung des geographischen Raumes, der Bestandsaufnahme der zivilen und militärischen Mittel, über welche die EU verfügt bzw. die sie benötigt, vor allem aber nach der Bestimmung der europäischen Interessen, der Festlegung der Prioritäten einer gemeinsamen Außen- und Sicherheitspolitik und der Kriterien, unter denen sich die Union bei zivilem und militärischem Krisenmanagement aktiv engagiert oder nicht (eine Forderung, die allerdings nicht mal die NSS bzw. die USA erfüllen, wo die Diskussion um die so genannte „exit-Strategie" auch eher selektiv, d. h. an der jeweiligen Krisensituation ausgerichtet erfolgt), unbeantwortet ließe.[57]

Die Forderung nach einer spezifischen militärischen oder strategischen „Doktrin" für die ESVP hätte aber gleichsam – was nicht leistbar war/ist – einer Präzisierung der in der ESS im Kontext der inneren und äußeren EU-Sicherheitspolitik erwähnten Instrumente, Verfahren und Problemfelder bedurft. Eine besondere Hervorhebung der ESVP wäre aber schon auf Grund der starken Relativierung des Einsatzes militärischer Macht in der ESS problematisch gewesen. Insgesamt ist das Dokument als Ausfluss der verstärkten Anstrengungen der Union im Verlauf des Jahres 2003 zu werten, nach dem Irak-Krieg die politische Einigkeit der Union wiederherzustellen, ihre operativen Fähigkeiten durch eine Reihe von Maßnahmen zu verbessern und ersten Erfolgen bei Operationen einen verlässlichen und kohärenten strategischen Rahmen zur Seite zu stellen:

56 Mahncke, Die neue Sicherheitsstrategie der EU, a.a.O., S. 218 f.

57 Erich Reiter, Die Sicherheitsstrategie der EU, in: Aus Politik und Zeitgeschichte (APuZ), B 3-4 (2004), S. 26-31 (30).

- bereits im Januar 2003 übernahm die EU in Bosnien-Herzegowina eine Polizeimission, die zunächst bis Ende 2005 angesetzt war und deren Aufgabe es war, die Polizeikräfte im Lande zu überwachen, zu beraten und zu kontrollieren;[58]
- nur drei Monate später, im März 2003, startete die EU-Militäroperation „Concordia" in Mazedonien im Anschluss an die NATO-Operation „Allied Harmony". Ziel der Operation war es, die Umsetzung des Rahmenabkommens von Ohrid vom August 2001 durch Stabilisierung des Umfelds zu befördern. Für die im Dezember 2003 erfolgreich abgeschlossene Mission (ca. 350 Mann) nahm die EU nach dem „Berlin Plus"-Abkommen Planungskapazitäten sowie die Kommandostruktur der NATO in Anspruch, deren Streitkräfte für den Notfall zur Evakuierung bereitstanden;[59]
- im Juni 2003 verabschiedete der Europäische Rat die Grundprinzipien und den Aktionsplan für eine EU-Strategie gegen die Verbreitung von Massenvernichtungswaffen, den zugehörigen Text der Strategie verabschiedete er dann im Dezember 2003;[60]
- zwischen Juni und September 2003 führte die EU auf Ersuchen des Generalsekretärs der Vereinten Nationen, Kofi Annan, und auf Grundlage der Sicherheitsrats-Resolution 1484 ihre erste selbständige militärische Operation (Artemis) in der Demokratischen Republik Kongo durch. Ziel der Operation war die Stabilisierung sowie Verbesserung der humanitären Lage in Bunia (Ostkongo) als Voraussetzung für einen fortgesetzten Einsatz einer UN-Blauhelm-Mission. Der Sicherheitsrat ermächtigte die EU in diesem Fall ausdrücklich zum Einsatz von Zwangsmitteln gemäß Kapitel VII der VN-Charta. Die Operation wurde von der EU als so genannte „autonome" Operation durchgeführt, d. h. ohne Rückgriff auf NATO-Mittel und Fähigkeiten.[61]
- im Rahmen der ESVP wurden die Planungszelle sowie die Europäische Verteidigungsagentur eingerichtet;

---

58 Zu den einzelnen Missionen im Überblick: Gustav Lindstrom, Im Einsatzgebiet: ESVP-Operationen, in: Nicole Gnesotto (Hg.), Die Sicherheits- und Verteidigungspolitik der EU. Die ersten fünf Jahre (1999-2004), Paris 2004, S. 131-154.

59 Zur Mission in Mazedonien ausführlicher: Hans-Georg Ehrhart, Die EU als militärischer Akteur in Mazedonien: Lehren und Herausforderungen für die ESVP, in: Johannes Varwick (Hg.), Die Beziehungen zwischen NATO und EU. Partnerschaft, Konkurrenz, Rivalität?, Opladen 2005, S. 169-184.

60 Europäischer Rat, Basic Principles for an EU Strategy against Proliferation of Weapons of Mass Destruction, Dok 10352/03, Brüssel, 10. Juni 2003 – http://register.consilium.eu.int/pdf/en/03/st10/st10352en03.pdf; Europäischer Rat, Action Plan for the Implementation of the Basic Principles for an EU Strategy against Proliferation of Weapons of Mass Destruction, Dok 10354/03, Brüssel, 10. Juni 2003 – http://register.consilium.eu.int/pdf/en/03/st10/st10354en03.pdf; Europäischer Rat, EU strategy against Proliferation of Weapons of Mass Destruction, Brüssel, 12. Dezember 2003 – http://www.eu.int/comm/external_relations/reform/document/com04_630_de.pdf

61 Vgl. Lindstrom, Im Einsatzgebiet, a.a.O.

- im Dezember 2003 startete in Mazedonien die Polizeimission „Proxima“ als Folgeoperation der Mission „Concordia“ mit dem Ziel, insbesondere einen Beitrag zur Bekämpfung der Organisierten Kriminalität zu leisten und die mazedonischen Behörden an europäische Standards heranzuführen;
- schließlich waren die Erwartungen an die Wirkung des in Aussicht gestellten Verfassungsentwurfs mit seinen Bestimmungen zur Schaffung eines Präsidenten des Europäischen Rates mit längerer Amtszeit und eines Europäischen Außenministers sowie der Zusammenführung der Ressourcen für außenpolitisches Handeln in der Zweiten Säule entsprechend groß.

Im Dezember 2003 gab der Europäische Rat somit exakt jene vier Schwerpunktbereiche der ESS bekannt, in denen die EU teilweise bereits im Laufe des vorausgegangenen Jahres ihre Handlungsfähigkeit bewiesen hatte, dann aber auch 2004 tätig werden musste – Terrorismus, „effektiver Multilateralismus“ im Rahmen von „out of area“-Einsätzen (Kongo), Konfliktmanagement im ehemaligen Jugoslawien, und der Nahe Osten. Und so wie die Entstehung der ESS von den Entwicklungen im Jahr 2003 getragen wurde, so erleichterte sie wiederum das Finden von Kompromissen der Mitgliedstaaten bei anstehenden Entscheidungen im Jahr 2004 – eben beim umfangreichen „Anti-Terror-Paket“ einschließlich seiner bereits im Konventsentwurf enthaltenen „Solidaritätsklausel“ im Zuge der Bombenanschläge von Madrid;[62] bei Vereinbarungen zwischen der EU und den Vereinten Nationen im Rahmen des „effektiven Multilateralismus“; oder aber bei der neuen Strategie für Bosnien-Herzegowina, wo die EU mit der militärischen Operation „Althea“ (seit Dezember 2004) die Nachfolge der SFOR-Operation mit dem Ziel antrat, die politischen Verhältnisse im Lande zu stabilisieren und die Einhaltung der Friedensregelung und die Implementierung der militärischen Aspekte des Dayton-Abkommens sicherzustellen.[63] Dies zeigte sich im Übrigen auch bei der Verständigung der Mitgliedstaaten über gemeinsame Positionen bezüglich der künftigen Rolle der Union beim Wiederaufbau des Iraks – gleichwohl der Irak-Krieg oder eventuelle Nachfolgepläne nicht Gegenstand der ESS sind.

62 Europäischer Rat, Declaration on Combating Terrorism, Brüssel, 25. März 2004 – http://ue.eu.int/ueDocs/cmsUpload/79635.pdf.

63 Auch bei der Operation „Althea“ kann die EU auf NATO-Mittel im Rahmen von „Berlin Plus“ zurückgreifen. Dies ist nicht nur von praktischer Bedeutung für die EU, sondern schafft auch Vertrauen in das NATO-Krisenmanagement auf dem Balkan bzw. in die Verlässlichkeit und Dauerhaftigkeit der Vereinbarungen zwischen beiden Institutionen im Sinne des propagierten Leitbildes von der „Strategischen Partnerschaft“.

3.2.2.1 Zwischenergebnis

Die ESS war weder als konkreter Handlungsplan noch als politischer Leitfaden für die Union gedacht, sondern vor allem als erster Ansatz für eine sich allmählich verwirklichende strategische Identität und künftige Einigkeit Europas. Es bleibt abzuwarten, wie beide sich entwickeln und schließlich in Gemeinschaftshandeln übersetzen lassen. Auch künftig werden sich die zahlreichen Einflussfaktoren politischer und ökonomischer Interaktion der Mitgliedstaaten der letztendlichen Kontrolle durch die EU entziehen. In einer erweiterten Union wird die politisch-strategische Entscheidungsfindung zwangsläufig komplexer. Zudem dürfte die innere Entwicklung der Union, geprägt durch die ökonomischen Anstrengungen zur Verbesserung der globalen Wettbewerbsfähigkeit und die noch nicht abzuschätzende Wirkung der unbestimmten Zukunft des Verfassungsvertrages, diesen Trend noch verstärken. Die Kommission wiederum wird einzig und allein an den konkreten Maßnahmen gemessen, die sie ergreift, um den eigenen Maßstäben gerecht zu werden. Insofern entspricht die ESS von ihrem Inhalt her offenkundig mehr dem Verlangen nach einer möglichst konsensfähigen Agenda für die weitere Politikgestaltung als der Überzeugung aller 25 Mitgliedstaaten; der gemeinsame Nenner besteht dabei in dem unvermindert gültigen Anspruch der EU als eine dem Multilateralismus und dem geltenden Völkerrecht verbundene Gemeinschaft.

Die EU hält an beiden Grundprinzipien für ihr außen- und sicherheitspolitisches Handeln fest, was deutlich macht, wie schwer sie sich nach wie vor mit der Erkenntnis tut, dass sich die entscheidenden Konflikte heute nicht mehr zwischen funktionierenden Staaten abspielen. Zwar anerkennt man, dass die Herausforderungen anderer Natur sind und man hält teilweise auch durchaus die richtigen Antworten auf diese parat. Andererseits aber zeigt die Diskussion um die von europäischer Seite viel geschmähte US-Doktrin der „preemptive strikes", dass man sich doch scheut, die Konsequenzen aus den nicht zuletzt auch mit der Erweiterung der Union verbundenen neuen äußeren Einflüssen zu ziehen und zunächst „die grundlegenden Fragen" zu stellen.[64] Der von den USA zu Recht geforderten Diskussion über die Frage, inwieweit es einem Land erlaubt sein muss, einem unmittelbar bevorstehenden und durch diplomatische Mittel oder Sanktionen nicht mehr zu vermeidenden Angriff mit Massenvernichtungswaffen durch den Einsatz angemessener militärischer Mittel zuvorzukommen, hat sich die EU in der ESS vorerst entzogen. So wurde der in der ursprünglichen Fassung (Solana-Papier) noch vorgesehene Passus zur Päemption in der endgültigen, von den Staats- und Regierungschefs auf

64 So Sven Bernhard Gareis, Sicherheitspolitik zwischen „Mars und Venus"? Die Sicherheitsstrategien der USA und der EU im Vergleich, in: Johannes Varwick, Die Beziehungen zwischen NATO und EU, a.a.O., S. 81-96 (92).

dem Gipfel vom Dezember 2003 verabschiedeten Version schließlich gestrichen. Der Verweis auf das gültige Völkerrecht (UN-Charta) ermöglichte so zwar den Konsens, löste aber keinesfalls die sich künftig abzeichnenden sicherheitspolitischen Probleme. Im Übrigen gilt: Erstens (vgl. folgende Kapitel) ist das oben angesprochene Recht auf präemptive Selbstverteidigung seit langem Bestandteil des Völkergewohnheitsrechts. Zweitens legt es die auch nach Ende des Ost-West-Konflikts fortschreitende Geschichte der Selbstblockaden im dringend reformbedürftigen UN-Sicherheitsrat nahe, sich nicht in jedem Fall so eng an dessen Entscheidungen zu binden – ohne seine höchste Autorität in Fragen von Krieg und Frieden in Zweifel ziehen zu wollen; auf diese Weise nämlich beraubt sich die EU jener politischen Flexibilität, die sie bereits im Kosovo-Krieg 1999 unter Beweis gestellt hat. Drittens schließlich besteht für die EU kein Grund, dieser Diskussion auszuweichen, da die USA mit Sicherheit teilweise falsche, zumindest aber unangemessene Antworten auf die grundlegenden Fragen geben. Jedenfalls ist der europäische Ansatz zum Multilateralismus, nicht zuletzt zur Einhegung einzelstaatlicher Willkür, sicherlich der grundsätzlich richtige, selbst wenn der Sicherheitsrat nicht in jedem Fall seiner Verantwortung gerecht werden kann. Den machtpolitischen Zumutungen der USA begegnet man somit am besten durch eine konstruktive Antwort auf deren legitime Sicherheitsinteressen im Sinne der gemeinsamen Suche nach neuen Normen und Mechanismen – zumal diese Interessen dieselben sind wie die der Europäer.

Dennoch trägt die ESS sicherlich dazu bei, die neuen Herausforderungen, Risiken, aber auch Belastungen und Verantwortungsbereiche sichtbarer zu machen und damit auch das strategische Bewusstsein in der Union zu fördern, darauf ernsthaft zu reagieren. Auch wenn die Verfassungsbestimmungen sicherlich zusätzlich dazu beitragen würden, das außenpolitische Profil der Union zu schärfen, indem die strategischen Absichten der EU deutlicher und proaktiver geäußert werden könnten, so sprechen auch andere Faktoren für eine wachsende Einigkeit der Union:

- die Irak-Krise hat sicherlich den Willen der Mitgliedstaaten verstärkt, eine Wiederholung beispielsweise im Falle Iran künftig zu verhindern. Die o. g. rasanten Fortschritte der ESVP sollten insbesondere zu einer schnelleren Reaktionsfähigkeit und einer besseren Ressourcenausstattung beitragen.
- Die ESS offenbart einerseits den grundlegend reaktiven Charakter europäischer Außen- und Sicherheitspolitik, zeigt aber andererseits, welche enorme Eigendynamik externe Faktoren in der Union entfalten können. Nach jedem Rückschlag, nach jeder Sinnkrise der Gemeinschaft schaffen Herausforderungen von der Dimension des Irak-Krieges die Voraussetzung für neue Impulse durch ihre Mitglieder. Auf die Konflikte in Bosnien und Kosovo folgten erstmalig das offe-

ne Eingeständnis in die Unzulänglichkeit und Schwäche der eigenen Militärkapazitäten und der Anstoß für das Projekt der ESVP durch das britisch-französische Signal von Saint Malo. Der Irak-Krieg, wie gesagt, paralysierte vorübergehend die GASP durch den in zahlreichen Metropolen der Mitgliedstaaten praktizierten Unilateralismus, gleichzeitig gelang es der EU aber zunehmend, das Instrumentarium für internationales Krisenmanagement zu verbessern und zur Anwendung zu bringen – so in den mit zivilen wie militärischen Mitteln geführten o. g. Einsätzen in Bosnien-Herzegowina, Mazedonien oder im Kongo in den Jahren 2003 und 2004. Nur neun Monate nach Ende des Krieges im Irak verabschiedeten die Staats- und Regierungschefs der Mitgliedstaaten in Brüssel die ESS. Der Konvent zur Vorbereitung einer Verfassung für Europa begriff darüber hinaus den Krieg als Anstoß zur Reform der bestehenden Verfahren und Institutionen in GASP und ESVP, indem er vor allem die „Doppelhut"-Konstruktion (Ämter des Kommissars für Auswärtige Beziehungen und des Hohen Vertreters für die GASP) in Personalunion zusammenführte und das Amt eines EU-Außenministers schuf sowie neue Flexibilisierungsinstrumente in die Sicherheits- und Verteidigungspolitik integrierte. Beide Vorschläge sind schließlich auch in dem Verfassungsentwurf enthalten, auf den sich die Staats- und Regierungschefs der 25 Mitgliedstaaten der EU am 17./18. Juni 2004 zunächst geeinigt hatten.

- Auch die zunehmende Entspannung im transatlantischen Verhältnis kann nicht über grundlegende politisch-strategische Differenzen hinwegtäuschen. Die derzeitige amerikanische Administration trägt sicherlich als weiterer externer Faktor mit dazu bei, dass sich die Europäer zunehmend eigener Zielvorstellungen vergewissern, nicht im Sinne der Gegenmacht, sondern der Abgrenzung und der eigenen Profilbildung; auch dies kann die strategische Einigkeit der Union befördern. Dies gilt im Übrigen auch auf globaler Ebene gegenüber den aufstrebenden Regionen Ost-, Südost- und Südasien.
- Dies kann zu einer Profilschärfung der EU innerhalb der NATO führen. Das Ende 2002 endlich zu Stande gekommene „Berlin-Plus"-Abkommen und der damit verbundene Zugang zu NATO-Mitteln für EU-Einsätze haben den Charakter des Bündnisses bereits grundlegend verändert. Heutige Aufgabenfelder und Herausforderungen für die Entwicklungsfähigkeit der NATO – globale Interventionen, militärtechnologische Entwicklung, transatlantisches Verhältnis – sollten sowohl mit dem notwendigen Veränderungs- und Anpassungswillen wie auch mit einem genuin europäischen Strategieansatz, der sich an den eigenen Interessen, den spezifischen Vorteilen und den besonderen Bedingungen der Union orientiert, angegangen werden. Zu diesen zählt nicht zuletzt der wachsende Druck in der Union hinsichtlich der Gestaltung der mit der Erweiterung

verbundenen Herausforderungen – und zwar nicht nur innenpolitischer (Umverteilungskämpfe), sondern auch und gerade strategisch-sicherheitspolitischer Natur. Nach den Anschlägen vom 11. September gilt auch für die EU insgesamt, dass innere und äußere Sicherheit nicht mehr voneinander zu trennen sind. Mit der jüngsten Erweiterungsrunde stößt die EU an neue Nachbarn, deren ökonomische wie politische Heranführung an die Union sich wesentlich schwieriger gestaltet. Die Bandbreite in der neuen, unmittelbaren Nachbarschaft der EU reicht von solchen im Transformationsprozess bislang gescheiterten Staaten wie Belarus (direkter Nachbar Polens) über die Ukraine (direkter Nachbar Polens, der Slowakei und Ungarns) mit seinem ambivalenten Verhältnis zur EU und die autoritäre, semidemokratische Großmacht Russland (direkter Nachbar der baltischen Staaten mit der besonderen Situation der Exklave Kaliningrad) bis hin zu Ländern mit erfolgreicherem Aufhol- und Demokratisierungsprozess wie Kroatien oder Ländern/Regionen wie Bosnien-Herzegowina und das Kosovo, die auf Grund von andauernden internen Spannungen und Instabilitäten oder ungeklärter Statusfrage nach wie vor einer ausländischen Truppenpräsenz bedürfen. Die potentiellen Bedrohungen, die von dieser neuen Nachbarschaft ausgehen, werden wegen ihrer unmittelbaren Auswirkungen von den neuen Mitgliedstaaten als künftige Außengrenzen der EU besonders stark wahrgenommen.

Die „Schengen-Grenzen", die zwischen der erweiterten EU und jenen Ländern verlaufen, die entweder dauerhaft oder auch nur vorübergehend außen vor bleiben, werfen die ambivalente Frage nach dem durchaus wünschenswerten grenzüberschreitenden Austausch und Handel einerseits und der heiklen Durchlässigkeit der Grenzen in Bezug auf Migrationsströme und organisierte Kriminalität aus den Nachbarländern andererseits auf.[65] Die Kooperation in der Innen- und Justizpolitik wird damit nicht nur zu einem zentralen Punkt des politischen Dialogs und der bilateralen Beziehungen mit jenen Staaten im Rahmen der „Neuen Nachbarschaftspolitik" der EU,[66] sondern auch zur Voraussetzung einer effektiven Außen- und Sicherheitspolitik der EU im Kampf gegen die unmittelbaren Sicherheitsbedrohungen an ihrer künftigen Peripherie, allen voran die Bekämpfung des internationalen Terrorismus – mit all den Konsequenzen für eine effiziente Koordinierung der Ak-

---

65 Anatol Lieven/Dimitri Trenin (Hg.), Ambivalent Neighbors: The EU, NATO and the Price of Membership, Washington, DC: Carnegie Endowment for International Peace, 2003; Roland Dannreuther (Hg.), European Union Foreign and Security Policy: Towards a Neighbourhood Strategy, London/New York: Routledge 2004.

66 Commission of the European Communities COM(2003) 104 final „Communication from the Commission to the Council and the European Parliament: Wider Europe – Neighbourhood: A Framework for Relations with our Eastern and Southern Neighbours", Brussels, March 11, 2003.

tivitäten im Rahmen des zweiten (GASP) und dritten Pfeilers (Inneres und Justiz) der EU.

Von zentraler Bedeutung wird es in der Zukunft sein, die ESS inhaltlich weiterzuentwickeln, die Bedrohungen realistischer zu beurteilen und vor allem die Instrumente zu beschreiben. Insofern ist die ESS keine Strategie im Wortsinn; dazu müsste sie nicht nur eine Definition des Sicherheitsbegriffs und des geografischen Raumes, in dem die Union aktiv sein will, vornehmen, sondern auch Instrumente und Kriterien benennen, mit denen sie die Sicherheit des EU-Raumes gewährleisten bzw. unter denen sich die Union bei zivilem und militärischem Krisenmanagement aktiv engagiert oder nicht. Schließlich ist die Klärung der zukünftigen Aufgabenteilung zwischen der EU einerseits und der NATO und den USA andererseits unerlässlich. Allemal aber hat das Dokument zumindest zweierlei bewirkt: Erstens verfügt die EU mit ihm erstmals über eine gute Grundalge für weiterführende Strategien und Konzepte. Zweitens ist klar, dass sich die EU nach diesem Papier nicht mehr als eine ausschließlich zivile Macht versteht, sondern auch zur militärischen Reaktion bereit ist.

3.2.3 Auswirkungen der Erweiterung auf die GASP/ESVP und die NATO

Die Erweiterung von NATO und EU um die Länder aus Mittel- und Osteuropa in Richtung Osten sowie um Malta und Zypern in den Mittelmeerraum im Mai 2004 ist von Anfang an durch politische und geostrategische Interessen motiviert gewesen und war damit ein zentrales Instrument der europäischen Außen- und Sicherheitspolitik gegenüber den unmittelbaren Nachbarn. Andererseits hat sie wegen der Zahl, Lage und außenpolitischen Orientierungen der Neumitglieder weit reichende Konsequenzen nicht nur für die GASP/ESVP der EU, sondern auch für die künftige Rolle der NATO. Umso erstaunlicher ist die Tatsache, dass die geostrategischen Implikationen auch im wissenschaftlichen Diskurs bislang so wenig Beachtung gefunden haben. Sicherlich ist zutreffend, dass dies im Wesentlichen auf das traditionelle Rollenverständnis der EU zurückzuführen ist, wonach Außen- und Sicherheitspolitik zunächst im Stile der Zivilmacht entwickelt, betrieben und bewertet und damit von den Vorstellungen einer zu Machtprojektion und Einflusssicherung willigen und befähigten Regional- oder gar Großmacht abgegrenzt wurde.[67] Die

67 Matthias Jopp/Barbara Lippert/Elfriede Regelsberger, Europäische Außen- und Sicherheitspolitik nach der Erweiterung – politische und institutionelle Herausforderungen und Lösungsansätze, in: Lippert (Hg.), Bilanz- und Folgeprobleme der EU-Erweiterung, Baden-Baden 2004, 241-260 (242).

Erweiterung und die mit ihr verbundenen Herausforderungen an der neuen Peripherie der EU, die gleichermaßen das NATO-Bündnis betreffen, kann jedoch neben den im vorangegangenen Kapitel genannten Gründen entscheidend zu einer Aufhebung dieser Sichtweise beitragen, nicht zuletzt auf Grund der außenpolitischen Grundorientierungen der neuen Mitgliedstaaten.

Für die Neumitglieder sowohl der EU wie auch der NATO hat der Beitritt neben der o. e. Aufhebung der Trennlinien von zweiter und dritter Säule im Wesentlichen vier weitere Implikationen:

1. Alle Neumitglieder haben ein ambivalentes Verhältnis zur „euro-atlantischen" (NATO-EU) Sicherheitspartnerschaft. Aus der historischen Erfahrung der Mittellage und der durch hegemoniale Vielvölkerstaaten hergestellten regionalen Stabilität betrachten sie die NATO- und EU-Mitgliedschaft und die gleichberechtigte Mitwirkung in beiden Organisationen zwar als Schlusspunkt dieser langen Geschichte; nichts hat dies deutlicher gemacht als die Reaktion der Beitrittskandidaten im „Brief der Acht" auf ihre Nichteinbeziehung in den Gemeinsamen Standpunkt der EU vom 27. Januar 2003 zum Irak.[68] Mit ihr dokumentierten die Neumitglieder zunächst nichts anderes als ihre Zugehörigkeit zum Westen. Die identische Mitgliedschaft nutzen die Neumitglieder derzeit jedoch eher zur Herausbildung eines europäischen NATO-Pfeilers als zur Fortentwicklung der ESVP; letztere war für die Kandidaten während der Beitrittsverhandlungen von begrenztem Interesse. Ihre nationale wie die Sicherheit in Europa und darüber hinaus aber legen sie eher in die Hände der NATO unter amerikanischer Führung. Eben ihre prekäre Lage veranlasst sie zu einer deutlichen Anlehnung an Washington, das nach ihrer Einschätzung allein die militärische Sicherheitsgarantie zu geben vermag und darüber hinaus die eigene Position gegenüber den EU-Mitgliedern Frankreich und Deutschland und natürlich auch gegenüber Russland entscheidend stärkt.[69] Aus diesem Grund hegen fast alle Neumitglieder die Befürchtung, dass der weitere Ausbau der Europäischen Sicherheits- und Verteidigungspolitik mittelfristig zu einem Rückzug der USA aus Europa führen könnte.

Andererseits werden die Entwicklungen in Washington und im Irak genau beobachtet. Der andauernde Konflikt dort hat nach dem engen Schulterschluss mit Washington im Vorfeld und während der amerikanischen Intervention sehr rasch zu einem Umdenken des „neuen Europas" (Rumsfeld) geführt und Zweifel an der Richtigkeit der uneingeschränkten Solidarität mit Washington aufkommen lassen.

68 Rat der Europäischen Union, Schlussfolgerungen des Rates. 2482. Tagung des Rates Außenbeziehungen am 27. Januar 2003 in Brüssel.

69 Zu erwähnen sind nicht zuletzt die engen Bande durch amerikanische Bürger mittel- und osteuropäischer Abstammung.

Die politischen Kosten, wie sie sich durch den Stimmenverlust der regierenden Parteien in diesen Ländern zugunsten der Opposition nach dem Irak-Krieg in Umfragen zeigten, haben Ungarn und Polen bereits frühzeitig veranlasst, über den frühzeitigen Rückzug ihrer Truppen (spätestens nach den Wahlen im Irak) nachzudenken und sich statt dessen innerhalb der Union Gedanken über den politischen Wiederaufbauprozess zu machen. Ohnehin begreift man der EU mit Blick auf ein erweitertes Sicherheitsverständnis weit mehr als zentralen Akteur als die USA. Insofern unterstützen die Neumitglieder ohne Vorbehalte alle pfeilerübergreifenden Anstrengungen etwa bei der Bekämpfung des internationalen Terrorismus und der organisierten Kriminalität.

Ebenso wird jede Veränderung im Verhältnis zur NATO wohl registriert. Sollte es zu einem ernsthaften Infragestellen des Bündnisses durch die USA kommen, bleibt die ESVP in jedem Fall als Rückfallbecken, um den aus ihrer Sicht schlimmsten aller Fälle zu verhindern: eine Renationalisierung der Verteidigung. Im Übrigen lehren alle bisherigen Erweiterungsrunden, dass mit der Mitgliedschaft die Nähe zu den Altmitgliedern eher gewachsen ist.

2. Die Neumitglieder bringen zunächst vor allem spezielle Interessen an ihren direkten Nachbarschaftsregionen ein, weniger hingegen ausgeprägte globale Ambitionen, Verbindungen und Expertise.[70] Abgesehen von Polen und Ungarn verfügen sie nur über ein geringes außenpolitisches Profil und Potenzial, haben keine koloniale Vergangenheit und traditionell nie eine globale Außenpolitik betrieben. Die diplomatischen Netzwerke sind in nahezu allen kleinen Staaten relativ klein und wenig erfahren. Die besonderen Beziehungen der Neumitglieder zur Ukraine, zu Belarus und vor allem Russland werden diese in Zukunft allerdings zum Anlass nehmen, die Altmitglieder von der Notwendigkeit einer Ausweitung der GASP und ESVP sowohl in östliche wie auch in westliche Richtung zu überzeugen.[71] Schon lange vor der Osterweiterung haben einige Neumitglieder, insbesondere Polen, im Hinblick auf die Partnerschaft zu diesen Ländern eine aktive Rolle eingenommen. Dem hat die Kommission mit ihrem im März 2003 veröffentlichten Strategiepapier „Wider Europe – Neighbourhood" bereits entsprochen; mit ihr erhöht die Union nicht nur ihre Flexibilität gegenüber ihrer Außenwelt, sondern verfolgt gleichsam eine auf den Instrumenten der „soft power" basierende rationale Strategie als Reaktion auf die gewachsenen Herausforderungen an ihrer Peripherie. Insofern gibt es

70 Antonio Missiroli, Enlarging CFSP/ESDP: The Central Europeans between the EU and NATO, in: Andreas Maurer/Kai-Olaf Lang/Eugene Whitlock (Hg.), New Stimulus or Integration Backlash? EU Enlargement and Transatlantic Relations, SWP, Berlin, July 2004, 47-56.

71 Grundsätzlich wird die Bedeutung der europäischen Nachbarschaft im Osten von Alt- und Neumitgliedern durchaus noch unterschiedlich bewertet; dies zeigen die verschiedenen GASP-Erklärungen zu Russland und Belarus.

einen Zusammenhang zwischen der geographischen Erweiterung der EU und der Erweiterung ihres (geo-)strategischen Bewusstseins. Dies deckt sich mit ihrem generellen Interesse an der Zugehörigkeit zu einem kollektiven außen- und sicherheitspolitischen Handlungssystem, dass es ihnen auf Grund der geringen eigenständigen außenpolitischen Tradition ermöglicht, international dennoch präsent zu sein. Den seit der Unterzeichnung der Beitrittsakte im April 2003 möglichen direkten Zugang zu allen Tagungen im Rahmen der zweiten Säule haben die Neumitglieder genutzt, um sich als gleichberechtigte Partner mehr als zuvor Gehör zu verschaffen und direkten Einfluss auf die Entwicklung der GASP zu nehmen.

Der Erweiterung des geostrategischen Bewusstseins steht allerdings ein durch die räumliche Erweiterung induziertes Spannungsverhältnis zu Russland gegenüber, was sich wiederum problematisch auf die Entwicklung der GASP/ESVP auswirken könnte. Dem von Russland nach wie vor erhobenen Anspruch auf eine besondere Verantwortung gegenüber dem „nahem Ausland" begegnen die Neumitglieder mit großem Misstrauen, was sich wiederum an Deutschlands und Frankreichs Bemühungen stößt, Moskau zu einem Eckpfeiler einer multipolaren Weltordnung aufzuwerten.

3. Die Neumitglieder sind zumindest theoretisch besser für radikale Veränderungen in Richtung eines „Poolens" der militärischen Fähigkeiten geeignet. Zwar schließen sie angesichts ihrer transatlantischen Bindungen eine gaullistische Option für Europa ebenso aus wie eine strukturelle Kernbildung für eine europäische Armee. Einer Stärkung des europäischen Pfeilers der NATO im Sinne größerer Spezialisierung, multinationaler Komplementarität der Streitkräfte oder der Entwicklung gemeinsamer Beschaffungsprojekte stehen sie aber durchaus aufgeschlossen gegenüber. Insofern hat sich die lang anhaltende Voreingenommenheit gegenüber der Entwicklung eigenständiger militärischer Fähigkeiten der EU mittlerweile zugunsten einer qualifizierten Akzeptanz und praktischen Beteiligung an der ESVP abgeschwächt. Die Neumitglieder stellen nicht nur eigene Truppen im Rahmen der Umsetzung des europäischen „headline goal", sondern beteiligten sich auch an den ersten Krisenmanagement-Operationen der EU in Bosnien-Herzegowina und Mazedonien.[72] Damit tragen sie nicht unerheblich zum Ausbau der militärischen Fähigkeiten sowohl im Rahmen der EU-Eingreiftruppe und der NATO Response Force als auch der bi-, tri- und multinationalen militärischen Integration bei. Allerdings fehlen ihnen nach wie vor die Mittel, ihre Verteidigungsbudgets aufzustocken und die Streitkräfte den neuen Erfordernissen des globalen Krisenmanagements und der friedenschaffenden militärischen Maßnahmen im Zeitalter des internationalen Ter-

72 Antonio Missiroli (Hg.), Bigger EU, Wider CFSP, Stronger ESDP? Occasional Papers, No. 34, Paris 2002, S. 60ff.

rorismus anzupassen und damit das gesamte Spektrum der so genannten Petersberg-Aufgaben abzudecken.[73]

4. Die meisten der Neumitglieder haben sich bei aller Bereitschaft zur Weiterentwicklung der GASP/ESVP in Bezug auf die Vorschläge des Europäischen Konvents aus Gründen der Gleichberechtigung nicht nur klar gegen die Abschaffung des Rotationsprinzips im Vorsitz des Europäischen Rates und des Ministerrates ausgesprochen, sondern waren aus Gründen der nationalen Souveränität gemeinsam mit Großbritannien auch gegen Mehrheitsentscheidungen der GASP und gegen die Ausweitung der verstärkten Zusammenarbeit, da sie befürchteten, damit der Entstehung eines „directoires" der größeren Mitgliedstaaten in der EU, insbesondere Frankreichs und der Bundesrepublik, Vorschub zu leisten.[74] Sie signalisierten damit, dass sie zwar bereit waren, Druck auszuüben auf die alten Mitgliedstaaten im Hinblick auf die Entwicklung einer insgesamt effizienteren ESVP, dass diese sich jedoch gleichzeitig intergouvernemental und pro-atlantisch entwickeln sollte. Damit stell(t)en sie sich bewusst gegen deutsch-französische Überlegungen, die ESVP nicht nur flexibler zu gestalten (durch eine Generalisierung von qualifizierten Mehrheitsentscheidungen, die Erleichterung und Ausdehnung der Möglichkeiten der verstärkten Zusammenarbeit und die Schaffung eines Außenministers), sondern in bestimmten Situationen optional auch als Korrektiv oder gar Gegenmacht zu den USA auftreten zu lassen.[75] Während die Generalisierung von qualifizierten Mehrheitsentscheidungen nicht nur am Widerstand der Neumitglieder tatsächlich scheiterte, konnte sich die Idee einer größeren Flexibilität durch Ausweitung der verstärkten Zusammenarbeit auch auf die Rüstungs- und Militärkooperation allerdings durchsetzen.

Alles in allem laufen die Positionen der Neumitglieder somit auf eine mit Nachdruck vertretene „sowohl als auch"-Politik hinaus, bei der man sich der Fortentwicklung der ESVP und einem bestimmten Grad europäischer Selbstbehauptung im Bündnis nicht verschließt, die aber die globale Führungsrolle der USA und die amerikanische Militärpräsenz in Europa für unverzichtbar hält und die kollektive

73 Michael Quinlan, ESDP and EU Enlargement, in: Esther Brimmer (Hg.), The EU's Search for a Strategic Role: ESDP and Its Implications for Transatlantic Relations, Center for Transatlantic Relations, SAIS, Washington, DC 2002, S. 23-34.

74 Michael Attalides/Peter Balazs/Henning Christophersen/Hannes Farleitner/Lena Hjelm-Wallén/Sandra Kalniete/Jan Kohout/Ivan Korcok/Maglena Kuneva/Ernani Lopes/Rytis Martikonis/Lennart Meri/Dichk Roche/Dimitri Rupel/Peter Serracino-Inglott/Teija Tiilikkainen, Reforming the Institutions: Principles and Premises, CONTRIB 288, CONV 646/03, Brüssel, 28. März 2003.

75 Gisela Müller-Brandeck-Bovquet (Hg.), The Future of the European Foreign, Security and Defence Policy after Enlargement, Baden-Baden: Nomos 2006; Martin Koopmann/Hans Stark, Quel avenir? Relations franco-allemandes et PESD, DGAP-Analyse, Nr. 27, Berlin, Januar 2004.

Sicherheit weniger durch die UN und das Völkerrecht als vielmehr durch eine auch zu unilateralem Handeln bereite amerikanische Supermacht garantiert sehen (wollen). Dies entspricht nicht zuletzt der Einschätzung, wonach die Neumitglieder ihre wieder gewonnene nationale Souveränität in außen- und sicherheitspolitischen Fragen gleichermaßen nicht einer zentralen oder supranationalen Instanz unterzuordnen bereit wären. Dennoch haben Herausforderungen wie der Irak-Krieg gezeigt, dass die durchaus unterschiedlichen Positionen innerhalb der EU auch als Katalysator von Lernprozessen dienen und die Bereitschaft zu einer stärkeren Gemeinschaftsorientierung in GASP und ESVP befördern können.

3.2.3.1 Implikationen für das NATO-Bündnis und die EU

Die NATO hat ihre Rolle und politische Agenda in der vergangenen Dekade einem tief greifenden Wandel unterzogen und sich von einem Bündnis kollektiver Verteidigung zu einem Bündnis der kollektiven Sicherheit transformiert. Gleichzeitig stellte sie sich den gewaltigen Herausforderungen ihrer Erweiterung und der langfristigen Neubewertung ihrer Beziehungen zu Russland, bewies bei ihren Einsätzen in Bosnien und im Kosovo ihre militärische Funktionsfähigkeit und erklärte schließlich auch den Kampf gegen den Terrorismus und die Proliferation von Massenvernichtungswaffen zum offiziellen Bündnisziel.

Bereits auf dem NATO-Gipfel im November 2002 beschlossen die Bündnismitglieder ein ambitioniertes umfangreiches Programm der „Transformation der NATO“,[76] das neben der Schaffung der NATO Response Force (NRF) und der Verabschiedung des „Prague Capabilities Commitment“ (PCC) auch eine Veränderung der Kommandostrukturen beinhaltete. Die Umsetzung einiger der Beschlüsse litt aber zunächst unter der transatlantischen Krise im Zuge des Irak-Krieges, so dass es auf dem informellen Treffen der NATO-Verteidigungsminister im Oktober 2003 lediglich zu einer Präzisierung der Prager Ziele und dem öffentlichen Appell an die Mitgliedsländer zu deren Umsetzung kam, ohne dass der Gipfel konkrete Ergebnisse brachte.[77] Erst mit dem Gipfel in Lissabon im Juni 2004 gewann das Bündnis seine Handlungsfähigkeit zumindest teilweise zurück: So beschlossen die Staats- und Regierungschefs u. a. eine Erweiterung der NATO-Mission in Afghanistan, eine Vertiefung des Mittelmeer-Dialoges, die Erweiterung der Partnerschaften mit Russland, der Ukraine, dem Kaukasus und Zentralasien sowie Unterstüt-

76 Paul Cornish, NATO: The Practice and Politics of Transformation, in: International Affairs, 1 (2004), S. 63-74.

77 Jeffrey Simon, Partnership for Peace: Charting a Course for a new Era, in: Strategic Forum, 206, (March/April 2004), S. 6.

zungsmaßnahmen der neuen irakischen Regierung u. a. durch Ausbildung irakischer Sicherheitskräfte.[78] Darüber hinaus bekräftigte NATO-General de Hoop Scheffer am Vorabend des Istanbuler Gipfels das gewandelte Selbstverständnis der Allianz zum kollektiven Sicherheitsbündnis mit weiter reichenden (globalen) Zielen und einem über das Bündnisgebiet hinaus (out of area) ausgeweiteten Aktionsradius.

Die Veränderung der strategischen Neuausrichtung beruht dabei auf der Instrumentalisierung der im Herbst 2006 mit 21.000 Soldaten kompletten und dann voll einsatzfähigen NATO Response Force sowie auf der Aufstellung und Operationalisierung einer „NATO Stabilization and Reconstruction Force" (SRF), die die NRF durch Aufgaben der Nachkriegs-Stationierung etwa in Afghanistan und im Irak ergänzen soll.[79] Die politische Transformation bestünde nicht nur in einer Neudefinition der gemeinsamen transatlantischen Bedrohungsperzeptionen und in ihrer Konsequenz festgelegter gemeinsamer Ziele und Strategien für die Anwendung militärischer Gewalt, sondern auch in der Bestimmung neuer Entscheidungsprozeduren („Koalitionen der Handlungswilligen") innerhalb der NATO, der Vorbereitung des Bündnisses auf künftige peacekeeping-, Stabilisierungs- und Wiederaufbaumissionen insbesondere im „Greater Middle East" sowie dem systematischen Ausbau von Partnerschaftsabkommen der NATO mit Staaten in der Region unterhalb der Schwelle einer Mitgliedschaft.

Die Erweiterung der Allianz um weitere sieben Staaten (die drei baltischen Staaten, Slowenien, die Slowakei, Rumänien und Bulgarien) im April 2004 ist in diesem Kontext in mehrfacher Hinsicht von erheblicher Bedeutung. Neben der symbolischen und stabilitätspolitischen im Sinne der schrittweisen Einigung des Kontinents bzw. der Einbindung potenziell instabiler Gesellschaften liegt die (geo-)strategische Relevanz der letzten Erweiterungsrunde zum einen im unmittelbaren Heranrücken der NATO an die Grenze Russlands (durch Aufnahme der baltischen Staaten), zum anderen in der Schließung der Landbrücke von Ungarn zur Türkei durch die Aufnahme Bulgariens und Rumäniens. Damit rückt das Bündnis bis an das Schwarze Meer und das Kaspische Becken vor, wo Rumänien mit einem strategischen Stützpunkt bereits zu einem der wichtigsten Verbündeten Washingtons in Afghanistan geworden ist.

Die USA drängen seit dem Washingtoner Jubiläums-Gipfel der NATO 1999 auf eine globale Rolle des Bündnisses. Aus diesem Grund betrachtete man bereits die erste Erweiterung um Polen, Ungarn und Tschechien als strategischen Gewinn; die Nichtberücksichtigung Rumäniens und Bulgariens, für die sich insbesondere

78 http://www.nato.int/docu/comm/2004/06-istanbul/about.htm.

79 Hans Binnendijk/Richard Kugler, Transform NATO. Don't End It, in: The National Interest, 75 (2004), S. 72-76.

Frankreich stark machte, stieß in Washington hingegen damals aus Sorge vor möglichen Konsequenzen für die innere Stabilität des Bündnisses noch auf deutlichen Widerstand. Mit den Anschlägen vom 11. September 2001 hat sich die Haltung Washingtons hinsichtlich einer zweiten Osterweiterung der Allianz radikal gewandelt. Nicht nur sieht man in den Neumitgliedern seither, verstärkt durch ihre eindeutige Positionierung zugunsten der USA während der Irak-Krise, wichtige strategische Verbündete und Vorposten im Kampf gegen den Terrorismus in Zentralasien und im Nahen Osten. Auch wenn die Neumitglieder in aller Regel auf Grund knapper Ressourcen und bislang unzureichender Konversion der Streitkräfte im operativen Bereich nur wenig beisteuern können (immerhin aber liegt der Anteil des Verteidigungsbudgets am BIP in allen Ländern höher als bei Deutschland mit knapp 1,4 Prozent), so leisten sie doch einen wichtigen Beitrag durch Bereitstellung ihres Territoriums und ihres Luftraums.[80] Darüber hinaus haben sie in den vergangenen Jahren ihren Willen zur Unterstützung der Allianz durch die Teilnahme an den „peacekeeping"-Missionen in Bosnien, im Kosovo und in Afghanistan nachdrücklich unterstrichen. Da die im Aufbau befindliche NATO Response Force durchaus Beiträge mit hoch spezialisierten Eliteeinheiten zulässt, dürften künftig gerade kleinere Länder durch Bereitstellung von Nischenfähigkeiten an Gewicht und Bedeutung im Bündnis gewinnen.

Die amerikanische Regierung erwartet zudem, dass sich mit der Erweiterung ihr politischer Einfluss – zum Leidwesen Frankreichs – in Europa vergrößert, da amerikanische Positionen fortan tendenziell auf breitere Zustimmung im Bündnis treffen dürften. Damit erhöht sich für Washington zum einen der Spielraum, sich aus dem „Werkzeugkasten" der NATO von Fall zu Fall jeweils neue „Koalitionen von Handlungswilligen" für militärische Interventionen außerhalb Europas zu formen. Zum anderen erhöht die tendenzielle „Amerikanisierung" des Bündnisses durch die Neumitglieder den Druck auf die EU, den eigenen geostrategischen Aktionsradius über die neue Peripherie hinaus zu erweitern und ein mit der NATO kompatibles globales Rollenverständnis zu entwickeln – zumindest so lange die Europäer ernsthaftes Interesse am Bündnis als der nach wie vor zentralen transatlantischen Sicherheitsklammer bekunden. Aus diesem Grund betrachtet Washington die NATO- und EU-Erweiterung als parallele und komplementäre Prozesse.

Für Europa hingegen birgt diese Entwicklung drei potentielle Risiken. So könnte erstens die damit verbundene Marginalisierung der europäischen Mitgliedstaaten als bloße Hilfstruppen der USA die transatlantischen Spannungen künftig eher noch verschärfen. Zweitens droht die Gefahr, dass Washingtoner Versuche, die

80 Helga Haftendorn, Eine neue NATO? Der Beitritt der sieben mitteleuropäischen Staaten zum Bündnis, in: SWP-Aktuell, Berlin, 16. April 2004, S. 8.

Neumitglieder als Hebel gegenüber den „störrischen“ Mittelmächten auf dem Kontinent zu nutzen, die innereuropäischen Spannungen zwischen „altem“ und „neuem“ Europa gleichsam erhöhen. Schließlich könnte eine derartige Transformation des Bündnisses zur Aufgabe seiner traditionellen Funktion, der Aufrechterhaltung der europäischen Sicherheit, führen und es stattdessen zu einer globalen Interventionsorganisation mit zweifelhaftem Nutzen für Europa werden lassen. Mit anderen Worten: Da das Selbstverständnis Washingtons das einer globalen Macht USA ist, ist der Zusammenprall zwischen Amerikas daraus abgeleiteten Bedürfnissen auf der einen und den europäischen Interessen auf der anderen Seite geradezu unvermeidlich. Der Irak ist in dieser Perspektive lediglich der Präzedenzfall.

Auf der anderen Seite aber berühren potentielle Konfliktherde vom Baltikum bis zum Schwarzen Meer Brüssel viel unmittelbarer als Washington, dessen langes Zögern auf dem Balkan der Union bereits signalisiert hat, dass es für die Sicherheit des Alten Kontinents keinen Garantieschein mehr durch den amerikanischen Schutzschirm gibt. Die EU kommt deshalb an den oben skizzierten strukturellen Reformen zur Umsetzung der in ihrer Sicherheitsstrategie formulierten (geo)strategischen Ambitionen nicht vorbei. Die Allianz ist längst kein Instrument mehr für die europäische Verteidigungsintegration, sondern der Mechanismus zur Integration Amerikas in Europa. Daraus ergeben sich für die EU drei Optionen:

1. Sie kann über das Bündnis hinaus denken und sich auf ihre Kapazitäten und ihr Potential besinnen, welche ihr Selbstvertrauen bei weitem übertreffen; eine „Europe puissance“ zur Aufrechterhaltung der Stabilität des Kontinents, zur Teilnahme an peacekeeping-Operationen sowie zur Machtprojektion an ihrer neuen Peripherie liegt durchaus im Machbaren für die Union.
2. Sie kann an die USA appellieren, weiterhin einen erheblichen Teil der Kosten für die Sicherheit Europas zu übernehmen; dies wäre der klassische Fall von Wohlfahrtsabhängigkeit.
3. Sie tritt für eine neue Form des „burden-sharing“ in einer dann gleichberechtigten transatlantischen Partnerschaft ein, die einzig das Bündnis am Leben erhält; eine solche erforderte mehr Autonomie und Verantwortung bei der Durchführung von Operationen im Sinne eines von Washington ernstzunehmenden „Europäischen Pfeilers“ innerhalb der NATO.

Keine der in Bezug auf die erste Option zu erfüllenden Aufgaben erforderte die globalen Luft-, Transport- und Militärkapazitäten im Umfang des amerikanischen Ausrüstungsstands. Alle benötigen vielmehr das Selbstvertrauen und die Bereitschaft der Europäer, in ihren bisherigen Anstrengungen auf dem Weg zu flexibleren, mobilen Einsatzkräften fortzufahren, ohne ständig auf Anweisungen und Ermahnungen Washingtons zu warten. Ein solcher Prozess käme in der Tat einer Teilemanzipation von den USA gleich, wiewohl man dies in Washington kritisch sehen mag. Das Problem einer solchen Entwicklung läge in der Aufgabe eines transatlantischen Forums in den Fällen, in denen amerikanische und europäische Interessen weitgehend konvergieren, so etwa im Kampf gegen den internationalen Terrorismus.

Die zweite Option ist in der Zeit nach Ende des Kalten Krieges undenkbar und entspricht schon längst nicht mehr den neuen Realitäten. Die EU-25 ist mit 450 Millionen Bürgerinnen und Bürgern die größte Wirtschaftsmacht mit dem größten in Kaufkraft gemessenen Binnenmarkt, der sich das ehrgeizige Ziel gesetzt hat, bis zum Jahr 2010 die USA an Wettbewerbsfähigkeit zu überbieten. Europa verfügt somit nicht nur über die Mittel; immerhin geben die Mitgliedstaaten fast die Hälfte dessen für die Verteidigung aus, was die USA aufwenden – ohne allerdings nur annähernd einen vergleichbaren militärischen Output zu erhalten.[81] Europa hat zudem eine hinlängliche politische wie militärische Erfahrung für eine größere sicherheitspolitische Unabhängigkeit von den USA. Die ESVP scheitert bislang nicht an dem Mangel an Ressourcen oder Erfahrung, sondern schlicht am politischen Willen und den unterschiedlichen Interessen und Prioritäten der Mitgliedstaaten.

Bleibt die dritte Option: Sie erfordert ein ähnlich radikales strategisches Umdenken der Union, ist aber der beste Garant zur Aufrechterhaltung der transatlantischen Liaison. Wie die erste Variante hat sie jedoch wenigsten drei Implikationen für eine neue Europäische Sicherheitsstrategie.

1. Wie erwähnt, geht der Ehrgeiz der neuen Europäischen Sicherheitsstrategie erstmals deutlich über die Ziele eines europäischen Krisenmanagements auf der untersten Ebene des so genannten Petersberg-Spektrums hinaus. Das theoretische Bekenntnis sagt allerdings noch nichts darüber aus, ab welchem Zeitpunkt und wo die Union grundsätzlich zum Handeln bereit wäre, um ihre geostrategischen Interessen zu verteidigen. Zwar heißt es in dem Dokument, dass die Union eine Strategiekultur entwickeln müsse, die ein rasches und wenn nötig robustes Eingreifen fördert; dies gelte für die gesamte Palette der zur Verfügung stehenden Mittel der Krisenbewältigung und Konfliktverhütung, einschließlich der Maßnahmen im politischen, diplomatischen, zivilen und militärischen Bereich. Es wird aber nicht präzisiert, unter welchen Bedingungen die EU vor allem bereit ist, militärische Mittel einzusetzen, so dass entsprechende Absichtsbekundungen mehrdeutig sind und unverändert auf einen Konsensmangel innerhalb der Union hindeuten.

81 Dies hängt wesentlich mit dem hohen Anteil der Personalkosten an den Wehretats, aber auch mit der Tatsache zusammen, dass die USA etwa das Vierfache für die militärische Forschung und Entwicklung ausgeben wie die EU-Staaten, die dies zudem nicht konzentriert und effizient, sondern jeder seinen Teil für sich investieren – vgl. hierzu Michael Clarke/Paul Cornish, The European Defence Project and the Prague Summit, in: International Affairs, 4 (2002), 777-788.

Die globalen Ambitionen der EU bedürfen aber nun mal, zumal nach ihrer Erweiterung, einer klaren Definition der vitalen Interessenzonen Europas sowohl innerhalb der NATO als auch in einer erweiterten Union. Die 2007 erfolgte Erweiterung der Union um Bulgarien ist unter solchen geopolitischen Gesichtspunkten sicherlich unproblematisch. Gleiches gilt für den zeitgleichen Beitritt Rumäniens, der die Union zwar mit dem Problem Moldau und den ungeklärten Grenzfragen und Machtkämpfen im Südosten der Region der Neuen Unabhängigen Staaten (NUS) konfrontieren, sie aber wohl kaum der Gefahr direkter Interventionen aussetzen würde. Heikel wird die Sache aber im Falle der Türkei, deren absehbarer Beitritt die EU in eine strategisch exponierte und sicherheitspolitisch krisennahe (Südkaukasus, Iran, Irak sowie Syrien als dann direkte Nachbarn) Lage bringen würde, mit absehbaren Konsequenzen für ihre künftige Nahostpolitik. Jedenfalls stellt sich bereits mit dem Heranrücken der EU an die Türkei die Frage nach den Grenzen der Erweiterung bzw. der Definition der Außengrenzen der EU und den Folgen für die ESVP ganz unmittelbar.[82] Die „Neue Nachbarschaftspolitik" der EU, die ausdrücklich nicht auf dem Erweiterungsartikel 49 EUV gründet und somit erstmals nicht auf eine „Europäisierung" der Nachbarn hinausläuft, ist daher der Versuch, eine differenzierte Strategie für das „größere Europa" zu entwickeln, die mit dem Angebot privilegierter Beziehungen unterhalb der Schwelle der EU-Mitgliedschaft dem Dilemma zwischen Sicherheits- und Integrationsparadigma zu entkommen sucht.

Wie weit aber soll dann der Aktionsradius der Union reichen? Sollen sich EU-Interventionen auf EU-Territorium mit ausschließlich NATO-Mitteln (CJTF-Konzept) beschränken? Oder sollen Europäische Krisenreaktionskräfte auch global als Partner im Rahmen von NATO/US-geführten Allianzen wie im Golfkrieg oder in möglichen Konfliktszenarien im Nahen Osten oder in Nordafrika, im Kaukasus oder in Zentralasien operieren? Wo ist die Union bereit, selbst die Führungsrolle zu übernehmen? Und in welchen Fällen schließlich ist die EU bereit, wie im Kosovo-Konflikt ohne ausdrückliches Mandat des UN-Sicherheitsrates tätig zu werden?

Die Antwort auf diese Fragen liegt sicherlich weniger in den im Rahmen des Europäischen Konvents erarbeiteten Reformvorschlägen zur Stärkung der außenpolitischen Handlungsfähigkeit der EU. Die im Verfassungsentwurf vorgesehene größere Flexibilität bei der Annahme gemeinsamer Positionen oder der Durchführung gemeinsamer Aktionen (beispielsweise im Rahmen der ESVP) durch die Möglichkeit von Avantgardegruppen ist sicherlich ein Schritt in die richtige Richtung. Gleiches gilt für die vorgesehenen Ämter des auf 2,5 Jahre gewählten Ratspräsidenten und

82 Heinz Kramer, Die Gemeinsame Außen- und Sicherheitspolitik der Europäischen Union und die Türkei, in: integration, 1-2 (2004), 44-55.

des Europäischen Außenministers; beide verbürgen, bei klarer Kompetenzabgrenzung – die vertraglich allerdings nicht geregelt wurde –, eine stärkere Kontinuität, mehr Transparenz und auch Effektivität. Allerdings bliebe es im Falle eines erfolgreichen Ratifikationsprozesses in den Mitgliedstaaten – trotz vorsichtiger Versuche, die Möglichkeiten für qualifizierte Mehrheitsentscheidungen auszudehnen – beim Problem grundsätzlicher Einstimmigkeit bei Beschlüssen in der GASP wie in der ESVP.

Viel entscheidender aber ist, dass sich die Mitgliedstaaten unterhalb der strategisch zentralen Frage ihrer unterschiedlichen Haltungen gegenüber Washington in spezifischen globalen Konfliktsituationen auf eine gemeinsame europäische Position einigen können. Während Großbritannien, Frankreich und Italien in der vergangenen Dekade an beinahe allen kollektiven friedenserhaltenden und friedensschaffenden Aktionen beteiligt waren, hielten sich die neutralen, präziser gesagt „nicht-gebundenen" Staaten vor allem bei letzteren vornehmlich zurück. Die generelle Zustimmung zu irgendwelchen Aktionen impliziert innerhalb der Union längst keinen Beistandsautomatismus im Sinne konkreten Handelns; eben dies ist in der Möglichkeit der „konstruktiven Enthaltung" angelegt. Ebenso verlangt das in der neuen Sicherheitsstrategie generell geforderte Mandat durch den UN-Sicherheitsrat nicht grundsätzlich eine Teilnahme aller Mitgliedstaaten.

Die Differenzen zwischen diesen beiden Polen in der Union werden allerdings zusehends aufgehoben. Mittlerweile gibt es eine Tendenz in Richtung breiterer europäischer Koalitionen im Rahmen des so genannten „robusten" Peacekeeping wie etwa auf dem Balkan. Die nicht-gebundenen Staaten beteiligen sich an der KFOR-Mission im Kosovo, kaum eine traditionelle Blauhelmaktion. Während der Luftangriffe im Kosovo 1999 waren die meisten europäischen NATO-Mitglieder trotz fehlenden UN-Mandats in Kampfhandlungen verwickelt, so Großbritannien, Frankreich, die Niederlande, Italien und Deutschland. Und in den Krisenmanagementoperationen der EU in Mazedonien, Bosnien und Afrika (Kongo) zeichnet sich seit einigen Jahren eine kontinuierliche europäische Position ab wie etwa im Falle des palästinensisch-israelischen Konflikts oder aber des südlichen Mittelmeerraums. Grundsätzlich ist somit die Zustimmung zum Einsatz militärischer Mittel gewachsen. Sie sagt allerdings nach wie vor nichts aus über den Grad der Bereitschaft der Union, etwa im Falle einer ernsthaften Krise am Golf oder in Zentralasien auch nur theoretisch das gesamte Petersberg-Spektrum zum Einsatz kommen zu lassen.

2. Eng mit diesem Punkt verbunden ist die Frage nach dem jeweiligen Zuschnitt der EU-Operationen in Konfliktsituationen. Mit den so genannten „headline goals" zeichnet sich zwar in etwa die gewünschte Palette ab, allerdings erlauben die

bisherigen Anstrengungen in keinem Fall die Übernahme alleiniger Verantwortung durch die EU in Krisensituationen am oberen Ende des Petersberg-Spektrums. Zwar intervenierten europäische Streitkräfte 2002 in Afghanistan, Ruanda, Sierra Leone, der Elfenbeinküste, Kuwait, Georgien, Tadschikistan, Bosnien, Kosovo, Mazedonien und im Irak. Und 2003 wurden weitere Truppen in den Kongo verlegt, so dass sich insgesamt nahezu 100 000 Soldaten der EU in „out-of-area"-Einsätzen befanden. Dennoch war die Stationierung dieser Truppen in zahlreichen Fällen von NATO-Ressourcen vor allem in den Bereichen Logistik, Transport und Kommunikation abhängig, so dass die Fähigkeit zu autonomen Handeln der EU doch erheblich eingeschränkt blieb. Gewisse Fortschritte waren allenfalls beim Schließen der militärischen Fähigkeitslücke und der Infrastruktur zu verzeichnen, insgesamt aber blieben die bisherigen Anstrengungen im Aufholprozess nicht zuletzt auf Grund der unzureichenden Verteidigungsbudgets der meisten Mitgliedsländer weit hinter den ursprünglichen Erwartungen zurück.

Mit der Erweiterung aber nahm der virtuelle Aktionsradius der EU für militärische Krisenmanagement-Operationen um etwa 2 500 Meilen auf dann 6 200 Meilen von Brüssel aus zu. Dies hat erhebliche Konsequenzen für die Streitkräfteplanung der EU und erfordert ein radikales Umstellen auf die rasche Verlegbarkeit kleinerer, hochmobiler und flexibler Eingreiftruppen. Die Entwicklung in den Militärtechnologien hat in den USA die Kriegsführung in den letzten Jahren geradezu revolutioniert; beispielhaft für diese Transformation waren die Konflikte in Afghanistan und im Irak. Die EU kann und muss nicht über die gleichen Mittel verfügen wie Washington, die Transformation ihrer Streitkräfte in diese Richtung ist aber sicherlich Voraussetzung für eine größere Unabhängigkeit von den USA.

3. Die Bereitschaft zur Entwicklung einer größeren Autonomie muss allerdings zwei wesentliche Punkte klären: Erstens die damit ganz zwangsläufig einhergehenden und sich verschärfenden Differenzen mit Washington. Die Analyse der neuen Sicherheitsstrategie ergibt zwar eine weitgehende Deckungsgleichheit mit der NSS der USA vom September 2002 bei der Benennung der Bedrohungen und der Definition der sicherheitspolitischen und geostrategischen Interessen, in der Frage nach den angemessenen Mitteln als Antwort auf diese Herausforderungen gehen die Meinungen in Washington und Brüssel aber wie erwähnt erheblich auseinander. Zweitens benötigt die EU in ihren Entscheidungsprozessen dringend ein ausgewogeneres Verhältnis zwischen mehr Flexibilität auf der einen und Legitimation auf der anderen Seite. Die Einstimmigkeitsregel bringt es mit sich, dass es in der jetzigen EU-25 künftig zu noch schwierigeren und ermüdenden Entscheidungsprozessen auf sehr schmaler gemeinsamer Basis kommen wird. Umso mehr wird es darauf ankommen, dass Mitgliedstaaten einerseits auf ihre Veto-Option verzichten und

auf die Möglichkeit der konstruktiven Enthaltung zurückgreifen, andererseits verstärkt Gebrauch machen von der Option der „strukturierten Zusammenarbeit" in der GASP/ESVP und den damit verbundenen Möglichkeiten der Entwicklung von horizontaler Rollenspezialisierung insbesondere im Bereich der Verteidigung. Sollten die Mitgliedstaaten in der Lage sein, künftig ihre Streitkräfte effektiver zu bündeln und gemeinsame Beschaffungsprogramme zur Rationalisierung ihrer Verteidigungsanstrengungen zu entwickeln, dann besteht auch die Möglichkeit zu einer Veränderung der transatlantischen Kommandostrukturen im Sinne einer größeren Gleichberechtigung im Rahmen der NATO.

Eine Erfolgsprognose dafür lässt sich allerdings derzeit nur schwer stellen. Auf der einen Seite gilt, dass es künftig mit 25 oder 30 Mitgliedstaaten ungleich schwieriger wird, das zu erreichen, was schon mit 15 Mitgliedern nicht erreicht werden konnte: die wirksame Einbringung einer gemeinsamen Stimme in der internationalen Politik. Auf der anderen Seite steht auch fest, dass die Ausprägung der EU zu einem effektiveren globalen Akteur in den letzten Jahren weniger trotz als vielmehr wegen der Erweiterung über die in der neuen Sicherheitsstrategie angestellten Überlegungen entscheidend vorangetrieben wurde. Die EU unterstreicht damit zumindest ihr gewachsenes Akteursbewusstsein als Grundvoraussetzung für eine effektive Gestaltung ihrer Nachbarschaftspolitik und Antwort auf die neuen sicherheitspolitischen Herausforderungen durch Terrorismus und Verbreitung von Massenvernichtungswaffen. Damit werden die neuen Grenzen von EU und NATO aber gleichzeitig zum Testfall für die Glaubwürdigkeit und Effektivität ihrer außenpolitischen Rolle(n) sowie für die eigene künftige Sicherheit.

3.3 Systemimmanente Schwächen und Perspektiven von GASP und ESVP

Unter dem Strich hat die Institutionalisierung der GESVP die Rolle der Mitgliedstaaten in der GASP zumindest nicht signifikant geschwächt. Für alle Beschlüsse mit militärischen und verteidigungspolitischen Bezügen gilt im Grundsatz unverändert die Einstimmigkeit als Entscheidungsregel (Art. 23 Abs 2 EUV neu). Damit wurde das „intergouvernementale" Prinzip im Rahmen der GASP weiter ausgebaut. Auch nach Nizza – und selbst im Falle eines Inkrafttretens des Verfassungsvertrags – ist die EU, trotz neuer, „integrationsdynamischer Strukturen" im Entscheidungssystem der GASP/ESVP, von dem erklärten Ziel, auf der internationalen Bühne autonom und einheitlich agieren und Krisen eigenverantwortlich einzudämmen, nach wie vor einiges entfernt. Nicht zu vergessen ist, dass im Verfassungsvertrag mit Außenminister und Ratspräsidenten vor allem die dem zweiten, sprich zwischenstaatlich organisierten Pfeiler zugeordneten Institutionen gestärkt werden.

Auf der anderen Seite verfügt die Union im Rahmen der GASP/ESVP heute theoretisch über das gesamte Spektrum außenpolitischer Instrumente – ziviler wie militärischer. Dies ist das Ergebnis sowohl eines gewachsenen Handlungszwangs in einem veränderten internationalen Umfeld mit neuen außen- wie sicherheitspolitischen Herausforderungen als auch einer Entwicklungslogik der Geschichte des Integrationsprozesses, wonach die Erweiterung des Aufgabenspektrums der Union im Bereich der GASP/ESVP nicht nur ein quasi naturwüchsiger Prozess hin zu einer immer engeren Zusammenarbeit ist, sondern auch die Entsprechung der im Inneren verwirklichten Werte (Demokratie, Rechtsstaatlichkeit, Menschenrechtsschutz) nach außen darstellt. Die Entwicklung der GASP/ESVP verlief nun mal keineswegs kontinuierlich linear, sondern in Schüben: Immer dann, wenn die Mitgliedstaaten die Erfahrung machen mussten, dass eine Umsetzung ihrer GASP-Ziele allein unter Rückgriff auf zivile Mittel nicht möglich war, erzielten sie entsprechende Fortschritte. Nach jedem Rückschlag, nach jeder Sinnkrise der Gemeinschaft schafften konkrete Herausforderungen die Voraussetzung für neue Impulse durch ihre Mitglieder. Auf die Konflikte in Bosnien und Kosovo folgten erstmalig das offene Eingeständnis in die Unzulänglichkeit und Schwäche der eigenen Militärkapazitäten und der Anstoß für das Projekt der ESVP durch das britisch-französische Signal von Saint Malo. Der Irak-Krieg paralysierte vorübergehend die GASP durch den in zahlreichen Metropolen der Mitgliedstaaten praktizierten Unilateralismus, gleichzeitig gelang es der EU aber zunehmend, das Instrumentarium für internationales Krisenmanagement zu verbessern und zur Anwendung zu bringen – so in den o. e., mit zivilen wie militärischen Mitteln geführten Einsätzen in Bosnien-Herzegowina (EUPM), Mazedonien („Concordia"; „Proxima") oder im Kongo („Artemis") in den Jahren 2003 und 2004. Nur neun Monate nach Ende des Krieges im Irak verabschiedeten die Staats- und Regierungschefs der Mitgliedstaaten in Brüssel die erste Europäische Sicherheitsstrategie, ein Dokument, dessen Bedeutung bezüglich seiner Wirksamkeit in der politischen Praxis vielfach zwar überbewertet wird, das aber zumindest als ein erster Schritt in Richtung eines neuen sicherheitspolitischen Bewusstseins der Europäer gewertet werden muss. Der Konvent zur Vorbereitung einer Verfassung für Europa begriff darüber hinaus den Krieg als Anstoß zur Reform der bestehenden Verfahren und Institutionen in GASP und ESVP, indem er vor allem die „Doppelhut"-Konstruktion (Ämter des Kommissars für Auswärtige Beziehungen und des Hohen Vertreters für die GASP) in Personalunion zusammenführte und das Amt eines EU-Außenministers schuf sowie neue Flexibilisierungsinstrumente in die Sicherheits- und Verteidigungspolitik integrierte. Beide Vorschläge sind auch in dem Verfassungsentwurf enthalten, auf den sich die Staats-

und Regierungschefs der 25 Mitgliedstaaten der EU am 17/18. Juni 2004 geeinigt haben. Schließlich drängen die mit der Erweiterung um zehn neue Mitglieder zum 1. Mai 2004 verbundenen hohen Erwartungen die EU als weltweit größten einheitlichen Binnenmarkt, in dem rund ein Viertel des Weltbruttosozialprodukts (knapp 1 Billionen Euro) erwirtschaftet wird und der etwa 20 Prozent des Welthandels tätigt, zu einem neuen Rollenverständnis auch in der Außen- und Sicherheitspolitik.

Dennoch bleiben auf dem Weg zu einer effizienten GASP im Allgemeinen und einer schlagkräftigen Kriseneingreiftruppe der EU im speziellen drei gravierende Schwierigkeiten bestehen: die nach wie vor nur begrenzte Bereitschaft der Mitgliedstaaten zur Preisgabe ihrer außen- und sicherheitspolitischen Kernsouveränität bzw. der mangelnde politische Wille zur Kooperation; die nach wie vor mangelnde Effizienz und Kohärenz bzw. das Problem der überlappenden Zuständigkeiten; und schließlich die damit zusammenhängende Frage nach Flexibilisierung und konsortialer Führung.

Auf die Schwierigkeit, innerhalb der GASP einen gemeinsamen politischen Willen zu entwickeln, d. h. die Außenpolitik zu vergemeinschaften, wurde bereits eingangs hingewiesen. Sie ist vor allem das Ergebnis der nach wie vor nur begrenzten Bereitschaft der Mitgliedstaaten zur Preisgabe ihrer außen- und sicherheitspolitischen Kernsouveränität – nicht zuletzt, da militärische Interventionen in viel höherem Maße der politischen Legitimierung durch die Bevölkerungen bedürfen, oder anders ausgedrückt, weil ein gemeinsames Leitbild europäischer Außen- und Sicherheitspolitik nach wie vor fehlt.[83] Eng mit dieser Frage verbunden ist das Problem der mangelnden Bereitschaft einiger Mitgliedstaaten zu angemessenen Verteidigungshaushalten, verstärkter Rüstungs- und Ausrüstungskooperation sowie dem Ausbau zu einer „Europäischen Sicherheits- und Verteidigungsunion" mit gemeinsamer Verteidigungspolitik (vgl. folgendes Kapitel). Der Grund hierfür liegt wiederum in der Präferenz der Mitgliedstaaten für eine norm- und werteorientierte Außenpolitik, die sich an den Grundprinzipien der Binnenstruktur der Union orientieren. Den meisten EU-Staaten erscheint das Instrumentarium einer Zivilmacht nach wie vor angemessener, da sich Kooperation, Multilateralismus, Handel und gegenseitige Hilfe auch im Integrationsprozess bewährt und die Union (vgl. Kapitel Außenbeziehungen in der Praxis) heute weltweit zum Muster institutionalisierter Kooperation und Partnerschaft gemacht haben. Insofern lässt sich für die GASP/ESVP durchaus von einer konstruktivistischen Variante der „Innen-Außen-Analogie"[84] sprechen, wonach sich die EU in ihrer Außenpolitik vornehmlich an

83 Vgl. Hans-Georg Ehrhart, Die EU als zivil-militärischer Krisenmanager: zwischen Anspruch und Wirklichkeit, in: integration, 28, 3 (Juli 2005), S. 217-232 (232).

84 Dazu Katharina Holzinger/Christoph Knill/Dirk Peters/Berthold Rittberger/Frank Schimmelfen-

den drei für den Integrationsprozess klassischen liberalen Friedensstrategien „Demokratie“, „Interdependenz“ und „Internationale Institutionen“ orientiert.[85] Anders formuliert, die Politik des integrativen Gleichgewichts innerhalb der EU korrespondiert mit der Politik der kooperativen Balance in einer multipolaren Welt. Dies schließt Alleingänge der Union weitgehend aus und impliziert wohl auch künftig die Praxis informeller gemeinsamer Führung von Fall zu Fall bzw. die gelegentliche Zusammenarbeit mit den USA und mit anderen großen Mächten.

Nach wie vor gilt daher, dass die Betonung des Zivilmachtsgedanken, trotz oder gerade wegen der Zunahme des militärischen Engagements der EU, am besten geeignet ist, den europäischen Kooperationsverbund zu stärken. Immerhin wurde die öffentliche Zustimmung im Kosovo-Konflikt vor allem mit der Losung von der „humanitären Intervention“ und der Durchsetzung universaler Rechte legitimiert, also exakt mit jenem ordnungspolitischen und normativen Denken, nach dem die EU sich von ihrem traditionellen Selbstverständnis her aufgerufen sieht, „die Verrechtlichung und Verregelung der internationalen Beziehungen voranzutreiben“.[86] Zwar deutet sich mittlerweile eine allmähliche Ausweitung der ESVP-Aufgaben auch über das Petersberg-Spektrum hinaus an – Option der kollektiven Verteidigung; EU-Sicherheitsstrategie mit Erweiterung des Einzugsbereichs der EU-Sicherheitspolitik; Zunahme der operativen Aufgaben der EU – die es angebracht erscheinen lässt, von einer „Zivilmacht mit militärischen Zähnen“ zu sprechen.[87] Grundsätzlich aber lehnen mit Ausnahme von Frankreich und Großbritannien die meisten EU-Staaten den Einsatz militärischer Macht („hard power“) entweder grundsätzlich ab oder nehmen ihn allenfalls als ultima ratio hin und konzentrieren ihre auswärtigen Aktivitäten auf die Instrumente der Zivilmacht („soft power“).

3.3.1 Die involvierten Organe – das Problem des Mangels an Kohärenz und Konsistenz

Dem Problem der mangelnden horizontalen Identität steht auf der vertikalen Ebene das bereits erwähnte Problem der Abgrenzung praktisch paralleler Außenpolitiken durch die im Maastrichter Vertrag vorgenommene Säulentrennung gegenüber.

---

ning/Wolfgang Wagner, Die Europäische Union. Theorien und Analysekonzepte, Paderborn/München 2005, S. 251 f.

85 John Oneal/Bruce Russet, Triangulating Peace. Democracy, Interdependence and International Organizations, New York/London 2001.

86 Beate Kohler-Koch/Thomas Conzelmann/Michèle Knodt (Hg.), Europäische Integration – Europäisches Regieren, Wiesbaden 2004, S. 296.

87 Vgl. hierzu Michael Piazolo, Die EU als internationaler Machtfaktor, in: Ders. (Hg.), Macht und Mächte in einer multipolaren Welt, Wiesbaden 2006, S. 209-247.

Es liegt auf der Hand, dass es der Kohärenz und damit Effizienz der Union nach außen nicht förderlich ist, wenn etwa die Wirtschaftskooperation (erste Säule – Außenwirtschaft/Kommission) mit einem Drittstaat (nehmen wir Russland) weitgehend losgelöst von GASP-Aspekten (zweite Säule – z. B. Lage im Nordkaukasus/Rat) behandelt wird, oder wenn wirtschaftliche Sanktionen gegen Drittländer auf Vorschlag der Kommission mit qualifizierter Mehrheit durch den Rat verhängt werden, die Kommission aber gleichzeitig nicht an die Beschlüsse gebunden werden kann, die im Rahmen der intergouvernementalen Zusammenarbeit der GASP als gemeinsamer Standpunkt, gemeinsame Aktion oder gemeinsame Strategie vom Rat beschlossen wurden, da dies mit der Unabhängigkeit und der institutionellen Stellung der Kommission nicht vereinbar ist. Ebenso unsinnig wiegt etwa die Trennung von Fragen der Migration (Inneres und Justiz – dritte Säule) auf der einen und Bürgerkriegssituationen oder massiven Menschenrechtsverletzungen (GASP) auf der anderen Seite. Da sich die Säulentrennung in den innerstaatlichen Strukturen (Zuständigkeit verschiedener Ministerien, ja selbst Sektionsgliederungen) der meisten Mitgliedstaaten fortsetzt, kommt es auch dort oft nicht zu ausreichender Koordination. Auf diese Weise wird die dringend erforderliche Formulierung gemeinsamer Ziele, die ohnehin schon erschwert wird durch die historisch bedingten unterschiedlichen außenpolitischen Interessenlagen der Mitgliedstaaten, zusätzlich behindert, was wiederum den intergouvernementalen Charakter der GASP verstärkt.

Selbst bei erfolgreicher Umsetzung des Verfassungsvertrags bleibt daher eine weitere Effektivierung und Flexibilisierung der GASP/ESVP-Strukturen erforderlich, um den gegenläufigen Tendenzen (zumal in einer erweiterten Union) zu verstärkten innergemeinschaftlichen Blockbildungen einerseits und den Handlungszwängen im Rahmen internationaler Organisationen zu begegnen. Die Verbesserung der inter- und intrainstitutionellen Kohärenz bleibt eine zentrale Herausforderung, insbesondere die bisherige Zweiteilung des außenpolitischen Handelns müsste zu Gunsten einer verstärkten Vernetzung zwischen Kommission und dem GASP-Pfeiler überwunden werden, ohne dass dies zu einer weiteren Ueberfrachtung und Segmentierung führt. Im Interesse der EU und ihrer Außenwahrnehmung müssten gerade die Stärken ihrer auswärtigen Aktivitäten, Handels- und Entwicklungspolitik, aufgewertet und zu einem politikfeld- wie pfeilerübergreifenden strategischen Ansatz gebündelt werden. Der Dualismus aus supranational und intergouvernemental gestalteten Außenbeziehungen, also die Trennung zwischen den wirtschaftlichen Aspekten der EU-Außenbeziehungen unter dem supranational organisierten Gemeinschaftspeiler und den politischen Aspekten unter dem intergouvernemental organisierten Zweiten Pfeiler der GASP bleibt jedoch auch im Verfassungsvertrag de facto bestehen, so dass es weiterhin ein Problem ist, wenn im Rahmen der GASP

Beschlüsse gefasst werden, die ein Tätigwerden der Gemeinschaft erforderlich machen.

3.3.2 Flexibilisierung und differenzierte Integration

Der Verfassungsvertrag sieht zwar eine deutliche Ausweitung der Optionen für ein differenziertes Vorgehen im Bereich der GASP/ESVP vor. Dies umfasst einerseits die Einführung neuer Strukturen und Instrumente, andererseits die Modifizierung bereits vorhandener Bestimmungen. Diese Neuerungen reichen allerdings nicht aus, um die beide Bereiche wirklich entscheidend vorankommen zu lassen. Die Einführung der verstärkten Zusammenarbeit in den gesamten Bereich der ESVP wird dadurch eingeschränkt, dass sie nur einstimmig beschlossen werden kann (Art. III-419, Abs. 2 VVE). Die ständige strukturierte Zusammenarbeit im Verteidigungsbereich (Art. I-41, Abs. 6 VVE) ermöglicht zwar flexiblere Entscheidungen, da sie durch eine Ratsentscheidung mit qualifizierter Mehrheit eingeführt werden kann. Allerdings können Entscheidungen nur im Konsens getroffen werden. Schließlich ist zu bedenken, ob die nunmehr vorgesehene Ausgrenzung der Kommission in beiden Fällen nicht zu grundsätzlichen Konflikten zwischen den Mitgliedstaaten und der Kommission führt.

Umgekehrt gilt, dass GASP und ESVP im Falle des Scheiterns des Verfassungsvertrages keineswegs zwangsläufig stagnieren würden. Dies wird schon daraus ersichtlich, dass es sich bei den im Vertrag vorgesehenen Änderungen eher um reaktive Anpassungen auf laufende Entwicklungen denn um wirkliche Neuerungen handelt. Dies gilt vor allem für die Ausweitung der Mechanismen für ein differenziertes Vorgehen, welche bereits im Amsterdamer Vertrag eingeführt („verstärkte Zusammenarbeit") und dann im Vertrag von Nizza weiter spezifiziert wurden. Ganz abgesehen davon stellen die jeweils „nur" durch eine „Koalition der Handlungswilligen" durchgeführten EU-Missionen ein flexibles Vorgehen auch in der Praxis der ESVP dar. Schließlich werden bereits jetzt Aktivitäten im Rahmen der ESVP durchgeführt, die nicht auf das vorhandene Vertragswerk zurückzuführen sind, sondern außerhalb der Verträge aus der Einsicht in die Notwendigkeit einer Weiterentwicklung der europäischen Fähigkeiten im Bereich GASP/ESVP heraus entwickelt wurden (Solidaritätsklausel, Europäische Verteidigungsagentur, Konzept der „battle groups").

Dennoch sollte man für den Fall eines sich abzeichnenden Scheiterns des Verfassungsvertrags die in ihm vorgesehenen Optionen oder auch noch zu schaffenden alternativen Mechanismen für ein flexibles und differenziertes Vorgehen unterhalb der Ebene des Primärrechts in Kraft setzen. Immerhin greift der Verfassungsvertrag die zentrale Frage auf, wie Flexibilisierung bei der GASP/ESVP im Sinne einer verstärkten Zusammenarbeit zwischen einigen Mitgliedern zu organisieren ist. Bereits mit dem Amsterdamer Vertrag hatte man zwar das Instrument der konstruktiven Enthaltung eingeführt, wonach sich Mitglieder nicht an einer gemeinsamen Aktion beteiligen mussten. Wenn diese Mitglieder allerdings über einen gewissen Anteil der Stimmen verfügten, galt jenes vom Luxemburger Kompromiss 1966 inspirierte Vetorecht des Art. 23 und die gemeinsame Aktion war abgelehnt. Kritiker haben diese „opt out"-Klausel daher auch als „destruktive Enthaltung" bezeichnet, weil sie zwar einerseits die internationale Handlungsfähigkeit der EU erhöhte, dies andererseits aber auf Kosten größerer Geschlossenheit gehen konnte. Auch die durch den Vertrag von Nizza eingeräumte Entscheidung des Rates, mit der er das PSK zur Entscheidungsfindung hinsichtlich der politischen Kontrolle und strategischen Leitung einer Operation ermächtigen kann, ermangelt einer klaren Aussage über die erforderliche Mehrheit. Die Diskussion über die notwendige Mehrheit bei Entscheidungen im Bereich der GASP ist somit nicht beendet worden; vielmehr verschärfte die mit der Erweiterung vorgenommene Änderung der Bemessung der qualifizierten Mehrheit dieses Problem zusätzlich.

Die zentrale Aufgabe blieb also unverändert, die flexible Kooperation für die zunächst nicht beteiligten Staaten offen sowie generell innerhalb des institutionellen Rahmens der EU zu halten. Dies war und ist besonders relevant für die Zusammenarbeit auf der militärischen Ebene zur Überwindung oder zumindest zur Reduzierung der Mängel der Europäer im Rüstungsbereich. Der Verfassungsvertrag bietet erstmals eben diese Optionen, so dass sich die Außenminister überlegen sollten, sie – oder auch alternative Mechanismen für ein differenziertes Vorgehen – dennoch auf der Ebene unterhalb des Primärrechts in Kraft zu setzen. Auf diese Weise lassen sich der zunehmenden Neigung einiger Mitgliedstaaten zu Arrangements außerhalb des EU-Rahmens konkrete erweiterte Angebote zu einem flexiblen Voranschreiten innerhalb der Union gegenüber stellen, deren Nutzung freilich von dem Willen der Mitgliedstaaten abhinge.

Eng mit der Frage der Flexibilisierung verbunden ist daher das Problem der Führungsfrage innerhalb der EU im Bereich der GASP. Sicherlich wäre die Abkehr von der Einstimmigkeit hin zu Entscheidungen mit qualifizierter Mehrheit zumal in der erweiterten Union das probateste Mittel zur Überwindung des immer wieder zitierten Problems der mangelnden Effizienz in der GASP/ESVP. Der Einstimmigkeitszwang bei den meisten Entscheidungen im ohnehin komplizierten Mehrebenensystem EU erlaubt nun mal keine Flexibilität im Sinne eines raschen Reagierens auf unvorhergesehene Ereignisse (Beispiel 11. September). Schon das Zustandekommen einer auf Einstimmigkeit basierenden Erklärung, die schriftlich ausgearbeitet wird, benötigt erfahrungsgemäß ein bis zwei Tage. Abgesehen davon aber, dass dies ohnehin eine politisch unrealistische Option ist – auch im Verfassungsvertrag bleibt es bei der Einstimmigkeit als Regel für die GASP und ESVP; eine Beschlussfassung mit qualifizierter Mehrheit ist weiterhin nur im Rahmen des bisherigen Art. 23, Abs. 2 EUV möglich, dessen Wesensgehalt beibehalten wurde –, ist generell zu vermuten, dass die Anwendung von Mehrheitsentscheidungen wohl nur selten zur Überstimmung einzelner Mitgliedstaaten führen würde. Die praktische Erfahrung zeigt, dass Mitgliedstaaten im Falle von Mehrheitsbeschlüssen weit eher dazu neigen, nach Kompromissen zu suchen anstelle Vetopositionen aufzubauen; in aller Regel kommt es selten zur tatsächlichen Abstimmung, vielmehr wird bereits im Vorfeld ein Konsens herausgebildet.

Aus diesen Gründen kann der Ausweg aus diesem Dilemma gerade in einer erweiterten Union vorerst nur in einer weiteren Forcierung der differenzierten Integration bestehen. In der praktischen Politik der Union haben Deutschland und Frankreich als eine Art Avantgarde-Duo lange Zeit auch gegen hinhaltenden Widerstand eine weitgehend eigenständige, wenn auch – zumindest im deutschen Fall – nicht vollständig unabhängige Außen- und Sicherheitspolitik angestrebt. Dies galt, obwohl, oder besser gerade weil beide traditionell unterschiedliche Kurse verfolgten: Deutschland eine Politik des Sowohl-als-auch, die im Zweifelsfall für die amerikanische Position („special relationship“ mit NATO-Primat) votierte – eine Ausnahme bildete die Gründung des Eurokorps gegen den Widerstand Washingtons; Frankreich eine auf Autonomie ausgerichtete europäische Sicherheitspolitik, nicht etwa, um die NATO zu zerstören, sondern um so die Voraussetzung zu schaffen, dass das hegemonial geprägte Bündnis in eine ausbalancierte transatlantische Sicherheitsgemeinschaft („kooperative Balance“) transformiert werden konnte.[88] Mit Großbritannien lässt sich dieses Duopol zu einem Führungsdreieck umformen, welches die Mängel des intergouvernementalen Ansatzes der GASP/ESVP zumindest abschwächen kann, auch wenn London selbstverständlich unverändert einer eher pro-amerikanischen Position anhängt. Zu keinem Zeitpunkt wurde dies deutlicher als im Vorfeld des Kosovo-Krieges. Nicht nur hatte Deutschland im ersten Halbjahr 1999 gleichzeitig die Ratspräsidentschaft sowie die Präsidentschaft bei den G7/G8 und der WEU inne. Nahezu gleichzeitig ergriffen Frankreich und Großbritannien bei ihrem Treffen in St. Malo gemeinsam die Initiative zum Ausbau der ESVP.

Da sich vor allem die britische Position – trotz oder gerade über den Irak-Krieg – mittlerweile eher zu der des Maklers zwischen beiden Lagern gewandelt hat und auch die Bundesrepublik heute verstärkt Kurs nimmt auf eine insgesamt eigenstän-

88 Vgl. Werner Link, Auf dem Weg zu einem neuen Europa. Herausforderungen und neue Antworten, Baden-Baden 2006, S. 71.

digere europäische Außen- und Sicherheitspolitik, stehen die Zeichen derzeit nicht schlecht für ein außen- und sicherheitspolitisches Direktorium, welches die Entwicklung der europäischen Kapazitäten weiter vorantreibt, gleichwohl der Widerstand gegen ein solches aus dem Lager der mittel- und osteuropäischen Mitgliedsländer wächst, die an Russland grenzen und schon deshalb der amerikanischen Sicherheitsgarantie Priorität einräumen; der im März 2003 in Brüssel abgehaltene „Pralinengipfel", auf dem Deutschland, Frankreich, Belgien und Luxemburg nach europäischen Alternativen zur Bündnispolitik zu suchen schienen, verschärfte vorübergehend diese „innereuropäische Polarisierung".[89] Zuletzt demonstriert wurde diese Motorfunktion der drei Großen jedoch beim Konzept der „battle groups", welches auf eine Initiative Großbritanniens und Frankreichs zurückgeht, der sich dann auch Deutschland anschloss und das nach seiner Einbringung in den europäischen Rahmen schließlich auch die Zustimmung der übrigen Mitgliedstaaten erhielt.

3.4 Praktische Konsequenzen für die Politik

Wie bei anderen Integrationsprojekten wird auch bei der GASP gerne auf die im vorangegangenen Kapitel beschriebenen Besonderheiten der politisch-institutionellen Konstruktion bzw. der Entscheidungsstrukturen als Grund für die unzureichende praktische Ausgestaltung verwiesen. Das o. b. System einer nur schwer zu harmonisierenden und in der Regel konkurrierenden Akteursvielfalt gilt als Ursache für die Schwierigkeiten bei der konsequenten Umsetzung einer GASP mit ökonomischen, politisch- diplomatischen und militärischen Komponenten. Das institutionelle Gefüge ist aber das Ergebnis einer europapolitischen Debatte in der Außenpolitik, bei der die Diskussionslinien traditionell entlang der alten gemeinschaftsorientierten oder intergouvernemental ausgerichteten Leitbilder der Mitgliedstaaten verlaufen. Es geht daher auch im europäischen Verfassungsentwurf im Bereich der GASP um die Identifizierung der „größtmöglichen Schnittmenge", die es bei aller Unterschiedlichkeit der Grundverständnisse und Interessen erlaubt, die außen- und sicherheitspolitische Handlungsfähigkeit der Union zu stärken. Dass sich dieser Prozess nur in kleinen Schritten vollzieht, liegt daran, dass der politische Wille zur Umsetzung einer alle Komponenten umfassenden Strategie in der Union unverändert fehlt. Dies hat ganz praktische Auswirkungen sowohl in der politischen als auch militärischen und budgetären Dimension der GASP.

89 Sven Gareis, Deutschlands Außen- und Sicherheitspolitik, Opladen 2005, S. 137.

3.4.1 Streitkräfteplanung

Für die künftige Entwicklung der GESVP ist die Stärkung der zivilen Komponente von Konfliktprävention und Krisenmanagement sicherlich ein wesentlicher Aspekt; hier gehen aber die Meinungen in den Mitgliedstaaten bezüglich einer Überarbeitung des zivilen „Headline Goal" („Civilian Headline Goal 2008")[90] auch nicht weit auseinander. Entscheidender für die Symbolkraft der GESVP dürfte die Frage sein, ob das „Headline Goal" für das militärische Krisenmanagement in den nächsten Jahren („European Capabilities Action Plan" – ECAP; „Headline Goal 2010")[91] vollständig erreicht wird, sondern ob die Union dann auch die Fähigkeit erlangt hat, wirklich alle Aufgaben der Krisenbewältigung (auch im „oberen Bereich" der Petersberg-Aufgaben) auszuführen. Hier sind auf Grund fortbestehender Defizite nach wie vor Zweifel angebracht: Noch immer ist die Auflage immer neuer Prozesse und Programme notwendig, da die Fähigkeitslücken in den grundlegenden Feldern sicherheitspolitischer Fertigkeiten nicht geschlossen wurden. Aus diesem Grund werden im Rahmen des ECAP-Prozesses Verbesserungen vor allem in fünf Bereichen diskutiert, in denen die EU den Anschluss an die USA längst verloren hat:

- *Strategische (Satelliten-)Aufklärung,* d. h. Früherkennung, elektronische Gefechtsfeldaufklärung und Strategiebildung bei Kriseneinsätzen: Um effektives Handeln zu gewährleisten, bedarf es der Stärkung in allen Phasen des Krisenmanagements; hier ist die EU in hohem Maße von den Dienstleistungen der NATO abhängig.
- *Militärische Kommando- und Kontrollstrukturen,* d. h. die qualitative Abhängigkeit der EU-Krisenreaktionskräfte von NATO-Kapazitäten in Bezug auf die bei solchen Einsätzen unverzichtbare Interoperabilität bei C3+1 (Command, Control, Communication and Intelligence), Lufttransportkapazitäten und Logistik: Die größten Defizite liegen bei der schnellen Führungsfähigkeit bzw. Anwendung modernster Informationstechnologien beim Streitkräfteeinsatz. In diesem Zusammenhang geht es vor allem auch um die Kommunikationslücke zwischen EU-Krisenreaktionskräften und amerikanischen NATO-Verbänden.
- *Kampfflugzeuge und Präzisionswaffen:* Die amerikanische Luftwaffe verfügt über etwa 1400 Kampfflugzeuge, von denen alle für die Luftunterstützung vorgesehenen Maschinen wiederum über Präzisions- und Abstandswaffen verfügen. Das heißt, sie können Ziele am Boden aus sicherer Höhe und mit großer Ge-

90 Vgl. Civilian Headline Goal, in: EU Security and Defence. Core Documents 2004, Chaillot Papers (Hg. ISS), 75 (2005), S. 111-116.

91 Ebd., S. 359-363.

nauigkeit treffen, weil Bomben oder Raketen mit Hilfe von Laserstrahlen oder Koordinaten des Satellitennavigationssystem GPS ins Ziel gelenkt werden. Von den rund 2900 Kampfflugzeugen der übrigen Bündnispartner verfügt nur eine verschwindend kleine Anzahl über solche Fähigkeiten, wobei bei diesen Waffensystemen noch die eigentlich schon überholte, extrem witterungsabhängige Lasertechnik zur Anwendung kommt.

- *Mobilität, Verlegbarkeit und Ausdauer:* Hierbei geht es um die Verbesserung der Fähigkeit, Truppen unter Nutzung von See- und Luftstreitkräften möglichst rasch in Krisenregionen zu verlegen und sie inklusive logistischer Unterstützung für einen möglichst langen Zeitraum in Operationen fern ihrer Heimatbasen dort zu halten. Bei den Großraumtransportflugzeugen – eine Lücke, die durch das Projekt des Airbus A-400 M geschlossen werden soll – können die amerikanischen Streitkräfte auf mehr als 250 Stück zurückgreifen, während die übrigen Bündnispartner über insgesamt elf verfügen. Den etwa 550 amerikanischen Flugzeugen zur Betankung in der Luft stehen bei den Europäern etwa 70 gegenüber. Bei jedem Einsatz über Afghanistan ist jedoch eine Betankung in der Luft nötig gewesen.
- *Überlebensfähigkeit,* d. h. Schutz der eigenen Truppe und der dazugehörigen Infrastruktur vor Angriffen vor allem mit biologischen, chemischen und nuklearen Waffen.[92]

In allen Bereichen ist die EU auf die Unterstützungsbereitschaft der USA und anderer Nichtmitglieder der EU im Rahmen der NATO angewiesen. Für die meisten Mitgliedstaaten scheint die Beseitigung dieser Defizite aus heutiger Sicht nach wie vor eine schier unlösbare Aufgabe. In den Schlüsselbereichen konnten bisher kaum Fortschritte erzielt werden.

Abgesehen vom mangelnden politischen Willen und den daraus resultierenden Budgets ist dies auch den ständig wechselnden Prioritäten auf Grund wechselnder Präsidentschaften zuzuschreiben. Kontinuität und langfristige Planung sind so nur schwer möglich. Aus diesem Grund sind die europäischen Streitkräfte nach derzeitigem Entwicklungsstand im europäischen Kontext nach wie vor allenfalls für bescheidene Operationen wie Katastrophenhilfe, Überwachungs- oder Evakuierungseinsätze geeignet. Und obwohl im EU-Militärstab die Auffassung vertreten wird, dass zum oberen Spektrum der Petersberg-Aufgaben auch Anti-Terror-Operationen gehören könnten, liegt der Schwerpunkt der EU nach wie vor auf „Peacekeeping-Operationen“. Intensivere Einsätze im Rahmen der Petersberger Einsatzmöglichkeiten bleiben daher unrealistisch, so lange die Mitgliedstaaten nicht den

92 Dazu Bertelsmann Foundation, Why the World Needs a Strong Europe ... And Europe Needs to be Strong, Gütersloh 2005, S. 12 ff.; Burkard Schmitt, Europas Fähigkeiten, a.a.O.

Willen aufbringen, die beschriebenen Defizite zu beseitigen, d. h. bis 2010 tatsächlich an kostenintensivere Projekte wie die Anschaffung von hoch entwickelten Jagdflugzeugen, Marschflugkörpern mit größerer Reichweite, Transportflugzeugen und Helikoptern ernsthaft heranzugehen. Sieht man einmal von der allmählich Gestalt annehmenden gemeinsamen Lufttransportkapazität ab, so ist man in den meisten Bereichen allerdings nach wie vor von einer echten militärischen Integration noch weit entfernt.

Abgesehen davon benötigt die EU deutlich mehr einsatzfähige zivile wie militärische Kräfte, um die militärische Dimension von gescheiterten Staaten und regionalen Konflikten annähernd bewältigen zu können. Eine oder auch mehrere „battle groups“ von je 1500 Mann können in Flächenstaaten Afrikas wie dem Kongo oder dem Sudan nur herzlich wenig ausrichten. Und selbst die auf dem Papier mittlerweile bestehenden, in der Praxis jedoch bislang nicht eingesetzten Europäischen Streitkräfte (European Rapid Reaction Forces) von 60 000 Mann dürften in Extremfällen wirkungslos bleiben. Schon jetzt zeichnet sich eine personelle Überdehnung in den verschiedenen Missionen ab. Europa benötigt eine insgesamt größere Zahl von in Krisengebieten weltweit einsatzfähigen Kräften. Von den derzeit rund 1,7 Millionen Soldaten in Europa sind nach Meinung von Militärs gerade einmal 10 Prozent „einsetzbar“.[93] Verschärft wird dieses Problem durch zweierlei: Erstens vergrößert die in einigen Mitgliedstaaten geltende Zuweisung von Truppenteilen sowohl zur EU-Einsatztruppe als auch für andere Zwecke – beispielsweise für peace-keeping-Operationen der UNO – den Widerspruch zwischen politischer Zusage und tatsächlicher Verfügbarkeit vergrößert. Zweitens handelt es sich bei der Kriseneingreifstreitmacht weder um eine ständige stehende europäische Armee noch um neu aufzustellende Streitkräfte (s. o.). Vielmehr ist für jeden Einsatz je nach Bedarf durch einen zu ernennenden Befehlshaber aus den verfügbaren Verbänden eine den gestellten Aufgaben entsprechende Truppe zusammenzustellen. Dies kann jeweils zu erheblichen Zeitverzögerungen beim Aufbau einer Krisenstreitmacht führen.

In diesem Zusammenhang besteht eine der zentralen Herausforderungen für das EU-Krisenmanagement in einer besseren Verzahnung der jeweils notwendigen zivilen und militärischen Mittel (Stichwort „zivilmilitärische Koordinierung“ – CMCO-Konzept), wie sie erstmals 2001 unter schwedischer Präsidentschaft angedacht wurde. Diese sollte jedoch nicht nur die EU-interne Koordinierung des Krisenmanagements umfassen, sondern auch die Abstimmung mit anderen externen Akteuren in Krisensituationen – bspw. NGOs, internationale Organisationen etc. Derzeit ist das so genannte „Krisenmanagementkonzept“ das wichtigste Koordinie-

93 Bertelsmann Foundation, A European Defence Strategy, Gütersloh 2004, S. 32 f.

rungsinstrument der Union. Dabei handelt es sich um ein ausführliches und flexibles Dokument, welches den übergreifenden Ansatz der jeweiligern Operation detailliert beschreibt, jedoch keine verpflichtende Vorgabe ist, sondern lediglich als Referenzrahmen dient.[94] Auf der Basis einer ausführlichen Lage- und Risikoanalyse werden die Einsatzoptionen und -instrumente benannt sowie die Abstimmungsmodalitäten zwischen gemeinschaftlichen und zwischenstaatlichen Instrumenten beschrieben. Die Probleme dieser zivil-militärischen Koordination bestehen nicht nur in der bekannten Rivalität zwischen Kommission und den Akteuren des zweiten Pfeilers, sondern auch innerhalb des zweiten Pfeilers zwischen zivilen und militärischen Akteuren aufgrund der unterschiedlichen politischen Kulturen/Sozialisationen, aber auch der personellen Schieflage beim zivilen Krisenstab, welcher mit gerade 70 Ratsbeamten nicht in der Lage ist, das auf allen Ebenen notwendige Verbindungspersonal zur Verfügung zu stellen. Schließlich ist auf das Problem paralleler Befehlsketten hinzuweisen, die nicht zuletzt durch die spätere Einbettung des zivilen Operationsleiters in die Planung bedingt ist. Ehrhart hat den Bedarf und die Bedeutung eines starken Koordinators am Beispiel des der ersten Militäroperation der Union in Mazedonien (Operation Concordia) nachgezeichnet und in diesem Zusammenhang darauf hingewiesen, dass einerseits die Stellung des EU-Sonderbeauftragten zu schwach gewesen sei, andererseits dieser aber auch kein Teil der militärischen Befehlskette sein darf. Jedenfalls bedürfe es erweiterter Kompetenzen bereits im Bereich der Vor-Ort-Koordinierung.[95]

Von einer besseren Koordinierung des Krisenmanagements hängt auch die Frage nach einer künftigen permanenten Kommandostruktur der EU ab. Dabei ist es umstritten, inwieweit es militärisch sinnvoll bzw. politisch wünschenswert wäre, in der EU Parallelstrukturen zur integrierten Führungsstruktur der NATO aufzubauen. Wenn im konkreten Fall die EU nicht auf NATO-Fähigkeiten und -Mittel einschließlich NATO-Hauptquartiere zurückgreift, so sollen die größeren Mitgliedstaaten derzeit nationale Hauptquartiere, verstärkt durch Personal der an der Operation beteiligten Nationen, zur Führung des Einsatzes bereitstellen.

Damit ist schließlich das Problem einer einheitlichen europäischen Rüstungsindustrie, die es mit der amerikanischen Konkurrenz annähernd aufnehmen könnte, angesprochen.[96] Europa ist nach wie vor weit davon entfernt, seine sicherheits- und verteidigungspolitischen Ambitionen auf eine gemeinsame rüstungstechnologische

---

94 Dazu ausführlich Hans-Georg Ehrhart, Die EU als zivil-militärischer Krisenmanager: zwischen Anspruch und Wirklichkeit, in: integration, 28, 3 (Juli 2005), S. 217-232.

95 Hans-Georg Ehrhart, Die EU als militärischer Akteur in Mazedonien: Lehren und Herausforderungen für die ESVP, in: Johannes Varwick (Hg.), Die Beziehungen zwischen NATO und EU. Partnerschaft, Konkurrenz und Rivalität, Opladen 2005, S. 169-184.

96 Dazu Daniel Keohane, Europe's New Defence Agency. Centre for European Reform Policy Brief, London 2004.

und -industrielle Basis zu stellen. Das Problem liegt darin, dass dieses Politikfeld bislang nicht integriert ist und zudem von den für den Binnenmarkt geltenden Wettbewerbsregeln befreit ist. Die Folge sind Parallelstrukturen und Dopplungen und damit vor allem eine geringe Effizienz des europäischen Rüstungssektors. Europa leidet weniger unter zu geringen Rüstungsausgaben, sondern zunächst darunter, dass die aufgebrachten Mittel nicht optimal eingesetzt werden.

Die Verbesserung muss daher bei einer umfassenden transnationalen Restrukturierung und Arbeitsteilung ansetzen, da angesichts der politischen Bedenken wohl nur ökonomische, d. h. betriebswirtschaftliche Zwänge der Rüstungsindustrie ein Hebel für eine effektivere Zusammenarbeit sein können. Dies gilt umso mehr, als die Verteidigungshaushalte (vgl. folgendes Kapitel) auch künftig nicht nennenswert steigen dürften. Artikel 296 EGV, der die Rüstungsproduktion und Waffenexporte wegen „wesentlicher Sicherheitsinteressen“ eines Mitgliedstaates aus dem Geltungsbereich des Binnenmarktes ausschließt, ist, davon unbenommen, überholt. Die Europäische Verteidigungsagentur zur Koordination und Steuerung von Beschaffungsprogrammen ist sicherlich ein richtiger Schritt, um Verschwendung und Duplizitäten im Rüstungsbereich zu beenden, die genannten Defizite bei den militärischen Kapazitäten abzubauen und das in fragmentierten Märkten vorhandene technologische Know-how zu bündeln. Auf Grund der intergouvernementalen Ausrichtung aber wird entscheidend sein, ob die Mitgliedstaaten den Willen zur aktiven Teilnahme an der Arbeit der Agentur aufbringen.

3.4.2 Das Problem sinkender Verteidigungshaushalte

Eng mit dieser Frage zusammen hängen die erwähnten finanziellen Folgen der neuen Politik. In einer Zeit stagnierender oder sinkender Verteidigungshaushalte in Europa und der nach wie vor verbreiteten Erwartung einer „Friedensdividende“ ist dies alles andere als eine leichte Aufgabe. Auch das Phänomen des internationalen Terrorismus zeigt, dass dieser zwar als abstrakte Gefahr von der Mehrheit der Europäer wahrgenommen, jedoch (noch) nicht als unmittelbare Bedrohung für die eigene Sicherheit empfunden wird und sich entsprechend in eine Erhöhung der Verteidigungshaushalte umsetzen ließe. Nicht nur haben die Mitgliedsländer in Bezug auf Zusammensetzung, Bewaffnung und Ausbildung einen nach wie vor nicht unerheblichen Anpassungsbedarf; hinzu kommt, dass fast alle Mitgliedsländer nach 1989/90 ihre relativen Verteidigungsausgaben um mehr als ein Drittel gesenkt haben und deswegen mit Blick auf moderne, den asymmetrischen Bedrohungen angepasste Ausrüstung und Bewaffnung völlig unterfinanziert sind.[97] Schließlich sind viele der relativ kostenintensiveren Reformen sowie die für die neuen Herausforderungen notwendigen Beschaffungen noch längst nicht abgeschlossen bzw. finanziell nicht ausreichend abgesichert.

Das Dilemma verschärft sich bzw. wird noch deutlicher, schaut man sich die ungleiche Entwicklung der Verteidigungsausgaben auf beiden Seiten des Atlantiks nach den Anschlägen vom 11. September 2001 an: Amerika lässt sich die totale und dauerhafte Mobilmachung gegen den Terrorismus derzeit täglich mehr als eine Milliarden US-Dollar kosten. Die Steigerungsrate für den US-Verteidigungshaushalt betrug allein 2005 knapp 5 Prozent. Das Gesamtbudget betrug rund 422 Milliarden US-Dollar, mit einer Vorplanung auf etwa 462 Milliarden US Dollar für das Jahr 2008 – zum Vergleich: Das Gesamtbudget der europäischen NATO-Partner betrug im gleichen Jahr (2005) in etwa ein Drittel davon und der GASP-Haushalt selbst wies 2004 in etwa bescheidene 52 Millionen Euro aus.[98] Selbst die Verteidigungsausgaben der zehn den USA – gemessen an den Verteidigungsausgaben – dem Rang nach folgenden Staaten (Russland, China, Japan, Großbritannien, Saudi-Arabien, Frankreich, Deutschland, Brasilien, Indien und Italien) reichen bei weitem nicht an die Größenordnung des amerikanischen Verteidigungshaushalts heran.[99] Abgesehen von der Türkei und Griechenland überschreitet kein NATO-Mitglied die magische drei Prozent-Hürde, die auch die Vereinigten Staaten dafür aufwenden. Frankreich und Großbritannien erfüllen die Voraussetzungen annähernd und die übrigen europäischen NATO-Staaten geben im Schnitt zwei Prozent ihres BSP für die Verteidigung aus. Die Bundesrepublik dagegen gibt gerade einmal 1.5 Prozent ihres Bruttoinlandprodukts für die Verteidigung aus. Unbestritten ist, dass sie sich binnen der letzten fünf Jahre radikal gewandelt hat, was ihren Auftrag und ihre Struktur betrifft – vom großen stationären Heer der Wehrpflichtigen, das die Landesgrenzen zu verteidigen hat, zu einer mobilen Einsatztruppe, die im Auftrag der Vereinten Nationen oder der NATO an einer Reihe von Kriegsschauplätzen zur Friedenssicherung eingesetzt wird. Dessen ungeachtet leidet die Bundeswehr jedoch auch seit Jahren unter einer dramatischen „Ausrüstungslücke" in Höhe von rund 25 Milliarden Euro. Der frühere Verteidigungsminister Struck hat diese zwar geschlossen, indem er schlicht geplante Rüstungsinvestitionen in gleicher

---

97 Congressional Budget Office (CBO), NATO Burdensharing after Enlargement, Washington, D.C.: Government Printing Office, August 2001.

98 Vgl. Stefan Fröhlich, USA – die einzig verbliebene Supermacht?, in: Piazolo (Hg.), Macht und Mächte in einer multipolaren Welt, a.a.O., S. 53-78; ISS (Hg.), Die Sicherheits- und Verteidigungspolitik der EU, a.a.O, S. 147.

99 Stefan Fröhlich, Zwischen Multilateralismus und Unilateralismus. Eine Konstante amerikanischer Außenpolitik, in: APuZ, B25/2002 (21. Juni 2002), S. 23-30 (24 f.).

Höhe strich; gelöst war damit das grundsätzliche Problem nicht. Auch mit dem Verteidigungsetat von 2006 in Höhe von rund 24 Milliarden Euro setzt sich die bisherige Entwicklung fort und im Jahr 2007, wenn der Zukauf teuerster Großwaffensysteme beginnt, könnte die Bundeswehr buchstäblich zahlungsunfähig sein.[100]

Zusätzlich verschärft wird dieses Dilemma durch die Tatsache, dass die ohnehin unzureichenden militärischen Kapazitäten vergleichsweise viel zu hohe Kosten aufweisen. Die nationalen Haushalte der EU-Mitgliedstaaten betragen zusammen genommen zwar im Schnitt etwa 60 Prozent des US-Haushalts, die EU verfügt aber über weniger als 20 Prozent der operativen Fähigkeiten der US-Streitkräfte. Mit anderen Worten: Deutschland, Frankreich, Belgien, Griechenland, Italien, Polen, Portugal und Spanien geben zwischen 60 und 80 Prozent für Personal aus, während Großbritannien (40 Prozent) oder die Vereinigten Staaten (36 Prozent) gerade einmal die Hälfte dafür aufwenden. Eine konsequente Umschichtung überhöhter Personalausgaben hin zur Anschaffung moderner Ausrüstung könnte somit bereits die Schlagkraft der europäischen Streitkräfte nicht unbeträchtlich erhöhen. Dies wird umso dringlicher, als sich die Zahl der Missionen und damit der Bedarf an einsatzbereiten Streitkräften in den letzten Jahren dramatisch erhöht haben. Der Zwang, die Mitgliedstaaten zu bitten, jährlich mehr als zwei Drittel der finanziellen Mittel für die Durchführung von GASP-Aktivitäten aufzubringen, wird sich damit für den Hohen Vertreter noch erhöhen. Umgekehrt werden die Mitgliedstaaten vor dem Hintergrund leerer Kassen darauf drängen, die operativen Kosten über den Gemeinschaftshaushalt zu decken. Ob sich dieses Dilemma mit dem erklärten Ziel von militärischem Krisenmanagement durch die EU auf allen Ebenen auflösen lässt, bleibt abzuwarten. Jedenfalls müsste wesentlich stärker die Initialzündung für militärische Einsätze über Gemeinschaftsmittel entgegen des jetzigen Wortlauts von Art. 28 EUV möglich sein. Davon hängt entscheidend die von den USA gegenüber Brüssel stets eingeforderte raschere Reaktionsfähigkeit der EU in Krisensituationen ab.

3.4.3 Die konzeptionellen Schwierigkeit bei der Definition und räumlichen Eingrenzung der Petersberg-Aufgaben

Auch im konzeptionellen Bereich besteht hinsichtlich der Definition und der Frage nach der räumlichen Eingrenzung der Petersberg-Aufgaben gerade in der erweiterten Union nach wie vor Handlungsbedarf. Es geht dabei nicht lediglich um die übliche Gegenüberstellung der Leitbilder Zivilmacht versus Militärmacht; diese ist

100 Welt, 24. Januar 2006, S. 9.

ebenso allgemein wie die normalerweise für die nach wie vor unfertige GASP/ESVP als Begründung angeführte These vom Fehlen eines politischen Willens auf Grund differierender Interessenlagen, Weltsichten oder Rollendefinitionen. Es geht vielmehr um die in den vertraglichen Grundlagen der EU angelegte Idee einer „Friedensmacht" (Ehrhart) mit einem abgestuften Eskalationsinstrumentarium, welches konsequent eine Politik der Konfliktprävention, sei es in Form von gemeinsamen Standpunkten und Aktionen, verbindet mit den aus den negativen Erfahrungen auf dem Balkan in den neunziger Jahren resultierenden Beschlüssen zur Schaffung militärischer und nicht-militärischer Instrumente im Rahmen der ESVP.

Eine Definition sollte für die Rettungs- und humanitären Einsätze nicht schwer fallen. Aber bereits der Begriff „friedenserhaltende Operationen" ist unscharf, um so den Mitgliedstaaten bewusst genügend Manövrierfähigkeit bei der Formulierung des Mandats einzuräumen. Soll sich die Union auf die „erste Generation" von „peace-keeping" beschränken – d. h. Aufträge zur Beobachtung von Waffenstillstandsabkommen oder Trennung der Konfliktparteien einer solchen Vereinbarung durch zwischen ihren Streitkräften stationierte Puffereinheiten? Für eine derartige Mission kooperativer Sicherheit ist die Einwilligung aller Beteiligten erforderlich, sowohl der Staaten, die Truppen entsenden, als auch sämtlicher Parteien des Konflikts. Die im Übrigen nur leicht bewaffneten Friedenstruppen dürfen bei solchen Missionen (Art. 6, UN-Charta) von ihren Waffen nur in Notwehr Gebrauch machen. Bei den „Operationen der zweiten Generation" (Art. 7, UN-Charta) enthalten die Mandate hingegen auch politische Aufträge, wie die Vorbereitung und Durchführung demokratischer Wahlen oder humanitärer Hilfe, und insbesondere auch nicht bloß defensive militärische Aufgaben, z. B. den Schutz von Sicherheitszonen oder die Durchsetzung von Flugverboten. Unklar ist auch, ob die Aufträge für „peace keeping" durch die Krisenstreitkräfte der EU nur durch den UN-Sicherheitsrat oder auch durch die OSZE und die Union selbst erteilt werden sollen.

Am problematischsten ist jedoch das Konzept „friedensschaffender" (peace-enforcing) Operationen. Dabei geht es ausdrücklich um den Einsatz von Kampftruppen und damit auch um die Anwendung massiver Waffengewalt nicht bloß zu defensiven Zwecken. In diesem Zusammenhang stellt sich unweigerlich die Frage der Ermächtigung dazu durch den Sicherheitsrat. Ohne dessen Erteilung ist nämlich Gewaltanwendung, die nicht zur Selbstverteidigung erfolgt, nach geltendem Völkerrecht rechtswidrig. Ein Eigenmandat der EU, aber auch die Ermächtigung durch andere Organisationen als die UN würde für die Rechtmäßigkeit einer Offensivoperation nicht genügen, auch wenn diese humanitären Zwecken dienen soll. Mit anderen Worten: Soll die beabsichtigte Friedensschaffung dem Vorbild der durch den Sicherheitsrat autorisierten „Operation Desert Storm" gegen den Irak 1991 folgen oder auch das Modell der ohne Zustimmung des Sicherheitsrates durchgeführten „Operation Allied Force" der NATO zum Schutz der Albaner im Kosovo vor Greultaten der serbischen Seite umfassen?

Abgesehen davon, dass angesichts der neuen Kapazitäten der EU deren Verhältnis zu den UN als Regionalorganisation gemäß Kapitel VIII der Satzung der Weltorganisation in jedem Fall zu überdenken ist, verband die beteiligten europäischen Mitliedstaaten im zweiten Fall nicht allein die Idee des „humanitären Einsatzes", sondern sicherlich auch das durch die räumliche Nähe zur EU bedingte unmittelbare geostrategische Interesse an einer Lösung des Konflikts und einer Stabilisierung der Region. Aus diesem Grund konzentrierten sich die Aktivitäten unmittelbar nach Ende der Kampfhandlungen darauf, den Balkan-Stabilitätspakt, gestützt auf das im Falle der MOE-Staaten („Kopenhagener Kriterien") erfolgreiche angewandte Prinzip der „Konditionalität", als politisch-wirtschaftliches Konzept zur langfristigen Integration der postjugoslawischen Bevölkerungen zu entwickeln.[101] Die Frage aber ist, wie die Union ihre Interessen außerhalb Europas definiert, wo eine derartige Politik der „Konditionalität" nicht mehr möglich ist und die EU somit nur bedingt Anreize mobilisieren kann, um auf Konfliktparteien einzuwirken, sprich „soft power" effektiv einsetzen zu können. Der erhebliche Mittel-Einsatz zur Entwicklung der Palästinensischen Autonomiegebiete und die im Großen und Ganzen guten Beziehungen zu Israel haben es in den neunziger Jahren des vergangenen Jahrhunderts nicht vermocht, das Scheitern des Friedensprozesses im Jahre 2000 wie den darauf folgenden Ausbruch der Zweiten Intifada zu verhindern, da sich die „EU-Politik der ‚Belohnungen und Anreize' als zu schwach" erwies; und ähnliche „Begrenzungen für das Handeln der EU dürften auch in anderen außereuropäischen Krisenregionen vorliegen".[102]

Die durch die ESS und die Neue Nachbarschaftspolitik (s. o.; vgl. auch Kapitel Außenbeziehungen) implizierte räumliche Ausweitung eines möglichen Aktionsradius der EU in Folge der o. g. neuen Herausforderungen stellt die Union somit jedenfalls vor ein Dilemma: Erstens nehmen ihre Möglichkeiten der Einflussnahme rapide ab, je weiter sie über die unmittelbare Peripherie hinausschaut. Zweitens wird sie, wenn sie den in der ESS formulierten Anspruch, zu verhindern, dass der transnationale Konflikt durch die Verbindung der Terror-Netzwerke mit staatlicher Macht neue zwischenstaatliche Konflikte entwickelt, gerecht werden will, unweigerlich in Aktivitäten hineingezogen, die in den Mitgliedstaaten jeweils größere Debatten bezüglich einer eventuellen Beteiligung auslösen (werden) und damit allenfalls ein selektives Ad-hoc-Krisenmanagement auf der Basis von „Koalitionen von Handlungswilligen" nach sich ziehen. Am Afghanistan-Engagement der Euro-

101 Dazu ausführlich Rafael Biermann, Lehrjahre im Kosovo. Das Scheitern der internationalen Krisenprävention vor Kriegsausbruch, Paderborn 2006.

102 Helmut Hubel, Weltpolitische Konflikte. Eine Einführung, Baden-Baden 2005, S. 221.

päer wird diese Ambivalenz sehr deutlich: Zwar beteiligten sich zahlreiche Mitgliedstaaten militärisch an der von den USA geführten Intervention „Operation Enduring Freedom"; sie wirkten aber weniger an den Kampfhandlungen zum Sturz des Taliban-Regimes mit, sondern schufen mit ihrem Einsatz vielmehr die Voraussetzung für das post-Konflikt-Management im Lande. Seither aber nahm der Druck der USA auf die beteiligten EU-Staaten zu, in Afghanistan auch eine größere militärische Rolle zu übernehmen. Ähnliches gilt im Übrigen für die Beteiligung der Europäer am Wiederaufbau des Irak, die letztendlich auch der in der ESS formulierten Wahrnehmung der neuen Gefahrenlage und des gemeinsamen Interesses Amerikas und Europas an der Verhinderung einer weiteren Eskalation in der Region geschuldet ist – und nicht nur der Idee eines Ausbalancierens der amerikanischen Hegemonialmacht.

Noch viel unmittelbarer aber zeigt sich die Wirkung der nicht zuletzt durch die beiden o. g. Dokumente ausgelösten Eigendynamik bezüglich der räumlichen Ausweitung europäischen Engagements im Falle der Türkei. Sie stellt als islamisch geprägtes Land nicht nur mit Blick auf die europäische Antwort auf die islamistische Bedrohung ein Problem dar, sondern ist auch für die GASP/ESVP eine geopolitische Herausforderung ersten Ranges.[103] Europäische Befürworter eines Beitritts, die wie die frühere deutsche Regierung Schröder/Fischer oder Frankreich unter Präsident Chirac in diesem Zusammenhang von einer „neuen strategischen Dimension" sprechen, konzentrieren dabei ihre Aufmerksamkeit auf den möglichen Beweis der Versöhnung zwischen westlicher Demokratie und dem Islam im Sinne einer integrativen Konfliktlösung und verkennen dabei nicht nur die realpolitische Wirkung einer solchen Politik auf die muslimische Welt, speziell den Mittleren und Nahen Osten, sondern auch die Gestaltungsmacht der Union. Solche Visionen einer neuen europäischen Weltordnung stoßen in der Realität sehr rasch an ihre Grenzen: Nicht nur bestünde die Gefahr, dass die Türkei ihre eigene Sicherheitsagenda und ihre ungelösten nationalen wie regionalen Probleme in die Gemeinschaft hineinträgt. Darüber hinaus verfügt die Union derzeit nach wie vor weder über die Mittel noch den politischen Willen, die an die Türkei grenzenden Krisenregionen des so genannten „Greater Middle East" in ihrem Sinne zu ordnen, „so dass das Land eher als strategischer Puffer für die Sicherheit Europas förderlich wäre".[104]

103 Dazu Henri Barkey/Anne-Marie Gloannec, The Strategic Implications of Turkey's Integration in the EU, in: Esther Brimmer/Stefan Fröhlich (Hg.), The Strategic Implications of European Union Enlargement, Washington 2005, S. 127-150.

104 Link, a.a.O., S. 94. Des Weiteren Huseyin Bagci, The Greater Middle East Project and Turkey's Attitude towards it, in: Andreas Marchetti (Hg.), The CSCE as a Model to Transform Western Relations with the Greater Middle East, ZEI Discussion Paper C137 (2004), S. 83-100.

Die EU steht mithin vor einem Dilemma: Die räumliche Dimension der Petersberg-Missionen hängt einerseits von der Reichweite der Transportkapazität der europäischen Streitkräfte ab; hier sind die technischen Fähigkeitslücken nach wie vor eklatant. Andererseits zwingt die räumliche Ausweitung des Aktionsradius der EU ihre Mitgliedstaaten zunehmend zu Entscheidungen, bei denen – so etwa im Kongo-Einsatz oder auch im jüngsten Fall des Libanon-Krieges bzw. der Umsetzung der Resolution 1701 des UN-Sicherheitsrats zu dessen Beendigung – die jeweils bevorstehende Aufgabe oftmals im krassen Missverhältnis zu ihrer politischen Beurteilung steht. Die beschönigende Situationsbeschreibung durch die europäische Schutztruppe Eufor im Kongo im Zusammenhang mit der Überwachung der dortigen Wahlen im Oktober 2006 zeigte, wie rasch sich die Einsatzbedingungen in solchen Konflikten ändern können. Als im August Kämpfe zwischen der Präsidentengarde und der Leibwache seines Herausforderers ausbrachen, bestätigte dies nur das böse Wort von der „Demokratie ohne Demokraten". Die sich abzeichnende Eskalation zeigte, wie wenig die für einen Ernstfall zahlenmäßig völlig unterbesetzte Eingreiftruppe im Falle einer Ausweitung der Straßenkämpfe hätte ausrichten können. Und sie zeigt, wie wichtig es ist, im Vorfeld solcher Missionen eventuelle Einsatzszenarien konsequent durchzuspielen und zu klären. In diesem Fall wäre es ein klares Mandat für Eufor gewesen, bei entsprechenden Zusammenstößen beide Seiten konsequent zu entwaffnen und die Spitzenkandidaten unter neutralen Schutz zu stellen.

Es geht also schon längst nicht mehr um die generelle Frage, welche Rolle die Union letztlich in weltweiten Angelegenheiten zu spielen gedenkt. Die Frage nach der Begrenzung von Einsätzen auf Europa (einschließlich eventuell noch des südlichen Kaukasus) oder der Einbeziehung des sicherheitspolitischen „nahen Auslands", d. h. des Nahen Ostens und Nordafrikas hat Europa im Grunde bereits hinter sich gelassen. Und dies ist so auch konsequent: Wer die Stabilisierung einer für Europa eminent wichtigen Region wie den Nahen und Mittleren Osten verlangt, angefangen von der Beruhigung des Palästina-Konflikts bis hin zur Eindämmung der Proliferation von Massenvernichtungswaffen, der muss auch Verantwortung übernehmen, um glaubwürdig zu bleiben. Dies muss allerdings auf der Basis nüchterner Risikoabwägung und eigener Interessenbestimmung geschehen (nichts anderes impliziert im Grunde das Wort von der Risikogemeinschaft), denn Wirkung auf die GASP/ESVP erzielt jede Koalition von Handlungswilligen, und darum handelte es sich auch im Libanon-Konflikt, nur dann, wenn sie Erfolg hat. Europa muss daher in jedem einzelnen Fall für sich die Frage klären, ob der Einsatz eine solche Wirkung entfalten kann. Dabei mag die oftmals geforderte strikte Unterscheidung des Aktionsradius nach den einzelnen Petersberg-Aufgaben – danach könnten Rettungs- und humanitäre Einsätze sowie allenfalls auch friedenserhaltende Operationen weltweit angeboten werden, dagegen bliebe Friedensschaffung auf Europa und dessen Umfeld begrenzt – zwar nicht mehr zweckmäßig sein. Andererseits darf dies die EU nicht dazu verleiten, ihren Integrationsehrgeiz mit überzogenen Ansprüchen ausgerechnet an einem Schauplatz wie dem Nahen Osten befriedigen zu wollen, wo die Auffassungen der (großen) europäischen Mittelmächte vom adäquaten Krisenmanagement nach wie vor unterschiedlich sind.

Ähnlich wie vor Jahrzehnten in Vietnam oder nun in Afghanistan und im Irak könnte nämlich auch die jüngste Entwicklung im Libanon nicht nur Europa, sondern dem Westen insgesamt zeigen, dass selbst eine massive konventionelle Kriegsführung nur bedingt etwas gegen Guerrilleros ausrichten kann. Die amerikanisch-israelische Militärdoktrin ging im Irak bislang nicht auf. Der Aufopferungsbereitschaft bis hin zur Todessehnsucht extremistischer Kämpfer kann eine demokratische Armee wenig entgegensetzen – es sei denn, sie ignoriert die Forderung nach der Verhältnismäßigkeit des Waffeneinsatzes in diesem asymmetrischen Krieg gänzlich; diese Gefahr besteht durchaus auch im Libanon.[105]

Dieses zentrale Problem ist auch im Verhältnis zu den USA klärungsbedürftig. Die US-Regierung hat schon auf dem Washingtoner Gipfel 1999 angestrebt, die Allianz künftig auch als Instrument für Aufgaben außerhalb Europas auszurichten. Die damalige Verständigung auf die „Peripherie Europas“ stellte lediglich einen vagen Reichweitenkompromiss im neuen Strategischen Konzept der NATO dar. Auch auf dem Prager NATO-Gipfel im November 2002 versuchte Washington der EU einmal mehr deutlich zu machen, dass europäische Interessen auch im Nahen Osten und Persischen Golf, im Kaukasus und Zentralasien, oder im erweiterten Mittelmeerraum zumal im Zeitalter globaler Bedrohungen durch den internationalen Terrorismus tangiert sind. Die Europäer sind Washington auf diesem Weg mittlerweile gefolgt. Und sie akzeptieren, dass eine strikte funktionelle Arbeitsteilung mit der NATO in der Gestalt, dass die Allianz unter Führung der USA die „schweren Einsätze“ (Kampfeinsätze) übernimmt, während sich die EU mit den militärisch und politisch „leichteren“ beiden Typen von Petersberg-Operationen begnügt, so nicht aufrechtzuerhalten ist. Dennoch werden sie noch auf längere Sicht nicht in der Lage sein, Krisenmanagement in größerem Umfang durchzuführen. Nunmehr geht es also vielmehr um eine Präzisierung der vitalen Interessenzonen, die nüchterne Abwägung der Risiken und des politisch Machbaren, sowie Fragen einer gerechteren Lastenteilung, möglicher Doppelgleisigkeiten in Bezug auf Ressourcen und Aufgabenfelder und der institutionellen Rangordnung (Stichwort „NATO-Primat“ vs. möglichst unabhängige ESVP).

105 Dazu Herfried Münkler, Wandel des Krieges, Weilereswist 2006.

Dass diese Präzisierung – und im transatlantischen Kontext Harmonisierung – der Interessen zunehmend problematischer wird, liegt auf der Hand. Je geringer die Aussicht, den jeweiligen Konflikt einer dauerhaften Lösung zuzuführen, desto größer wird die Neigung unter den europäischen Mitgliedstaaten sein, die jeweilige politische Entscheidung eben nicht allein auf Beschlüsse der Vereinten Nationen, ja nicht einmal die Absichten und Vorhaben der europäischen Partner zu gründen. Vor allem aber wird es nicht nur für Europäer zusehends schwerer, auf die unweigerlich zu stellende Frage nach den Interessen ausschließlich mit dem korrekten Hinweis auf die humanitäre Hilfe und politische Stabilitätssicherung zu reagieren. Das mag gut klingen, aber wer sich die Verhältnisse etwa im Kongo anschaut, wird durchaus Interessen entdecken, die bei der Absicherung der Wahl wenigstens so wichtig waren wie alle guten Absichten – Interessen der Eigentümer der Diamantenminen beispielsweise, die nach einer Umstrukturierungsrichtlinie der Weltbank fast vollständig von Steuern und Sozialversicherungsabgaben befreit sind. Der Hinweis auf Forderungen der Vereinten Nationen oder auf die Verpflichtungen der Union entbindet die Mitgliedstaaten jedenfalls nicht vom eigenständigen politischen Willen. Nachdem die Frage nach dem künftigen europäischen Einsatzradius somit in der Praxis längst zugunsten einer extensiven, sprich globalen Auslegung entschieden worden ist, wird es künftig daher umso mehr darum gehen, in jedem einzelnen Fall die unterschiedlichen Interessen für eine Interventionsentscheidung nicht nur national, sondern auch untereinander abzuwägen; eine verbindliche europäische Antwort auf die vielfältigen globalen Herausforderungen und Konflikte dürfte es auch in absehbarer Zeit kaum geben. Nach wie vor gilt das Wort des früheren Kommissars für die Außenpolitik, Chris Patten: Man darf eine gemeinsame europäische Außenpolitik nicht mit einer einzigen europäischen Außenpolitik verwechseln, solange die Mitgliedstaaten auf ihre Prärogative im diplomatischen Geschäft achten.

3.5 Völkerrecht und der präventive Einsatz militärischer Gewalt – die Auswirkungen des Irak-Krieges auf die europäische Diskussion um die Weiterentwicklung der GASP/ESVP

Zusätzlich erschwert werden solche Entscheidungsprozesse in der EU künftig sicherlich dadurch, dass die internationale Staatenwelt insgesamt bislang keine „verbindliche“ Antwort auf die neuen Konflikte gefunden hat. Die UN-Charta ist jedenfalls nach wie vor zu starr an der Gefahr von Konflikten zwischen Staaten ausgerichtet. Die heutigen Bedrohungen – innerstaatliche, interethnische Konflikte; asymmetrische Bedrohung durch nicht-staatliche Akteure (Terrorismus); extrem kurze Reaktionszeiten im Falle erfolgter Angriffe – werden nicht erfasst. Gerade aber weil das Völkerrecht hier ergänzungsbedürftig ist, hat sich die NATO, geführt von den USA, mit dem Beginn ihrer Luftangriffe im Kosovo über die enge Auslegung der UN-Charta hinweggesetzt und die Militäraktion ohne ein Mandat des UN-Sicherheitsrates durchgeführt.

Nach dem Ende des Zweiten Weltkrieges führte die Charta der Vereinten Nationen im Bewusstsein der verheerenden Wirkungen des Krieges durch moderne Massenvernichtungswaffen und um „künftige Geschlechter vor der Geißel des Krieges zu bewahren", zunächst ein universelles Gewaltverbot ein (Präambel UN-Charta). Ausnahmen von dem völkerrechtlich anerkannten universellen Gewaltverbot im Sinne der Anwendung von Präventivmaßnahmen einschließlich militärischer Gewalt kennen wir indes aus der Nachkriegszeit in zahlreichen Fällen. Dabei beruft man sich auf die Praxis des Völkergewohnheitsrechts, wonach die Staatenwelt ihre Entscheidungen an objektive Kriterien bindet und so die Voraussetzungen für einseitige Militäreinsätze ohne den Sicherheitsrat entsubjektiviert. Hierzu gehören vor allem zwei Parameter: die Evidenz der Bedrohung oder der „Notstand" (necessity), sowie die „Angemessenheit" bzw. „Verhältnismäßigkeit" (proportionality) der Reaktion.[106]

Grundsätzlich ist zunächst festzuhalten, dass das Völkergewohnheitsrecht voraussetzt, dass Staaten es in der Praxis beachten und eine gemeinsame Rechtsüberzeugung von dessen Geltung haben. Das heißt aber, vorausgesetzt die Charta ist in der Beantwortung der Frage nach dem Einsatz von Präventivmaßnahmen wie nachweisbar bewusst offen und das Prinzip der „antizipierten Selbstverteidigung" war bereits vor Entwicklung der UN-Charta Bestandteil des Völkergewohnheitsrechts, dass es überflüssig ist, die Charta im Sinne einer völkerrechtlichen Norm fortzuent-

106 Die beiden Prinzipien gehen zurück auf den klassischen Caroline-Fall aus dem Jahre 1837. In diesem Jahr unterstützten amerikanische Freiwillige kanadische Rebellen bei einem Aufstand gegen die britische Regierung, indem sie ihnen über das amerikanische Schiff Caroline den Nachschub von der amerikanischen auf die kanadische Seite des gemeinsamen Grenzflusses Niagara sicherten. Britische Soldaten griffen darauf hin das Schiff an und trieben es über die Niagarafälle. Die britische Regierung rechtfertigte den Angriff als Akt der Selbstverteidigung gegen ein amerikanisches Privatschiff. Der amerikanische Außenminister Daniel Webster jedoch kritisierte die Unangemessenheit des militärischen Vorgehens; zwar räumte er ein, dass die Anwendung von militärischer Gewalt durch das Selbstverteidigungsrecht gerechtfertigt sein könnte, in diesem Fall aber sei es nicht erforderlich gewesen. So einigten sich beide Seiten im Verlaufe des diplomatischen Disputes auf die Anerkennung zweier wesentlicher Kriterien zur Rechtfertigung von Selbstverteidigung – einschließlich von Präventivmaßnahmen: „Notstand" (necessity) und „Angemessenheit" (proportionality).

wickeln, die Staaten das Recht auf Präventivmaßnahmen garantiert. Vielmehr erforderte die Praxis die Festschreibung einer Norm, die eben explizit ausschließt, dass es eine Regel gibt, die diesen Einsatz verbietet. Wenn Staaten souverän sind, besitzen sie Wahlfreiheit in ihrem Handeln, solange sie nicht übereingekommen sind, dieses durch freiwillige Abgabe von Kompetenzen rechtlich zu beschränken. Vor diesem Hintergrund ist der Einsatz von Präventivmaßnahmen zu bewerten, wie er in der Nachkriegszeit vor allem in drei prominenten Fällen erfolgte, die auch vor dem Sicherheitsrat erörtert wurden.

Während der Kuba-Krise (1962) setzte die Kennedy-Administration in Erwartung eines möglichen sowjetischen oder kubanischen Raketenangriffs durch eine Seeblockade Kubas und durch ein gezieltes politisch-militärisch abgestuftes Krisenmanagement gegenüber Chruschtschow den Abzug der sowjetischen Raketenbasen durch und beendete so eine der gefährlichsten Konfrontationen der Nachkriegszeit. Der UN-Sicherheitsrat, wohl wissend, dass die amerikanische Regierung in dieser Krise auch ohne UN-Mandat den Einsatz militärischer Gewalt erwog, beschäftigte sich intensiv mit der amerikanischen Seeblockade als Präventivmaßnahme zur möglichen Verhinderung oder aber Beschleunigung einer weiteren Eskalation der Krise. Er schloss dabei den Einsatz von Präventivmaßnahmen als Akt der Selbstverteidigung ausdrücklich nicht aus, vielmehr unterstützten Delegierte, wie die UN-Dokumente zeigen, die Idee der „antizipierten Selbstverteidigung". Allerdings stellten sie mehrheitlich einen solchen Einsatz unter den Vorbehalt, dass hierfür das Kriterium des „Notstands" (necessity) erfüllt sein müsse; einen solchen wiederum sahen die wenigsten als gegeben, da der Offensivcharakter der Raketenstationierung nicht zwingend nachweisbar war.[107]

Von anderer Qualität war der Militäreinsatz Israels gegen seine arabischen Nachbarn im Sechstagekrieg (1967). Nach israelischer Lesart konnte dem Aufmarsch ägyptischer Streitkräfte auf dem Sinai, dem Ultimatum an die UNEF, den Sinai zu verlassen, der Blockade von Akaba sowie der Mobilmachung der arabischen Streitkräfte nur ein Präventivschlag begegnen; ein Angriff galt als sicher. Der Sicherheitsrat hat in diesem Fall, ungeachtet der zu erwartenden politischen Frontverläufe im Laufe der Erörterung des israelischen Vorgehens im Sicherheitsrat, zwar mehrheitlich eine kritischere Haltung bezüglich der präventiven Intervention Israels im Sinne „antizipierter Selbstverteidigung" eingenommen. Auch hier jedoch stellte er die Doktrin nicht grundsätzlich in Frage.[108] Unter Völkerrechtlern entwickelte sich vielmehr weitgehend die Auffassung, dass kein Staat verpflichtet sei, auf den Abschuss von Raketen oder das Aufsteigen von Kampfflugzeugen zu warten. Wenn

107 UN Doc. No. S/PV.1024:51 1962.

108 Anthony Clark Arend, International Law and the Preemptive Use of Military Force, in: The Washington Quarterly, 26, 2 (Spring 2003), S. 89-103.

plausible Anhaltspunkte dafür gegeben sind, dass ein gewaltsamer Einsatz gegen das Staatsgebiet bevorsteht, können Abwehrmaßnahmen beginnen. Diese müssen sich nach dem gerade auch bei der Selbstverteidigung geltenden Grundsatz der Verhältnismäßigkeit/Angemessenheit der Art der Bedrohung anpassen – eine anerkanntermaßen besondere Schwierigkeit im Zeitalter der Massenvernichtungswaffen, deren Einsatz bereits bei einer einzigen Waffe verheerende Schäden anrichten kann.

Wiederum Israel hat 1981 durch einen gezielten Luftschlag den im Bau befindlichen irakischen Atomreaktor Osirak zerstört, nachdem man der Auffassung war, dass der Irak sich die Voraussetzungen für einen atomaren Schlag gegen Israel schaffen wolle. Durch die Bombardierung wurde die Fertigstellung des Reaktors verhindert. Auch damals hat es eine höchst brisante Debatte im Sicherheitsrat gegeben, in der der israelische UN-Botschafter Yehuda Blum Israels auf einen Extremfall hin erfolgten präventiven Verteidigungsschlag unter Hinweis auf eine beachtliche Zahl von Stimmen in der Völkerrechtslehre und Art. 51 der Charta zu rechtfertigen suchte.[109] Selbst die USA verurteilten damals die israelische Reaktion, obwohl Israel anhand einer Vielzahl von Indizien irakische Pläne zur Vorbereitung eines Nuklearschlages plausibel darlegte. Mit Unterstützung auswärtiger Fachleute wurden jedenfalls genaue technische und naturwissenschaftliche Analysen zur Erhärtung des Verdachts vorgelegt.

Vor diesem Hintergrund kam es zwar zur politischen Verurteilung der Aktion, grundsätzlich aber kristallisierte sich doch ein Konsens darüber heraus, dass ein Staat, vorausgesetzt die Caroline-Prinzipien sind erfüllt und er kann plausibel darlegen, dass ein bewaffneter Angriff auf ihn bevorsteht, nicht abwarten kann, bis dieser Angriff erfolgt ist. Andernfalls riskierte er, je nach Größe, sein Existenzrecht. Voraussetzung einer solchen Abwehr-/Präventivmaßnahme aber ist, nochmals, dass im Sicherheitsrat die Gefährdung plausibel nachgewiesen werden kann. Exakt diese Voraussetzung fehlte aber nach Meinung vieler Beobachter im Falle Irak, wo die Gefahr eines Einsatzes von Massenvernichtungswaffen in den Diskussionen des Sicherheitsrates eine zentrale Rolle spielte – ungeachtet ob diese von der Regierung eines Staates ausgeht oder von einer terroristischen Gruppe, die ungehindert auf dem Staatsgebiet derartige Vorbereitungen trifft. Eine offenkundige Angriffsituation, die allein den antizipierten Militärschlag der USA und Großbritanniens hätte rechtfertigen können, sahen Kritiker als nicht gegeben.

Alle drei Fälle machen somit zweierlei deutlich: Erstens gibt es ganz offensichtlich keinen Konsens hinsichtlich eines allseits anerkannten rechtlichen Verbots von Präventivmaßnahmen einschließlich militärischer Gewalt im Sinne von „antizipier-

109 UN Doc. No. S/PV.2280 1981, S. 16.

ter Selbstverteidigung"; eher deutet die völkerrechtlich hochrelevante Debatte im Nachgang zum Präzedenzfall des irakischen Reaktors darauf hin, dass diese Doktrin mittlerweile unter Völkerrechtlern eine größere Unterstützung findet. Zweitens jedoch beschränkt sich diese Unterstützung auf solche Fälle, in denen der Staat die Caroline-Kriterien vom „Notstand" (necessity) und der Verhältnismäßigkeit/Angemessenheit seiner Maßnahmen berücksichtigt. Dass die Beurteilung der Erfüllung dieser Kriterien im Scharnier zwischen Verteidigung, Abschreckung und präventiver Intervention einschließlich militärischer Gewalt politisch höchst problematisch und widersprüchlich ausfallen kann, zeigt der aktuelle Disput zwischen Europa und den USA über den Irak-Krieg deutlich. Mit ihm scheint sich Amerika in den Augen vieler nicht nur vom grundsätzlichen Verbot des Präventivkrieges abgewendet, sondern vor allem auch die Caroline-Kriterien als Voraussetzung für die Rechtfertigung „antizipierter Selbstverteidigung" missachtet zu haben.

3.5.1 „Pax Americana" oder Missbrauch des globalen Führungsanspruchs als zentrale Herausforderung für Europa

Besonders in letzterem Punkt liegt der eigentliche Grund für die derzeitigen Spannungen im transatlantischen Verhältnis im speziellen und den Unmut der Weltöffentlichkeit in Bezug auf das amerikanische Vorgehen im Allgemeinen. Einmal ungeachtet der mutmaßlichen Unvereinbarkeit der amerikanischen Intervention im Irak mit der UN-Charta, die wohl zentrale Frage lautet nicht nur für Europa zunächst, inwieweit die durch die neue US-Strategie zur Nationalen Sicherheit vom September 2002 bereits implizierte und schließlich durch das Vorgehen gegen den Irak dokumentierte Aufweichung der beiden wesentlichen Caroline-Kriterien nicht dazu beigetragen hat, das alte Faustrecht des Stärkeren zurück in die internationalen Beziehungen zu tragen. Anders gewendet: Kann die Weltordnung auf Dauer auf einer politischen Doktrin beruhen, nach der Prävention durch Intervention und vorbeugende militärische Gewaltanwendung den Krieg auf eigene Initiative mit einer Konzeption der grenzenlos ausgeweiteten Selbstverteidigung als Mittel der Politik nutzt?

Die neue amerikanische Sicherheitsstrategie (s. o.) verlangt eine Anpassung des „Konzepts von der immanenten Bedrohung" an die Fähigkeiten und Ziele der Feinde von heute: „Je größer die Bedrohung, desto größer das Risiko der Tatenlosigkeit – und desto zwingender sind vorbeugende Maßnahmen zur Verteidigung der eigenen Sicherheit, selbst wenn Zeit und Ort des feindlichen Angriffs ungewiss sind."[110] Für die US-Administration erfordert die räumliche wie zeitliche Unkalkulierbarkeit terroristischer Anschläge oder Angriffe durch Massenvernichtungswaffen asymmetrische Antworten. In beiden Fällen ist eine Abstufung der Bedrohungslage im Sinne einer Definition angemessener Eskalations- bzw. Reaktionsstufen gar nicht erst möglich; vielmehr stellen sie eine ständige immanente Bedrohung dar, die präventives Vorgehen bereits im Vorfeld eines eventuellen Angriffs rechtfertigt.

Auch wenn man die neue Sicherheitsdoktrin in ihrer Bedeutung für das Völkerrecht nicht dramatisieren sollte, so ist die vage Infragestellung der völkerrechtlichen Regelung, dass eine bewaffnete Abwehr an eine unmittelbare Bedrohung gebunden ist, doch unbefriedigend. Vielmehr geht es um die Frage, unter welchen Umständen und Voraussetzungen von Massenvernichtungswaffen in der Hand von Terroristen oder „Schurkenstaaten" tatsächlich eine unmittelbare Bedrohung ausgeht. In diesem Kontext sind zwei Überlegungen bezüglich der Natur des bestehenden Völkerrechts relevant: Erstens impliziert es – zumindest bei restriktiver Auslegung –, dass die Gefahren durch Massenvernichtungswaffen und Terrorismus von ähnlicher Qualität sind wie die durch herkömmliche Bedrohungen, vor deren Hintergrund sich die Grundprinzipien für „antizipierte Selbstverteidigung" entwickelt haben. Zweitens nimmt es an, dass die UN-Charta den allein verbindlichen rechtlichen Rahmen für die Anwendung von Gewalt darstellt. Beide Annahmen sind in hohem Maße problematisch.

Sicherlich kann bei terroristischen Organisationen kein Zweifel daran bestehen, dass der Besitz von Massenvernichtungswaffen immer als eine unmittelbare Bedrohung anzusehen ist. Man sollte aber auch nicht bezweifeln, dass aus dem Verhalten von Staaten bei Herstellung und Erwerb von Massenvernichtungswaffen gleichsam der Schluss einer unmittelbar vorliegenden Bedrohung gezogen werden kann, die Maßnahmen des Sicherheitsrates nach Kapitel VII der UN-Charta, unter Umständen auch Selbstverteidigungsmaßnahmen rechtfertigen könnte. Grundsätzlich gilt, dass die heutigen Bedrohungen durch Massenvernichtungswaffen und Terrorismus von anderer Qualität sind als die durch die herkömmlichen Akteure, auf die die Charta zugeschnitten wurde: die Staaten. Art. 2 (4) der Charta verbietet ausdrücklich die Androhung und Anwendung von Gewalt von Staaten gegen Staaten und Art. 51 anerkennt das Recht auf Selbstverteidigung im Fall eines bewaffneten Angriffs. Bedrohungen durch Massenvernichtungswaffen – sei es in chemischer, biologischer oder nuklearer Form – sowie Terroristen standen jedoch nicht auf dem Plan der Gründungsväter der Charta. Die Frage ist, inwieweit Abwehrmaßnahmen ge-

110 The National Security Strategy of the United States (September 2002) S. 14 f. Abrufbar unter: http:/www.whitehouse.gov/nsc/nss.html.

gen beide Bedrohungen daher nicht einer Fortentwicklung des Völkerrechts bedürfen. Die Reaktion des Sicherheitsrates auf den Terroranschlag gegen die USA am 11. September 2001 hat bereits eindrucksvoll die Anpassungsfähigkeit des Völkerrechts an die neuen Gefahren gezeigt. Der Sicherheitsrat hat unmittelbar nach den Anschlägen in den Resolutionen 1368 und 1373 festgestellt, dass die USA gegen einen terroristischen Angriff das Recht der Selbstverteidigung nach Art. 51 der Charta ableiten bzw. in Anspruch nehmen können.[111] Es geht also vielmehr um die besondere Frage, unter welchen Voraussetzungen ein Staat militärisch gegen Terroristen vorgehen kann, die sich auf anderem Staatsgebiet aufhalten. Auch in diesem Fall bezweifelte niemand im Sicherheitsrat die Zulässigkeit der amerikanischen Aktion gegen Al Qaida und das Taliban-Regime in Afghanistan. Die Sicherheitsratsmitglieder haben gezeigt, dass sie derartige Selbstverteidigungsmaßnahmen dann für völkerrechtlich zulässig halten, wenn der Staat, auf dessen Territorium die Terroristen ihre Angriffe planen und vorbereiten, nicht selbst in der Lage oder bereit ist, gegen diese vorzugehen. Voraussetzung war in diesem Falle allerdings, dass es schon sehr bald keinen Zweifel daran geben konnte, dass Al Qaida die Terrorangriffe durchgeführt hatte und weitere Aktionen im Sinne der hohen Plausibilität einer unmittelbaren Bedrohung zu befürchten waren. In dieser Situation war das naturgegebene Recht auf Selbstverteidigung gegeben.

3.5.1.1 Der Einmarsch im Irak – illegal oder politisch unklug?

Die Verhandlungen um die Sicherheitsratsresolution 1441 im November 2002 und der anschließende Krieg gegen den Irak indes zeigten, dass die Bush-Administration in ihrer Beurteilung der Frage danach, ab welchem (Zeit-)Punkt ein solcher Präventiveinsatz gerechtfertigt ist, bereit ist, noch einen Schritt weiter zu gehen als die Mehrheit der Sicherheitsratsmitglieder, indem sie die Staatenverantwortlichkeit im Falle von Notstand (necessity), Angemessenheit (proportionality) und möglichst großer Gewissheit (certainty) eines bevorstehenden Angriffs im Zeitalter der Terrorismus und der Massenvernichtungswaffen bewusst ignorierte. Von einer unmittelbaren Bedrohung konnte im Irak-Fall nicht die Rede sein. Allein die laufenden UN-Inspektionen machten einen unmittelbar bevorstehenden militärischen Angriff des Iraks auf die USA und/oder Großbritannien sehr unwahrscheinlich. Hinzu kam, dass bei aller generellen Friedensbedrohung durch angebliche Massenvernichtungswaffen im Irak für dessen Nachbarn und die übrige Welt, deren Existenz in einem für die USA die eigene Sicherheit bedrohenden Umfang nicht nachweisbar

111 Thomas Weiss, The Illusion of UN Security Council Reform, 26, 4 (Autumn 2003), S. 147-161 (157 f.).

war. Insofern bedeutet der Angriff zumindest einen Verstoß gegen diese Caroline-Regeln im Sinne des Völkergewohnheitsrechts.

Nun hat der Sicherheitsrat in den vergangenen Jahren mehrfach festgestellt, dass der Irak UN-Resolutionen verletzt habe und dass diese Verletzungen den Weltfrieden und die internationale Sicherheit gefährdeten (so in UN-Res. 687). Die Frage ist aber, ob die Feststellung einer Rechtsverfehlung durch den Sicherheitsrat bereits Anlass für einen Staat sein kann, einseitig mit militärischer Gewalt gegen den Rechtsbrecher vorzugehen, oder ob dieses auch in einem solchen Fall nicht dem Sicherheitsrat vorbehalten bleibt.

Grundsätzlich gilt, dass die Ahndung von Rechtsverletzungen durch entsprechende Maßnahmen dem Sicherheitsrat obliegt. Die Staaten haben diesen Grundsatz in der Praxis zunächst zu beachten und müssen von seiner Geltung rechtlich überzeugt sein. Zwar kann das Recht der UN-Charta als Völkervertragsrecht durch ständige Abweichung in der Praxis derogiert werden. Dies gilt allerdings nur in Ausnahmefällen und setzt außerdem voraus, dass nicht nur ein oder zwei, sondern die Mehrheit der Staaten durch ihr Verhalten und verbindliche Erklärungen ein solches abweichendes Verhalten akzeptieren und die Bindung damit praktisch aufheben. Auf diese Weise kann ein Rechtsordnungsvertrag seine Geltung verlieren. Diese Voraussetzung war im Falle des Irak-Krieges nicht gegeben, vielmehr erfolgte die außer Kraftsetzung einseitig durch eine Minderheit von Staaten, allen voran die USA.

So gesehen mag zwar für die USA der „Ausnahmezustand“ (Carl Schmitt) mit den Anschlägen vom 11. September 2001 eingetreten sein; die politisch relevante und völkerrechtlich brisante Ausnahmeregel wurde jedoch erst mit dem Irak-Krieg begründet. Ob der Verstoß gegen die Caroline-Regeln nach dem Völkergewohnheitsrecht jedoch gleichbedeutend ist mit einer Verletzung gegen den Wortlaut der UN-Charta, ist zumindest umstritten. Denn wie immer man die amerikanische Außenpolitik seit den Anschlägen ansonsten beurteilen mag, unabhängig davon gilt: Verstöße gegen das universelle Gewaltverbot der UN-Charta sind nichts Neues, der Unterschied zu vorangegangenen Interventionen oder Präventivmaßnahmen mag allenfalls darin liegen, dass sowohl im Falle des Iraks wie auch der Anschläge vom 11. September Krieg offen erklärt und geführt wurde – jeweils in Form von Ultimaten. Die Liste der unilateralen Verletzungen gegen das in der UN-Charta festgelegte universelle Gewaltverbot ist lang: der sowjetische Einmarsch in der Tschechoslowakei (1948); der Angriff von Nord- auf Südkorea (1950); die US-Aktionen in Guatemala (1954); Israels, Frankreichs und Großbritanniens Invasion Ägyptens (1956); der Einmarsch der Sowjetunion in Ungarn (1956); die von Washington unterstützte Schweinebucht-Invasion (1961); Indiens Überfall auf Goa (1961); die amerikanische Invasion der Dominikanischen Republik (1965); der abermalige sowjetische Einfall in der Tschechoslowakei (1968); die arabisch-israelischen Kriege von 1967 und 1973; der Vietnamkrieg (1960-1975); die vietnamesische Invasion Kambodschas (1979); der sowjetische Einmarsch in Afghanistan (1979); der Angriff Tansanias gegen Uganda (1979); die argentinische Invasion der Falkland-Inseln (1982); der Einmarsch der USA in Grenada (1983); die US-Invasion Panamas (1989); der irakische Angriff auf Kuwait (1990); der Kosovo-Krieg (1999) – alle Interventionen liefen ohne UN-Mandat und passten in kein völkerrechtlich relevantes Selbstverteidigungsschema.

Die Staatenpraxis widerlegt also die These vom UN-Gewaltverbot einschließlich präventiver Maßnahmen als einer Regel, die dem Völkergewohnheitsrecht in der Staatenpraxis entspricht. Staaten wenden von jeher Gewalt in verschiedensten Formen und Situationen an, so dass von einer Gewalt einschränkenden gewohnheitsrechtlichen Norm in der Praxis nicht die Rede sein kann – allenfalls bezüglich Eroberungskriegen zum Zwecke territorialer Arrondierung wie im Falle des irakischen Überfalls auf Kuwait 1990. Diese minimale Einschränkung deckt sich jedoch keinesfalls mit der bewusst weit gefassten Gewaltverbotsdefinition der Charta in Art. 2 (4). Insofern scheint aus Washingtoner Sicht die UN-Charta in diesem Punkt überholt; sie wird die USA deshalb auch künftig nicht davon abhalten, wenn nötig, eigene Interessen auch ohne UN-Mandat im Sinne der neuen NSS durchzusetzen. Die auf präventiven militärischen Maßnahmen gegründete Bush-Doktrin, die zwar nach wie vor auch an den Optionen Abschreckung (deterrence) und Eindämmung (containment) festhält, ist in den USA nicht nur konsensfähig, sondern verletzt nach dieser Sichtweise auch nicht das Völkerrecht, da die Charta nicht mehr die Staatenpraxis reflektiert.

Dennoch haben im Übrigen weder die USA noch Großbritannien die Bindungswirkung der Charta in Frage gestellt. Im Gegenteil, beide hatten in ihren Erklärungen gegenüber dem Sicherheitsrat die Aktion durch ausdrückliche Hinweise auf die Resolutionen des Sicherheitsrates gerechtfertigt, die nach ihrer Auffassung bei einem Verstoß des Iraks gegen seine Abrüstungsverpflichtungen auch einen militärischen Einsatz zuließen. Nicht nur wurde auf die Resolutionen 678 zur Befreiung Kuwaits und 687 zur Abrüstungsverpflichtung des Iraks hingewiesen, sondern auch auf Resolution 1441 aus dem Jahr 2002, die von der Weitergeltung dieser Ermächtigungen ausgeht. Diese Begründung mag zwar problematisch sein, da die Waffenstillstandsresolution 687 eindeutig besagt, dass nur der Sicherheitsrat eine neue bewaffnete Aktion gegen den Irak erwirken konnte; sie hat aber gewisse Plausibilität insofern, als die USA seither mehrfach glaubhaft irakische Vertragsverstöße angemahnt hatten, die im Grunde zur Wiederaufnahme von Kampfhandlungen berechtigten.[112] Konsequenterweise haben sie sich bei ihrem Angriff auf den Irak auch nicht explizit auf das Selbstverteidigungsrecht nach Art. 51 berufen – auch wenn die Aktion als ein notwendiger Schritt zur Verteidigung der USA und der internationalen Gemeinschaft gegen die irakische Bedrohung dargestellt wird –, sondern den Einsatz in den Zusammenhang der Friedenserhaltung im Sinne der UN-Satzung gestellt. So gesehen bewegte sich die Begründung innerhalb des Systems der UN-Charta und der Einsatz wurde nicht als Akt der Selbstverteidigung in Form von Prävention oder Präemption gerechtfertigt, sondern auf der Basis der UN-Resolutionen.

3.5.2 Das politische Schisma – Amerikanische vs. UN-Autorität

Ungeachtet der Legitimationsfrage aber geht es im transatlantischen Kontext nach wie vor um die Frage, unter welchen Bedingungen Europa im speziellen und der Sicherheitsrat im Allgemeinen den Einsatz amerikanischer Macht unterstützt und Washington davon zu überzeugen ist, dass multilaterales Handeln mittel- bis langfristig auch im amerikanischen Interesse liegt. Keinesfalls sollte man sich der Illusion hingeben, dass sich ein absoluter Einklang der Interessen je herstellen lässt und Washington sein traditionell auch instrumentelles Verhältnis zur Weltorganisation aufgibt.[113] Eine Verschmelzung von Recht und Moral als Erwartung an die Politik ist utopisch.

Im Vorfeld des Irak-Krieges wurde den UN nicht nur die ausschließliche Legitimation, sondern auch die Handlungsfähigkeit zugesprochen, den Frieden ausschließlich mit friedlichen Mitteln herbeizuführen. Den Beweis blieben sie jedoch schuldig, weil die USA auf eigene Rechnung und unter Verletzung von Völkerrechtsprinzipien handelten. Ob diese Art von Moralpolitik die Herausforderungen von Machtpolitik zu verhindern vermag, wurde dabei kaum erwogen. Ebenso wenig wurde bislang die moralische Integrität der von den UN repräsentierten Politik hinterfragt, die in der Vergangenheit immer wieder die Augen vor Verstößen gegen die eigene Charta verschlossen hat. Srebrenica war bis zu dem Massaker an 8000 Bosniern ein von niederländischen Blauhelm-Soldaten unbeschützter Schauplatz für Greueltaten der serbischen Soldateska.

Die UN somit nach wie vor als Weltregierung zu betrachten, entspricht Wunschdenken. Die Weltöffentlichkeit ignoriert die Tatsache, dass diese „Weltre-

112 William Donahier/Ross DeBlois, Is the Current UN and US Policy Toward Iraq Effective?, in: Parameters, 31, 4 (Winter 2001/02), S. 112-125.

113 Rosemary Foot/Neill MacFarlane/Michael Mastanduno, The United States and Multilateral Organizations, Oxford/New York 2003.

gierung" in ihrer Mehrheit aus Diktaturen und so genannten *failed states* (versagenden Staaten) besteht, die dem Sicherheitsrat und dem Apparat des Generalsekretärs allenfalls ein Minimum an Handlungsfähigkeit geben. Dass Libyen lange Zeit den Unterausschuss für Menschenrechte leitete, der Irak den für die Unterdrückung von Massenvernichtungswaffen, musste eigentlich wie ein Hohn auf die Charta der UN wirken. Es wurde aber akzeptiert, weil die Völkergemeinschaft ihr eigener Richter ist und im Unterschied zur Politik der Staaten für ihr Handeln nicht zur Rechenschaft gezogen wird. So aber straft sie ihre Prinzipien durch eigenes Nichthandeln Lügen.

Auch die Zusammensetzung des UN-Sicherheitsrates entspricht spätestens seit Ende des Ost-West-Konflikts nicht mehr der politischen Realität. Außer China hat die Welt jenseits des Westens überhaupt keine permanente Stimme mit Vetorecht; weder Brasilien noch Indien haben bislang Aussicht auf einen Platz, trotz wiederholter eigener Bekenntnisse des Sicherheitsrates zu entsprechenden Reformen.

Abgesehen von solchen Legitimationsproblemen der UN bleibt das eklatante Problem der Handlungsunfähigkeit in Krisensituationen, die den glaubhaften Einsatz von militärischen Mitteln erfordern. Im Vorfeld des Irak-Krieges suggerierten die UN die Fähigkeit zur Übernahme einer Mission, die weit über ihre realen Möglichkeiten ging, gerieten jedoch auf Grund des unilateralen Handelns der USA gar nicht erst in Verlegenheit, womöglich einen neuerlichen politischen Offenbarungseid leisten zu müssen. Die Handlungsfähigkeit aber werden die UN niemals erlangen, schon gar nicht, wenn sie auch aus Mitgliedern besteht, die ihren Prinzipien nachweislich nicht zu folgen bereit sind. Der Irak-Krieg hat gezeigt, dass es selbst im „alten Europa" zwei konkurrierende und miteinander unvereinbare Auffassungen von Politik gibt, über die jedoch nicht einmal in den UN offen debattiert wird: Die von der herkömmlichen Politik, die den Krieg aus Machtgründen als Mittel der Politik betrachtet, einerseits und die von der Verbindung von Diplomatie und humanitärem Anspruch auf der anderen Seite, die den Krieg allenfalls als humanitäre Aktion oder kollektive Strafaktion der Völkergemeinschaft toleriert.

Dieser politische Gegensatz kann auch nicht gänzlich dadurch aufgehoben werden, dass mit dem Instrument der „humanitären Intervention" im Balkan-Krieg (Kosovo) mittlerweile die UN die Verstrickung von kollektiver Friedens(sicherungs-) und Machtpolitik akzeptiert hat, wenn auch – und hier liegt der entscheidende Unterschied zum Irak-Krieg – in der Form der Vermeidung eines machtpolitischen Vorgehens im Sinne eines Präventivschlages. Denn die NATO wurde erst aktiv, als es im Grunde bereits zu spät war. So aber konnte man ruhigen Gewissens einen Krieg für eine gerechte Sache führen ohne ein politisches Interesse. Die grausame Logik dieses Vorgehens aber ist kaum humaner als die Realitäten der Machtpolitik. Als humanitär konnte der Westen sein Handeln nur deshalb einstufen, weil er sich die zivilen Opfer der Aktion nicht zurechnete. Ähnlich wogen die Argumente im Irak: Abgesehen von den USA und Großbritannien sprach im Vorfeld des Krieges niemand von der Zahl der Opfer des zwei Jahrzehnte währenden Regimeterrors, geschweige denn von den Opfern der UN-Embargomaßnahmen, deren Zahl im Irak in die Hunderttausende gegangen sein soll. Das Handeln der UN vollzog sich vielmehr nach den inneren Gesetzen der Machtpolitik, wonach der Zweck die Mittel heiligt. Über Jahre tolerierte man die Schwächung des Regimes über wirtschaftliche Mittel, als der Ernstfall aber nahte, schwang man sich zum Verteidiger der staatlichen Souveränität auf.

Ebenso wenig bewirkt hat bislang die Grundsatzdebatte in den UN darüber, wie ihre Rolle in der internationalen Friedenssicherung wirkungsvoller gemacht werden könnte. Seit Anfang der neunziger Jahre prüfen die UN Möglichkeiten zur Aufstellung einer stehenden UN-Truppe nach Art. 43 der Charta. Die von Boutros-Ghali in seiner „Agenda für den Frieden" unterbreiteten Vorschläge sahen vor, die friedensschaffende Funktion der UN auf eine verbindliche Grundlage zu stellen und damit die Abhängigkeit von Ad-hoc-Entscheidungen insbesondere der USA zu verringern (Agenda for Peace 1992). Die damalige US-Administration unter Bush sen. reagierte auf diese Vorschläge ebenso zögerlich bis ablehnend wie die jetzige unter Bush jun. auf die jüngsten Empfehlungen des im Auftrag von Generalsekretär Annan verfassten Brahimi-Berichts, der die Fähigkeiten der UN-Friedenssicherung u. a. durch die Benennung konkreter Beiträge zu Operationen durch die Mitgliedstaaten verbessern will.[114] In beiden Fällen wird der amerikanische Anspruch auf die volle nationale Verfügungsgewalt betont. Dass schließt nicht aus, dass unter bestimmten Umständen (so 1993 in Somalia) die UN das Oberkommando über amerikanische Soldaten übernehmen, wenn Washington dies für sinnvoll erachtet. Grundsätzlich aber gilt das Prinzip amerikanischer Außenpolitik, demzufolge nationale Truppen nicht unter internationale Kontrolle gestellt werden. Noch weniger aussichtsreich ist in diesem Kontext die gleichsam vom Generalsekretär vorgetragene Idee, nach der auch bei Operationen zur militärischen Durchsetzung von UN-Beschlüssen amerikanische Truppen den UN und dem Kommando des Generalsekretärs unterstellt werden sollten.

Trotz der Annäherung beider Auffassungen bleibt also eine Asymmetrie bestehen, die sich zunächst aus dem moralischen Überlegenheitsanspruch beider Seiten heraus speist und weniger aus ihrem tatsächlichen Handeln. Ob sich die Kluft zwischen Moral- und Machtpolitik daher durch eine Reform der UN verringern lässt, ist zweifelhaft. Die UN sind offensichtlich nicht der Platz für eine neutrale Debatte

114 Brahimi Report, Report of the Panel on United Nations Peace Operations (August 23, 2000). U.N. Doc. A/55/305-S/2000/809.

um diesen Grunddissens. Gibt es somit überhaupt Optionen für eine weitere sinnvolle Anpassung beider Positionen?

3.5.3 Optionen für eine Neuanpassung des Völkerrechts

Die UN haben sich in der vergangenen Dekade bei allen Grenzen hinsichtlich der Anpassung an die globalen Herausforderungen als entwicklungsfähige und flexible Organisation präsentiert. Das zunächst als Improvisationsverfahren entwickelte Peacekeeping ist heute eines der wichtigsten Instrumente der UN-Sicherheitspolitik. Dass dieser Anpassungsprozess nicht Ergebnis „vorausschauender konzeptioneller Überlegungen und Planungen", sondern reaktiv angelegt war, ist ähnlich wie im Fall der EU von nachrangiger Bedeutung.[115] Fest steht, dass der Sicherheitsrat auf Grund der Zunahme innerstaatlicher Konflikte in Krisenregionen wie Zentralafrika, dem Nahen Osten, Südosteuropa und Zentralasien ein verändertes Verständnis von Sicherheitspolitik entwickelt hat.

Das Problem ist aber, dass die neuen Aufgaben nicht in der Charta geregelt sind und UN-Operationen somit in einer völkerrechtlichen Grauzone durchgeführt werden, die die USA – natürlich nach ihren Vorstellungen, d. h. unter Einschluss der Möglichkeit von Präventivschlägen – durchaus zu schließen bereit sind, während die UN in dieser Frage zögern und die EU sich weitgehend passiv verhält; jedenfalls bieten letztere anders als die NSS keine Weiterentwicklung des „robusten" Peacekeeping in diesem Sinne an. So betrachten die UN und die EU massive Menschenrechtsverletzungen in einem Staat heute zwar als Bedrohung für den internationalen Frieden. Die Frage jedoch, wann zu Verhinderung von Völkermord und ähnlichen Tatbeständen Gewalt angewendet werden darf, wird weder von der Charta noch von der EU beantwortet. Dabei hätte eine „Legalisierung" entsprechender Operationen den Vorteil, dass die Einsatzbereiche der UN-Truppen wie die Verantwortung der einzelnen Mitgliedstaaten zur Unterstützung der Mission durch verbindliche Richtlinien und Kriterien genauer definiert wären und somit rascheres und flexibleres Krisenmanagement ermöglicht würde. Eine entsprechende Änderung der Charta setzte allerdings von Seiten der Mitglieder, allen voran Washingtons, auch eine Anerkennung der unbedingt in die Charta aufzunehmenden Caroline-Prinzipien vom „Notstand" und der „Verhältnismäßigkeit/Angemessenheit" im Falle der Ausübung antizipierter Selbstverteidigung voraus.

Diese Option wäre völkerrechtlich betrachtet am wenigsten kontrovers, setzte aber wie gesagt voraus, dass die Politik Präventivmaßnahmen nur im Falle einer

115 Sven Gareis, Johannes Varwick, Die Vereinten Nationen, Opladen 2002, S. 255 f.

„immanenten Bedrohung“ durch einen Staat oder nicht-staatlichen Akteur erwägt. Damit könnten die Europäer wohl leben, für die USA würde es im konkreten Fall eine Änderung der NSS bedeuten.

Die Alternative wäre, dass sich die Völkergemeinschaft darauf verständigt, dass Massenvernichtungswaffen und Terrorismus eine neue Art der „asymmetrischen“ Bedrohung für die Welt darstellen, auf die nur mit einer Aufweichung dieses Grundprinzips reagiert werden kann. Diese Option entspräche wiederum der Auffassung der Bush-Administration, birgt allerdings die Gefahr, dass damit der Proliferation von Präzedenzfällen wie im Irak durch andere Staaten Vorschub geleistet würde. Einschränkend ist hinzuzufügen, dass diese Gefahr bewusst dramatisiert wird, da den meisten potentiellen Störenfrieden schlichtweg die politischen, ökonomischen wie vor allem militärischen Mittel dafür fehlen.

Begünstigt werden könnte dies Entwicklung durch eine Aufweichung des Vetorechts im Sicherheitsrat, indem die Ständigen Mitglieder sich freiwillig einer Selbstbeschränkung unterwerfen und von ihrem Veto nur in solchen Fällen Gebrauch machen, in denen die Umsetzung von Beschlüssen den Einsatz von militärischen Mitteln nach Art. VII der Charta vorsieht.[116] Im Falle humanitärer und auch präventiver Einsätze aber sollten die Mitgliedstaaten dort auf ihr Vetorecht verzichten, wo ihre nationalen Interessen nicht unmittelbar tangiert sind. Dies bedeutete zwar die Aufgabe eines immanenten Vertragsrechts durch die Staaten und alternativ die Bildung von politischen Koalitionen außerhalb des Sicherheitsrates zur moralischen Legitimierung von Einsätzen. Die Kosovo-Kommission aber hat deutlich gemacht, dass dies künftig vielleicht der einzig gangbare Weg ist, um den heutigen Bedrohungen für die Staatenwelt angemessen zu begegnen, indem sie den NATO-Einsatz im Kosovo zwar für „illegitim“, politisch aber „gerechtfertigt“ hielt.[117] In die gleiche Richtung weist der im Zusammenhang mit dem Irak-Krieg gemachte Vorschlag, in besonderen Fällen, d. h. im Schmitt'schen Ausnahmezustand – ohne Änderung der Verträge – bewusst einen Vertragsbruch („exceptional illegality“) hinzunehmen.[118]

Bleibt eine dritte Option, wie sie die Staatenwelt in der politischen Praxis im Grunde längst hingenommen hat: die Aufhebung der Verbindlichkeit und politischen Kontrollfunktion der UN-Charta. Dies wäre so gesehen der konsequenteste Schritt vor dem Hintergrund der Staatenpraxis, wird aber von der überwältigenden

116 Bruce Russet/Barry O'Neill/James Sutterlin, Breaking the Security Council Logjam, in: Global Governance, 2, 1 (January-April 1996), S. 65-79.

117 Independent International Commission on Kosovo, Kosovo Report: Conflict, International Response, Lessons Learned, Oxford/New York 2000, S. 4.

118 Michael Byers, Letting the Exception Prove the Rule, in: Ethics and International Affairs, 17, 1 (2003), S. 15.

Mehrheit der Staatenwelt nicht gewünscht und würde das Ende des Multilateralismus bedeuten – mit der womöglich ernsthaften Konsequenz des Endes der atlantischen Allianz.

Was also kann die Staatengemeinschaft tun? Obwohl die UN-Charta ganz offensichtlich nicht adäquat das derzeitige Völkerrecht in Bezug auf die Anwendung militärischer Gewalt beschreibt, sollten sich die Staaten, allen voran die USA und die europäischen Mitgliedstaaten, doch auf deren Revision in wenigstens drei Punkten hin verständigen: Erstens sollte militärische Gewalt in präventiver Selbstverteidigung unilateral nur dann angewendet werden, wenn die Caroline-Kriterien erfüllt sind. Ganz unabhängig vom derzeitigen Völkerrechtsstatus in dieser Frage würde eine solche Politik weniger destabilisierend wirken und könnte die Rückkehr zu einem stärker regelbewährten Rechtsregime befördern. Zweitens sollte die internationale Staatenwelt den Einsatz präventiver Gewalt für den Fall, dass eine unmittelbare Bedrohung nicht nachzuweisen ist, ausschließlich mit Billigung des Sicherheitsrates vorsehen. Eine solche Politik würde die multilaterale Unterstützung durch die Staatenwelt garantieren und zudem Präventiveinsätzen durch andere Staaten vorbeugen. Drittens wäre eine generelle Akzeptanz der Staaten wünschenswert, dass das bestehende Völkerrecht bezüglich des universellen Gewaltverbots höchst problematisch ist und deswegen durch den Sicherheitsrat in Richtung eines verbindlich anerkannten Rechts- und Kontrollregimes weiterentwickelt werden sollte. Den USA mag dies als überflüssiger Akt erscheinen, als einzige Weltordnungsmacht im internationalen System fällt ihnen aber wohl die Führungsaufgabe zu, nicht nur auf die Schwächen des bestehenden Systems, sondern auch auf dessen Möglichkeiten zur Weiterentwicklung hinzuweisen. Für Europäer wiederum erfordert eine solche Weiterentwicklung wohl die endgültige Erkenntnis, dass es letztlich auch im Irak nicht um die Wünschbarkeit, sondern um die Möglichkeit des Friedens und seine Bedingungen ging. Der Friede unterliegt nun mal einer widersprüchlichen Logik. Er ist nicht gottgegeben, sondern muss erkämpft und behütet werden. Dazu ist Moralpolitik allein nicht immer ein ausreichendes Mittel. Es braucht gegebenenfalls auch den Einsatz militärischer Mittel oder, vorzugsweise, die glaubhafte Drohung damit. Kants Wort, wonach der Friede gestiftet werden muss, gilt unabänderlich. Die UN allein sind dazu nicht in der Lage.

3.4 Fazit

Die Anforderungen an eine sich weiter entwickelnde GASP/ESVP lassen sich unschwer aus diesem Kapitel ableiten:

- *Praktische Schritte:* erhöhte Verteidigungsbudgets der Mitgliedstaaten und Aufstockung des GASP-Budgets; Umschichtung der Rüstungsausgaben zugunsten kleinerer und mobilerer Eingreiftruppen in den Mitgliedstaaten; besser koordinierte Rüstungspolitik innerhalb der EU;
- *Institutionelle Schritte:* konsequente Weiterentwicklung des Instruments der „verstärkten Zusammenarbeit" zur Unterstützung so genannter „Koalitionen von Handlungswilligen" im Sicherheits- und Verteidigungsbereich innerhalb des Gemeinschaftsrahmens; Auflösung der Säulenstrukturen bzw. klarere Verteilung von Kompetenzen, die mit einer Reform der Rolle der Kommission im außenpolitischen Bereich und langfristig evtl. auch mit einer Rückführung der Funktion des Hohen Vertreters in die Kommission einhergehen könnte – solange die drei Säulen nebeneinander bestehen, ist die angestrebte „Kohärenz" des Auftretens der EU nach außen nicht möglich; ein erster Schritt in diese Richtung könnte in der Schaffung eines gemeinsamen Planungsstabs von Kommission und Rat bestehen, der auch gemeinsame Positionen der EU gegenüber/in anderen internationalen Organisationen vorformuliert. Sinnvoll wäre auch eine Entlastung des Rates für Allgemeine Angelegenheiten, also der Außenminister, dergestalt, dass der Rat entweder in einen Exekutiv- und Legislativrat aufgeteilt oder aber die – zur Zeit sicherlich unrealistische – so genannte Senatslösung irgendwann herbeigeführt wird, wodurch die an einen Europaministerrat abgegebenen Kompetenzen durch eine verstärkte Rolle der Außen- und Verteidigungsminister bei der GASP kompensiert würden. Sicherlich nicht der Weisheit letzter Schluss hingegen und ohnehin derzeit nicht vorstellbar dürfte die Idee der konsequenten Umsetzung qualifizierter Mehrheitsbeschlüsse sein;
- *Qualitative Schritte:* Bereitschaft der Mitgliedstaaten, den mit der ESS vollzogenen Sprung in der militärischen Struktur weg von der reinen Zivilmacht konsequent weiterzuentwickeln und zum Ausgangspunkt einer echten Strategie- und Interessendebatte zu machen; aktive Unterstützung internationaler Organisationen im Sinne eines „effektiven Multilateralismus", nicht zuletzt durch Stärkung der transatlantischen Beziehungen und strategischer Partnerschaften vor allem mit Japan, China, Russland und Indien.

Dennoch: Die mit solchen Schritten verbundene Ablösung der nationalen Diplomatien durch eine echte, supranational ausgeübte Europäische Außen- und Sicherheitspolitik erscheint aus genannten Gründen vorerst unrealistisch. Trotz aller bemerkenswerten Fortschritte gerade im Bereich der GESVP wird man wohl auch künftig den Mangel an Geschlossenheit und gemeinsamem Willen als Haupthindernis bei den Bemühungen der EU um eine ihrer wirtschaftlichen Bedeutung entsprechende außenpolitische und militärische Rolle zu beklagen haben. Viele Beobachter der internationalen Politik haben bereits die Frage gestellt, ob es eines besonderen Schockerlebnisses bedürfe, um die Regierungen der Mitgliedstaaten zu geschlossenem Handeln aufzurütteln. Der 11. September 2001 dürfte bereits als ein solches Schockerlebnis auch für die EU in die Geschichte eingegangen sein – mit weit reichenden Konsequenzen auch für die GASP bzw. GESVP. Militärische Macht aber, das hat schon der Einsatz auf dem Balkan gezeigt – und dies gilt im Übrigen auch für das NATO-Bündnis – wird von wechselnden Koalitionen der Staaten auf – und angeboten und nicht von einem einheitlich global handelnden EU-Akteur. Aus diesem Grund ist die Öffnung gegenüber den Reformanstrengungen des NATO-Bündnisses für die europäischen Mitgliedstaaten so essentiell. Das Konzept der NATO Response Force ist keinesfalls eine Duplizierung der europäischen Krisenreaktionskräfte, die sich aus den gleichen Verbänden je nach Einsatzvariante zusammensetzen und es Europäern ermöglichen sollen, eigene Einsätze, unabhängig von den USA/NATO, in Europa durchzuführen. Es ist die Chance für die Europäer, die bislang aus europäischer Sicht nicht gelöste Frage, wie man künftig mit Krisen außerhalb Europas umzugehen gedenkt, gemeinsam mit den USA zu beantworten. Ob Entscheidungen wie diese ausreichen, die zunehmende politische Kluft zu überbrücken, die sich in der atlantischen Gemeinschaft auftut, weil die USA sich ihrer einzigartigen Führungsrolle in der Welt bewusst sind und ihre militärische Überlegenheit notfalls auch ohne die Europäer selbstbewusster denn je einsetzen, ist fraglich. Es dürfte aber den Europäern leichter fallen, ihre Interessen zu erkennen und klar zu benennen, wenn sie dies tatsächlich im Sinne des von ihnen geforderten „effektiven Multilateralismus“ tun.

Damit ist ein letzter wesentlicher Punkt angesprochen, der im folgenden Kapitel ausgeführt werden soll. Handlungsbereitschaft auf der politischen und Handlungsfähigkeit auf der militärischen Ebene sind zwar Voraussetzung für erfolgreiches Vorgehen auf der Weltbühne, bleiben aber wirkungslos, wenn sie nicht ergänzt werden durch die Bereitschaft zur engen Kooperation mit internationalen Organisationen und den maßgeblichen staatlichen Akteuren.

4. Außenbeziehungen in der Praxis

4.1 Das Verhältnis zu anderen internationalen Organisationen

Von zentraler Bedeutung für die Gestaltung der europäischen Außen- und Sicherheitspolitik ist das Verhältnis der EU zu anderen internationalen Organisationen. Auf die Rolle der Union in den für die Wirtschaft und Finanzen zuständigen Institutionen WTO und IWF/Weltbank wurde bereits ausführlich in Kapitel 2 eingegangen; dabei wurde vor allem deutlich, dass im Zuge deren Übernahme von Aufgaben bei der Konfliktprävention und im Krisenmanagement die Frage nach der Stärkung der europäischen Vertretung in beiden Organisationen zunehmend relevanter wird. Für die außen- und sicherheitspolitische Ausrichtung der Union bleiben die Vereinten Nationen auch nach Verabschiedung der ESS der entscheidende Parameter. Indem diese dem Sicherheitsrat die „Hauptverantwortung für die Wahrung des Weltfriedens und der internationalen Sicherheit" zuweist, unterstreicht die Union nicht nur ihre enge Bindung an die UN, sondern unterwirft ihr eigenes globales Handeln zudem einen politischen Legitimationszwang durch deren zentrales Gremium, den Sicherheitsrat. Wie sehr dabei von einem wechselseitigen Interesse ausgegangen werden kann, zeigt sich in den gemeinsamen Bedrohungsanalysen und Strategien, wie sie der im Auftrag des UN-Generalsekretärs Kofi Annan erstellte Bericht durch das High Level Panel (HLP) zur Frage der „Bedrohungen des Weltfriedens und der internationalen Sicherheit" zum Ausdruck bringt.[1] Dieser ähnelt sowohl vom Titel als auch von den Inhalten her der Europäischen Sicherheitsstrategie; in beiden Dokumenten werden innerstaatliche Konflikte, Terrorismus und organisierte Kriminalität, Massenvernichtungswaffen sowie das Problem von „zerfallenden Staaten" als die wesentlichen globalen Sicherheitsbedrohungen angesehen, in beiden Dokumenten liegt der Schwerpunkt auf dem zivilen Krisenmanagement und der Konfliktprävention durch Bekämpfung wirtschaftlicher und sozialen Missstände im Rahmen multilateraler Anstrengungen.

1 UN-Dokument A/59/565. Eine sichere Welt: Unsere Gemeinsame Verantwortung. Bericht der Hochrangigen Gruppe für Bedrohungen, Herausforderungen und Wandel, New York 2004.

Grundsätzlich gibt es also zunächst eine wachsende inhaltliche und auch normative Kongruenz zwischen beiden Organisationen. Diese ist vor allem das Ergebnis der seit Anfang der neunziger Jahre zunehmend weiteren Auslegung des Begriffs der „Friedensbedrohung" (Art. 39) durch die VN zu tun, wonach seither auch schwere Menschenrechtsverletzungen, die Verbreitung von Massenvernichtungswaffen und der „Wiederaufbau von Staatlichkeit nach Konflikten" (so der frühere Generalsekretär Boutros-Boutros-Ghali in der Agenda for Peace (1992)) zum Aufgabenkatalog der VN zählten. Der inhaltlichen und normativen Kongruenz, deren legitimatorische Funktion sicherlich nicht zu unterschätzen ist, steht aber das grundsätzliche Problem bei der Zusammenarbeit mit den Vereinten Nationen – wie auch anderen internationalen Organisationen – gegenüber, welches in ihrer doch merklich eingeschränkten Handlungsfähigkeit besteht, die wiederum das Glaubwürdigkeitsdilemma der Union hinsichtlich der eigenen Handlungsfähigkeit in Krisensituationen zusätzlich verschärft. Gerade im zentralen Bereich der Friedenssicherung verfügen die Vereinten Nationen weder über die entsprechenden militärischen und wirtschaftlichen Ressourcen, noch über die notwendige politische Geschlossenheit im zunehmend mit dieser Aufgabe beschäftigten Sicherheitsrat (auf Grund des Vetorechts der Mitglieder), um notwendige Aktionen überhaupt durchführen zu können.[2] Die diesbezügliche politische Bilanz der vergangenen einundeinhalb Jahrzehnte fällt jedenfalls ernüchternd aus: Jugoslawien, Somalia und Ruanda zeigen nicht nur, dass Friedenstruppen nur dann effektiv eingesetzt werden können, wenn alle Konfliktparteien zur Zusammenarbeit bereit sind, sondern auch die Problematik der „Selektivität" politischen Handelns und des damit verbundenen Vorwurfs „doppelter Standards", welcher die Legitimation der Organisation zusätzlich unterminiert und sie quasi zum verlängerten Arm staatlicher Interessenpolitik degradiert.[3] Schließlich unterstreichen alle Konflikte die Abhängigkeit der VN von anderen Organisationen, allen voran des NATO-Bündnisses, bzw. die Notwendigkeit der Abklärung von Zuständigkeiten im Vorfeld im Sinne der „interlocking institutions". In diesem Zusammenhang kristallisiert sich zusehends eine Arbeitsteilung heraus, nach der (vgl. Afghanistan) sich die Rolle der Vereinten Nationen weitgehend auf humanitäre und technische Hilfe beschränkt, während andere Organisationen wie die NATO oder auch die EU die eigentliche Aufgabe der Konfliktregulierung übernehmen.

Entscheidend für die Handlungsfähigkeit der VN ist die Bereitschaft vor allem ihrer ständigen Mitglieder, sich unter Führung des Sicherheitsrates in bestimmten Konflikten zu engagieren. Großbritannien und Frankreich sind in diesem Kontext

2 Hierzu ausführlicher Klaus Dicke, Die Zukunft der Vereinten Nationen. Entwicklungen und Perspektiven seit 1990, in: Die politische Meinung, 412, 3 (März 2004), S. 43-50.
3 Helmut Hubel, Weltpolitische Konflikte, Baden-Baden 2005, S. 176.

eigentlich gehalten, die Union über ihre jeweils eigenen Positionen zu unterrichten, mit ihr abzustimmen und die Meinung der übrigen Mitgliedstaaten zu berücksichtigen. Obwohl die Koordinierung unter den Mitgliedstaaten in den VN in den letzten Jahren insgesamt zugenommen hat und sich auch in einem einheitlicheren Abstimmungsverhalten widerspiegelt, steht jedoch unverändert der Vorwurf im Raum, Frankreich und Großbritannien verfolgten in New York eher eigene denn EU-Interessen. Daran änderte sich auch nichts, als Spanien und Deutschland im Januar 2003 zum Sicherheitsrat stießen und damit die Hoffnung auf ein kohärenteres Auftreten der Union in de VN nährten; die unterschiedlichen Positionen über den Irak-Krieg verstärkten vielmehr die Divergenzen und führten über die Frage nach der durch die High Level Gruppe in ihrem Bericht gleichsam angesprochene Reform des Rates bzw. einem möglichen permanenten Sitz für Deutschland gar zu einem offenen Zerwürfnis zwischen der Bundesregierung und Italien und Spanien, sowie – als Konsequenz dessen – zu einem eher zurückhaltenden Auftreten der Union in dieser Frage.[4]

Abgesehen von der Uneinigkeit der Union in der Frage nach den institutionellen Neuerungen aber unterstützte die Gemeinschaft den vom High Level-Bericht und Kofi Annans darauf folgenden Brief an die Generalversammlung ausgehenden Reformdruck bezüglich des künftigen gemeinsamen Krisenmanagements ansonsten mit Nachdruck. Der Rat für Allgemeine Angelegenheiten unterstrich auf seiner Sitzung am 17/18 Mai 2004 unter Bezugnahme auf die ESS nochmals die Notwendigkeit einer engen Zusammenarbeit mit den VN zur Bewältigung der aktuellen Herausforderungen und das unbedingte VN-Primat bei der Lösung von Konflikten. Beim VN-Millenniumsgipfel im September 2005 begrüßte die EU-Kommissarin Ferrero-Waldner den Vorschlag einer neu einzurichtenden, wenngleich mittellosen und in ihren Empfehlungen nicht bindenden „Peacebuilding Commission" und stellte deren aktive Unterstützung durch die „Konfliktverhütungs- und Krisenmanagement"-Einheit der Kommission und das „Lagezentrum" des Rates der Union in Aussicht.[5]

Das Problem beim gemeinsamen Krisenmanagement liegt allerdings in zahlreichen, bereits an anderer Stelle angesprochenen konzeptionellen Hindernissen, wie die im engen Zusammenhang stehenden Konflikte in Afghanistan, Nordkorea, im Iran und Irak gezeigt haben und wie sie bis dato nicht beseitigt wurden. Dazu zählen:

4 Die EU als Organisation ist durch die Kommission lediglich in der FAO vertreten (Food and Agricultural Organization).

5 Dazu Fraser Cameron, The EU and International Organizations: Partners in Crisis Management. European Policy Centre (EPC), Issue Paper, 41 (October 2005), Brussels.

- der erwähnte Widerspruch zwischen dem in Art. 2.4 der UN-Charter formulierten Gewaltverbot auf der einen und der Bush-Doktrin der „preemptive strikes“ auf der anderen Seite;
- die Relativierung des Prinzips von der Anerkennung „gewählter“ Regierungen durch den nicht autorisierten Regimesturz im Irak im April 2003 – immerhin wurde das Regime trotz seines Gebrauchs von Massenvernichtungswaffen bis dato seit gut zwei Jahrzehnten von den VN anerkannt;
- die Aufkündigung des in Art. 27.3 der Charter festgelegten Konsensprinzips für die 5 Ständigen Mitglieder des Sicherheitsrates durch die britische Philosophie des „unbegründeten Veto“ (unreasonable veto), wie es die Regierung Blair im Zusammenhang mit der Irak-Krise formulierte;[6]
- die mit zahlreichen Sicherheitsratsbeschlüssen zur „zwangsweisen und selektiven Entwaffnung“ verbundene Infragestellung des Rechts von Staaten auf den Besitz von Waffen zur Selbstverteidigung, und schließlich;[7]
- die fragwürdige Interpretation der neuen Doktrin von der „Verantwortung zum Schutz von Bürgern“ („responsibility to protect“) im Falle von Staatsversagen dahingehend, dass der internationalen Gemeinschaft bei wiederkehrenden Menschenrechtsverletzungen und Nichthandeln der Regierungen die Verantwortung zufällt, auch mit militärischen Mitteln einzugreifen.[8] Zuletzt im Fall Sudan, wo in den letzten Jahren Verbrechen begangen wurden, deren Systematik den Tatbestand des Völkermords erfüllt, stellte und stellt sich einmal mehr die generelle Frage, ob eine so genannte humanitäre Intervention das vorgegebene Ziel erreichen kann und wie groß das Interesse potenzieller Truppensteller an der Beruhigung solcher Krisenregionen eigentlich ist. Auch hier bringt die Ausweitung des geostrategischen Aktionsradius unter dieser Losung viele Mitgliedstaaten zunehmend in die Verlegenheit, inwieweit man sich in Regionen engagieren soll, von denen die eigenen Sicherheit nicht unmittelbar abhängt.

In allen Punkten bestehen zum Teil erhebliche Meinungsunterschiede zwischen den EU-Mitgliedern. Ein annähernder Konsens herrscht allenfalls in der Frage der Proliferationsproblematik und bezüglich der neuen „responsibility to protect“-Doktrin – gleichwohl die Entscheidung für eine „humanitäre Intervention“ im Falle des Kosovos leichter fiel als im Falle Ruandas. Die Fragen des Regimesturzes, der Veto-

6 Die Regierung Blair hatte im Zusammenhang mit dem von französischer und deutscher Seite aus angedrohten Veto für den Fall eines Gewalt legitimierenden Resolutionsentwurfes durch den Sicherheitsrat von einem „unbegründeten“ Veto gesprochen.

7 So im Falle des Beschlusses vom April 1991 gegen den Irak oder bei der Verweigerung des Nuklearwaffenstatus für Indien und Pakistan im Mai 1998.

8 „The Responsibility to Protect“, Report of the International Commission on Intervention and State Sovereignty, International Development Research Centre (Hg.), Ottawa, December 2001.

Theorie im Sicherheitsrat und vor allem der „preemptive strike"-Doktrin sorgen hingegen unverändert für Konfliktstoff unter den EU-Mitgliedern.

Das Ergebnis dieser Differenzen ist ein insgesamt ambivalentes Erscheinungsbild der EU bei den VN. Einerseits hat der Entwicklungsprozess der ESVP in den vergangenen Jahren dazu geführt, dass die Vereinten Nationen heute beim aktiven Krisenmanagement in weit größerem Maße auf die EU als „regionale Agentur" nach Kap. VIII, Artikel 52 der VN-Charter, zurückgreifen. Dies ist zum einen bedingt durch den gestiegenen Koordinationsbedarf an sich, der den Generalsekretär zunehmende organisatorische Aufgaben abverlangt – dies zeigt sich an den zahlreichen Kontakten, die Annan zu den verschiedenen EU-Haupteinsatzquartieren und vor allem zum Hohen Repräsentanten der Union unterhält, zum anderen aber auch durch die enge institutionellen Verzahnung, wie sie vor allem von der EU vorangetrieben und in die Praxis umgesetzt wurde. Bereits im Juni 2001 einigten sich die EU-Außenminister auf eine gemeinsame Agenda zur „vertieften Zusammenarbeit" mit der Weltorganisation auf vier Ebenen: regelmäßige Treffen der EU-Troika mit dem Generalsekretär; Dialog zwischen dem Hohen Repräsentanten und dem Kommissar für Außenbeziehungen auf der einen und dem Generalsekretär und seinem Stellvertreter auf der anderen Seite; Treffen des EU-PSK mit dem Stellvertretenden Generalsekretär; engere Kontakte zwischen Ratssekretariat und Kommission auf der einen und UN-Sekretariat auf der anderen Seite.[9] Ergebnis dieser Verzahnung sind eine neue gemeinsame Einheit für friedenserhaltende Operationen (Department of Peace-Keeping Operations – DPKO), jährliche Missionen einer größeren Delegation unter Führung des Stellvertretenden Generalsekretärs nach Brüssel, gemeinsame Arbeitsgruppen zur Koordinierung von und Ausbildung für Polizei- und Militäreinsätze(n), eine enge Kooperation zwischen der Politischen Einheit der EU (EU Policy Unit) und der VN-Abteilung für Politische Angelegenheiten (Europagruppe) sowie der Ausbau von Verbindungsbüros in Brüssel und New York.

Auf der anderen Seite bleibt ein krasses Missverhältnis bestehen zwischen den Beiträgen der EU-25 (40 Prozent) zum Peace-Keeping-Budget der VN (rund 3 Milliarden Dollar in 2004) insgesamt und dem Truppenanteil (7 Prozent) an den weltweiten VN-Missionen.[10] Zwar relativiert sich dieses, wenn man die Truppenkontingente einrechnet, die die europäischen NATO-Mitglieder im Rahmen von Einsätzen des Bündnisses beitragen, erheblich. Dennoch signalisiert die Diskrepanz zwischen politischem Willen einerseits und tatsächlichem Beitrag andererseits, dass sich das EU-Engagement, ähnlich wie das der VN im Übrigen, doch unverändert

9 Dazu Chantal de Jonge Oudraat, A Larger EU: A More Effective Actor in the United Nations?, in: Brimmer/Fröhlich (Hg.), The Strategic Implications of European Union Enlargement, a.a.O., S. 241-272.

10 Ebd., S. 256 f.

vornehmlich an eher an langfristigen zivilen Präventivmaßnahmen (in Form von Entwicklungspolitik, ökonomischer und technischer Hilfe, politischem Dialog etc.) sowie kurzfristigen und weniger personalintensiven Überbrückungsmissionen (notfalls auch mit militärischer Komponente) festmachen lässt als an größeren Friedensschaffenden Einsätzen mit einem robustem Mandat – die Umsetzung des „battle groups"-Konzepts könnte diesbezüglich erhebliche Auswirkungen auf die „Präferenzen" und damit auch die Präsenz der EU bedeuten.[11] Mitgliedstaaten beider Organisationen zögern aber im Grunde unverändert, wenn es darum geht, vor allem kurzfristige Krisenmanagement-Operationen mit den notwendigen militärischen Mitteln zu flankieren; sowohl die Mission Artemis im Kongo wie auch der Einsatz in Mazedonien (Concordia) zeigten dies deutlich: Beides waren im Umfang kleinere Missionen (Concordia mit etwa 350, Artemis mit 1800 Mann), bei beiden Missionen verließen sich die Organisationen auf die Mittel anderer Akteure (im Fall Concordia auf die der NATO, im Fall Artemis auf die Frankreichs) und waren zudem zutiefst über den Grad der militärischen Komponente gespalten. Vor allem das personelle Problem könnte sich dabei in Zukunft eher noch in dem Maße verschärfen, wie die Zunahme der Missionen unter europäischer Flagge den ohnehin geringen Pool „europäischer" Soldaten in UN-geführten Operationen reduziert.

Es bleibt somit abzuwarten, wie die weitere Entwicklung der ESVP und vor allem die Umsetzung der Headline Goals 2010 die EU tatsächlich zu einem effektiven Partner beim globalen Konfliktmanagement der VN macht. So lange jedenfalls die beschriebenen Defizite – bei allen Fortschritten in der institutionellen Verzahnung und bei aller Interessenkongruenz – nicht behoben sind, ergibt sich für die Union, abgesehen von der wirkmächtigen ideellen und normativen Legitimation für ihr Handeln, kein nennenswerter Einflusszuwachs auf internationaler Bühne, zumal wenn man die insgesamt ernüchternde politische Bilanz der VN selbst bei der Friedenssicherung in den vergangenen Jahren betrachtet. Das Dilemma aber ist: Immer öfter wird zwar die Entsendung von Friedenstruppen gefordert; rar sind aber die Fälle, in denen solche Truppen ihren Auftrag zu vertretbaren Kosten in überschaubarer Zeit erfüllen können. Dies gilt auch für das Verhältnis der Union zu der OSZE, auf dies an dieser Stelle nur kurz hingewiesen sei.

Die OSZE versteht sich per se als eine Organisation, deren Beiträge zur Beilegung internationaler Konflikte nahezu ausschließlich politischer Natur sind. Da die OSZE bis heute nicht auf einer völkervertraglichen Grundlage steht, wurden die Ergebnisse ihrer Konferenzdiplomatie auch nicht entsprechend verankert. Im Gesamtgefüge der europäischen Sicherheitsarchitektur übernimmt die OSZE unver-

11 Vgl. Communication from the Commission, Conflict Prevention, COM (2001) 211, Brussels, April 11, 2001.

ändert die Aufgaben der klassischen friedlichen Streitbeilegung durch präventive Diplomatie und politische Vermittlung.[12] In diesem Bereich hat sie mit zahlreichen Missionen zur Regulierung von Minderheitenproblemen oder Beobachtung und Überwachung von Wahlen vor allem im ehemaligen Jugoslawien (maßgeblichen Anteil hatte die OSZE u. a. am Zustandekommen des Ohrid-Abkommens in Mazedonien) und im postsowjetischen Raum durchaus beachtliche Erfolge aufzuweisen. Das Problem aber besteht in dem Anspruch, als Kern eines gesamteuropäischen kollektiven Sicherheitssystems jeweils die umfassende Beteiligung aller Staaten einer Region zu erwirken, was in vielen Fällen nicht nur grundsätzlich an dem fehlenden Willen der Konfliktparteien scheitert, überhaupt eine politische Intervention von außen zuzulassen, sondern oftmals auch daran, dass eigene Mitglieder in die Konfliktsituation involviert sind; daran hat auch der zeitweise Ausschluss von Konfliktparteien („consensus minus one") nichts Wesentliches geändert. Schon aus diesem Grund vermag die Organisation keine Rolle bei der Bekämpfung akuter Bedrohungen zu spielen; hier sind „exklusive" Bündnisse oder Ad-hoc-Koalitionen wesentlich effektiver.

Aus Sicht der Organisation viel schwerer wiegt jedoch die Tatsache, dass in den vergangenen Jahren gerade im Bereich der Konfliktvorbeugung die EU zunehmend aktiver geworden ist und somit Aufgaben übernommen hat, die traditionell eine Domäne der OSZE darstellten. Die diplomatische Vermittlung in Konflikten gehört heute zu den Hauptaufgaben des Hohen Vertreters der GASP, ohne dass das Verhältnis zwischen beiden Organisationen in diesem Bereich rechtlich bestimmt ist. So regelt Art. 11 des Unionsvertrages nur allgemein, dass die Mitgliedstaaten der EU die außen- und sicherheitspolitischen Ziele unter Wahrung der Grundsätze der Schlussakte von Helsinki und entsprechend den Prinzipien der Charta von Paris verfolgen, also sich innerhalb des von der KSZE/OSZE gesteckten, politischen Rahmens halten. In der Praxis gibt es somit lediglich politische Absprachen zwischen EU und OSZE zur Bewältigung konkreter Krisensituationen, bei denen die EU in der Regel allein auf Grund ihrer starken Vertretung in der Organisation (fast die Hälfte aller Mitglieder der OSZE sind EU-Mitgliedstaaten und die EU leistet nicht nur den größten finanziellen Beitrag zum OSZE-Budget, sondern stellt auch den größten Teil des Personals in Feldmissionen der Organisation) erheblichen Einfluss auf deren Agenda nimmt; allerdings gilt auch hier das Problem, dass EU-Positionen häufig von solchen der Mitgliedstaaten konterkariert werden.

Nicht selten kommt es dadurch auch zu unnötigen Doppelungen bei den Einsätzen beider Organisationen. Die Polizeimission in Bosnien und verschiedene

12 Zur OSZE allgemein: Dieter Lutz/Kurt Tudyka (Hg.), Perspektiven und Defizite der OSZE, Baden-Baden 1999/2000.

Wahlbeobachtungsmissionen haben in der Vergangenheit den Eindruck verstärkt, dass EU und OSZE weniger kooperieren denn um die Erfolge wetteifern. Besonders von OSZE-Seite wird dabei moniert, dass die Union sich stärker im militärischen Krisenmanagement (so etwa in der Kosovo-Krise) engagieren, während die OSZE sich vor allem um so genannte „eingefrorene" Konflikte im postsowjetischen Raum (den GUS-Republiken) kümmern sollte. Allerdings räumen Vertreter beider Organisationen ein, dass die gemeinsame Agenda gerade in diesem Zusammenhang um so zentrale Themen wie Energiesicherheit, Sicherung der Grenzen, „good governance" und den Aufbau von Institutionen ergänzt werden müsse.[13] Raum für solche Zusammenarbeit auf strategischer wie operationeller Ebene bietet sich aus Sicht von Brüssel schon auf Grund der neuen geostrategischen Ausrichtung der Union in Richtung Osteuropa über das Instrument der „Neuen Nachbarschaftspolitik". Für die Umsetzung der so genannten Aktionspläne mit den einzelnen Ländern könnte der Rückgriff auf die Expertise der OSZE in der Region von großem Vorteil sein. Umgekehrt stärken verschiedene Stabilisierungsmaßnahmen der Union in den einzelnen Konfliktregionen auch die Arbeit der OSZE: so das „Rehabilitationsprojekt" in Südossetien, der Wiederaufbau des Guri-Damms an der georgisch-abschasischen Grenze, das TRACECA-Brückenprojekt zwischen Armenien und Aserbaidschan oder die Unterstützung des INOGATE-Pipelineprojekts unter Einschluss der kaukasischen und zentralasiatischen Staaten sowie Moldawiens, Russlands, der Türkei und Ukraine.

Langfristig gesehen könnte jedoch das verstärkte Engagement der Union im Bereich der Konfliktverhütung dazu führen, dass die Rolle der OSZE weiter an Bedeutung verliert, es sei denn, beide Organisationen verständigen sich auf eine klarere Arbeitsteilung im Sinne des von der Union propagierten „effektiven Multilateralismus". Die Marginalisierung der Organisation wird zudem durch eine andere Entwicklung forciert: Seit Ende des Ost-West-Konflikts sind vor allem die Staaten des südlichen Kaukasus und Zentralasiens in den besonderen Fokus der OSZE geraten. Dies hat einerseits deren wie auch Russlands Unmut über die vermeintlich einseitige geostrategische Ausrichtung der Organisation hervorgerufen und gar Forderungen nach ihrer Auflösung laut werden lassen; andererseits hemmt es wiederum – aus Rücksicht vor allem auf Moskau – besonders die NATO-Staaten in der OSZE, größeren Druck auf die örtlichen Konfliktparteien auszuüben. Mehr als ein vorsichtiges „Eingrenzen" solcher Konflikte ist der OSZE daher in den meisten Fällen nicht möglich.

Ähnlich wie im Falle der VN legt auch hier die begrenzte Handlungsfähigkeit der Organisation bei der Bewältigung von akuten Bedrohungen den Schluss nahe,

13 So die EU-Kommissarin Ferrero-Waldner bei einer Rede in Sofia am 6. Dezember 2004.

dass es für die EU bei ihrem Streben nach einem effektiven Multilateralismus entscheidender ist, ihr Krisenmanagement mit exklusiven Sicherheitsinstitutionen wie der NATO und mit den mächtigeren staatlichen Akteuren, allen voran den USA und den beiden regionalen Vormächten China und Russland zu koordinieren. Das Verhältnis zur NATO steht und fällt dabei mit den Beziehzungen zu den USA und wird daher auch in diesem Kontext im Folgenden behandelt.

4.2 Die transatlantischen Beziehungen

Ende 2004 schaute die ganze Welt auf Washington und stellte die bange Frage nach den Konsequenzen einer zweiten Amtszeit George W. Bushs im Falle eines Wahlsieges der Republikaner. Nicht nur das persönliche Image des US-Präsidenten hatte im Zuge des Irak-Krieges weltweit empfindlichen Schaden genommen. Amerika selbst litt zunehmend unter der geringen Akzeptanz nicht nur in der Dritten Welt, sondern auch und gerade bei den europäischen Bündnispartnern, die die wohltätige amerikanische Hegemonie nach dem klassischen Vorbild Athens in der Stadtstaatenwelt der Antike heute mehr denn je als Vorherrschaft der „Hypermacht" Amerika empfinden, die sich dem Rest der Welt aufdrängt. 76 Prozent der Bürger in der EU sprachen sich im Januar 2005 gegen die Außenpolitik der Regierung Bush aus. Sie verbanden mit ihr das unilaterale amerikanische Vorgehen gegenüber dem Kyoto-Protokoll und dem Strafgerichtshof ebenso wie die Pläne zu einem die amerikanischen Interessen schützenden Raketenabwehrvertrag, die Strategie der Präemption (Bush-Doktrin) oder die Drohgebärden gegenüber alten (Iran, Nordkorea) wie neuen Schurkenstaaten (Burma, Kuba, Belarus).

Bushs Wiederwahl wurde in der EU mehrheitlich als Triumph der religiösen Rechten in Amerika betrachtet. Das säkularisierte Europa tut sich schon seit längerem schwer mit der Tatsache, dass die modernste Industrie- und Dienstleistungsgesellschaft ihre Vitalität nicht zuletzt auch aus ihrem Glauben und ihrer Religiosität schöpft. Dass für gut 20 Prozent der Wähler „moralische Werte" den Ausschlag bei der Stimmabgabe gegeben hatten, ist Europäern eher suspekt. Dabei übersieht man bisweilen, dass hinter aller revolutionär bis fundamentalistisch anmutenden Rhetorik des amerikanischen Präsidenten auch dessen Überzeugung von einem liberalen und pluralen Amerika steht, das die Ideale aller Weltreligionen vereint: nämlich Gerechtigkeit, Freiheit und ein guter Lebenswandel, nicht zuletzt im Sinne eines friedfertigen Umgangs miteinander; Bush nannte in seiner Rede explizit die „Wahrheit vom Sinai" (zehn Gebote), die Bergpredigt Jesu Christi, die Worte des Korans und die unterschiedlichen Glauben „unseres Volkes" als die Grundlage für das „Charaktergebäude" Amerikas.

Ausgiebige Nachwahl-Untersuchungen belegten zudem, dass längst nicht alle, die sich auf „moralische Werte“ beriefen, damit Abtreibung, Waffenbesitz oder die Homosexuellen-Ehe meinten, also die klassischen Themen. Ein Drittel der Wähler nannte die Armut das größte moralische Problem Amerikas, und mehr als 40 Prozent der Wähler bezeichneten auch den Irak-Krieg als eine moralische Frage. Die Ereignisse des 11. September 2001 und die daraus resultierenden militärischen Interventionen in Afghanistan und im Irak haben das Land viel tief greifender verändert als es Europa bisweilen wahrhaben wollte/will und damit auch zu einem Paradigmenwechsel in den transatlantischen Beziehungen geführt, dessen Ursachen allerdings bereits in den Umbrüchen der Jahre 1989-1991 begründet liegen. Mit dem unangefochtenen Deutungsrahmen des „Krieges gegen den Terror“ erhielt der Präsident in der Vergangenheit den permanenten Ausnahmezustand am Leben, der nicht nur die Rechtfertigung lieferte für den fundamentalsten sicherheitspolitischen Strategiewandel in der amerikanischen Außen- und Sicherheitspolitik seit Kennans „containment“-Strategie, sondern den er auch bis zuletzt zur Stärkung der institutionellen Macht seines Amtes einsetzte. Zwar mehren sich in jüngster Zeit die kritischen Stimmen im Land bezüglich der amerikanischen Mission im Nahen und Mittleren Osten, die von der amerikanischen Regierung ausgegebene Losung von der „Freiheit für alle“, die mit allen Mitteln gegen die „Tyrannei“ zu verteidigen sei, findet jedoch von der Idee her unverändert ihre Unterstützung. Und in diesem Zusammenhang ist der Krieg im Irak und die Präsenz in Afghanistan ein integraler Bestandteil des Epochenkrieges gegen den Terrorismus.

An diesem Punkt tut sich derzeit der größte Dissens im transatlantischen Verhältnis auf: Die Tatsache, dass die US-Administration Menschenrechte und Demokratie gegebenenfalls auch mit Gewalt durchzusetzen bereit ist und somit die liberale Tradition nicht selten als Rechtfertigung einer Interessen- und Machtpolitik dient, die das Ziel des Schutzes der inneren Freiheit lediglich zum Zweck der Stärkung der äußeren Macht des Staates instrumentalisiert, während Europäer aus der viel beschworenen gemeinsamen liberalen Grundlage eher die Notwendigkeit vom Rechtsprimat und von der Kooperation auch mit Nichtdemokraten ableiten, ist Ausdruck einer tief greifenden Wertedifferenz, die in den vergangenen Jahren auf beiden Seiten zu einer dramatischen Abnahme wechselseitiger Wertschätzung und Sympathie geführt hat. Jedenfalls missbilligt die europäische Öffentlichkeit mehrheitlich die religiöse Überhöhung amerikanischer Außenpolitik und den selbst anmaßenden Glauben/Anspruch der „exceptional nation“ (Seymour Martin Lipset) an die eigene Ausgewähltheit, an den Gottesauftrag, die Mission zur Verbreitung des Guten und der Freiheit in der Welt. Der amerikanische Historiker Walter Russel Mead hat in diesem Zusammenhang den Begriff vom „nationalen Messiaskomplex“ der Amerikaner (Demokraten wie Republikaner) geprägt.

Gemeint ist damit bei Bush nicht zuletzt die kühne Auflösung des das politische Alltagsgeschäft prägenden Gegensatzes zwischen nationalen Interessen auf der einen und „amerikanischen Grundüberzeugungen" auf der anderen Seite (die Symbiose von Realpolitik und Idealismus) – so als bestimmten die Menschenrechte das außenpolitische Handeln in gleichem Maße wie realistische und geostrategischen Interessen das außenpolitischen Handeln Amerikas. Europäer glauben daran nur bedingt: Kompromisse und Widersprüche zwischen Rhetorik und Handeln werden in ihren Augen auch künftig bleiben: im Verhältnis zu den „Verbündeten" mit autoritärer Führung; in Regionen, in denen man Regierungen unterstützt, die Menschenrechte und Demokratie für naiven westlichen Luxus halten; in der Abwägung von Zielen und Interessen – ob gegenüber Russland, China, Saudi-Arabien oder Iran.

Was kann man für die transatlantischen Beziehungen vor diesem Hintergrund tatsächlich erwarten? Derzeit werden zwei gegensätzliche Prognosen gehandelt: Die einen erwarten grundlegende Kontinuität, ja vielleicht gar eine Radikalisierung der amerikanischen Außenpolitik und damit weitere Belastungen für die Beziehungen bis hin zu einem Ende des Atlantizismus.[14] Vertreter dieser Sichtweise gehen davon aus, dass die Veränderungen im transatlantischen Verhältnis struktureller Art sind und vor allem das Ergebnis des seit Ende des Kalten Krieges unaufhaltsam wachsenden Machtanspruchs der Amerikaner einerseits sowie – in Reaktion darauf – europäischer Emanzipations- und bisweilen Gegenmachtbildungen (so die neorealistische These) andererseits. Die grundlegend unterschiedliche machtpolitische Ausgangslage, die sich zum Ende des Kalten Krieges noch einmal gesteigert habe, führe zwangsläufig zu einer unterschiedlichen strategischen Ausrichtung und schlussendlich auch zu einem Ende der Wertegemeinschaft (Robert Kagans These von „Mars und Venus").[15] Amerika wünsche grundsätzlich weniger Beschränkung seiner Macht, um schneller auf die neuen Gefahren und Herausforderungen reagieren zu können. Europa hingegen wünsche die Anerkennung etwaiger eigener konkurrierender Interessen durch Washington.[16] Hinzu komme schließlich, dass ein latent immer vorhandener Wertedissens im transatlantischen Verhältnis heute mangels ei-

14 Zum Stand und zu den Perspektiven der transatlantischen Beziehungen vgl.Thomas Jäger/Alexander Höse/Kai Oppermann (Hg.), Transatlantische Beziehungen, Wiesbaden 2005; Ludger Kühnhardt, Contrasting transatlantic interpretations. The EU and the US towards a Common Global Role, Stockholm 2003; Werner Weidenfeld, Rivalität der Partner. Die Zukunft der transatlantischen Beziehungen, Gütersloh 2005; Ivo Daalder, The End of Atlanticism, in: Survival, 2 (2003), S. 147-166.

15 Robert Kagan, Of Paradise and Power: America and Europe in the New World Order, New York 2003.

16 Ivo Daalder/James Lindsay, Scheidung oder Neubeginn. Die transatlantischen Beziehungen sind an einem Wendepunkt angelangt, in: Internationale Politik, 5 (2003), S. 9-20.

nes klar identifizierbaren Feindes viel vehementer auf die politischen Beziehungen durchschlage als in der Vergangenheit.[17]

Die anderen gehen von einer Hinwendung zu einer moderateren pragmatischen Politik Washingtons aus – nicht zuletzt aus Gründen der Alternativlosigkeit des engen transatlantischen Verhältnisses –, die es beiden Seiten erlaubt zu einer gedeihlichen Zusammenarbeit in den zentralen Fragen der Weltpolitik zurückzukehren.[18] Die transatlantische Sicherheitsgemeinschaft ist danach nach wie vor von einer starken wechselseitigen Interdependenz (europäisch-amerikanische Wirtschaftsbeziehungen; Zusammenarbeit auf dem Balkan und in Afghanistan), einem hohen Maß an kollektiver Identität und gemeinsamen Werten (Amerikaner wie Europäer bevorzugen mehrheitlich multilaterale Lösungen; Wahrnehmung der größten Bedrohungen; offene liberale Kultur) und einem dichten Geflecht an Institutionen und Normen (insbesondere NATO) geprägt. Vertreter dieser Option sehen Bush mit seiner Ausrichtung auf Präventivkrieg, Unilateralismus und der Idee der Demokratisierung des Nahen und Mittleren Ostens im Zuge einer erfolgreichen Mission im Irak gescheitert. Die Grenzen amerikanischer Macht, einschließlich militärischer Machtentfaltung, erzwingen so gesehen eine Kurskorrektur; eine imperiale Politik ohne arbeitsteilige, substantielle Mitwirkung verbündeter Staaten in Europa ist nicht möglich, vielmehr bedarf es einer neuen, auf einer angemessenen militärisch-zivilen Aufgabenteilung beruhenden transatlantischen Partnerschaft, die nicht nur dem wachsenden Gewicht Europas in der Welt im Allgemeinen und der rasanten Entwicklung der GASP/ESVP im Speziellen Rechung trägt, sondern auch dazu führen könnte, dass es dabei zu einer „strukturellen Verschiebung in den transatlantischen Beziehungen (kommt), die im außen- und sicherheitspolitischen Bereich langfristig dem existierenden dynamischen kooperativen Gleichgewicht im geoökonomischen Bereich entsprechen werde".[19]

Wahrscheinlich liegt die Antwort auf die Frage nach dem künftigen außenpolitischen Kurs Amerikas und den transatlantischen Beziehungen zwischen diesen beiden Polen. An der Überzeugung, das richtige Ziel zu verfolgen (der Kampf gegen den Terrorismus) und notfalls auch im Alleingang zu handeln, hat sich aus Sicht des politischen Establishments in Washington (und zwar überparteilich) auch gut drei Jahre nach dem offiziellen Kriegsende im Irak grundsätzlich nichts geändert. Das hat nicht zuletzt etwas damit zu tun, dass mittlerweile fast drei Viertel der

---

17 Harald Müller, Das transatlantische Risiko – Deutungen des amerikanisch-europäischen Weltordnungskonflikts, in: APuZ, B 3-4 (2004). www.bpb.de/publikationen/HVZAAE.html.

18 James Steinberg, An Elective Partnership: Salvaging Transatlantic Relations, in: Survival, 2 (2003), S. 113-146; Ron Asmus, Rebuilding the Atlantic Alliance, in: Foreign Affairs, 5 (2003), S. 20-31.

19 Victor Mauer, Von der Hegemonie zum kooperativen Gleichgewicht. Die transatlantischen Beziehungen im Wandel, in: Johannes Varwick (Hg.), Die Beziehungen zwischen NATO und EU. Partnerschaft, Konkurrenz, Rivalität, Opladen 2005, S. 257-270 (260).

Amerikaner der Ansicht sind, dass die UN dazu nicht in der Lage und nicht länger ein effizientes Instrument der internationalen Politik seien (FAZ, 22. September 2006); die Hälfte der Bevölkerung ist gar der Überzeugung, die UN untergrüben die nationalen Sicherheitsinteressen des Landes. Allerdings erfordern die Realitäten auch für die unbestritten letzte und einzige Weltmacht ein gewisses Zurückrudern und bedingen so auch einen anderen politischen Stil. Amerikanische Außenpolitik dürfte demnach in der zweiten Amtszeit eine Mischung aus kraftvollem Auftreten nach außen (welches sich nicht vor Konsequenzen der Übernahme von Verantwortung durch die Führungsmacht scheut) einerseits und vorsichtigerer Diplomatie, die sich vor allem der politisch-psychologischen (weniger vielleicht der materiellen) Grenzen bewusst ist, andererseits sein. Zwei einander bedingende Punkte sprechen im Wesentlichen dafür – das amerikanische außenpolitische Selbstverständnis auf der einen, und die überragende Machtposition Amerikas zu Beginn des 21. Jahrhunderts auf der anderen Seite.

Für Europa hingegen gilt es, einen solchen Kurs zu unterstützen, weil er im Grunde ohne Alternative ist: die transatlantische Gemeinschaft muss gleichermaßen gegen amerikanischen Unilateralismus sowie allzu starke anti-amerikanische Stimmungen in Europa verteidigt werden, da seit 1989/90 weder eine völlige Anpassung („bandwagoning") an die amerikanische Außenpolitik noch Gegenmachtbildung im französischen Sinne mehrheitsfähige Positionen innerhalb der EU sind. Effektives multilaterales Vorgehen, wie in der ESS gefordert, ist in den meisten Fällen nicht ohne und schon gar nicht gegen den mächtigsten Staat der Welt möglich. Im Übrigen teil man nach wie vor Werte und Interessen in weitaus stärkerem Maße als mit anderen regionalen Vormächten. Schließlich hat das Versagen der EU auf dem Balkan die unveränderte sicherheitspolitische Abhängigkeit des Kontinents von Amerika gezeigt. Zwar beförderte es den Ausbau der ESVP, mitnichten aber im Sinne der Gegenmachtbildung zu den USA, sondern mehrheitlich eben doch komplementär, da die Kosten einer solchen Entwicklung den aus der Anerkennung der Ordnung stiftenden Supermacht abgeleiteten Nutzen für die Union bei weitem übersteigen würden.

4.2.1 Ordnung gestalten als Ausfluss von Macht – einige theoretische Überlegungen zur einzigartigen Stellung Amerikas in der Welt und deren Auswirkungen auf das transatlantische Verhältnis

Begreift man Macht als Ausdruck von „Ressourcenansammlung" zur Durchsetzung des eigenen Willen im Sinne Max Webers und damit verbunden als Mittel zur autonomen Gestaltung innerer wie äußerer Ordnung (Karl Deutsch),[20] dann sind die USA derzeit mächtiger denn je, „die erste Weltmacht der Geschichte im Weltmaßstab".[21] Seit Ende des Kalten Krieges dominieren die USA die Weltpolitik mit einer beispiellosen Kombination aus politischem Führungswillen, militärischer Stärke, Wirtschaftskraft und kultureller Meinungsführerschaft, letztere nicht zuletzt als Ergebnis der technologischen Revolution und der damit verbundenen (ökonomischen) Globalisierung. Für viele Beobachter steht dabei fest, dass beide Entwicklungen zwar den Austausch von Kulturen und Gütern befördern, dieser Prozess aber in den letzten Jahren zur Einbahnstraße geworden ist: Diversität ist längst zugunsten von Uniformität im Sinne von „Amerikanisierung" aufgehoben. Noch weit mehr als die amerikanische Wirtschaftsphilosophie der „new economy" und des Neoliberalismus provoziert heute die kulturelle Hegemonie der USA als Bestandteil der „weichen Macht" Amerikas weltweit nicht nur Ablehnung, sondern auch Anziehung und Faszination. Neben den Technologiezentren von der Ostküste bis nach Kalifornien, der gewaltigen Luft- und Raumfahrtindustrie sowie der Ölindustrie zwischen Texas und Alaska, Megakonzernen wie „Microsoft" oder „Intel" ist es die amerikanische Medienmacht von Film und Fernsehen sowie der sich weltweit ausbreitende „American way of Life", der auch in Europa zunehmend als Verheißung wie Bedrohung zugleich wahrgenommen wird.

Amerikas Ausnahmestellung ist die logische Konsequenz des Umbruchs der Jahre 1989-1991, der die USA als einzig global handlungsfähige Weltmacht hinterließ und Washington die Chance gab, die Welt nach seinen Vorstellungen zu gestalten – frei von „überseeischen Verstrickungen" (bisweilen auch im Jeffersonschen Sinne der internationalen Selbstbeschränkung zur Bewahrung der amerikanischen Demokratie) und mit der Perspektive des weltweiten Friedens (im Sinne des Wilsonschen moralischen Rigorismus, der Demokratie als Ideologie in die Welt trägt), aber jederzeit fähig zur globalen Machtprojektion, wenn die nationalen Interessen (frei-

20 Max Weber, Wirtschaft und Gesellschaft, Tübingen 1972 (5. Auflage), S. 28; Karl W. Deutsch, Politische Kybernetik. Modelle und Perspektiven, Freiburg 1970, Kap. 7.

21 Lothar Rühl, Das Reich des Guten. Machtpolitik und globale Strategie Amerikas, Stuttgart 2005, S. 28.

händlerische im Sinne Alexander Hamiltons oder sicherheitspolitische im Sinne des Jacksonischen Interventionismus) es nahe legten. Das Ende des Ost-West-Konflikts schuf eine neue Ordnung, die auch die Rahmenbedingungen für die transatlantischen Beziehungen nachhaltig veränderte: mit dem Wegfall der sowjetischen Bedrohung entfiel der über jede systeminterne Krise erhabene Zwang zur Zusammenarbeit, nachdem das weitgehend befriedete Europa für die USA an Stellenwert zugunsten Asiens und (später) des „Größeren Mittleren Ostens" („Broader Middle East") an Bedeutung verlor bzw. Europa sich anschickte, durch die Entwicklung der GASP/ESVP sein Gewicht in der Welt zu verstärken, zumindest einen bestimmten Grad an Unabhängigkeit von Washington zu erzielen oder gar von einer Politik der Gegenmachtbildung träumte, der zufolge auch das NATO-Bündnis in die Bedeutungslosigkeit zu versinken drohte.

Die Ausnahmestellung Washingtons und die bestehenden amerikanisch-europäischen Machtasymmetrien nach dem Ende der Bipolarität wurden durch die Ohnmacht der Europäer jenseits aller Lippenbekenntnisse und institutionellen Vorkehrungen in der politischen Praxis (Balkan) zunächst noch gefestigt und veranlassten bereits Bill Clinton, im Januar 1997 von der „unersetzlichen Macht" Amerika (indispensable power) zu sprechen, deren Mittel (einschließlich militärischer Art) nötigenfalls auch unilateral einzusetzen seien.[22] Amerikas Macht erwächst nach diesem Verständnis also nicht allein aus seinem überragenden Militärpotential oder seiner Wirtschaftskraft, sondern auch aus einer Auffassung, wonach Gestaltung (im Sinne von Ordnung gestalten) die zentrale Aufgabe aller, an bestimmte Wertvorstellungen gebundenen Staatlichkeit im Inneren wie im Äußeren ist. Danach kann und gibt es eben auch keine zentrale Ordnungsgewalt auf internationaler Ebene. Die Vereinten Nationen können dies aus Sicht der Amerikaner nicht leisten, weil die Mitglieder ihre Kräfte nicht aus freien Stücken bündeln.

Der auf diesem Grundverständnis basierende, viel gescholtene Unilateralismus der Amerikaner setzte also keinesfalls erst mit dem Amtsantritt von George Bush ein, und er war auch nicht ausschließlich ein Phänomen der Exekutive. Die Festlegung auf die Raketenabwehr 1999, die Weigerung des Senats, dem atomaren Teststoppvertrag zuzustimmen, im gleichen Jahr, die zögerlichen Verhandlungen der US-Delegationen bei den Gesprächen über ein Verifikationsprotokoll für die Konvention gegen biologische Waffen, das Blockieren des Kyoto-Protokolls wie des Internationalen Strafgerichtshofs – all diese Entwicklungen signalisierten bereits in den neunziger Jahren das gewandelte Selbstverständnis der Supermacht in der Außenpolitik und führten, befeuert durch die Auseinandersetzungen um Todesstrafe

22 Bill Clinton, Second Inaugural Address of the President, January 20, 1997. www.law.ou.edu/hist/clinton2html.

und religiöse Freiheit, bereits in dieser Zeitspanne zu latenten Spannungen im transatlantischen Verhältnis. Allerdings verschärfte sich der unilaterale Reflex unter Bush noch einmal beträchtlich.[23] Und seither stellt sich eben die Frage, ob der in der Unipolarität angelegte Wandel in der amerikanischen Außenpolitik, der durchaus in den Umbrüchen der Jahre 1989-1991, spätestens aber in den Anschlägen vom 11. September angelegt ist, durch den Präemptivschlag im Irak nicht einen weiteren Paradigmenwechsel erfahren hat. Bei allen Variationen amerikanischer Weltpolitik nämlich galt zumindest bis zum 11. September eine Konstante: Amerika unangefochten und machtvoll zu halten, es gleichzeitig aber mit einer großen Anzahl von Bündnispartner verbunden zu sehen. In diesem Sinne akzeptierte die Welt den „wohlwollenden Hegemon", die „unverzichtbare" Nation zum weltweiten Schutz der von ihr verkörperten Werte, die zwar auch ganz praktische, realpolitische und kommerzielle Interessen verfolgte, aber eben nicht imperial auftrat. Eben diese Gefahr des Umschlagens in das unangefochtene Imperium, welches der Weltordnung einen neuen Stempel jenseits einer seit fünf Jahrzehnten mehr oder weniger erfolgreichen Ordnungsgewalt universaler Autorität (UN) aufdrückt, ist heute im Falle Amerikas realer denn je und das, was Europa umtreibt und das transatlantische Verhältnis belastet.

4.2.2 Amerikas wirtschaftliche Stärke und die Auswirkungen auf das transatlantische Verhältnis

Vieles von dem, was man von der künftigen Außenpolitik Amerikas und damit auch für das transatlantische Verhältnis erwarten darf, hängt zentral von der weiteren Entwicklung der amerikanischen Wirtschaft ab. Ein Blick auf die politische Agenda der US-Administration gibt dabei nicht nur Aufschluss über die enormen ökonomischen Herausforderungen, vor denen das Land steht, sondern auch über die Größenordnung der amerikanischen Wirtschaft. Die USA sind entschlossen, in den kommenden Jahren das Augenmerk verstärkt auf die Daseinsvorsorge (Rentenversicherung) zu lenken und radikale Reformen vor allem im Innern durchzusetzen: Teilprivatisierung der Rentenversicherung, die genauso wie die europäische von der demographischen Entwicklung bedroht wird; Sanierung des US-Haushalts durch umfangreiche Kürzungen oder Streichungen von Ausgabenprogrammen vor allem in den Bereichen Soziales, Verkehr, Wohnungswesen, Stadtentwicklung,

23 Matthias Dembinski, Unilateralismus versus Multilateralismus. Die USA und das spannungsreiche Verhältnis zwischen Demokratie und Internationaler Organisation, Frankfurt/M. HSFK-Report 4 (2002).

Landwirtschaft und Umwelt; neue große Umverteilungen zugunsten des Schulwesens, der beruflichen Bildung und der ärztlichen Versorgung.[24] Gleichzeitig plant die US-Regierung weitere umfangreiche Steuersenkungen und eine Erhöhung des Verteidigungsbudgets um rund 4,5 bis 5 Prozent in den kommenden Jahren; das entspricht fast 50 Prozent der weltweiten Verteidigungsausgaben und dem Dreifachen dessen, was die EU-Staaten derzeit für ihre Streitkräfte ausgeben.

Der Handlungsspielraum für das ehrgeizige Programm scheint zunächst eher begrenzt: in den vergangenen Jahren betrug das Budgetdefizit jeweils rund 4,2 Prozent des BSP, das Handelsbilanzdefizit belief sich auf etwa 590 Mrd. Dollar, die öffentliche Gesamtverschuldung betrug 7,4 Billionen Dollar und mit einem Zahlungsbilanzdefizit von mehr als 600 Mrd. Dollar, rund 5,5 Prozent des Bruttoinlandprodukts, hängt Amerika seit längerem in hohem Maße von den Entscheidungen anderer ab, insbesondere von den Ländern in Asien, die in den vergangenen Jahren hohe Dollarguthaben erworben haben: China, Taiwan, Japan. Nimmt man die jährlichen Kosten für den Irak und Afghanistan in den vergangenen drei Jahren hinzu (bereits 2003 und 2004 bewegten sich die Gesamtausgaben in der Größenordnung von mehr als 200 Mrd. Dollar), dann kann man ermessen, vor welch ungeheuren ökonomischen und finanziellen Herausforderungen Washington künftig steht.[25]

Das Land hat jedoch gerade in der vergangenen Dekade bewiesen, dass seine Volkswirtschaft und Gesellschaft im Vergleich zu Europa und zu Japan in hohem Maße anpassungsfähig ist bei Veränderungen der internationalen und auch der inneren sozialen Bedingungen. Die Fähigkeit, das enorme ökonomische Potenzial nach den jeweiligen konjunkturellen Gegebenheiten zu nutzen, verschaffte der US-Wirtschaft in der Vergangenheit stets die Flexibilität, auch in wirtschaftlich schwierigen Zeiten mit einem Wirtschaftswachstum auf durchschnittlich hohem Niveau aufzuwarten. So dominiert das Land nach wie vor – trotz enormer Ausgabenprogramme vor allem in den Bereichen Verteidigung und Innere Sicherheit seit 2001 – die Weltwirtschaft und stellt Japan und die EU in punkto Wachstumsraten eindeutig in den Schatten. 2004 ist das Bruttoinlandsprodukt (BIP) um 4,4 Prozent gestiegen, 2005 und 2006 immerhin noch um ca. 3 bis 3,5 Prozent. Im Vergleich dazu betrugen die Zuwachsraten in Japan 2,6 (2004) bzw. 1,5 bis 2,0 Prozent (2005 und 2006) und in der EU 2,3 (2004) bzw. 1,75 bis immerhin 2,8 Prozent (2005 und 2006). Selbst ein Jahr nach den Terroranschlägen erwirtschafteten die USA in etwa 31 Prozent des Weltbruttosozialprodukts und gaben 36 Prozent von

24 Bericht des Präsidenten zur Lage der Nation 2005, Teil I, US-Politik (2. Februar 2005). Amerika-Dienst Archiv. http://amerikadienst.usembassy.de.

25 Politik als Mission. Die Agenda der zweiten Bush-Administration. Jahresbericht 2004. Friederich-Ebert-Stiftung, Büro Washington, 20. Januar 2005.

den weltweiten Militärausgaben von 811,5 Mrd. US-Dollar aus.[26] Der Anteil der USA am Welthandel ist seit Anfang der neunziger Jahre kontinuierlich gestiegen und beträgt heute in etwa 15 Prozent; er wird damit lediglich von dem Handelsvolumen aller Mitgliedsländer der EU mit etwa 20 Prozent Welthandelsanteil übertroffen. Die amerikanische Wirtschaft ist damit etwa doppelt so groß wie die Japans, Kalifornien allein war im Jahr der Terroranschläge ist die fünftgrößte Wirtschaftsmacht, vor Frankreich, knapp hinter Großbritannien.[27] Washington zieht mehr Humankapital in Form von Experten und Spezialisten an als irgendein anderes Land in der Welt und mehr als ein Drittel der weltweiten Direktinvestitionen gehen nach Amerika. Obwohl der nationale Anteil an Forschungs- und Entwicklungsausgaben im Zeitalter der Globalisierung nur noch schwer messbar ist, weisen die Zahlen um die Jahrtausendwende doch aus, dass der entsprechende Etat Washingtons in etwa dem der sieben nächsten reichsten Nationen zusammengenommen entspricht. Auch bei den öffentlichen Ausgaben für die Bildung wird deutlich – zumal wenn man bedenkt, dass ein hoher Anteil des Bildungssektors privatisiert ist –, dass der relative Aufwand der USA für diesen Bereich weit höher ist als in den meisten westlichen Industrienationen.

Auf die Gründe für den Erfolg der amerikanischen Wirtschaft in der vergangenen Dekade (vor allem im Vergleich zu den beiden größten Konkurrenten Europa und Japan) wurde bereits an anderer Stelle hingewiesen: Sie liegen zum einen in dem enormen amerikanischen Beschäftigungswachstum von mehr als 10 Prozent auf eine Quote von 75 Prozent in diesem Zeitraum; über die gleiche Phase stagnierte die Beschäftigungsquote innerhalb der EU im Durchschnitt bei 66 Prozent. Zum anderen verstärkte die zunehmende Produktivitätslücke, die die Europäer in den drei vorangegangenen Dekaden kontinuierlich bis Mitte der neunziger Jahre auf 80 Prozent des US-Niveaus verringert hatten, diesen Trend.[28] Lediglich Irland, Luxemburg, Portugal und Finnland erreichten ähnliche Raten wie die USA. Die Bundesrepublik oder Frankreich hingegen verhinderten noch größere Ungleichgewichte im gleichen Zeitraum nur über ihre starken Rationalisierungsinvestitionen.

Beide Faktoren, eben die geringere Beschäftigungsquote wie durchschnittliche Arbeitsproduktivität haben in der Vergangenheit dazu beigetragen, dass sich die Kluft zwischen Europa und den USA hinsichtlich der durchschnittlichen Kaufkraft weiter zugunsten der USA vergrößert hat. In den letzten 25 Jahren konnte Europa den Abstand, gemessen am Bruttoinlandsprodukt pro Einwohner, nicht verringern.

26 Present at the Creation. A survey of America's world role. The Economist, 29. Juni 2002.
27 Stephen G. Brooks/William Wohlforth, American Primacy in Perspective, in: Foerign Affairs, 81, 4 (Juli/August 2002), S. 22-33.
28 Stefan Fröhlich, Europas wirtschaftliche Schwäche, in: Internationale Politik, 7, 60 (Juli 2005), S. 40-46.

Im Gegenteil, in den neunziger Jahren vergrößerte das enorme Wirtschaftswachstum in den USA diese Kluft weiter, so dass das durchschnittliche Pro-Kopf-Bruttoinlandsprodukt Europas heute etwa zwei Drittel des amerikanischen beträgt. Darüber hinaus sind die Einkommen in den USA, auch in den unteren Einkommensschichten, nach Jahren der Stagnation erstmals wieder gestiegen.

Beide Entwicklungen sind das Ergebnis der o. e. größeren Flexibilität der amerikanischen Wirtschaftspolitik im Vergleich zur EU, einer Flexibilität, die auch auf den außenwirtschaftlichen Kurs der USA durchschlägt. Nach wie vor wird das internationale Währungs- und Finanzsystem von Washington bestimmt. Sechs der größten 25 Banken der Welt sind amerikanisch. Die Wertpapierkäufe und -verkäufe amerikanischer Pensionsfonds steuern maßgeblich das Schicksal der globalen Aktienmärkte und machen Wall Street trotz London, Tokio und Frankfurt zur unbestrittenen Nummer Eins der Weltbörsen. Die Entscheidungen der US-Notenbank und die Haushalts- und Steuerpolitik der Regierung gehören zu den mächtigsten Steuerungsinstrumenten der USA, mit weit reichenden Wirkungen in andere Länder hinein (so zuletzt nachhaltig dokumentiert in der Asienkrise). Schließlich beherrscht der US-Dollar – trotz Euro – den größten Währungsraum der Welt und profitiert von seiner traditionellen Rolle als Leitwährung,[29] weil Finanzdisponenten ihr Kapital nach wie vor ungemindert nach den USA verschieben, in der Erwartung, dass Kapital dort höher oder sicherer verzinst wird als im Euroraum. Und diese Erwartung wird häufig bestätigt, weil die amerikanische Wirtschaft immer wieder zeigt, dass ihre Dynamik entsprechend hohe Renditen abwirft. Dies hat maßgeblich etwas damit zu tun, dass nirgendwo sonst Erfindungen und Innovation so konsequent in marktfähige Produkte und Dienste umgesetzt werden wie in Amerika. Die Zukunftsorientierung von Politik, Unternehmen, Märkten und Börsen durch Investition in Schlüsseltechnologien (Kommunikationstechnik, Biotechnologie) und Entwicklung neuer Materialien ist der eigentliche Grund für Wachstum, Innovation, Produktivitätsfortschritt und den Abbau von Arbeitslosigkeit. Sie garantiert auch die enge Verzahnung von exzellenter Wissenschaft und Technik und der privaten Wirtschaft, wie sie gerade für die militärische Vorrangstellung der USA wesentlich ist.

Man kann also durchaus seit spätestens Mitte der neunziger Jahre des 20 Jahrhunderts von einem transatlantischen Systemwettbewerb sprechen, der – vereinfacht gesprochen – bestimmt wird vom Überlegenheitsanspruch des amerikanischen marktwirtschaftlichen Modells gegenüber dem sozialdemokratischen europäischer Provenienz und der sich erst allmählich etwas zu entschärfen beginnt auf

29 Dirk Franke, Größte Banken der Welt. US-Institute demonstrieren Stärke, in: die Bank. Zeitschrift für Bankpolitik und Praxis, 10 (Oktober 2003). www.die-bank.de.

Grund der Reformanstrengungen innerhalb der EU (Lissabon-Strategie). In diesem Systemwettbewerb wird die Globalisierung weniger als Herausforderung denn als Chance begriffen und schlicht unter der Kategorie „free trade" versus „Protektionismus" subsummiert. Deutlich wird dies auch mit Blick auf die Handelskonflikte im transatlantischen Verhältnis. Zwar ließen sich in der Vergangenheit bei spezifischen Differenzen wie etwa dem Bananenstreit, beim Marktzugang für Stahl, Textilien oder landwirtschaftlichen Produkten, im Telekommunikationsbereich oder in Streitigkeiten zwischen Boing und Airbus zumeist Kompromisse handeln; ganz abgesehen davon machen diese Streitigkeiten gerade einmal ca. 2 Prozent des gesamten transatlantischen Handelsvolumens aus.[30] Dennoch gibt es auch hier Anzeichen dafür, dass hinter amerikanischen Sanktionsmaßnahmen gegen europäische Importrestriktionen und umgekehrt europäischen Drohungen von Vergeltungsmaßnahmen für unerlaubte amerikanische Exporthilfen (Foreign Sales Corporations Tax Act) zunehmend unterschiedliche Wettbewerbspolitiken und -praktiken im Speziellen und Ordnungsvorstellungen im Allgemeinen stehen, welche die transatlantischen Beziehungen zusätzlich belasten.

Beide Seiten stehen längst in einem Dialog über diese Fragen mit dem Ziel einer „weichen Konvergenz" der jeweiligen nationalen Bestimmungen vor allem im Kartellrecht und der Fusionspolitik. Dabei gibt Washington zweierlei zu bedenken: Erstens, Kartellrechtsfragen im transatlantischen Kontext drehen sich längst nicht nur um den jeweiligen Schutz nationaler Interessen; in vielen Fällen hat das EU-Kartellerecht vielmehr europäischen Unternehmen einen Riegel vor geplante Übernahmen geschoben (vgl. Kapitel Außenwirtschaftsbeziehungen). Zweitens, die EU-Generaldirektion Wettbewerb gehörte in den vergangenen Jahren zu den treibenden Kräften in der EU, wenn es um die Öffnung der eigenen Handelsmärkte gegenüber Drittländern, die Auflösung von Kartellen oder die Verhinderung den Wettbewerb verzerrender Praktiken der Mitgliedssaaten ging. In den Entscheidungsprozessen hielt Brüssel dabei mit Erfolg die Ansprüche der Ratsmitglieder auf Distanz. Längst hat man auf EU-Ebene erkannt, dass der Binnenmarkt allein zur Ankurbelung des Wirtschaftswachstums und zur Unterstützung global tätiger Unternehmen nicht ausreicht.

Wie Washington beansprucht Brüssel dabei allerdings für sich eine Regulierungs- und Harmonisierungskompetenz im Binnenmarkt, die den Mitgliedssaaten nicht selten über das erträgliche Maß hinausgeht, da sie in dem einen oder anderen Fall auch das viel beschworene Subsidiaritätsprinzip zusehends aushöhlt.

---

30 Anthony Blinken, The False Crisis over the Atlantic, in: Foreign Affairs, 80, 3 (May/June 2001), S. 35-48 (46).

Ohne Zweifel werden gerade Kartellrechtsfragen in zunehmendem Maße das transatlantische Verhältnis beschäftigen. Die amerikanische Abneigung gegenüber Preisabsprachen und anderen korporativen Praktiken zu Lasten des Wettbewerbs und damit zum Schaden des Konsumenten nimmt durchaus auch marktbeherrschende Monopolisten in Kauf. In der EU hingegen werden Übernahmen zunächst aus dem Blickwinkel möglicher Wettbewerbsverzerrungen auf Unternehmerseite bewertet.

Noch problematischer wird die Sache in Fragen, die die Etablierung internationaler Normen betreffen. Wer seine Normen durchsetzt, sichert sich den wirtschaftlichen Vorsprung; dies zeigten u. a. die Rangeleien um die technischen Standards bei der nächsten Generation von Mobiltelefonen oder im Bereich des „e-commerce" in den vergangenen Jahren. Doch auch diese Differenzen spielen sich in Rahmen eines gemeinsamen Regelwerks ab. Viel schwieriger wird es schließlich bei Fragen von hormonbehandeltem Fleisch, des Umwelt-, Lärm- und Datenschutzes, der Inneren Sicherheit (Einführung neuer Visumsvorschriften und biometrischer Pässe) oder der Regulierung bestimmter Märkte/Segmente (Biotechnologie – pharmazeutische Produkte, Klonfragen; Finanzdienstleistungen – Europas Reform der Banken- und Pensionssysteme und der Unternehmenssteuersysteme, Reform der Internationalen Bilanzierungsvorschriften; „Corporate Governance"-Systeme): Hier geht es nicht nur um tarifäre Handelshemmnisse oder Quoten, sondern auch um Regeln und Standards, die unterschiedliche gesellschaftliche Wertvorstellungen widerspiegeln. Die Existenz einer Wertegemeinschaft verbürgt nun mal keine gleichgerichteten Einstellungen zu allen Wertefragen.[31]

Dennoch haben beide Seiten alles in allem das gleiche Interesse an einem möglichst ungehinderten Handel, mit dem gegenseitigen Respekt vor den jeweiligen nationalen Besonderheiten und Beschränkungen. Zwar führt die Verflechtung beider Märkte dazu, dass externe Effekte des Wirtschaftsmodells der jeweils anderen Seite fallweise als wettbewerbsverzerrend, als Handelshemmnis oder gar als Angriff auf das eigene System empfunden werden können. Im Grunde aber gilt – bei aller Asymmetrie in der wirtschaftlichen Entwicklung beider Seiten – für den transatlantischen Handel nach wie vor zweierlei: Erstens, alle Handelstreitigkeiten folgen auf beiden Seiten dem gleichen Muster innenpolitischer Logik: man preist Ideen des Freihandels, beschädigt ihn aber in der Praxis. Zweitens, in aller Regel lassen sich Kompromisse aushandeln und das Wechselspiel von Diskriminierung und Retorsionen endet zumeist damit, das eine von beiden Seiten die globale Führungsrolle

31 Ernst-Ulrich Petersmann/Mark Pollack, Transatlantic Economic Disputes. The EU, the US, and the WTO, Oxford 2003; Sebastian Princen, EU Regulation and Transatlantic Trade, The Hague/Norwell 2002; Clifford Jones/Mitsuo Matsushita, Competion Policy in the Global Trading System, The Hague/London/New York 2002.

übernimmt und die andere Seit zum Einlenken bewegt. Insofern wird die militärische und sicherheitspolitische Dominanz der USA durch die politische und vor allem ökonomische Eingebundenheit in einen multilateralen Ordnungsrahmen relativiert, dem man sich allenfalls von Zeit zu Zeit entzieht und den man zur Durchsetzung eigener Interessen auch gegebenenfalls instrumentalisiert, in den man sich aber im Großen und Ganzen im Sinne eines flexiblen Multilateralismus integriert – und dies aus gutem Grund.[32]

Die gegenseitige Verflechtung im transatlantischen Verhältnis, insbesondere bei den Handels- und Kapitalströmen, ist so ausgeprägt, dass es eine Alternative zu ihr praktisch nicht gibt; dies zeigt auch die jüngste Rahmenvereinabrung zur Vertiefung der transatlantischen Wirtschaftsintegration zwischen beiden Seiten am Rande des Washingtoner US-EU-Gipfels im April 2007. Globale Konzerne sind heute meist in ihrem Kern euroatlantische Unternehmen. Europa insgesamt, gerade nach der Erweiterung, und nicht etwa Asien ist größter Investor, Arbeitgeber und auch, abgesehen von Kanada, größter Handelspartner der USA – bei insgesamt relativ ausgeglichener Bilanz. Beide Seiten wickeln rund 50 Prozent des Welthandels ab und sind für 90 Prozent der weltweiten Auslandsinvestitionen verantwortlich; allein 2003 betrug das Volumen des transatlantischen Warenhandels knapp 400 Mrd. Dollar. Die amerikanische Wirtschaft exportiert jährlich Waren im Wert von rund 150 Mrd. Dollar und Dienstleistungen im Wert von knapp 100 Mrd. Dollar in die Union, umgekehrt beträgt die Importquote rund 240 Mrd. Dollar (Waren) bzw. 80 Mrd. Dollar (Dienstleistungen). Die gegenseitigen Direktinvestitionen betragen zwischen 450 und 500 Mrd. Dollar und entsprechen so einem Anteil von etwa 60 Prozent (EU) bzw. 50 Prozent (USA) am Gesamtumfang der jeweiligen ausländischen Direktinvestitionen.[33] Allein diese Zahlen sprechen dafür, dass es auch künftig auf außenwirtschaftlicher Ebene im transatlantischen Verhältnis Ebenbürtigkeit und somit einen Zwang zu multilateralem und kooperativem Verhalten auf beiden Seiten geben wird. Europa und Amerika sind mit ihren jeweiligen Anteilen an der Weltproduktion und am Welthandel bzw. mit ihren vergleichbaren Bruttoinlandsprodukten die entscheidenden Gestaltungsmächte der Weltwirtschaft. Befürworter eines wirtschaftlichen „Neo-Atlantizismus“ wie der Wirtschaftsexperte Fred Bergsten fordern deshalb bereits seit längerem die Einrichtung eines informellen G-2-Ausschusses für die Weltwirtschaft, der sich um deren bessere Koordinierung be-

32 Stefan Fröhlich, Zwischen Multilateralismus und Unilateralismus. Eine Konstante amerikanischer Außenpolitik, in: APuZ B 25 (21. Juni 2002), S. 23-30.

33 Daniel Hamilton/Joseph Quinlan, Partners in Prosperity: The Changing Geography of the Transatlantic Economy, Center for Transatlantic Relations, Johns Hopkins University: Washington 2004, S. XI-XVII; des Weiteren: Stefan Fröhlich, Globalisierung und die Zukunft der transatlantischen Beziehungen, Arbeitspapier der Konrad-Adenauer-Stiftung 98, Sankt Augustin 2003.

müht, anstatt sich in permanenten Handelskonflikten aufzureiben.[34] Jedenfalls liegt in der wirtschaftlichen Leistungsfähigkeit Europas Schlüssel für eine konstruktive Rolle im transatlantischen Verhältnis, die Washington auch zukünftig zu einem flexiblen Multilateralismus zwingt.

In der Außen- und Sicherheitspolitik hingegen wird man sich wohl daran gewöhnen müssen, dass Washington zwar die Notwendigkeit erkennt, in bestimmten Fällen im multilateralen Rahmen zu handeln; dies gilt für die innere und „weiche" Sicherheit betreffenden Fragen – nicht zuletzt aus taktischen Gründen, da es nur so eine faire Lastenteilung im Bündnis einklagen kann und weil es die Öffentlichkeit mehrheitlich unverändert so wünscht. Ansonsten aber gilt für Fragen der äußeren Sicherheit ein neuer Pragmatismus, der auch von einer europakritischen Haltung gespeist wird, der jedoch vor allem Ausdruck einer veränderten Sicherheits- und Bedrohungslage nach dem 11. September ist, die es Washington angezeigt erscheinen lässt, je nachdem unilateral oder stärker im Rahmen von Ad-hoc-Bündnissen zu handeln. Insofern bestimmt Europas Gestaltungskraft in diesen Fragen mehr denn je den Grad amerikanischen Unilateralismus.

4.2.3 Die militärische Machtasymmetrie

Nichts dokumentiert Amerikas Supermachtstellung eindrucksvoller als seine militärische Stärke. Ton und Stil haben sich in der Außenpolitik in der zweiten Amtszeit Bushs zwar verändert – zu groß war der Imageschaden für das Land nach dem unilateralen Handeln Washingtons im Irak, der zunehmenden Instrumentalisierung der NATO („tool box") durch die USA bereits im Krieg gegen das Taliban-Regime in Afghanistan und der daraus resultierenden zunehmenden Ignoranz gegenüber den Bündnispartnern. In den USA – parteiübergreifend – bleibt aber der Kampf gegen den Terrorismus die alles überragende Aufgabe. Der 11. September bestimmt nach wie vor den außenpolitischen Kurs. Sollte sich Washington bedroht fühlen, so wird es auch weiterhin nicht davor zurückschrecken, unilateral und auch präventiv loszuschlagen. Dahinter steht die Überzeugung, dass es für die nationale Sicherheit allemal förderlicher ist, diesen Krieg gewissermaßen in Feindesland zu tragen und den islamischen Terrorismus durch einen notfalls gewaltsamen Anstoß zur Demokratisierung an der Wurzel zu bekämpfen, statt ihn daheim erleiden und ausfechten zu müssen. Deswegen gibt es nach wie vor keinen konkreten Zeitplan für einen Abzug amerikanischer Truppen aus dem Irak und Afghanistan, solange die „Mission

34 Fred Bergsten, The Transatlantic Century, in Washington Post, April 25, 2002.

nicht erfüllt ist" – allenfalls so etwas wie „Disengagement"-Pläne, schon um der Legitimität der demokratisch gewählten Regierungen in beiden Ländern willen.

Diese Grundhaltung ist zweifelsfrei Ausdruck eben jener überragenden militärischen Stärke des Landes. Obwohl die Zahl der Truppen auf ca. 1,3 Millionen verringert wurde, sind die amerikanischen Streitkräfte die mit weitem Abstand bestausgerüsteten und fähigsten in der Welt.[35] Aufgrund der vollständigen Digitalisierung ihrer Führungsstrukturen und nicht zuletzt aufgrund von Ausbildungsstand, Training und Doktrin sind sie in der Lage, mit geringsten Reibungsverlusten die verschiedenen Teilstreitkräfte im Kampf zu bündeln und sowohl integrierte Operationen wie in Afghanistan oder im Irak durchzuführen wie theoretisch auch die Eskalationsdominanz in einem Großmächtekonflikt zu entwickeln. Der militärtechnische Abstand zwischen Amerika und dem Rest der Welt ist seit Ende des Ost-West-Konflikts stetig gewachsen und dürfte in den kommenden 10 bis 20 Jahren auch nicht geringer werden. Weder China oder Japan noch Russland oder die EU könnten die Voraussetzungen dafür ohne einen fundamentalen Prioritätenwechsel in der Außen- und Sicherheitspolitik schaffen. Ein solcher ist im Falle der EU bei allen Erfolgen der ESVP aber auch künftig nicht zu erwarten. Insofern sind es auch längst nicht mehr die Bemühungen der EU, das Machtgefälle durch den Ausbau nur annährend auszugleichen, die das transatlantische Verhältnis belasten, sondern der zunehmende Relevanzverlust der NATO aus der Sicht Washingtons zugunsten einer flexiblen, auf funktionale ad-hoc-Koalitionen setzenden amerikanischen Weltpolitik. Eben in dieser Politik liegt die Gefahr der zunehmenden Hybris einer Supermacht, die – wie der damalige französische Außenminister Hubert Védrine es formuliert hat – auf die einseitige Ausdehnung der Geltung amerikanischen Rechts (-verständnisses) über die Grenzen der USA hinaus in den internationalen Beziehungen zielt. Nichts hat dies deutlicher gemacht als der Irak-Krieg – bei allen Einschränkungen, wie sie an anderer Stelle bereits erläutert wurden.

Die NATO als kollektives Verteidigungsbündnis hat sich spätestens seit dem 11. September zu einer „Sicherheitsorganisation" hin gewandelt, welche zwar enorme Anstrengungen unternommen hat, eine angemessene Antwort auf die neuen Herausforderungen zu finden, welche aber Schwierigkeiten hat, zum einen – wegen europäischer Widerstände – dem amerikanischen Anspruch auf ein global handelndes Bündnis gerecht zu werden, zum anderen – wegen amerikanischen Zögerns – die traditionelle Rolle einer vornehmlich auf das Bündnisgebiet begrenzten regionalen Schutzorganisation im Sinne Europas aufrechtzuerhalten. Beide Seiten sind sich zwar einig, dass das Bündnis mit seinen Kooperations- und Partnerschaftsprogram-

35 Center for Defence Information, Last of the Big Time Spenders: US Military Budget still the World's largest, and growing. www.cdi.org/budget/2004/world-military-spending.cfm (Zugang August 2005).

men und der Aufnahme neuer Mitglieder seit den Umbrüchen der Jahre 1989/90 einen zentralen Beitrag zu Sicherheit und Stabilität im euro-atlantischen Raum leistet und dass es das nach wie vor einzige Forum für transatlantische Kooperation im Sicherheitsbereich bildet. Beide Seiten stehen heute auch in einem intensiven Dialog in den Bereichen Terrorismusbekämpfung, Nichtverbreitung von Massenvernichtungswaffen und Zivilschutz und signalisieren damit ein Interesse an der gemeinsamen Bewältigung neuer Sicherheitsanforderungen. Schließlich leisten beide Organisationen mit ihren jeweiligen Fähigkeiten wichtige und komplementäre Beiträge zum Krisenmanagement über das gesamte Konfliktspektrum (von präventiven Einsätzen über humanitäre Operationen bis hin zu intensiver Kriegsführung und post-Konflikt-Management).[36] Dennoch läuft die Allianz zunehmend Gefahr zu einer Art „Sicherheits- und Service-Agentur" zu geraten, welche den Bündnisfall nach Art. 5 zwar ausrufen kann, ohne dass dieser jedoch auf beiden Seiten des Atlantiks als eine Verpflichtung zum militärischen Beistand interpretiert werden muss.[37]

Entscheidend ist in diesem Zusammenhang, dass sich die geopolitischen Prioritäten Washingtons in Richtung des Nahen und Mittleren Ostens sowie Ostasiens verschoben haben, die NATO jedoch eine regionale Organisation bleibt, die die globalen Bedrohungen nicht allein eindämmen kann. Die logische Konsequenz besteht für Washington darin, dass das Bündnis bei seinen Einsätzen immer stärker auf die Unterstützung von Ländern angewiesen ist, die ihm nicht angehören (vgl. a.a.O.). Brüssel wiederum teilt zwar die Einschätzung (vgl. ESS), dass die dortigen Herausforderungen (Sicherung der Ressourcen, Kontrolle fundamentalistischer Bewegungen bzw. des Terrorismus, Demokratisierung, Proliferation, Stabilisierung von Regionalkonflikten, allen voran des Nahost-Konflikts) auch die Interessen der EU berühren. Ganz abgesehen davon aber, dass es Differenzen gibt bzgl. der strategischen Mittel, mit denen diesen Herausforderungen begegnet werden soll, liegt der Schwerpunkt des sicherheitspolitischen Interesses nun mal auf dem eigenen Kontinent bzw. an der unmittelbaren Peripherie. Die Differenzen in diesem Punkt bedeuten aber auch, dass die EU auf Dauer nicht davon ausgehen kann, dass Washington sich dort in jeder Krise engagiert. Die logische Konsequenz daraus wurde bereits auf dem Brüsseler NATO-Gipfel von 1994 mit dem Konzept der „Combined Joint Task Forces" (CJTF) geboren, das die Nutzung von Teilen der NATO-Streitkräfte und -Befehlsstrukturen durch die NATO und (damals) die

36 Vgl. Paul Cornish/Geoffrey Edwards, The Strategic Culture of the European Union: A Progress Report, in: International Affairs, 81, 4 (2005), S. 801-820 (816 f.).

37 François Heisbourg, Europe and the Transformation of the World Order, in: Survival, 43 (Winter 2001-02), S. 144 f.

WEU erleichtern sollte. Dahinter stand die Absicht, den Europäern die Möglichkeit zu geben, Krisenmanagementaufgaben zu übernehmen und dafür Streitkräfte einzusetzen, die von der NATO „trennbar, aber nicht getrennt" (separable but not separate) waren. Endgültig umgesetzt wurde diese Idee mit den so genannten „Berlin Plus"-Vereinbarungen von 2003. Seither kann die EU bei der Durchführung ihrer Operationen auf kollektive NATO-Mittel und -Fähigkeiten zurückgreifen, während die NATO EU-geführte Operationen unterstützen kann, wenn sie selbst als Ganzes nicht militärisch tätig werden will; erste Operationen auf dieser Grundlage waren die EU-geführte Mission „Concordia" in der Republik Mazedonien (2003) sowie die 2004 angelaufene Mission „Althea" in Bosnien-Herzegowina.[38]

Das Problem dieser Vereinbarung liegt in den ihnen zugrunde liegenden Grundprinzipien für gemeinsame Einsätze: der formalen Gleichheit sowie der Beachtung der Entscheidungsautonomie und der Interessen beider Organisationen. Beide sind gehalten, ihre Interessen in wesentlichen Fragen im Konsens zu definieren, mithin mit Einstimmigkeit. Dies bedeutet aber, dass es sich die USA vorbehalten können- und auch wollen, wann sie der EU den vollen Zugang zu den knappen und teuren militärischen Mitteln der NATO, die vor allem amerikanische sind, gewähren. Über diese Hürde hilft auch die Tatsache nicht, dass sich nach dem EU-Beitritt von Rumänien und Bulgarien vier Fünftel der Mitgliedschaften in EU und NATO überlappen (21 der 26 NATO-Mitglieder gehören gleichzeitig der EU an).[39] Solange sich beide Organisationen hinsichtlich der Methoden und Mittel/Fähigkeiten zum Erreichen ihrer Ziele nicht einig sind, solange vor allem die USA fürchten, dass der Berlin-Plus-Mechanismus langfristig zu einem allzu großen europäischen Einfluss im Bündnis führen könnte (bei gleichzeitiger Verschärfung der Problematik einer gerechteren Lastenteilung), wird jede geplante EU-Aktion unter dem Damoklesschwert eines möglichen Vetos durch Washington stehen.[40] Dieses Dilemma wird zusätzlich verstärkt durch Frankreichs traditionelles Pochen auf eine größere Unabhängigkeit der ESVP von der NATO bzw. den USA. Trotz der Lippenbekenntnisse durch die französische Regierung zu den Werten von NATO und EU und der Komplementarität beider Organisationen ist auch Paris nicht dazu bereit, konstruktiv an einer substantiellen Kooperation zwischen ihnen mitzuwirken und umgekehrt EU-Einsätzen unter Nutzung von NATO-Ressourcen außerhalb des

---

38 Dazu Pol de Witte/Fritz Rademacher, Partnerschaft oder Rivalität? Ein Blick aus der Praxis, in: Varwick (Hg.), Die Beziehungen zwischen NATO und EU, a.a.O., S. 271-292.

39 Frank Kupferschmidt, Strategische Partnerschaft in der Bewährung. Die Zusammenarbeit von NATO und EU bei der Operation Althea. SWP-Studie, Berlin 2006 (April), S. 27.

40 Vgl. NATO and the European Union. Congressional Research Service (CRS). Report for Congress, April 6, 2004.

Balkans zuzustimmen, da solche einer de-facto-Kontrolle durch den NATO-Oberbefehlshaber Europa gleichkämen.

Die von beiden Seiten offiziell propagierte „strategische Partnerschaft" im Sinne der gegenseitigen Ergänzung (Komplementarität) stößt also in der Praxis sehr rasch an ihre Grenzen und impliziert, dass man sich europäischerseits entweder mit einer Abhängigkeit von der NATO in Teilbereichen abfindet – was dem vorherrschenden französischen Verständnis von Autonomie, das keine Beschränkungen der europäischer Handlungsoptionen zulässt, widerspricht – oder die Fähigkeiten zu raschem Krisenmanagement zulegt. Da die EU letzteres mit ihrem Planziel 2010 längstens beschlossen hat und da im Grunde auch die NATO auf eine solche Befähigung setzt, ist die logische Konsequenz aus diesen Bemühungen ein gewisses Maß an Duplikation militärischer Fähigkeiten in den Schlüsselbereichen Logistik, strategische Aufklärung und Planung; da eine weitere Reduzierung der NATO-Kommandostruktur vorgesehen ist, scheint es ohnehin fraglich, ob das Bündnis auf Dauer in der Lage sein wird, neben den eigenen Aufgaben auch noch den vereinbarten Berlin-Plus-Zusagen im einzelnen nachzukommen. Von diesem Maß an Duplikation hängt wiederum die Frage nach einem größeren politischen Einfluss der Union auf die USA. Schon jetzt allerdings ist absehbar, dass das militärische Gefälle zwischen beiden Seiten auf absehbare Zeit kaum geringer werden dürfte – was ohnehin nicht notwendigerweise ein Gradmesser für die amerikanische Bereitschaft sein muss, die eigene Handlungsfähigkeit beeinträchtigen zu lassen. Die mangelnde Bereitschaft, den eindeutigen politischen Erklärungen die entsprechenden Taten folgen zu lassen, deutet vielmehr darauf hin, dass die Union bei ihren Operationen noch längere Zeit auf eine substantielle Unterstützung der Allianz angewiesen bleiben wird.

4.2.4 Die strategischen Differenzen

Dies bedeutet allerdings auch, dass die EU sich damit abfinden muss, dass es eben von Zeit zu Zeit auf Grund der unterschiedlichen Wahrnehmung von Sicherheitsbedrohungen und der angemessenen Reaktion darauf zu Situationen kommen kann, in denen die global ausgerichtete Politik der US (im Gegensatz zur vorwiegend regional ausgerichteten europäischen Außenpolitik, mit Präferenz für multilaterales Vorgehen und politisch-ökonomische Mittel) ein eher instrumentelles Verständnis von Multilateralismus entfaltet und die sicherheitspolitische Handlungsfreiheit einschließlich der Doktrin Mittels der „antizipatorischen Selbstverteidigung" zur leitenden Maxime wird – auch auf die Gefahr einer Entfremdung gegenüber den Bündnispartnern hin. Allenfalls kann in solchen Momenten von einem realistischen Multilateralismus im Sinne der engen Zusammenarbeit mit ausgewählten und gleich gesinnten Staaten zur Umsetzung bestimmter Ziele die Rede sein, bei denen die Aufgabe die „flexiblen Koalitionen" bestimmt.

Ob die EU zu dieser Einsicht gelangt, hängt zunächst davon ab, ob sie sich nicht nur der Eigenart der Machtqualität Amerikas wieder bewusst wird, sondern auch das vexierte Bild des derzeitigen internationalen Systems korrigieren kann. Die mit dem historischen Phänomen der „singulären Weltmacht Amerika" verbundene Vorstellung nicht nur der Europäer von einer unipolaren Welt als „Abweichung von der politischen Norm, die ideal in einer Aufteilung der Macht liegen soll", wird zunehmend zu einem Feinbild hochstilisiert, die Amerika heute als imperiale Größe erscheinen lässt.[41] Amerika aber ist, bei aller globalen Gestaltungskraft aufgrund seiner geographischen Lage, seiner Ressourcen und seines Potentials, keineswegs imperiale Macht, die Herrschaft über andere Länder mittels eines gemeinsamen Rechtsraumes oder eines zentral kontrollierten politischen Systems imperialer Unterordnung ausübt. Es ist die unbestrittene Supermacht, die dem internationalen System ihren Stempel aufdrückt, aber ihre Macht in Krieg und Frieden nicht allein ausüben kann und auf die (politisch-psychologische) Unterstützung ihrer Bündnispartner und anderer Länder ebenso angewiesen ist wie auf die Ressourcen (Öl und Gas zur Deckung des enormen eigenen Bedarfs) in einer offenen Weltwirtschaft (bei stetig wachsendem Exportbedarf) und fremdes Kapital und Know-how.

Washingtons derzeitiges Drängen bei den Verbündeten, die USA in der zweiten Phase des Anti-Terror-Krieges zu unterstützen und die Demokratisierungsprozesse im Irak, in Afghanistan und darüber hinaus voranzutreiben, erfolgt daher zunächst vor allem aus drei ganz pragmatischen Gründen, die eben diese Erkenntnis widerspiegeln: Erstens aus praktischen – Amerika kann und will diese Aufgabe trotz seiner Ressourcen nicht alleine bewältigen und unterstützt finanziell nicht zuletzt deshalb Länder wie Polen, Rumänien, die Ukraine und die baltischen Staaten, um sie im Irak und in Afghanistan zum Verbleib zu bewegen. Zweitens aus Gründen der Überzeugung: im so genannten Größeren Mittleren Osten/Greater Middle East (Nordafrika, östliches Mittelmeer, Türkei, Kaukasus, Kaspische Region, Zentralasien (Afghanistan), Iran, Irak, Golfregion) liegen für Washington die zentralen Herausforderungen für die eigene und die Sicherheit des Westens insgesamt. Drittens schließlich hängt die politische und moralische Glaubwürdigkeit der Bush-Administration im In- wie Ausland ganz entscheidend davon ab, ob sie den Status quo in dieser Großregion durch ihre Demokratisierung und vor allem die Lösung des Nahost-Konflikts verändern kann. Nur auf diese Weise lässt sich dem Eindruck vorbeugen, den Amerikanern gehe es dort in erster Linie um die Verfolgung eigener geostrategischer Interessen, welche wohl gemerkt auch die europäischen Interessen

41 Lothar Rühl, Das Reich des Guten, a.a.O., S. 32.

sind, nämlich: die Absicherung des freien Öl- und Gaszufluss aus der Golfregion; die Bekämpfung des Terrorismus und dessen Sponsoren; die Eindämmung des islamischen Fundamentalismus zur Verhinderung seiner Kontrolle über die Region; schließlich die Verhinderung der Proliferation von Massenvernichtungswaffen.

Aus den genannten Gründen hat sich Washington bislang auch zu einer diplomatischen Lösung der Konflikte mit dem Iran und Nordkorea um die vermuteten und sehr wahrscheinlichen Atomwaffenprogramme der beiden Staaten auf Bushs Achse des Bösen bekannt. Dabei hatte Nordkorea gerade zu Beginn des Jahres 2005 erstmals offiziell eingeräumt, über Atomwaffen zu verfügen, und der Iran dürfte – lässt man das Regime in Teheran gewähren – auf Grund seiner weitaus größeren technologischen Fähigkeiten als der Irak schon sehr bald in der Lage sein, Uran anzureichern und damit auch selbst waffenfähiges Uran herzustellen – mit verheerenden Auswirkungen auf das militärische Gleichgewicht im gesamten Mittleren Osten. So wäre eine Welle der Nuklearisierung in diesem Falle wahrscheinlich (Saudi-Arabien, Ägypten, Syrien, vielleicht auch Algerien).

Nach zwei Kriegen in der ersten Amtszeit aber ist ein weiterer derzeit sehr unwahrscheinlich – vorausgesetzt es kommt zu keinem weiteren Terroranschlag, für den ein Land unmittelbar verantwortlich gemacht werden kann. Washington kann und will sich dies momentan aufgrund der großen Zahl an gebundenen Streitkräften im Irak und in Afghanistan von den Ressourcen her gar nicht leisten. Der Iran ist schlicht zu groß, seine Nuklearanlagen sind anders als im Irak unterirdisch und dezentral angelegt und insofern nur sehr schwer zu bekämpfen. Im Irak sind derzeit 150 000 amerikanische Soldaten (50 Prozent aktive, 50 Prozent Reservisten), was an die Grenzen der Belastbarkeit geht, vor allem der Reservestreitkräfte. Das amerikanische Engagement bindet derzeit fast die Hälfte der amerikanischen Streitkräfte. Hier gibt es eine deutliche Neigung der Supermacht, die EU erst einmal gewähren zu lassen und nicht unilateral vorzugehen – auch wenn man skeptisch ist hinsichtlich der Realisierungschancen für den von der europäischen Troika mit Teheran ausgehandelten Suspendierungsplan und der vom Iran bekundeten Annahme des Zusatzprotokolls zum NPT-Vertrag. Allerdings plädiert Washington für eine glaubwürdige Androhung von Wirtschaftssanktionen und gar das Offenhalten einer militärischen Option.

Gleiches gilt im Übrigen für Nordkorea, wo die EU keine Rolle spielt. Nicht nur wäre ein Militärschlag äußerst riskant, sondern politisch auch mit Blick auf die Großwetterlage in der Region (China, Russland) geradezu verhängnisvoll. Eine Reaktion daher ist daher auch in naher Zukunft eher unwahrscheinlich. Washington geht seit langem davon aus, dass Pjöngjang über eine geringe Anzahl von Atomwaffen verfügt, und hält sich schon deshalb zurück Der Präsident hat im Kontext des

Irak-Krieges mehrfach verlauten lassen, dass es zu spät sei für eine Intervention, wenn ein Land erst im Besitz von Atomwaffen ist.

Die Supermacht Amerika ist bei allem Machtpotential derzeit nicht in der Lage, weitere Belastungen in Form von neuerlichen Interventionen auf sich zu laden. Töricht wäre allerdings auch eine Verweigerungshaltung in Europa aus dem oben beschriebenen Zerrbild heraus, wonach die Hypermacht Amerika gewissermaßen als eine „politische Pathologie" (Lothar Rühl) empfunden wird. Die unmittelbaren Aufgaben und die langfristigen Interessen sind gemeinsame: konstruktives Engagement im Irak; eine diplomatische Lösung für den Iran wie für Nordkorea; die Wiederbelebung der Allianz und der Gemeinsamen Außen- und Sicherheitspolitik (GASP) der EU nach deren Erweiterungen; schließlich die Weiterentwicklung des Völkerrechts im oben skizzierten Sinne; die Reform des internationalen Währungs- und Finanzsystems sowie eine Fortsetzung der laufenden Welthandelsrunde.

Umgekehrt gilt, dass das transatlantische Verhältnis für die USA keine Einbahnstraße darstellen darf. Die Gefahr von Allianzen gegen die USA und damit einer politischen Isolation der Supermacht wächst mit deren zunehmender Hybris und macht jede Vorstellung von einer Art Gegenmachtbildung im Sinne der Schaffung einer multipolaren Ordnung im Übrigen entbehrlich. Die EU ist und bleibt der verlässlichste Partner Washingtons und ihre politische Unterstützung bleibt für jede Administration essentiell – allein wegen der psychologischen Wirkung nach innen zur Legitimation der amerikanischen Außenpolitik. Das schließt nicht aus, dass es auch künftig in dem einen oder anderen Fall Spannungen gibt. Beide Seiten sollten sie akzeptieren, ohne gleich in die große Sprachlosigkeit oder das „bashing" zu verfallen, wie dies während der Irak-Krise der Fall war: Zusammenarbeit, wo immer möglich, da, wo dies nicht möglich ist, Differenzen akzeptieren. Dies könnte die Devise sein für die Zukunft nicht nur der transatlantischen Beziehungen, sondern vielleicht auch für das Verhältnis „Amerika gegen den Rest der Welt"!

4.3 Das Verhältnis zu Russland

Neben den Beziehungen zu den USA sind vor allem die aufgrund ihrer jeweiligen regionalen Bedeutung entwickelten „strategischen Partnerschaften" der EU zu einer Reihe weiterer Staaten ein zentraler Bestandteil ihrer Außenbeziehungen. Russland ist in diesem Zusammenhang schon allein wegen seiner geostrategischen Rolle an der Peripherie der seit 2004 erweiterten Union und nicht zuletzt aufgrund seiner zunehmenden energiepolitischen Bedeutung für die Union gewiss die zentrale Variable und ein unabdingbarer Partner für die Gestaltung der europäischen Außen-

und Sicherheitspolitik im Allgemeinen, vor allem aber die Nachbarschaftspolitik der EU im Speziellen.[42] Dennoch gestaltet sich das bilaterale Verhältnis zunehmend schwieriger und bei weitem nicht frei von Spannungen. Jüngstes Beispiel dafür war die polnische Blockade im Vorfeld des Treffens der Staats- und Regierungschefs der EU und Russlands im November 2006. Warschau forderte die Solidarität der anderen EU-Mitglieder im bilateralen Konflikt mit Moskau um das von der sowjetischen Führung bereits 2005 verhängte Importverbot für polnische Fleischwaren. Gleichzeitig verlangte Polen von Russland die Ratifizierung der Energiecharta und des Zusatzprotokolls, wodurch europäischen Firmen der Zugang zu russischen Rohstoffvorkommen und zum russischen Leitungssystem gewährt würde. Die polnische Führung drohte damit, die Zustimmung zu einem gemeinsamen Mandat für die Verhandlungen der EU mit Russland über ein neues Partnerschaftsabkommen zu verweigern, wenn diese Forderungen nicht erfüllt würden. Moskau wiederum beklagte die mangelnde Geschlossenheit der EU, verwies auf das Fehlen einer gemeinsamen Energiepolitik und die Notwendigkeit, daher mit einzelnen Staaten bilateral zu verhandeln. Hinter dem gegenseitigen Misstrauen stand das unverändert schwelende Trauma der Europäer von der ein Jahr zuvor erlebten konzertierten Aktion von Kreml und Gasprom gegen die Ukraine, die ihnen schmerzlich vor Augen führte, wie groß die Abhängigkeit von russischen Energieträgern mittlerweile ist.

Die Probleme im russisch-europäischen Verhältnis zeigten sich deutlich auch bei den letzten Gipfeltreffen, auf denen man nicht in der Lage war, die im Mai 2003 vereinbarten „Gemeinsamen Räume", in denen die bilaterale Zusammenarbeit vertieft werden sollte, vor allem in den Bereichen „Freiheit, Sicherheit und Justiz" sowie „äußere Sicherheit" mit konkreten Inhalten und Zielen zu füllen. Die Ursache dafür liegt zunächst darin, dass Russlands Kurs als eigenständiger internationaler Akteur in Europa und in der Welt nicht zuletzt aufgrund der widersprüchlichen inneren Entwicklungen, aber auch der veränderten internationalen Kräftekonstellation alles andere als klar bestimmt ist. Fest steht lediglich, dass die offizielle Politik der Kremlführung seit 1999 nicht mehr auf eine europäische Integration hin ausgerichtet ist und dass seither auch die Union eine insgesamt eher zurückhaltende Position gegenüber Moskau einnimmt, die wiederum das Ergebnis einer wachsenden Desillusionierung in Brüssel bezüglich der Perspektive für eine Annäherung Russlands an das kulturelle und zivilisatorische Konzept Europas ist. Befördert wird die zunehmend kritische Haltung der Europäer schließlich durch den nicht nur von der Warschauer Führung, sondern auch anderen Ostmitteleuropäern signalisierten

42 Dov Lynch, Struggling with an Indispensable Partner, in: Ders. (Hg.), What Russia Sees, European Union Institute for Security Studies (EUISS) Paris: Chaillot Papers, No. 74 (November 2005), S. 115-143.

Willen, bei der Ausarbeitung der Russland-Politik der EU stärker mitwirken zu können. Dabei bleibt bei allen die Erfahrung mit dem großen Nachbarn im Osten, der sie immer wieder das Fürchten gelehrt hat; sie trägt maßgeblich dazu bei, dass seit der Erweiterung die Beziehungen zu Russland insgesamt schwieriger geworden sind.

4.3.1 Die Gemeinsame Strategie der EU gegenüber Russland und Moskaus Antwort – Ausgangspunkt für einen Paradigmenwechsel in den bilateralen Beziehungen

Am deutlichsten lässt sich der Paradigmenwechsel in der russischen Außenpolitik bereits in der „Mittelfristigen Strategie für die Entwicklung der Beziehungen zwischen der Russischen Föderation und der Europäischen Union im Zeitraum von 2000 bis 2010" aus dem Jahr 1999 ablesen, jenem Dokument, das als Antwort von Putin in seiner damaligen Funktion als russischer Premierminister auf die „Gemeinsame Strategie" der EU aus dem gleichen Jahr formuliert wurde.[43] Darin heißt es kategorisch, dass Russland, aus Gründen, die die Dimensionen wie die die Ambitionen des Landes beträfen, „einen anderen Weg gewählt" habe, nämlich den des Aufbaus gemeinsamer Räume, die es beiden Seiten ermöglichen sollten, eine Kooperation zwischen Gleichgestellten zu entwickeln, ohne formelle Integration (Mitgliedschaftsperspekive) in die EU. „Als eine Weltmacht, die sich auf zwei Kontinente erstreckt", sollte sich Russland die Freiheit bewahren, seine Innen- wie Außenpolitik nach eigenen Interessen zu bestimmen und die Unabhängigkeit seiner Position und seines Handelns in internationalen Organisationen zu festigen.

Die Botschaft war unmissverständlich und entsprach nach russischer Lesart durchaus gemeinsamen Interessen: Zwar hegt Putin die Vision einer engen Partnerschaft mit der EU und betont die Zugehörigkeit zu Europa; anlässlich des ersten Treffens der EU-Troika mit der russischen Führung Ende Mai 2000 bekannte der Präsident gar, dass Russland stets ein europäisches Land gewesen sei, nicht nur „wegen seiner geographischen Lage, sondern auch im Hinblick auf seine Kultur und den Grad der ökonomischen Integration".[44] Gleichzeitig aber meldet Russland sich

---

43 European Council, Common Strategy of the European Union on Russia, Cologne June 4, 1999, 1999/414/CFSP. http://europa.eu.int/comm/external_relations/russia/common_strategy; Medium-term Strategy for Development of Relations between the Russian Federation and the European Union (2000-2010). http://www.europa.eu.int/comm/external_relations/russia/russian_medium_term_strategy/index.htm.

44 Zitiert nach Margareta Mommsen, Die Europäische Union und Russland, in: Werner Weidenfeld (Hg.), Die Europäische Union, Bonn 2004, S. 482-502 (491).

unter dem Druck unverändert starker eurasischer und slawischer Fraktionen im Lande als Großmacht auf der Weltbühne zurück, sucht seinen internationalen Status in direkter Nachbarschaft zur chinesischen Herausforderung im Osten, neun mehrheitlich muslimischen Staaten einschließlich der Türkei im Süden und der EU im Westen zu festigen, und trägt schließlich mit seinen Mitteln zum Ausbau einer multipolaren Weltordnung bei, in der die grundsätzlich pro-europäische Position doch erheblich abgeschwächt wird. Die Idee der Multipolarität hatte der frühere Außenminister Jewgenij Primakov (1996-1998) bereits unter Jelzin propagiert.[45] Ziel war danach eine klassische Gleichgewichtspolitik Russlands in der internationalen Arena: Gegenüber dem Westen (einschließlich der USA) war das Verhältnis zunächst von der Maxime einer pragmatischen Kooperation geprägt; gleichzeitig unterhielt Moskau im Sinne der „Diversifizierung" „strategische Partnerschaften" mit China und Indien, festigte den Schulterschluss mit dem slawischen Bruderstaat Belarus, übte politischen Druck auf andere GUS-Staaten (Georgien, Aserbaidschan, die Ukraine) aus und suchte über ausgewählte Beziehungen (so bspw. das 1998 konzipierte Dreiergipfeltreffen von Moskau, Paris und Bonn, welches allerdings nur einmal stattfand) eine annähernd gleiche, unverbindliche Nähe zu allen Machtzentren herzustellen. Später wurde aus dieser Politik eine vor allem anti-amerikanische Geisteshaltung im Sinne der Gegenmachtbildung insbesondere in Eurasien, wo sich Washington in den neunziger Jahren anschickte, eine dominierende Rolle zu spielen. Dieser „Eurasianismus" zielte darauf, erstens die NATO und deren Erweiterung weiterhin als Bedrohung zu stilisieren, und zweitens die Amerika-kritischen Länder wie eben China, Indien und Iran als Partner einzubinden.

Vor dem Hintergrund dieses seither gültigen außenpolitischen Kurses stellt sich für die Union zunehmend die Frage nach der künftigen Gestaltung der Beziehungen zu Russland. Für Brüssel reicht die allein auf die geo-ökonomischen Interessen und die praktische institutionelle Einbindung in die zentralen internationalen Organisationen/Institutionen (WTO, G7/8) fixierte Haltung der sowjetischen Führung für ein partnerschaftliches Verhältnis nicht aus, so lange sich die Bereitschaft zur Übernahme des europäischen Wertekanons lediglich auf Lippenbekenntnisse beschränkt, Moskau aber ansonsten nach den Prinzipien vom „starken Staat" und der „Rezentralisierung der Macht" handle. Hinzu kommt die im Schatten der Bedrohungen durch den internationalen Terrorismus erkennbare Tendenz zu einer wachsenden Militarisierung der russischen Außenbeziehungen, wie sie am deutlichsten im zweiten Tschetschenienkrieg und in der Reaktion Moskaus auf den Ter-

45 Hiski Haukkala, A Problematic „Strategic Partnership", in: Dov Lynch (Hg.), EU-Russian Security Dimensions, EUIIS: Occasional Papers, No. 46 (July 2003), S. 8-19.

roranschlag von Beslan vom September 2004 wurde. Sie bestätigt Brüssel, dass trotz aller Bekundungen der wechselseitigen Wertschätzung Moskau am Großmachtanspruch in Europa festhält und die Beziehungen zur Union von einer durchweg pragmatischen und realistischen Haltung geprägt sind. Entsprechend verurteilte der Europäische Rat bereits im Dezember 1999 in einer Erklärung das russische Vorgehen auf das Schärfste und markierte damit den Wendepunkt in einer bis dato gegenüber Moskau eher konzilianten Politik der EU; noch zwei Jahre zuvor, im Dezember 1997, war das bereits 1994 unterzeichnete Partnerschafts- und Kooperationsabkommen (PKA) mit Russland, welches die Beziehungen erstmals institutionalisierte und visualisierte (halbjährliche Treffen der Präsidenten Russlands, der Kommission und des Europäischen Rates, eine oder mehrere Sitzungen des Kooperationsrates auf Ministerebene pro Jahr, jährliche Versammlung des parlamentarischen Kooperationsausschusses), einen breiten politischen Dialog u. a. in den Bereichen Energie, Transport, Wissenschaft und Technologieaustausch initiierte und den Handel auf der Basis von Meistbegünstigung und WTO-Regelwerk ausweitete, trotz Moskaus aggressiver Tschetschenienpolitik und pro-serbischer Position im Kosovo ratifiziert worden.[46]

Indem der Rat nunmehr aber die Überprüfung der Gemeinsamen Strategie und das Einfrieren von ca. 90 Mio. Euro der für Russland vorgesehenen TACIS-Mittel beschloss, signalisierte er zumindest, bei aller Symbolhaftigkeit der Drohungen, dass die Union nicht weiter bereit war, Moskaus offene Vertragsverletzungen hinzunehmen. Fortan spielte auch Moskau eine konstruktivere Rolle auf dem westlichen Balkan und unterstützte die dortige EU-Politik. Gleichzeitig aber verschlechterten sich die Beziehungen durch die in Moskau hervorgerufenen Proteste angesichts der „Doppelzüngigkeit“ Brüssels in Bezug auf die Minderheitenprobleme in Russland und auf dem Balkan, wo die NATO-Intervention im Kosovo als ungerechtfertigt und nicht legitimiert angesehen wurde, während die Niederschlagung der tschetschenischen Rebellion als offizielle Operation gegen den Terrorismus durchgeführt wurde; eben dies führte dazu, dass der Tschetschenien-Einsatz in der Bevölkerung wie unter den politischen Eliten eine breite Zustimmung erhielt.

Zusätzlichen Auftrieb erhielt Moskau schließlich nach den Terroranschlägen vom 11. September 2001. Putin nutzte die sich aus der veränderten weltpolitischen Lage ergebende Gelegenheit zunächst geschickt, um einerseits durch das Kooperationsangebot an die USA/NATO und die EU im gemeinsamen Kampf gegen den internationalen Terrorismus das eigene politische Gewicht zu stärken, andererseits aber das Vorgehen Moskaus im Kaukasus im Nachhinein und auch künftig zu legi-

46 Agreement on Partnership and Cooperation, December 1, 1997. http://europa.eu.int/comm/external_relations/ceeca/pca/pca_russia.pdf.

timieren. Einmal mehr bekundete der Präsident gegenüber der EU das Interesse am Aufbau eines gemeinsamen europäischen Hauses und wurde für seine Kooperationsbereitschaft auch prompt mit weit reichenden Angeboten des Westens zur Vertiefung der beiderseitigen Beziehungen belohnt: So wurden im Frühjahr 2002 sowohl ein Abkommen zur Reduktion der strategischen Waffen zwischen Putin und dem amerikanischen Präsidenten George W. Bush wie auch ein Vertrag zwischen Moskau und der NATO („NATO der Zwanzig“) unterzeichnet, in dem man Moskau ein Mitspracherecht in allen nicht Artikel V-relevanten Fragen einräumte und vor allem klare Kooperationsziele im Kampf gegen den Terrorismus formulierte.[47] Unmittelbar darauf gewährte die EU-Troika in Moskau Russland schließlich den lang ersehnten Status eines „Marktwirtschaftlandes“.[48]

Diese Erfolge schienen den Kreml nur in seiner Auffassung zu bestätigen, dass die EU wie auch der Westen insgesamt Russland brauchten und somit trotz anhaltender Spannungen in der Tschetschenien- oder anderen Fragen (Kaliningrad, das infolge der Osterweiterung der EU von dieser eingeschlossen ist; Zunahme von Entführungen und willkürlichen Verhaftungen wie im Falle des Ölmagnaten Chodorkowskij; Verletzung rechtsstaatlicher und demokratischer Regeln) Moskau gegenüber immer wieder zu politischen Konzessionen gezwungen waren. Allerdings führte dies im Laufe der vergangenen Jahre auch zu einem insgesamt pragmatischeren Kurs der Union, der einerseits Russlands Großmachtinteressen Rechnung trug, andererseits auch deutlicher als zuvor Kritik an Moskau übte. So stemmte sich Brüssel in der Frage einer Mitgliedschaft in der WTO noch eine ganze Zeit lang gegen einen Beitritt Russlands und beharrte auf seinem Standpunkt einer zuvorigen Anhebung der russischen Energiepreise als Vorraussetzung dafür. Im Jahr 2004 legten sowohl die Kommission und das Parlament wie auch das Ratssekretariat durchweg kritische Bestandsaufnahmen hinsichtlich der Entwicklungen in Russland und der bilateralen Beziehungen vor.[49] Danach hatten sich die Hoffnungen der neunziger Jahre auf einen friedlichen Transformationsprozess Russlands in Richtung Demokratie und multilateraler Einordnung zerstoben und machten einen Kurswechsel der EU notwendig, bei dem die eigenen Interessen stärker in den Vordergrund gerückt, die unterschiedlichen Interessen der Mitgliedstaaten besser koordiniert und

---

47 NATO-Russland-Rat, Rom, 28. Mai. 2002. www.nato.int/docu/basictxt/b020528d.htm.

48 Margareta Mommsen, Wer herrscht in Russland? Der Kreml und die Schatten der Macht, München 2003, S. 214 ff.

49 European Parliament Report with Proposals for European Parliament Recommendations to the Council on EU-Russia Relations (Final A5-0053-2004, PE 329.339), February 2, 2004; Communication of the Commission to the Council and the European Parliament on Relations with Russia (COM 2004 106), Brussels, February 9, 2004; The EU's Relations with Russia – News from the General Affairs Council, February 23, 2004. http://ec.europa.eu/comm./external_relations/Russia/intro/gac.html.

Brüsseler Initiativen entschiedener in Moskau vorgetragen werden sollten. Mit anderen Worten, Brüssel setzte fortan stärker auf Inhalte und Konditionalität denn auf Strukturen bzw. Institutionen. Das neue Selbstbewusstsein war nicht zuletzt das Ergebnis der seit 1998 auch in Moskau registrierten rapiden Entwicklung im Bereich der GASP/ESVP. Sie machte die Union vor allem attraktiv als potenziellen Verbündeten in einer multipolaren Ordnung, in der sich Moskau ungeachtet aller Großmachtsrhetorik und regionaler Hegemonieansprüche im GUS-Raum keine Illusion darüber macht, dass einzig allein im Zusammenspiel mit der EU und anderen regionalen Vormächten wie China ein Korrektiv zur derzeit alles überragenden Macht der USA zu bilden ist. Wurde die Union bis in die frühen neunziger Jahre hinein als verlängerter Arm Washingtons und allenfalls als ökonomische Entität wahrgenommen, so registrierte man nunmehr auch ihr wachsendes politisches Gewicht in der Welt.

Das Gefühl allerdings, mit Brüssel auf Augenhöhe zu verhandeln, veranlasst Moskau gleichsam, die vor allem über seinen Ressourcenreichtum wieder gewonnene Bedeutung in der Weltpolitik zu seinen Gunsten zu nutzen und dabei eine geschickte Gleichgewichtspolitik zwischen Staaten und Staatenbündnissen zu betreiben. Deutlich wurde dies während des Irak-Konflikts, als die russische Führung lange Zeit zwischen beiden Lagern lavierte, bevor sie sich unter Vorbehalten an der Seite Frankreichs und der Bundesrepublik positionierte. Auch in anderen Fragen beharrte Russland auf seinem eigenen Standpunkt: So weigert sich Russland bis heute, trotz Brüsseler Einlenkens in der WTO-Frage beim bilateralen Gipfeltreffen im Mai 2004, die bereits 1994 unterzeichnete und 1998 in Kraft getretene Europäisch-Russische Energiecharta zu ratifizieren. Nach wie vor ist Moskau nicht bereit, seine Inlandstarife für Erdöl- und Erdgastransit den europäischen Tarifen anzupassen – was zu einer Verdopplung der Inlandspreise führte –, geschweige denn die Kontrolle über den Energiemonopolisten Gasprom und das Transportsystem für Erdgas aufzugeben. Ebenso wenig akzeptiert Moskau die Bestimmung der Charta, laut der die Transitstaaten berechtigt sind, Russland den Öl- und Gastransit ungeachtet der bestehenden Langzeitverträge zu verweigern, zumal wenn die Transitvorschriften nicht für die EU gelten.[50]

50 RIA Novosti, Politik-International: Energiecharta mit EU: „Russland strebt Ratifizierung nur bei grundsätzlichen Änderungen an“, 17. November 2006. http://de.rian.ru/world/20061117/55749778.html.

4.3.2 Wechselseitige Abhängigkeiten und Herausforderungen im EU-russischen Verhältnis

Vor diesem Hintergrund gestalten sich die Beziehungen zunehmend ambivalent. Für die EU bietet Russland gleichermaßen positive wie negative Herausforderungen. Dabei sind die geostrategischen wie ökonomischen Rahmenbedingungen klar: Die Union und Russland sind unmittelbare Nachbarn und die zentralen politischen Akteure auf dem europäisch-eurasischen Kontinent. Mit keinem anderen Drittstaat pflegt die Union so intensive Beziehungen wie mit der Russischen Föderation, keinem Staat kommt außenpolitisch eine annähernd vergleichbare Sonderrolle zu; dabei wird die multilaterale Russland-Politik der Union immer wieder von den bilateralen Beziehungen der Mitgliedstaaten ergänzt, aber auch konterkariert.[51] Die EU ist Russlands wichtigster Handelspartner (mit einem Außenhandelsanteil von etwa 40 Prozent) und Direktinvestor (die meisten ausländischen Direktinvestitionen kommen aus der Union), während Russland bis zur großen Finanzkrise 1998 für die Union immerhin der drittgrößte Handelspartner nach Japan und den USA war. Danach haben sich die Relationen – auch auf Grund der wachsenden Bedeutung Chinas als Exportmarkt – zwar vorübergehend zu Ungunsten Russlands verschoben; mit der Erholung der russischen Wirtschaft aber nahm auch die Bedeutung ihrer Märkte für die Union als wichtigster Lieferant von Technologien wieder zu. Die EU-25 beziehen derzeit rund 40 Prozent aller Gas- und 25 Prozent aller Ölimporte aus Russland; bereits 2010 wird der Westen seinen Energiehaushalt nicht mehr aus eigenen Quellen decken können und etwa doppelt so viel Öl und Gas aus Russland importieren müssen. Im Jahr 2030, so schätzt die EU-Kommission, wird die Union 70 Prozent ihres Gasverbrauchs durch Einfuhren decken (derzeit sind es 40 Prozent) müssen. Russland wird von diesem Trend besonders profitieren. 60 Prozent der Gaseinfuhren werden dann aus Russland kommen, längerfristig könnten es bis zu 80 Prozent werden. Das liegt nicht etwa daran, dass die Europäer immer mehr Energie verbrauchen, sondern daran, dass die heimische Energieproduktion stetig zurückgeht. Die EU-Kommission hat ausgerechnet, dass die Öl- und Gasvorkommen in der EU und in Norwegen in 25 Jahren weitgehend erschöpft sein dürften.

Umgekehrt sind 50 Prozent des russischen Außenhandels Energielieferungen in die EU, wobei der Verkauf von Rostoffen wiederum allein 40 Prozent des russischen Haushalts ausmacht.[52] Damit besteht eine große und annähernd symmetri-

51 Vgl. hierzu Katrin Bastian, Die Europäische Union und Russland. Multilaterale und bilaterale Dimensionen in der europäischen Außenpolitik, Wiesbaden 2006.

52 EU-Russland Energiedialog, 19. Dezember 2005. www.euractiv.com/de/energie/eu-russland-energiedialog/article-151074-48k.

sche Interdependenz im Produzenten-Konsumenten-Verhältnis, auch wenn Moskau derzeit zu meinen scheint, auf Grund der Veränderungen im machtpolitischen Kräfteverhältnis am längeren Hebel zu sitzen – nicht zuletzt durch die fehlende Geschlossenheit der Europäer in der Energiepolitik bzw. in der Politik gegenüber Russland.[53]

Auf der Habenseite ist sicherlich zu vermerken, dass Russland heute für die Union tatsächlich mehr ist als ein reiner Rohstofflieferant. Nicht zuletzt begünstigt durch die hervorragende Konjunktur auf dem Weltenergiemarkt, sprang die russische Wirtschaft um die Jahrtausendwende wieder an – im Mai 2001 verabschiedete die Regierung die liberalsten Wirtschaftsreformen der jüngsten Geschichte – und wurde so auch für die Union wieder zu einem attraktiveren Investitionsstandort. So entstand 2004 im Zuge der Osterweiterung die Idee der Schaffung von vier „Gemeinsamen Räumen", Moskaus Antwort auf die „Wider Europe"-Initiative der Union, mit der man den besonderen Charakter der Partnerschaft zwischen der Union und Russland zu betonen suchte. Über die Zusammenarbeit in Sicherheitsfragen, bei der Bekämpfung des internationalen Terrorismus, in der Energieversorgung und bei der Schaffung einer Freihandelszone sollte die Integration Russlands in das übrige Europa forciert werden.[54] Dabei entwickelte sich der Wirtschaftsraum als der bislang effizienteste Kooperationsbereich: Die gemeinsamen Entscheidungen bezüglich der WTO-Verhandlungen und des Kyoto-Protokolls zur Minderung der Treibhausgasemissionen vom Mai 2004, mit denen Russland einerseits einwilligte, seinen Gaspreis auf dem russischen Markt bis 2010 schrittweise zu erhöhen und die Abgaben für Fluggesellschaften auf den Überflug von Sibirien sowie spezifische Zolltarife zu senken, andererseits das Kyoto-Protokoll zu ratifizieren (so geschehen im Oktober 2004), ebneten den Weg in Richtung WTO-Mitgliedschaft sowie zum Inkrafttreten des Kyoto-Protokolls im Februar 2005.[55]

Russland und die EU teilen auch weitgehend den Glauben an die Notwendigkeit einer starken Weltorganisation (VN) und eines effizienten Multilateralismus (so z. B. als Mitglied des so genannten Quartetts, bestehend aus den USA, Russland, der EU und den VN, zur Lösung des Nahost-Konflikts), wenn auch unter verschiedenen Vorzeichen; so hat Moskau ein eher instrumentelles Verständnis von der Rolle der VN, nicht zuletzt im Sinne eines möglichen Hebels gegenüber Washington. Schließlich ist die russische Zusammenarbeit mit Brüssel auf den Ge-

53 Frank Umbach, Europas nächster Kalter Krieg. Die EU braucht endlich ein Konzept zur Versorgungssicherheit, in: Internationale Politik, Februar 2006, S. 6-14.

54 Wegekarten zur Schaffung von vier Gemeinsamen Räumen: Wirtschaft; Freiheit, Sicherheit und Justiz; äußere Sicherheit; Forschung, Bildung und kulturelle Aspekte. EU-Russland-Gipfel in Moskau, Mai 2005. http://europa.eu.int/comm/external_relations/russia/summit_05_05/index.htm.

55 Vgl. Presseerklärung zum EU-Russland-Gipfel vom 21. mai 2004 in Moskau. http://www.delrus.cec.eu.int/en/news_582.htm.

bieten der Terrorismusbekämpfung, der Non-Proliferation, Umwelt oder Organisierten Kriminalität von zentraler Bedeutung für die europäische Sicherheit.

Auf der anderen Seite stellen das mögliche Übergreifen von Konflikten auf dem russischen Territorium wie die im GUS-Raum auf die Union erhebliche Risiken für die EU dar. Wie das Strategiepapier zur Russischen Föderation der Kommission von 2001 bereits feststellte, sind es die so genannten „weichen Sicherheitsbedrohungen" – nukleare Sicherheit, organisierte Kriminalität einschließlich Drogenhandel, illegale Immigration, Umweltverschmutzung etc. – die Russland auch zu einer sicherheitspolitischen Herausforderung für die Union machen.[56] Daneben wird das unterschiedliche Verständnis von vermeintlich gemeinsamen Werten zunehmend zu einem Problem im Verhältnis zu Moskau. Die Frage scheint nicht, ob Russland diese Werte nicht anerkennt oder sich von einer solchen Anerkennung mittlerweile wieder losgesagt hat, sondern ob Moskau sie nicht grundsätzlich anders versteht. Eben die Interpretation der gemeinsamen Werte fällt so unterschiedlich aus, dass für Brüssel der Eindruck einer faktischen Absage an diese entsteht. Schließlich stellt die neue Nachbarschaftspolitik der Union für Moskau eine strategische Herausforderung in einer vitalen Interessenzone dar, auf die auch Russland mit einer Anpassung an die neue Ausgangslage nach der Erweiterung reagierte. Markantestes Beispiel hierfür ist die Ernennung von Sergej Jastrzhemskij vom März 2004 zum Sonderbeauftragten Putins für EU-Angelegenheiten.[57]

Im Ergebnis erschweren diese Ambivalenzen eine kohärente Unionspolitik gegenüber Russland. Abgesehen davon, dass, wie auch in anderen Beziehungen der EU zu Drittstaaten, gerade im Fall Russlands die unterschiedlichen institutionellen Voraussetzungen (Russlands Pochen auf staatlicher Souveränität und territorialer Integrität) den politischen Dialog besonders belasten und dass die Union – zumindest aus Moskauer Perspektive – über die Erweiterung lange Zeit die Beziehungen zu Moskau nur halbherzig entwickelte, konterkariert der von Moskau betriebene Bilateralismus insbesondere mit Großbritannien und der Bundesrepublik, aber auch mit Frankreich und Italien jede einheitliche Russland-Politik der Union. Bewusst setzt der Kremls auf den Ausbau wichtiger historischer und strategischer Beziehungen im Sinne realistischer Großmachtpolitik und spaltet und schwächt damit zugleich die europäische Staatenwelt.

---

56 Russian Federation, Country Strategy Paper 2000-2006, National Indicative Programme, 2002-2003, European Commission, Brussels, 27 December 2001.

57 Anne de Tinguy, Konkurrenten statt Partner: Die russische Sicht auf die EU und die Nachbarschaftspolitik, in: Martin Koopmann/Christian Lequesne (Hg.), Partner oder Beitrittskandidaten? Die Nachbarschaftspolitik der Europäischen Union auf dem Prüfstand, Baden-Baden 2006, S. 85-110 (90).

Prominentestes Beispiel in diesem Zusammenhang ist Moskaus derzeitige Haltung in der Energiepolitik. Nicht zuletzt unter dem Eindruck eines wachsenden Einflusses des Westens im postsowjetischen Raum (Amerikas Pipeline-Politik, Brüssels „neue Nachbarschaftspolitik") begann Moskau in den beiden vergangenen Jahren, seine Energieträger gezielt als politischen Hebel einzusetzen und an die GUS-Republiken zu marktgerechten Preisen zu verkaufen. Aus dem russisch-ukrainischen Gasstreit im Dezember 2005 wurde rasch ein globaler Konflikt, in dem die Union um ihre Versorgungssicherheit fürchtete, polnische Politiker alsbald nach einer „Energie-NATO" zur Eindämmung Russlands riefen und die USA den mittelosteuropäischen Ländern gar die Schaffung eines neuen Bündnisses für „Demokratie und wirtschaftliche Entwicklung" auf postsowjetischem Territorium anbot, welches Georgien, Ukraine, Aserbaidschan und Moldau den Weg in die NATO und die EU ebnen sollte. Der Kreml aber reagierte auf die von ihm eigens provozierten Pläne Brüssels für eine engere Kooperation auf dem Energiesektor zwischen der EU und Zentralasien nicht nur mit der Drohung einer Umorientierung der strategischen Energieallianz mit der Union zugunsten Asiens, sondern auch mit einer spezifischen Offerte an Deutschland. So entschied Putin einerseits, westsibirische Gasressourcen, die eigentlich für den Export in die Union vorgesehen waren, nunmehr stattdessen u. a. China zugänglich zu machen; genährt wurden solche Diversifizierungspläne von dem Energiehunger der wachsenden Volkswirtschaften Chinas, Indiens, Japans und Pakistans, aber auch von der ohnehin schon engen energiepolitischen Zusammenarbeit mit den zentralasiatischen Staaten, die Moskau auch auf den Iran und Algerien auszudehnen gedachte. In diesem Zusammenhang betonte Moskau den weitaus pragmatischeren Umgang mit solchen asiatischen und islamischen Staaten, denen moralische Skrupel (aus Gründen des Fehlens von „good governance") weniger wichtig waren als handfeste ökonomische Interessen.

Andererseits suchte Putin Deutschland über die geplante Ostsee-Pipeline zur Drehscheibe für russische Gasexporte nach Europa und damit zum exklusiven Partner von Russland im eurasischen Energiepoker zu machen; im Gegenzug erwirkte der deutsche Energiekonzern Winterhall eine größere Direktbeteiligung an der russischen Energieförderung als andere ausländische Firmen. Moskau signalisierte damit unmissverständlich, dass es sowohl im Bereich der Transportsysteme wie in der Energiewirtschaft gewillt ist, eigene Marktvorteile über privilegierte Partnerschaften zu Lasten einer einheitlichen EU-Energiepolitik zu erzielen. Gleichzeitig etabliert sich Moskau auf den Weltmärkten als begehrter Energielieferant, für den Europa auf Grund der starken ökonomischen Verflechtung derzeit sicherlich noch der interessanteste Partner ist. Zwar scheint auch die Idee der „Gemeinsamen Räume" bislang eher von großer Unverbindlichkeit denn tatsächlicher Zusammenarbeit geprägt zu sein; immerhin scheiterte diese zunächst an der Kompromisslosigkeit Moskaus in Sachen Grenzverträge mit Lettland und Estland.[58] Dennoch kommen beide Seiten um eine enge Zusammenarbeit nicht herum. Für die EU ist Russland ein unverzichtbarer Exportmarkt mit hohen Wachstumsraten. Russland wiederum benötigt die Union bei der Modernisierung seiner Wirtschaft und weiß, dass weder die USA noch Japan oder China aus verschiedenen Gründen diese Funktion übernehmen können.

Das größte Problem stellt dabei ausgerechnet die zugleich wichtigste Einnahmequelle des Landes dar – der Energiesektor. Obwohl der staatliche Erdgasmonopolist Gasprom über die größten Gasreserven der Welt verfügt und seine Reserven eigentlich für einige Generationen reichen müssten (legt man die derzeitige Fördermenge zugrunde), wird Erdgas in Russland zunehmend knapp. Der Grund dafür liegt in der raschen Zunahme der Nachfrage im eigenen Land. So ist die zuletzt 2003 präsentierte Energiestrategie der Regierung bereits Makulatur, nachdem das für 2020 angesetzte Niveau des Binnenverbrauchs an Erdgas bereits 2005 erreicht war. Russlands Wirtschaft wuchs schneller als erwartet, und das unter Beibehaltung des ausgiebigen Einsatzes von billig angebotener Energie im eigenen Lande. Ebenso hält die hohe Nachfrage aus dem Ausland, vor allem aus Europa, trotz Preissteigerungen an. Gleichzeitig aber geht die Förderung von Gasprom zurück und es wird Jahre dauern und bedarf gewaltiger Investitionen, bis aus dem riesigen Erdgasvorkommen im Schtokman-Feld in der Barentssee Nachschub kommt, was es Gasprom wiederum erschweren wird, seine Lieferverpflichtungen im kommenden Jahrzehnt einzuhalten. Das russische Energieministerium geht mittlerweile davon aus, dass Gasprom und die unabhängigen russischen Gaskonzerne gemeinsam bis 2011 rund 600 Milliarden Dollar in die Förderung und Erschließung von Erdgasfeldern investieren müssten, um die steigende Nachfrage zu decken. Gleichzeitig ist auch der Investitionsbedarf zur Modernisierung der Stromerzeugung im Lande extrem hoch. Dennoch begegnet die Regierung allen Vorschlägen zur Bildung eines freien Strom- und Gasmarktes unverändert mit großer Skepsis, obwohl nur dies Chancen auf eine Modernisierung beider Branchen brächte.

Moskau benötigt somit dringend neue Technologien vor allem aus Europa zur Erschließung neuer Gasvorkommen und lockt entsprechend mit neuen Sonderwirtschaftszonen und Steuervergünstigungen Investoren ins Land. Gleichzeitig hat Moskau mittlerweile seinen aus den Energieeinnahmen der vergangenen Jahre gebildeten Stabilitätsfonds geöffnet und investiert die Petrodollars nun in Großprojekte nicht nur der Atom- und Luftfahrtindustrie, sondern auch seiner Infrastruktur, des Wohnungsbaus und des Gesundheitswesens. Im Widerspruch dazu aber steht unverändert die Weigerung zur Ratifizierung der Energiecharta mit Europa,

58 Heinz Timmermann, Der Moskauer EU-Russland-Gipfel, in: Russlandanlysen, 66, 2005.

die den Zugang von europäischen Unternehmen zu russischen Erdgaslagern und zum Transportsystem erleichtern würde.

Ebenso ambivalent ist die gemeinsame Außen- und Sicherheitspolitik von Union und Russland zu bewerten. Moskau unterstützt die diplomatischen Bemühungen der Union im Atomstreit mit Iran auf Grund eigener lukrativer Projekte im Energiesektor mit Teheran nur bedingt und spricht sich bislang gegen Sanktionen aus. Im Nahost-Quartett zur Lösung des Dauerkonflikts zwischen Israel und der palästinensischen Seite bewegt sich Moskau aus den gleichen Interessen nur in dem Maße, wie auch Syrien und Iran bei der Suche nach einer umfassenden Lösung für die Region eingebunden werden. Dieser Linie entspricht der Versuch Moskaus, auch sein Verhältnis zu anderen Großmächten autonom zu gestalten und nicht von einer Verständigung mit Europa oder den USA abhängig zu machen. Russland forciert unter Putin nicht nur seine bilateralen Beziehungen zu China, Indien und Japan, sondern bemüht sich darüber hinaus auch um den Ausbau multilateraler Allianzen. Prominentestes Beispiel hierfür ist die „Shanghaier Organisation für Zusammenarbeit" (SOZ), in der Russland und China lose mit den zentralasiatischen Republiken Kasachstan, Kirgisien, Tadschikistan und Turkmenistan verbunden sind.[59] Mit dieser Organisation suchte Moskau im Sinne der Gegenpolbildung Druck auf Washington auszuüben, seine nach 2001 aus geostrategischen Gründen eingerichteten Militärbasen wieder aufzulösen.

Ähnlichen Druck bekommt auch die Union im Zusammenhang mit ihrer Nachbarschaftspolitik (ENP) zu spüren. Zwar stellt die ENP ein Dokument dar, welches die Partnerschaft zwischen Russland und der Union der neuen Ausgangslage bereits unmittelbar vor der Erweiterung anzupassen versuchte: In der „Wider Europe"-Erklärung vom 11. März 2003 forderte die Kommission die Präzisierung der vorrangigen Ziele der Union zu Russland und in der Europäischen Sicherheitsstrategie trat sie für eine noch engere Beziehung zu Moskau als zentrale Variable für „unsere Sicherheit und unseren Wohlstand" ein.[60] Andererseits bringt die von der ENP angestrebte Lösung der „eingefrorenen" ethnisch-territorialen Konflikte im postsowjetischen Raum (Abchasien, Südossetien – Georgien; Berg-Karabach – Armenien/ Aserbaidschan; Transnistrien – Moldawien) die Union in einen offenen Konflikt mit Moskau.

59 Margarete Mommsen, Russland – nur virtuelle Großmacht in einer multipolaren Welt?, in: Piazolo, Macht und Mächte in einer multipolaren Welt, a.a.O., S. 79-106.

60 Europäische Kommission, „Größeres Europa – Nachbarschaft: Ein neuer rahmen für die Beziehungen der EU zu ihren östlichen und südlichen Nachbarn", KOM (2003) 104 endgültig. http://europa.eu.int/comm/world/enp/pdf/com03_104_de.pdf; ESS, 12. Dezember 2003. http://www.auswaertiges-amt.de/www/de/infoservice/download/p df/friedenspolitik/ess.pdf, S. 14.

Moskau sieht die im Rahmen der ENP forcierte Zusammenarbeit der Union mit den südkaukasischen Ländern zur Förderung von Demokratie und Rechtsstaatlichkeit, gezielten Krisenprävention und Lösung dieser Konflikte mit großer Skepsis, auch wenn damit ein konkretes Angebot an Moskau zur Zusammenarbeit in der Region verbunden ist. Die Kremlführung betont in diesem Zusammenhang ihren Anspruch als Führungsmacht in der Region und befürchtet, die EU wolle ein alternatives Integrationszentrum im GUS-Raum etablieren. Versuche der russischen Führung, über eine Art EU-Russland-Rat nach dem Modell des gleichnamigen NATO-Russland-Rates eine größere Kontrolle über die EU-Politik (und damit eben auch über einen Teil des GUS-Raumes als zentralen russischen Einflussbereich) zu erhalten, scheitern an dem Vorbehalt Brüssels, dass Moskau zwar grundsätzlich an EU-Missionen, nicht jedoch an der Entwicklung des präventiven Krisenmanagements teilnehmen kann.[61] Umgekehrt ist es für Moskau undenkbar, die EU an einer wie immer gearteten Aktion zur Lösung dieser Konflikte zu beteiligen bzw. Brüssel ein Mitspracherecht einzuräumen. So wies die russische Führung einen entsprechenden Vorstoß der Union in der Transnistrien-Frage im Juli 2003 zurück und schlug wenig später die Errichtung einer moldawischen Föderation vor, die praktisch auf eine Konföderation hinauslaufen sollte – ein Plan, der einzig am Widerstand des vermeintlich Russland-freundlichen moldawischen Präsidenten Wladimir Woronin scheiterte. Ebenso unversöhnlich präsentierte sich Moskau in der Georgien-Frage, indem es 2004 nicht nur die Initiative Tiflis zur Erhöhung der OSZE-Präsenz in Südossetien ablehnte, sondern sich auch mit Nachdruck gegen eine Vermittlung der EU in diesem russisch-georgischen Konflikt verwahrte. In beiden Fällen bewirkte die Intransigenz Moskaus allerdings eine deutliche Annäherung der Regierungen in Chisinau und Tiflis an die Union.[62]

Im Bereich der Sicherheit haben beide Seiten in der Gemeinsamen Erklärung nach dem Gipfel in Paris vom Oktober 2000 den Wunsch nach einer engeren Zusammenarbeit bekundet. Moskau „begrüßte" bei dieser Gelegenheit ausdrücklich auch die Fortschritte bei der Entwicklung der ESVP und die sich daraus ergebenen Chancen für eine Vertiefung der Partnerschaft auf der Basis gemeinsamer Herausforderungen – nicht zuletzt als Gegengewicht zur NATO als dominierender Sicherheitsorganisation in Europa, deren Erweiterung und Einsatz im Kosovo-Krieg in Moskau unverändert mit Unbehagen zur Kenntnis genommen wird.[63] Seit Ende 2001 finden monatliche Treffen der Troika des Politischen und Sicherheitspoliti-

61 Vgl. EU-Russian Security Dimensions (hrsg. Von Dov Lynch), EU Institute for Security Studies, Occasional Paper, 46, Paris 2003, S. 24 ff.

62 Dov Lynch, What Russia Sees, a.a.O., S. 71.

63 Gemeinsame Erklärung, EU-Russland-Gipfel am 30. Oktober 2000 in Paris. http://europa.eu.int/comm/external_relations/russia/summit_30_10_00/statement_en.htm.

schen Komitees (PSK) und des russischen EU-Botschafters in Brüssel sowie regelmäßige Beratungen zwischen dem Hohen Vertreter für die GASP und dem russischen Außenminister statt, um die Proliferation von Massenvernichtungswaffen und technischem Wissen in Russland einzudämmen; so bietet die Union russischen Wissenschaftlern finanzielle Unterstützung zur Fortsetzung ihrer Arbeit im zivilen Bereich an.[64] Im Juni 2002 einigte man sich auf die Einführung eines Konsultationsmechanismus mit der Perspektive konkreter Zusammenarbeit in inneren wie äußeren Krisensituationen. Russland wurde darauf eingeladen, an der ersten Polizeimission der EU in Bosnien-Herzegowina (seit 2003) teilzunehmen, und gleichwohl dieser Einsatz begrenzt blieb, hatte er doch große symbolische Bedeutung für die weitere Zusammenarbeit. Schließlich einigten sich beide Seiten auf ein Abkommen im Bereich der polizeilichen Zusammenarbeit zwischen Russland und Europol im November 2003, in dessen Rahmen vor allem Visa- (Schengen) und Rücknahmefragen verhandelt werden.

Belastet werden die Beziehungen schließlich durch die Frage, ob Moskaus Kurs an dem liberalen westlichen Modell angelehnt sein soll oder ob Russland unter Berücksichtigung seiner historischen, geopolitischen und anderen Besonderheiten einen eigenen Transformationsweg (etwa nach dem chinesischen Modell einer erfolgreichen Marktwirtschaft im autoritären System) wählen kann bzw. sollte. Die EU ist grundsätzlich den Prinzipien des Rechtsstaates nicht nur abstrakt, sondern auch mit Blick auf ihr Handeln verbunden. Deutlich wurde dies zuletzt während der so genannten „bunten“ Revolutionen in Georgien (2003), der Ukraine (2004) und Kirgisien sowie der gescheiterten Revolution in Weißrussland (2006), als die EU unmissverständlich an der Seite derjenigen Kräfte stand, die den Stabilitäts- und Demokratietransfer der Union in die östliche Nachbarschaft unterstützten. Die Konditionierung der EU-Politik ist nicht nur Kernelement der ENP, sondern manifestiert sich auch in den verschiedenen Initiativen gegenüber Russland seit der Formulierung der Gemeinsamen Strategie 1999. So hält die Kommission in der „Wider Europe“-Erklärung ausdrücklich fest, Zugeständnisse an Russland nur in Abhängigkeit von der Verwirklichung der vereinbarten Reformziele zu machen. Allerdings spricht sie sich im gleichen Dokument auch für eine Differenzierung und ein schrittweises Vorgehen in Bezug auf Russland aus. Damit trägt sie nicht nur der strategischen Bedeutung Russlands Rechnung, sondern auch den besonderen Umständen innerhalb der Union, wonach längst nicht abschließend geklärt ist, bis zu welchem Grad ein starker Staat im Widerspruch zur Demokratie nach westlicher

64 Vgl. dazu Gemeinsame Aktion des Rates über ein Kooperationsprogramm der Europäischen Union für Nichtverbreitung und Abrüstung in der Russischen Föderation, 1999/878/GASP, http://europa.eu.int/eur-lex/pri/de/oj/dat/1999/l_331/1_33119991223de00110016.pdf.

Vorstellung stehen darf. So mahnen die einen die Beachtung europäischer Werte an, selbst wenn dies zu Lasten der Wirtschaftsbeziehungen gehen sollte. Andere wiederum warnen vor einer solchen Zuspitzung, da dies die konkrete Zusammenarbeit gefährde, und plädieren stattdessen für eine stärkere Orientierung an den gemeinsamen Interessen.

4.3.3 Perspektiven

Mit der EU-Erweiterung rückt Russland geographisch näher an die Union, zugleich aber droht der derzeitige Kurs Moskaus, das Land wirtschaftlich und gesellschaftlich weiter von der Union zu entfernen. Innenpolitisch nimmt Putins „gelenkte Demokratie" immer mehr autoritäre Züge an mit Praktiken und Gesetzen, die sich von westlichen Maßstäben und Standards der Rechtsstaatlichkeit zunehmend entfernen. Gleichzeitig nutzt Moskau vor allem den energiepolitischen Hebel als Garanten für internationalen Einfluss, sei es im erfolgreichen Übernahmepoker um die Mehrheitsanteile von Shell (2006) an dem größten und technisch schwierigsten Off-shore-Projekt zur Gas- und Ölförderung sowie zur Gasverflüssigung, „Sachalin 2", sei es im Preiskampf mit den neuen Mitgliedsländern oder früheren Sowjetrepubliken, von dem man selbst den slawischen Verbündeten Weißrussland nicht ausnimmt oder sei es bezüglich einer russisch-turkmenisch-kasachischen Pipeline-Route, die das Abhänigigkeitsverhältnis der EU zementieren soll. Alle Entwicklungen zeigen, wie sich russische Außenpolitiker eine Renaissance der Groß- und Vormachtrolle vorstellen: nicht auf Waffen gestützt, sondern – ganz im Stile eines Petrostaates – auf die eminente Bedeutung, die ihr Land als Energie- und Rohstofflieferant gewonnen hat.

Dennoch kann Russland einer Marginalisierung auf dem Kontinent nur vorbeugen, wenn es sich bewusst für Europa entscheidet. Moskau fehlen schlicht die Kapazitäten für einen revisionistischen Kurs. Die makroökonomischen Möglichkeiten entsprechen auch nach Einschätzung russischer Experten allenfalls denen eines Schwellenlandes mit „mittelmäßigem Entwicklungsniveau", dessen natürliche Ressourcen zwar enorm, dessen Mittel zu ihrer Förderung und Vermarktung jedoch begrenzt sind.[65] Hinzu kommt, dass jede Form einer politischen „Reimperialisierung Russlands" angesichts der Abwendung der nunmehr unabhängigen Staaten unrealistisch erscheint.[66] Die Option Richtung Westen bedeutet dabei keinesfalls,

65 Dimitri Trenin, Russland. Die gestrandete Weltmacht. Neue Strategien und die Wende zum Westen, Hamburg 2005, S. 268.

66 Den Begriff „Reimperialisierung" gebrauchte Henry Kissinger bereits 1994 in: Diplomacy, New York 1994, S. 80.

dass damit die Perspektive einer Mitgliedschaft verbunden sein muss. Moskau dürfte eine solche auf mittlere Sicht ohnehin ausschließen, wird aber nicht umhin kommen, die eigenen wirtschaftlichen, politischen und gesetzlichen Bedingungen denen der Union sukzessive anzupassen. In den kommenden Jahren wird sich der Charakter der Union weiter verändern, sei es durch die Heranführung einiger früherer Sowjetrepubliken oder durch die Integration orthodoxer Länder wie Bulgarien, und Russland somit automatisch kulturell näher rücken. Trotz der wieder gewonnenen Stärke wird auch Moskau realisieren müssen, dass sein Platz in Europa vor allem von seiner Integrationsfähigkeit und nicht von seinem politisch-militärischen Einfluss beruht.

Die innere Konsolidierung der Union, ihre Erweiterung und der Ausbau der GASP/ESVP werden in Moskau heute mehr denn je als ernste Herausforderung für die eigene Position auf dem eurasischen Kontinent gesehen. Der einstige Handelsblock ist längst zu einem ernst zu nehmenden geopolitischen Akteur geworden, der spätestens seit dem zweiten Tschetschenienkrieg erkennen lässt, dass er bereit ist, sowohl die russischen Menschenrechts- und Minderheitenpraktiken wie auch die Rückschritte im Fall der weiteren Demokratisierung und Öffnung des Landes sogar schärfer zu kritisieren als die USA. Der damit verbundene Bedeutungsgewinn der Union in Moskau sollte aktiv dazu genutzt werden, Russland bei Bedarf auch mit politischem Nachdruck in den Westen zu integrieren. Trotz aller Widersprüche ist Russland schon aufgrund seiner Größe, seiner Rolle als regionaler und globaler Akteur, seiner geographischen Nähe sowie seines erheblichen Nutzens- wie Schadenspotenzials als Akteur und Partner für vielseitige funktionale Zusammenarbeit unerlässlich. Diese erfordert durchaus pragmatische (wie im Falle der Anti-Terror-Koalition), aber auch mutige Schritte (wie im Falle der europäischen Nachbarschaftspolitik, die sich nicht von russischen Vorbehalten bezüglich eines mittlerweile verstärkten europäischen Engagements im GUS-Raum abhalten lässt, gleichzeitig aber erkennt, dass die Einbindung Russlands bei der Befriedung der von ethnischen Konflikten zerrissenen Länder von eminenter strategischer Bedeutung ist). Die EU muss mit dem russischen Partner zurechtkommen. Die politischen Verhältnisse in Europa haben sich verändert und normale, an den eigenen Interessen orientierte und nicht ausschließlich normativ begründete bilaterale Beziehungen zu Russland sind das Gebot der gegenwärtigen internationalen Rahmenbedingungen. Russland ist zwar kein Rechtsstaat – aber dies gilt auch für zahlreiche andere Staaten zu, zu denen die EU diplomatische Beziehungen unterhält, zumal für jene, die über Öl, Gas und andere für Europa lebenswichtige Rohstoffe verfügen.

Im Übrigen weiß die Union auch, dass es mit russischer Hilfe leichter ist, die derzeit größten internationalen Krisen – Nahost, Iran, Nordkorea – zu lösen; in allen Fällen spielt Moskau, ob als Mitglied des Nahost-Quartetts oder als Atomtechniklieferant, eine zentrale Rolle. Wie China sperrt sich auch Russland als Vetomacht im Sicherheitsrat gegen alle weitergehenden Schritte in Bezug auf potenzielle Nuklearmächte wie Iran oder Nordkorea. Vielmehr hat Moskau mit Teheran, das sich ringsum von US-Truppen umgeben sieht, eine so genannte strategische Partnerschaft geschlossen, deren Ziel darin besteht, die USA vom Kaspischen Meer fernzuhalten. Darüber hinaus engagiert sich Moskau wirtschaftlich stark in Iran, auch bei der zivilen Nutzung von Kernenergie. Mit dem Bau des Atomkraftwerks Buschehr am Persischen Golf, an dem Moskau mit mehr als 2000 Arbeitern und Ingenieuren beteiligt ist, gelangt Teheran in Besitz moderner Nukleartechnologie. Zusätzlich zu diesem bekanntesten Projekt hat sich Russland bereits zur Lieferung weiterer militärisch sensibler Nukleartechnik bereit erklärt und sich damit Milliardengeschäfte gesichert. Mit der Wiederaufnahme von Waffenlieferungen an Teheran (und Damaskus) reagiert Moskau nicht nur auf das amerikanische Raketenabwehrprogramm, sondern demonstriert auch seine wieder erstarkte Rolle im Nahen Osten. Unabhängig vom Ausgang der Iran-Krise profitiert Moskau als Energiemacht in jedem Fall: Jede Verschlechterung der Beziehungen zwischen Teheran und dem Westen macht eine Erhöhung des Ölpreises wahrscheinlich. Teheran wiederum wird im Nuklearpoker solange nicht einlenken, wie es sich der Unterstützung Moskaus (und Pekings) sicher sein kann.

Schon aus diesem Grund scheidet eine Strategie der Eindämmung bzw. Isolation ebenso aus wie die bislang praktizierte allzu selektive und nicht immer partnerschaftliche Zusammenarbeit. Viel versprechender scheint die Strategie einer sukzessiven Integration Russlands außerhalb der Institutionen, die Moskau als gleichwertigen Partner bei der Verwaltung Zentralasiens und, in größerem Maßstab, des globalen Systems betrachtet. Diese sollte vor allem eine umfassende sicherheitspolitische Kooperation umfassen sowie konkrete Schritte bei der Zusammenarbeit und beim Zusammenwirken von Produzenten-, Transit- und Abnehmerstaaten; letztere könnte durch die Schaffung eines verlässlichen internationalen Regelwerks initiiert werden, in dessen Rahmen die Kombination von Hochtechnologien auf Seiten der EU und die enormen, teil noch unerschlossenen Energievorräte Russlands eine wesentliche Basis für eine Energiepartnerschaft bilden. Voraussetzung dafür ist allerdings, dass einige europäische Mitgliedstaaten (u. a. die Bundesrepublik) erkennen, dass die Uneinigkeit in der Energiefrage die gravierendste Bedrohung der wirtschaftliche Stärke und der politischen Rolle Europas ist. Das Maß der Abhängigkeit von politisch schwer berechenbaren Regionen des Nahen und Mittleren Ostens und von den Lieferungen des leichter, aber keinesfalls mit Erleichterung berechenbaren Russland ist dramatisch. Schon aus demographischen Gründen wird daher die Union alles daran setzen müssen, Europas Wirtschaft auf einen Kurs hoher Intensität des Energieeinsatzes durch ein größtmögliches Energieangebot zu wettbewerbsfähigen Preisen zu setzen. Ob eine solche Zusammenarbeit im Sinne der von der Bundesregierung vorgeschlagenen „Politik der Verflechtung" auf Dauer auch zu einer weiteren gesellschaftlichen Pluralisierung und Liberalisierung sowie Demokratisierung der politischen Ordnung in Russland führen kann, wird wesentlich davon abhängen, welche Richtung die im Dezember 2007 und März 2008 anstehenden Duma- und Präsidentschaftswahlen weisen. Unabhängig davon gilt: Auch wenn die russische Regierung Energie als außenpolitisches Druckmittel einsetzt, so sollte der Westen damit zurechtkommen. Der von Moskau aufgebaute Druck kann nicht von Dauer sein. Öl- und Gasexporte sind Geschäfte auf Gegenseitigkeit. Dass Russland seinen Erdgaslieferungen nach Europa bislang weitgehend nachgekommen ist, hat in erster Linie etwas mit dem mittlerweile verfeinerten kapitalistischen Geschäftssinn des Regimes zu tun.

4.4 Die Beziehungen zu China und anderen regionalen Vormächten

Auch zu China, Indien oder anderen regionalen Vormächten (Japan, Brasilien, Ägypten oder Südafrika) entwickeln sich die strategischen Partnerschaften der Union bislang eher entlang weitgehend oberflächlicher Gemeinsamkeiten denn gemeinsam geteilter Interessen oder gar Werte. In zentralen außen- und sicherheitspolitischen Fragen stehen die Beziehungen vor allem in Peking (ähnlich wie in Moskau) unter dem Vorbehalt, einerseits in der EU zwar zunehmend einen stabilen Pfeiler der neuen multipolaren Weltordnung zu sehen – des chinesischen Paradigmas zur Erklärung der internationalen Beziehungen nach dem Ende des Ost-West-Konflikts –, der zusammen mit der VR China der weltpolitischen Hegemonie der USA entgegenwirkt, andererseits aber die wachsende Bedeutung der Union als globaler Akteur (und im Rahmen interregionaler Zusammenschlüsse wie dem Asiatisch-Europäischen Treffen – ASEM) auch als eine Herausforderung für die eigene Rolle in der Region zu interpretieren, indem Brüssel – gleichsam als Nebenprodukt – die von Peking zunehmend dominierten Regionalorganisationen für sich zu gewinnen und Chinas Vormachtrolle zu unterminieren versucht – was wiederum China dazu veranlasst, eher die großen EU-Mitgliedstaaten als Partner in der multipolaren Ordnung zu umwerben.[67] Immerhin kommt der EU gegenüber Asien

67 Peter Preston/Julie Gilson, The European Union and East Asia. Interregional Linkages in a Changing Global System, Cheltenham/Northampton 2001, S. 65-124; Kai Möller, Die Außenpolitik der Volksrepublik China 1949-2004, Wiesbaden 2005, S. 228 ff.; Richard Louis Edmonds, China and Europe since 1978. A European Perspective, Cambridge 2002

heute ein weit größeres Gewicht zu als noch zu Zeiten des Kalten Krieges. Der Marktanteil Europas an den Importmärkten Asiens ist in den neunziger Jahren sukzessive größer geworden und übersteigt heute den im gleichen Zeitraum gefallenen Anteil der USA.[68] Das Handelsvolumen zwischen der EU und ASEAN entspricht mittlerweile dem zwischen den USA und der Regionalorganisation der südostasiatischen Staaten.[69] Schließlich weisen auch die nationalen Direktinvestitionen aus, dass europäische Unternehmen parallel zum Export auch bei ihren Direktinvestitionen in Asien insgesamt deutlich zugelegt haben.

Verstärkt werden die Vorbehalte Chinas bezüglich der verstärkten europäischen Präsenz auf dem asiatischen Markt durch die europäische Haltung in der Frage des Waffenembargos gegenüber China. Zwar neigt man innerhalb der Union, begleitet von vernehmlicher Kritik seitens der USA, zu einer Aufhebung des Embargos, es bleiben aber die Bedenken bezüglich einer damit verbundenen negativen Signalwirkung in Bezug auf die sicherheitspolitischen Anstrengungen des Landes und seine Entwicklungen bei der Förderung von Menschenrechten und Demokratie. Da das Embargo „nur" politisch bindend ist und da gerade im deutschen Fall (wo die Frage die Aufhebung aufgeworfen wurde) die Exportbestimmungen so restriktiv sind, dass spektakuläre Transfers ausgeschlossen werden können, ist mit einer Aufhebung im Europäischen Rat vorerst nicht zu rechnen – gleichwohl auch in Brüssel darauf hingewiesen wird, dass das China von 1989 nicht mit dem heutigen China vergleichbar ist.

Dennoch ist die EU seit einigen Jahren bemüht, die Beziehungen mit konkreten Vereinbarungen aufzuwerten, so u. a. auf dem im Dezember 2004 abgehaltenen 7. EU-China-Gipfeltreffen in Form einer gemeinsamen Erklärung zur Non-Proliferation und Waffenkontrolle. Der Grund hierfür ist einfach: Kein Staat, und auch nicht die EU, kann es sich mehr leisten, keine China-Politik zu haben. Zwar trübt die Globalisierungsangst im Westen zum Teil den nüchternen Blick auf die tatsächlichen Kräfteverhältnisse: Während Amerika mit 5 Prozent der Weltbevölkerung für etwa 28 Prozent des Weltbruttoinlandsproduktes steht und Europa mit 8 Prozent der Weltbevölkerung gar für rund 30 Prozent, kommen China und Indien mit 40 Prozent der Erdbevölkerung bislang gerade einmal auf 7 Prozent (5 Prozent China, 2 Prozent Indien). Beängstigender als die derzeitige Größe aber sind Wachstumsgeschwindigkeit und Verlagerungstendenzen, ist die ungebrochene Dynamik vor allem der chinesischen Wirtschaft. Das Reich der Mitte ist mittlerweile die viertgrößte Volkswirtschaft der Welt, verfügt über Devisenreserven von rund einer

68 Hanns Günther Hilpert, Europa trifft Asien – Asien trifft Europa, SWP-Aktuell 51, Berlin (November 2004).
69 Europäische Kommission, Mitteilungen der Kommission. Eine neue Partnerschaft mit Südostasien (COM 2003, 299/4).

Billionen Dollar und zieht neben den USA mit etwa 60 Milliarden Dollar weltweit die mit Abstand höchsten ausländischen Direktinvestitionen an. Die Wirtschaft wächst jährlich mit durchschnittlich 8-10 Prozent, und das seit Beginn der wirtschaftlichen Öffnung 1979.[70] China ist inzwischen der zweitgrößte Energiekonsument nach den USA und trotz seiner großen Kohle-, Öl- und Gasvorkommen zunehmend auf Importe angewiesen. Um seinen Energiebedarf zu decken, schließt es weltweit Exklusivabkommen mit Paria-Staaten und scheut dabei nicht vor Konflikten mit Nachbarländern.[71] Selbst die Asienkrise belastete China weit weniger als andere Staaten er Region – ein Ergebnis der vergleichsweise geschlossenen Volkswirtschaft und eines weitgehend geordneten Finanz- und Devisensystems. Kapazitäten werden, bedingt durch niedrige Produktionskosten und hohe Flexibilität des „Humankapitals", mit atemberaubender Geschwindigkeit ausgebaut, ebenso die Infrastruktur in den Industrie- und Küstengebieten. Zwar steht das Land auch einer Reihe von gravierenden wirtschaftlichen und sozialen Problemen gegenüber – so u. a. der ständigen Gefahr einer Überhitzung der Wirtschaft; einem, gemessen an westlichen Maßstäben, dennoch eher instabilen Bankensystem; dem zunehmenden Haushaltsdefizit; der disparaten Entwicklung seiner Regionen; einem großen sozialen und Einkommensgefälle (fast jeder zweite der 1.3 Milliarden Chinesen erwirtschaftet weniger als 2 Dollar täglich); der mangelhaften Ausbildung seiner Landbevölkerung, die noch immer 45 Prozent der arbeitenden Chinesen ausmacht (22 Prozent sind in der Industrie beschäftigt); gigantischen Umweltproblemen –, deren Bewältigung China noch auf lange Zeit davon abhalten wird, in Bezug auf seine Wirtschaftsleistung in die Spitzengruppe, d. h. zu den USA, Japan und der EU aufzuschließen (das Bruttoinlandsprodukt entspricht in etwa einem Zehntel des amerikanischen BIPs). Insgesamt aber deutet vieles darauf hin, dass die Chinaoptimisten mit Blick auf die weitere Entwicklung des Landes Recht behalten dürften. Besonders die dynamische Entwicklung der Privatwirtschaft – Schätzungen gehen davon aus, dass mittlerweile mehr als die Hälfte der gesamten Wirtschaftsleistung von Privatunternehmen erbracht wird und der Privatsektor heute mehr als ein Drittel der chinesischen Arbeitnehmer beschäftigt –, die allmähliche Entwicklung einer kaufkräftigen Mittelschicht, das mittlerweile über dem Japans liegende Handelsvolumen sowie die Tatsache, dass das Land heute zu den wichtigsten Geberländern zählt (durch das Halten von Anleihen ist China zum größten einzelstaatlichen Geldgeber der USA geworden), China-Aktienfonds 2006 die absoluten Spitzenreiter in der Fondsrangliste waren und Peking weltweit durch Investitionen und den

70 Bates Gill, China's Evolving Role in Global Governance, in: Ders./Gudrun Wacker (Hg.), China's Rise: Diverging US-EU Perceptions and Approaches, SWP Berlin, August 2005, S. 9-15.

71 Heinrich Kreft, Neomerkantilistische Energie-Diplomatie. China auf der Suche nach neuen Energiequellen, in: Internationale Politik, Februar 2006, S. 50-57.

Kauf von Konzessionen im Rohstoffbereich für Versorgungssicherheit sorgt, stützen diese These.[72]

Vor dem Hintergrund des rasanten ökonomischen Aufstiegs des Landes nahm auch das Ende der achtziger Jahre noch minimale Handelsvolumen zwischen der EU und China einen bedeutenden Aufschwung, so dass die Vertiefung der Beziehungen in erster Linie ökonomischer Natur ist. In 2005 war China nach den USA der zweitwichtigste Handelspartner der EU und umgekehrt die Union der wichtigste Handelspartner Chinas, wobei allerdings für die Union aus einer lange Zeit ausgeglichenen Handelsbilanz seit 2002 ein Defizit wurde, welches sich 2005 auf die Rekordsumme von 106 Mrd. Euro belief (damit das größte Handelsbilanzdefizit der EU gegenüber einem Drittstaat). Damit ist China und nicht mehr Japan inzwischen der wichtigste europäische Handelspartner in der Region; deutlich zugenommen hat im Übrigen auch der Austausch mit Indien und Vietnam, während der bilaterale Handel mit den übrigen ASEAN-Staaten stagnierte oder sich sogar rückläufig entwickelte. Aus der EU stammen schließlich rund 40 Prozent aller aus dem Ausland kommenden Kredite und bei den ausländischen Direktinvestitionen steht die EU insgesamt seit 1998 auf dem ersten Platz.

Die insgesamt positive Entwicklung der Handelsbeziehungen hat dazu geführt, dass die EU-Kommission 2006 in ihrem China-Strategiepapier mit Nachdruck auf eine weitere Öffnung des chinesischen Marktes für Ausfuhren und Investitionen aus der EU sowie die Vergabe von mehr Aufträgen an europäische Unternehmen drängte: Die EU habe die Mitgliedschaft Chinas in der WTO nachdrücklich gefördert, entsprechend gehe es nunmehr darum, dass die aus der WTO-Mitgliedschaft entstehenden Anforderungen und Verpflichtungen von China umfassend erfüllt werden. Im Übrigen sei China der Test schlechthin für die Fähigkeit Europas, die Globalisierung in mehr Arbeitsplätze und mehr Wachstum umzusetzen, heißt es in diesem Papier. Im Zuge der Neuausrichtung der Beziehungen zu China will die Union darüber hinaus den Kampf gegen die Produktpiraterie, den Diebstahl geistigen Eigentums, verstärken und weiter gegen Dumping vorgehen. Gerade bei der Frage der Einfuhr von Gütern unter dem Herstellungspreis und beim Schutz der Urheberrechte zeichnen sich somit ähnliche Diskussionen ab wie im Falle Russlands. Die Kommission ist in diesem Zusammenhang sowohl dem Druck der europäischen Handelsverbände ausgesetzt, den Dumping-Vorwurf zum Zweck des Schutzes nicht mehr konkurrenzfähiger Betriebe zu missbrauchen (zum Schaden der Verbraucher), wie auch den Widerständen in einigen Mitgliedstaaten (u. a. Frankreichs) gegen den angeblichen Ausverkauf europäischer Interessen an die

72 Saskia Hieber, China – regionale Vormacht oder Supermacht?, in: Piazolo, a.a.O., S. 107-140 (116 f.).

Schwellen- und Billiglohnländer. Allerdings gibt sie in dem Papier ein klares Bekenntnis zu offenen Märkten ab: Viele Unternehmen investierten oder produzierten in Ländern außerhalb der EU. Die europäische Lieferkette sei global, deshalb sei der Schutz europäischer Produzenten durch Zölle konsequent abzubauen, ohne die Idee regulierter Märkte grundsätzlich in Frage zu stellen.[73]

Auffällig im bilateralen Handelsverhältnis ist schließlich, dass der Anteil der Exportartikel mit einem hohen Technologieanteil – insbesondere im Maschinen- und Anlagenbau – aus der EU mit etwa 65 bis 70 Prozent in den vergangenen Jahren weit höher gewesen ist als aus den USA (ca. 50 bis 55 Prozent).[74] Die Gründe hierfür lagen offensichtlich zum einen in dem im Vergleich zum Euro hohen Dollarkurs gegenüber dem Renminbi (ein Trend, der sich mit der jüngsten Aufwertung des Euros umgekehrt hat), zum anderen aber in der sicherheitspolitischen Sorge Washingtons vor einem Technologietransfer im sensiblen dual-use-Bereich (also solcher Güter mit auch militärischer Verwendung), welche in den vergangenen Jahren zu verschärften US-Sanktionen und Exportkontrollen geführt und somit entscheidend zum derzeitigen US-Handelsdefizit gegenüber China beigetragen hat.[75] An diesem Punkt erinnern die transatlantischen Debatten um die Frage nach möglichen Verschärfungen von Exportkontrollen durch die Union sehr an die Diskussionen um ähnliche Maßnahmen gegenüber Russland.[76]

Gleichwohl kann die insgesamt positive Bilanz der Entwicklung der bilateralen Handelsbeziehungen in den vergangenen Jahren nicht darüber hinwegtäuschen, dass vor allem die europäische Position angesichts eines Welthandelsanteils von rund 25 Prozent deutlich hinter ihren Möglichkeiten zurückbleibt. Nach wie vor ist Europa nur unterdurchschnittlich am asiatischen Wachstumsmarkt insgesamt beteiligt. Die Gründe hierfür liegen nicht nur in den durch die europäische Menschenrechtspolitik und die kulturelle Distanz bedingten Vorbehalten gegenüber Asien im Allgemeinen und China im Speziellen, sondern sind auch das Ergebnis konkurrierender handelspolitischer Interessen der EU-Mitgliedstaaten in der Region. Nur selten – so etwa im Fall der Produktion und des Verkaufs des Airbus – gelang es der Union in den vergangenen Jahren, eine gemeinsame Position über transnationale Konsortien zu beziehen; in der Regel filtert Peking für sich das Beste

---

73 Vgl. Kommission der EG, Mit der engeren Partnerschaft wächst die Verantwortung. Strategiepapier für Handels- und Investitionspolitiken der EU gegenüber China. Wettbewerb und Partnerschaft. KOM (2006) 631 endgültig, Brüssel, 24. Oktober 2006.

74 Vgl. Jens van Scherpenberg, Coping with China as an Economic Power – European versus American Approaches, in: Gill/Wacker, a.a.O., S. 16-22.

75 Jiawen Yang/Hossein Askari/John Forrer/Hildy Teegen, US Economic Sanctions against China: Who gets hurt?, in: The World Economy, 27, 7 (July 2004), S. 1047-1081.

76 Vgl. Bruce Weinrod, US and European Approaches to China, in: Mediterranean Quarterly, 17, 2 (2006), S. 17-31.

Angebot aus einer Reihe von Großprojekten durch europäische Einzelanbieter, d. h. verschiedene Allianzen aus nationalen Unternehmen und Regierungen. Dabei sorgten vor allem Frankreich und die Bundesrepublik für einen anhaltenden und scharfen Wettbewerb bei der chinesischen Auftragsvergabe zum Bau von Heizkraftwerken, Nuklearreaktoren, Schnellbahnen oder Telefonschatzentralen, von dem China wiederum profitierte, indem es entweder einen politischen Preis für seine Entscheidung bei der Union einforderte oder aber sich in den Genuss günstiger Kreditbürgschaften und umfangreicher Wirtschafts- und Entwicklungshilfetransfers bei den Einzelstaaten brachte. Den Mangel an Geschossenheit der Union konnte Peking somit in der Vergangenheit allzu oft als Erfolg verbuchen, indem es das EU-Embargo durch den Abschluss bilateraler Handelsverträge unterlief. Die großen nationalen Wirtschaftsdelegationen, die einen europäischen Regierungschef in der Regel nach China begleiten, zeigen dies deutlich; sie ermöglichen zudem schon seit langen und ohne großes Aufsehen – aus diesem Grund dürfte der ehemalige Bundeskanzler Schröder das Embargo-Thema 2005 wohl eher aus atmosphärischen Gründen aufgegriffen haben – dual-use-Exporte, an denen China vorrangig interessiert ist. So haben sich denn die Rüstungsexporte aus der EU trotz des Embargos allein zwischen 2001 und 2003 in etwa verachtfacht.[77]

In dieser Frage wirkt die mangelnde Kohärenz der Union ohnehin am problematischsten. Das seit 1989 bestehende Embargo, dessen Bestimmungen 1994 nochmals bestätigt und präzisiert wurden, steht schon seit geraumer Zeit unter dem Druck jener Länder, die eine starke Waffenindustrie und eine entsprechend einflussreiche Rüstungslobby besitzen, so vor allem Frankreich die Bundesrepublik, Großbritannien und Italien. Gemeinsam mit der chinesischen Regierung drängen sie auf eine Aufhebung des Embargos. Dass diese noch nicht erfolgte, ist somit vor allem dem politischen Kalkül der Union zu verdanken, die nicht ins Kreuzfeuer der Kritik einer insgesamt China-kritischen Öffentlichkeit in der Menschenrechtsfrage geraten will, die zumal nach dem Antisezessionsgesetz der Volkspartei in Bezug auf Taiwan vom März 2005 den Druck auf Brüssel erhöhte. Dadurch aber ist die Union in ihrer Chinapolitik gespalten und treibt jene Mitgliedstaaten, die eben eine solche Aufhebung wünschen, in von Peking ohnehin bevorzugte bilaterale strategische Partnerschaften mit China.[78] Das Ergebnis dieser Gespaltenheit, an der sich einmal mehr auch die Defizite der EU-internen Voraussetzungen einer wirkungsvollen GASP ablesen lassen, ist einerseits ein Festhalten dieser Staaten am Primat relativer handelspolitischer Vorteile hinter aller wohlfeilen umfassenden strate-

77 Frank Umbach, Strategische Partnerschaft oder multilateraler Kotau? Die EU-China-Beziehungen und die Aufhebung des Embargos, in: Internationale Politik, 3 (2005), S. 70-77 (75).

78 Xinning Song, Europa und China – eine schwierige Beziehung, in: Internationale Politik, 2 (2002), S. 39-43.

gischen Partnerschaft der EU mit China, andererseits die Aushöhlung des seit 1998 andauernden institutionalisierten Dialogs der Union mit Peking.

4.4.1 Die „strategische Partnerschaft" mit China

Bei diesem Dialog setzt die Union bewusst auf einen umfassenderen, vornehmlich politisch begründeten Ansatz, der die handels- und wirtschaftspolitische Dimension der Beziehungen nicht nur mit der Forderung nach Einrichtung der Marktwirtschaft durch Peking verbindet (vornehmlich durch die Verringerung des staatlichen Einflusses auf die Wirtschaft), sondern auch mit einem klaren Interesse der EU an einer partnerschaftlichen Zusammenarbeit auf internationaler Bühne auf der Basis eines möglichst weit reichenden Wertekonsens. So gliedert sich das 1998 unter dem Titel „Für eine umfassende Partnerschaft mit China" veröffentlichte und seither mehrfach erweiterte Strategiekonzept der Union für China in fünf Teile, von denen zumindest die beiden ersten einen durchaus starken politischen Charakter haben:

1. stärkere Einbindung Chinas in die internationale Gemeinschaft;
2. Förderung der Transformation Chinas in eine offene und auf Rechtsstaatlichkeit gegründete Gesellschaft;
3. stärkere Integration Chinas in die Weltwirtschaft;
4. Verstärkung des finanziellen Engagements Europas in China;
5. Verbesserung der Präsenz der EU in China.[79]

Im ersten Teil konkretisiert die EU den politischen Dialog mit China. Neben der institutionellen Verankerung (jährlich stattfindende Gipfeltreffen der EU-Regierungschefs und der chinesischen Regierung) geht es dabei um die Diskussion zentraler globaler Fragen wie die Reform der Vereinten Nationen, nukleare Abrüstung und Rüstungskontrolle, illegale Immigration, Drogenhandel und Geldwäsche, Menschenrechte und Umweltschutz. Darüber hinaus bemüht sich die Union um eine größere Rolle bei der Behandlung regionaler Sicherheitsprobleme in Asien bzw. eine engere Zusammenarbeit mit Peking im Rahmen des ASEAN Regional Forum (ARF). Gemeinsam mit China sucht die EU nach Lösungen für den Koreakonflikt, versucht Spannungen zwischen den Staaten Südostasiens abzubauen und setzt sich für eine friedliche Regelung der Taiwanfrage ein. Seit dem Irak-Krieg wurde auf den EU-Gipfeln auch über die Frage nach einem angemessenen post-

79 EU-Kommission, Für eine umfassende Partnerschaft mit China. KOM (98) 181, Brüssel, März 1998.

Konflikt-Management gesprochen. Dabei signalisiert gerade die Irakfrage gleichzeitig die Grenzen der „strategischen Partnerschaft“. So wünschen beide Seiten zwar eine möglichst rasche Übergabe der Macht an die irakische Regierung; gleichzeitig aber hat sich China bislang den amerikanischen Wünschen im Weltsicherheitsrat nicht verweigert und damit angedeutet, wie wichtig ihr – bei allen Gegensätzen bei Handelsbilanz, Währungspolitik und Urheberrechtsschutz – ein einvernehmliches Verhältnis zu den USA als überragende Wirtschaftsmacht ist.

Im zweiten Teil des Dokuments verweist die Union zunächst auf den wieder aufgenommenen Menschenrechtsdialog zwischen ihr und China und konstatiert die neue Bereitschaft der Führung in Peking, diesen wieder ernsthaft führen zu wollen. Ziel der Union ist dabei die Zustimmung Chinas für die Entwicklung einer offenen und rechtsstaatlich verfassten Gesellschaft durch eine Reihe konkreter Projekte. Der bislang größte Erfolg ist in diesem Zusammenhang sicherlich die zunehmende Akzeptanz des VN-Menschenrechtsregimes durch China sowie die Unterschrift Pekings unter den VN-Pakt über wirtschaftliche, soziale und kulturelle Rechte. Im Rahmen des Menschenrechtsdialogs dringt die Union auf eine möglichst umfassende Ratifizierung der maßgeblichen VN-Pakte und Konventionen der Internationalen Arbeitsorganisation (ILO).

Ergänzt wurde das Konzept gerade in diesem Punkt um zahlreiche Stellungsnahmen und Dokumente der Union, in denen sie einerseits die Notwendigkeit eines konsequenten Ausbaus bestehender politischer Dialogstrukturen bzw. einer effizienten Umsetzung ihres Chinakonzepts unterstreicht, andererseits die Wertedimension in den Beziehungen hervorhebt.[80] Dabei verlangt die EU u. a. zumindest eine Reduzierung der Anwendung der Todesstrafe, eine Reform der außergerichtlichen Untersuchungshaft, die Herstellung der Religions-, Wissenschafts- und Meinungsfreiheit und des Versammlungsrechts sowie die konsequente Anwendung des von der Regierung bereits ratifizierten VN-Paktes über wirtschaftliche, soziale und kulturelle Rechte.

Ebenso kritisch bewertet Brüssel in diesem Zusammenhang schließlich auch die zunehmend aggressivere Außenwirtschaftspolitik Chinas: Handel und Direktinvestitionen zwischen Afrika und Asien wachsen vor allem dank der Kredite, die China ungeachtet des Fehlens bestimmter Mindeststandards in Bezug auf beispielsweise den Umweltschutz oder die demokratische und rechtsstaatliche Entwicklung in den Adressatenländern gewährt. China gehört mittlerweile zu den großen Gebern in Afrika, mit zuletzt 1,2 Mrd. Dollar und rund 80 000 Entwicklungsarbeitern vor Ort rangiert Peking mit seiner bilateralen Hilfe sogar vor der Bundesrepublik; dabei

80 Vgl. bspw. EU-Kommission, Die China-Strategie der EU. Umsetzung der Grundsätze von 1998 und weitere Schritte zur Vertiefung des politischen Konzepts der EU. KOM (01) 265, Brüssel 2001.

fließen die Mittel überwiegend in Infrastrukturprojekte. Anders als die westlichen Geber, welche die gravierenden Nachteile einer Lieferbindung für die Empfängerländer längst erkannt haben, trennt China jedoch nicht zwischen Projektgestaltung und Ausführung und scheut auch sonst nicht davor zurück, wenig produktive bis unrentable Großprojekte zu fördern, ohne nach der Rückzahlungsfähigkeit des Landes zu fragen. Hinzu kommt, dass Peking sich von fragwürdigen Regierungspraktiken nicht abschrecken lässt, um Zugriff auf wertvolle Rohstoffe zu bekommen, und seine Mittel nicht an Kriterien wie Korruptionsbekämpfung oder die Sorge um die Wohlfahrt des Landes koppelt. Mit anderen Worten, die im Westen bewährte Devise „Hilfe zur Selbsthilfe“ wird durch die chinesische Außenwirtschaftspraktik konterkariert. Für China geht diese Rechung auf: Es schafft gleichzeitig Versorgungssicherheit, neue Absatzmärkte und größeren politischen Einfluss auf internationaler Ebene. Mit seiner Politik des Handels und Wirtschaftens ohne Bedingungen sammelt es Sympathie bei den Entwicklungs- und Schwellenländern, die sich nicht zuletzt aufgrund des Verblassens der amerikanischen Führungsrolle gerne Richtung Peking orientieren. Für die Empfängerländer aber dürften sich die Investitionen in zumeist unproduktive Projekte mittelfristig verhängnisvoll auswirken, wenn der Schuldenerlass gerade für die ärmsten Länder durch neue Kredite ins Leere läuft.

Ungeachtet dieser Praktiken ist jedoch auch im europäisch-chinesischen Verhältnis seit einigen Jahren eine Adjustierung des Partnerschaftskonzepts der Union mit China in Richtung eines weit pragmatischeren Ansatzes zu beobachten, bei dem – ähnlich wie im Verhältnis zu Moskau – die konkrete politische Zusammenarbeit sich nicht allein in technischen Hilfen und Bemühungen um die gemeinsame Bekämpfung nicht-militärischer Risiken erschöpfen soll, sondern durchaus weiter reichende Ambitionen umfasst. Dieser neue Pragmatismus ist der Einsicht in die mittlerweile unbestrittene Weltgeltung Chinas geschuldet, die auch Brüssel dazu veranlasste, sich im Laufe der vergangenen Jahre zunehmend die chinesische Argumentation zu Eigen zu machen, wonach es einen engen Zusammenhang zwischen der Beachtung der Menschenrechte, ökonomischer Prosperität sowie der langfristigen sozialen und politischen Stabilität Chinas gibt.

Die Union verweist in diem Zusammenhang gerne auf den friedlichen Charakter von Chinas Aufstieg zur Großmacht und folgt insgesamt einem optimistischen Ansatz in ihrer Chinapolitik: zum einen geht sie davon aus, dass mit der Integration Chinas die Sozialisation zu einem partnerschaftlichen Akteur in der Weltpolitik einhergeht; zum anderen setzt sie darauf, dass die wirtschaftliche Modernisierung auch zu einer politischen Öffnung im Lande führt. In der Tat versichert die chinesische Regierung bei jeder sich bietenden Gelegenheit, sich nicht an Rüstungswettläufen und militärischer Expansion beteiligen zu wollen, und macht sich damit für die Region unwiderstehlich und für Konkurrenten in der multipolaren Ordnung kaum angreifbar. China geriert sich nicht als imperiale Macht, die ihre Interessen mit Waffengewalt durchzusetzen sucht, sondern verweist auf die „weiche Macht" seiner Wirtschaft, seines Marktes und seiner Nicht-Einmischungs-Diplomatie. Seine Außenpolitik ist längst nicht mehr ideologisch motiviert, sondern dient in erster Linie der Flankierung seines Wirtschaftswachstums. In diesem Zusammenhang spricht die Pekinger Führung immer häufiger von dem neuen außenpolitischen Konzept der „harmonischen Welt". In ihr stellt China der Macht der USA und dem Ideal von Demokratie und universellen Menschenrechten das Konzept einer vielfältigen Welt gegenüber, in der jeder Staat seinen eigenen Entwicklungsweg beschreitet und in der es keine Einmischung in innere Angelegenheiten gibt. Unabhängigkeit bei der Wahl der Allianz, ob „gut oder schlecht", territoriale Integrität und Nichteinmischung lautet die außenpolitische Maxime. Dabei schwingen durchaus Vorstellungen spezifisch asiatischer bzw. chinesischer kultureller Inhalte in Absetzung von westlichen Werten mit. Gleichzeitig aber präsentiert sich die Führung als verantwortungsvoller Teilhaber, als ein Staat, der seine Pflichten in der internationalen Gemeinschaft kennt und übernimmt. So übt sich die Pekinger Führung, sicherlich auch befördert durch den positiven Einfluss von Chinas Beitritt zur WTO im November 2000, zusehends mit Erfolg in multilateraler Diplomatie (2006 richtete China den Gipfel der Shanghaier Organisation mit Zentralasien und Russland aus, lud die ASEAN-Staaten zum Asean-China-Dialog, und empfing alle Staatsoberhäupter Afrikas zum größten Gipfeltreffen, das Peking je gesehen hat) und politischer Konzilianz. Deutlich wird dies in der Haltung zur Nordkoreafrage, in der China dazu übergegangen ist, nunmehr gleichsam die dortige Führung in der Atomfrage öffentlich zu kritisieren und in den internationalen Verhandlungen eine aktive Vermittlungsrolle zu übernehmen, nachdem man bereits auf dem Pekinger Gipfel 2002 erstmals überhaupt die Themenkomplexe Irak und Nordkorea besprochen hatte. Sichtbar wird dies aber auch in der Iranpolitik, indem Peking dem Regime in Teheran 2006 erstmals die bedingungslose Unterstützung im Atomstreit verweigerte und am Ende gar eine entsprechende UN-Resolution unterstützte, die Sanktionen gegen Iran vorsah – auch wenn man sich gleichzeitig gegen schärfere Maßnahmen ausgesprochen hatte.

Chinas Kehrtwende aber folgt sehr pragmatischen Überlegungen und ist sicherlich nicht irgendwelchen Einflüssen bzw. dem Druck von außen geschuldet – und schon gar nicht aus europäischer Richtung. Die Beziehungen zur EU sind von ökonomischer Bedeutung. Als politische Kraft jedoch wird die Union nur bedingt ernst genommen. Deutlich wurde dies u. a. während des Jugoslawien-Krieges: Von dem Moment an, da der zunächst politische Konfliktlösungsansatz der Union in eine militärische Intervention mit NATO- bzw. US-Beteiligung umschlug, kritisierte die Pekinger Führung diese Entwicklung als Beweis für die Schwäche der Union und die weitere Konsolidierung der amerikanischen Führungsrolle in Europa. Ähnlich reagierte China auf das von der NATO auf ihrem Jubiläumsgipfel 1999 präsentierte strategische Konzept, mit dem vor allem die USA auf eine Globalisierung des Bündnisses drängte; Peking sah darin den Versuch, die EU zum Instrument für die Realisierung der vitalen Interessen Washingtons zu machen.[81]

Für die chinesische Führung haben daher die chinesisch-amerikanischen Beziehungen unverändert Priorität, die EU wird vor allem als wichtiger Lieferant von Technologie und Kapital gesehen und als wichtiger Teil eines möglichen Gegengewichts zum amerikanischen Unilateralismus. Daher dient Chinas Strategie eines neuen Multilateralismus, die selbst – wie Anfang 2007 einem Besuch des Brüsseler NATO-Hauptquartiers dokumentiert – vor einer Annäherung an das Bündnis nicht halt macht, vor allem dem Zweck, eine multipolare Ordnung zu schaffen, in deren Rahmen man durch flexible Koalitionen mit Russland, Japan, ASEAN oder der EU das Machtpotenzial der USA einzudämmen sucht. Prominentestes Beispiel in diesem Zusammenhang ist der 2001 unterzeichnete Freundschaftsvertrag mit Russland, in dem beide Seiten sich verpflichtet haben, keine Allianzen mit anderen Staaten einzugehen, welche negative Auswirkungen auf die Souveränität, Sicherheit und territoriale Integrität des Vertragspartners haben könnten.[82] Ebenso pragmatisch wie ambivalent ist das Verhältnis zu Japan, das China einerseits auf das Engste an die eigene Wirtschaft zu koppeln sucht – dabei wird gerne auf die bis heute gegebene Komplementarität beider Volkswirtschaften hingewiesen –, dessen Aufstieg zur politischen und militärischen Großmacht es andererseits zum jeden Preis verhindern will.

Für die EU ist es somit von zentraler Bedeutung, eine im Sinne von Gleichgewichtsdenken verstandene Multipolarität nicht dem Ziel einer multilateralen Zusammenarbeit zur Lösung der großen grenzüberschreitenden Probleme überzuordnen. Brüssel kann sich eine solche Strategie durchaus leisten, da es in der Region ohnehin keine strategische bzw. sicherheitspolitische Rolle spielt und auf absehbare Zeit auch nicht spielen wird. Die sicherheitspolitische Dimension des chinesischen Aufstiegs spielt in der europäischen Chinapolitik so gut wie keine Rolle. Dies unterscheidet das Verhältnis zu China maßgeblich von dem zu Russland, wo die Nachbarschaft zum russischen Territorium geradezu zwangsläufig einen unmittelbaren Einfluss auf die Außen- und Sicherheitspolitik der Union zur Folge hat.[83]

---

81 Kai Möller, Die Außenpolitik der Volkrepublik China, a.a.O., S. 236.

82 Nach Peter Opitz, China – Der Aufstieg des Drachen, in: Mir Ferdowski (Hg.), Sicherheit und Frieden zu Beginn des 21. Jahrhunderts: Konzeptionen – Akteure – Regionen, München 2004, S. 269-311 (283).

83 David Shambaugh, Lifting the EU Arms Embargo on China. An American Perspective, in: Gill/Wacker, a.a.O., S. 23-29.

Insofern empfindet Washington Chinas Aufstieg auch viel stärker als eine sicherheitspolitische Herausforderung. Die USA sind mit enormen eigenen Kosten der entscheidende Garant für die Stabilität in Ostasien, von der auch die EU profitiert; auch aus diesem Grund erwartet man in Washington auch (gerade in der Embargofrage) eine größere Anerkennung des amerikanischen Sicherheitsbedürfnis in der Region. Dabei sind die amerikanischen Sorgen, bei aller Bekundung des friedfertigen Charakters von Chinas Außenpolitik in den vergangenen Jahren, keinesfalls unbegründet: Chinas Verteidigungsbudget ist seit 1989 kontinuierlich gestiegen und rangiert heute weltweit hinter dem der USA und Japans an dritter Stelle. Dabei gehen Experten davon aus, dass das Land tatsächlich sogar das Dreifache von dem für die Rüstung ausgibt, was der veröffentlichte Haushalt derzeit ausweist – womit China denn bereits über den zweitgrößten Militärhaushalt verfügte.[84] Mit Ausnahme vielleicht der indischen Marine hätte somit derzeit kein anderes asiatisches Land China militärisch etwas entgegenzusetzen (Japan schickt sich gerade erst an, sein Konzept der „Selbstverteidigungskräfte" zugunsten eines Streitkräftemodells mit erweiterten Partizipationsmöglichkeiten aufzugeben). Zwar scheint Peking es nicht darauf anzulegen, etwa durch die Entwicklung eines eigenen Flugzeugträgerverbandes die militärstrategische Dominanz der USA in der asiatisch-pazifischen Region herausfordern und damit eine Konfrontation mit der globalen Militärmacht der USA provozieren zu wollen; eine Ausnahme bildet allenfalls die Taiwanfrage, in der Peking in der Vergangenheit mehrfach betont hat, im äußersten Fall auf die Anwendung militärischer Mittel nicht zu verzichten. Dennoch hat das chinesische Militärpotenzial mittlerweile für die Region ein derart bedrohliches Ausmaß angenommen, dass einzig die Präsenz der amerikanischen Streitkräfte, gestützt auf die Verbündeten Japan, Südkorea und Taiwan, einer künftigen Machtausdehnung des Landes in Asien vorzubeugen vermag. Mit der rapiden Modernisierung der Streitkräfte und einer permanenten Weiterentwicklung der Militärdoktrin, die zuletzt eine aktive Präsenz der chinesischen Flotte jenseits des Ost- und Südchinesischen Meeres bin in den Westpazifik vorsah, schickt sich China jedenfalls an, auch die Fähigkeiten moderner, integrierter Kriegsführung (Aneignung der entsprechenden Kapazitäten in den Bereichen „Kommunikation, Überwachung, Kommando und Intelligenz") zu entwickeln. Ziel dieser Digitalisierung und Mechanisierung der Streitkräfte, so der Tenor der seit 1998 veröffentlichten Verteidigungsweißbücher, ist es, nicht nur in regionalen Konflikten bestehen, sondern „lokale Kriege" auch gewinnen zu können.[85]

84 Lothar Rühl, Lange Schachpartie. Realität und Perspektiven der chinesischen Militärpolitik, in: Internationale Politik, 12 (2005), S. 65-71.

85 Zitiert nach Saskia Hieber, China – regionale Großmacht oder Supermacht?, a.a.O., S. 128.

Hinzu kommt, dass Peking sich zunehmend auch als Atom- und Raketenhändler auf dem Weltmarkt profiliert und dabei, was seine Kunden betrifft, wenig zimperlich ist. So gehören neben Indien und Pakistan auch Iran und Nordkorea zu den Empfängern von chinesischer Militärtechnologie. In Iran gleicht die chinesische Führung die auf Grund ausbleibender Investitionen des Westens im Energiebereich auftretenden Lücken durch verstärkte Kooperationen mit Teheran aus.

Gerade aber weil die EU auch auf absehbare Zeit nur eine vergleichsweise geringe (sicherheits-)politische Rolle in der Region spielen wird, sollte der von der Union in Bezug auf China eingeschlagene Weg des Aufbaus einer dialog- und praxisorientierten Partnerschaft sich nicht nur an seiner Effizienz bzw. seinen materiellen Zielen, sondern auch an seinen normativen Vorstellungen messen lassen. Sie sind zentral sowohl für die im EU-Vertrag definierten Ziele der GASP wie auch für den Grad der davon ausgehenden Profilierung der EU als homogener außenpolitischer Akteur bzw. der damit verbundenen Herstellung von Identität und kollektiver Handlungsfähigkeit. Insofern wäre *erstens* die Rückkehr zu einer bis Mitte der neunziger Jahre durchaus erkennbaren Politik, die Verletzungen der bürgerlichen und politischen Rechte in China den Verfahren und Sanktionen des internationalen Rechts zu unterwerfen suchte, erforderlich. Zwar wird der 1995 initiierte EU-China-Menschenrechtsdialog mittlerweile in Brüssel kritisch bewertet, doch auch im jüngsten Strategiepapier zu China kommt die Union über die Feststellung einer großen Diskrepanz zwischen internationalen Normen und der Lage im Lande hinaus nicht zu konkreten Vorschlägen bzgl. irgendwelcher Maßnahmen gegenüber der Führung in Peking; selbige muss vor diesem Hintergrund von einem stillschweigenden Einvernehmen Brüssels in der Menschenrechtsfrage ausgehen. Zum kritischen Dialog mit China gehört daher ein Geltendmachen des Rechts auf offene Kritik seitens der EU in den von der internationalen Gemeinschaft dafür eigens geschaffenen Foren. Immerhin belegt die durch die chinesische Regierung 1997/98 erfolgte Ratifizierung der beiden UN-Menschenrechtspakte den Erfolg einer maßgeblich von der EU – wegen ihrer symbolischen Wirkung auch und vor allem auf UN-Ebene – vorgetragenen Kritik an den Praktiken in China. Umgekehrt geben diese Foren auch der EU Gelegenheit, nicht nur ihre Position (bspw. in der Embargofrage) zu erläutern, sondern auch auf die Menschenrechtssituation in spezifischen Krisenregionen (bspw. Afrika) in einem größeren Rahmen aufmerksam zu machen.

Zweitens und in Konsequenz daraus sollte eine so verstandene China-Politik darauf pochen, Politik und Wirtschaft zu trennen.[86] Dieses Prinzip entspricht durchaus dem chinesischen Anspruch, die eigenen Wirtschaftsbeziehungen zum Westen

86 Vgl. dazu Gunter Schubert, China und die Europäische Union im Kontext der GASP, in: APuZ, B19/20 (2002), S. 21- 28 (28).

nicht irgendwelchen vor allem durch die EU vorgetragenen politischen Konditionalitätsklauseln unterwerfen zu müssen, erfordert aber gerade von den Mitgliedstaaten auch ein geschlossenes Auftreten und den Abschied von der besonders in Frankreich und der Bundesrepublik ausgeprägten Neigung zu „strategischen Sonderbeziehungen" zu China. Wie im Falle Russlands, so gilt auch mit Blick auf China, dass einzig die innere Geschlossenheit der Union in diesen Fragen zu einer größeren Akzeptanz der Union als relevanter Gesprächspartner und Akteur bei der Lösung (sicherheits-)politischer Probleme in Asien führt. Für die Union birgt umgekehrt gerade die Tatsache, dass sie keine geostrategischen Interessen in der Region hat, die Chance, als politischer Vermittler, beispielsweise bei der Befriedung der Territorialkonflikte im Südchinesischen Meer, größere Glaubwürdigkeit als andere Akteure zu besitzen. Im Interesse einer solchen Glaubwürdigkeit sollte die Union daher auch Chinas Vision der multipolaren Ordnung mit Vorsicht genießen und vielmehr an der Umsetzung jener multilateralen Grundprinzipien (zu ihnen zählen auch Menschenrechtsregime) arbeiten, die auch die chinesische Führung zunehmend im Rahmen der internationalen Organisationen in Anspruch nimmt.

4.4.2 Integrative Gleichgewichtspolitik durch die Bildung von Allianzen

Dies ist auch aus einem anderen Grund für die EU dringend erforderlich. Neben China werden andere regionale Vormächte zu einer zunehmenden Herausforderung für Brüssel und die Mitgliedstaaten. Die fundamentalen geoökonomischen und geopolitischen Veränderungen erfordern auch eine Positionsveränderung seitens der EU. Für Brüssel lautet die Frage, wie es auf das gewachsene Handlungs- und Störpotenzial der neuen Akteure und Konkurrenten reagiert, wie es dabei seine eigenen Interessen global definiert und verfolgt, und wie und mit wem es bestimmte Ordnungsvorstellungen durchsetzt. Selbst für die USA werden die Grenzen der Macht immer offenkundiger, von der unipolaren Welt redet man auch in Washington mit wachsendem Unbehagen, ungeachtet der fortbestehenden militärischen Übermacht. Ob in Afghanistan oder im Irak, ob in der Nordkorea- oder Iranfrage oder aber zur Bekämpfung des Islamismus – Washington ist auf Bündnisse angewiesen und es muss den Versuchungen des Protektionismus im eigenen Lande widerstehen. Dabei gilt es, sich Partner zu suchen, mit deren innerer Ordnung man weitgehend übereinstimmt und deren globalen Interessen man teilt. Dies gilt erst recht für die EU, die sich weder eine isolationistische Haltung noch politische Alleingänge leisten kann. Dann aber ist das konsequente Eintreten für die eigenen Interessen und Werte, die mehrheitlich auch die Werte der transatlantischen Gemeinschaft sind, eine Notwendigkeit, dann kann man die neue multipolare Welt nicht zum Wert an sich hochstilisieren.

Tut die EU dies nicht, so trägt sie selbst zusätzlich zum relativen Bedeutungsverlust Europas bei. Das Übrige besorgen neben China solche Länder, deren ökonomischen und politischen Aufstieg die EU erst in der letzten Zeit richtig wahrzunehmen begann: Indien, von seinem Potenzial her die zweite asiatische wirtschaftliche Großmacht, welche die EU in der Vergangenheit fast ausschließlich als relativ perspektivloses Entwicklungsland wahrgenommen hat; Japan, welches Ende der achtziger Jahre, getragen von einer gigantischen Börsenrally und einem rasch aufgewerteten Yen schon einmal einen beispiellosen Druck auf die amerikanische wie europäische Konkurrenz ausübte und beide zu großen Umstrukturierungen zwang, und welches heute – nach einem Jahrzehnt der der Deflation – vor allem dank seines enormen Nettoauslandsvermögens wieder zu einem wichtigen Faktor für Arbeit und Wohlstand im Westen geworden ist;[87] Brasilien und Mexiko, deren wirtschaftliche Entwicklung von vielen Ökonomen mittlerweile so günstig eingeschätzt wird, dass ihr Sozialprodukt in ein paar Jahrzehnten größer als das der Bundesrepublik sein werde – ein Beleg zudem für die These, dass die EU neben dem asiatischen Wachstumspotenzial auch der Entwicklung in Mittel- und Südamerika viel zu wenig Aufmerksamkeit geschenkt hat;[88] und schließlich Länder wie Iran oder Venezuela, die – dem Beispiel Russlands folgend – längst für sich den für den Westen dramatischen Zusammenhang von Energie- und Geopolitik als politischen Hebel entdeckt haben und auch nicht davor zurückschrecken, die eigenen Ressourcen als materielle Grundlage für ihre anti-israelische und anti-amerikanische Agitation herzunehmen. Vor allem Iran, beflügelt vom amerikanischen Debakel im Irak, schickt sich an, an seine in den siebziger Jahren des 20 Jahrhunderts bedeutende Rolle als Regionalmacht anzuknüpfen, nachdem alle anderen großen arabischen Staaten, mit Ausnahme Saudi-Arabiens, derzeit eher geschwächt sind. Lautstark verkündet die Führung in Teheran, das führende Land der islamischen Welt sei derzeit Iran.

---

87 Dazu ausführlicher Paul Kevenhörster/Werner Pascha/Karen Shire, Japan: Wirtschaft – Gesellschaft – Politik, Wiesbaden 2007; Claudia Derichs/Momoyo Hüstebeck/Kerstin Lukner, Japans Rolle in der Welt, in: Piazolo, Macht und Mächte, a.a.O., S. 141-184; Manfred Pohl/Iris Wieczorek (Hg.), Japan 2004: Politik und Wirtschaft, Hamburg 2004.

88 Vgl. Dieter Nohlen/Hartmut Sangmeister, Macht, Markt, Meinungen: Demokratie, Wirtschaft und Gesellschaft in Lateinamerika, Wiesbaden 2004; Markus Jäger, Brasilien: O pais do futuro? Wirtschaftliche Szenarien für die nächsten 15 Jahre, Deutsche Bank Research 2006. www.dbresearch.com/PROD/DBR Internet DE-PROD/PROD0000000000199370.pdf; Silja Voss, Mexiko 2020: tequilla sunrise: ein mittelfristiger Wachstumsausblick, Deutsche Bank Research 2006. www.dbresearch.com/PROD/DBR Internet DE-PROD/PROD0000000000199497. pdf.

Alle diese Staaten fordern den Westen insgesamt nicht nur ökonomisch heraus, sondern eben auch politisch (und dabei wiederum das Werteverständnis der Union im Besonderen), indem sie sein Pochen auf Demokratie und gute Regierungsführung nach westlichen Maßstäben als Zumutungen und Einmischung in die inneren Angelegenheiten kritisieren und die eigenen Ordnungsvorstellungen als erfolgreiche Gegenmodelle (so zumindest China und Russland) präsentieren. Die EU tut daher gut daran, ihre Beziehungen vor allem zu den Staaten zu intensivieren, von deren sie nicht nur ökonomisch profitiert, sondern die aufgrund ihrer Wirtschaftsstrukturen und der politischen Ausrichtung auch für kooperative Partnerschaften in Frage kommen. Indien zählt dazu in besonderem Maße: Das Land verfügt nicht nur über Telefonzentren und Software-Industrie, sondern auch über sich entwickelnde Industriecluster und erfolgreich geführte Familienkonzerne, die zum Teil weit eher in das europäische Konzept passen. Dennoch verliert die EU in Delhi immer mehr an Bedeutung.

Der Gründe dafür sind sicherlich auch, dass die EU noch immer vom Erbe der Kolonialzeit belastet ist und dass, wie im Falle Chinas, die Union auf Grund ihrer ökonomischen Probleme in der jüngsten Vergangenheit und ihrer mangelnden politischen Geschlossenheit als bedeutender globaler Akteur nicht wahrgenommen wird. Auch Delhis Ambitionen sind daher zunächst stark in Richtung Washington orientiert, wie dies die im vergangenen Jahr vereinbarte Kooperation im Nuklearsektor mit den USA deutlich gemacht hat. Auf Grund des Engagements von amerikanischen Hochtechnologie-Multis beim Aufbau von Produktions- und Forschungseinrichtungen sind die USA sind mittlerweile Indiens größter einzelstaatlicher Handelspartner und die wichtigste Quelle für ausländische Direktinvestitionen. Neben Washington gewann außerdem Ostasien an Bedeutung; 2005 überholte die Region die EU erstmals als Indiens wichtigsten Handelspartner, was vor allem auf den wachsenden Handel zwischen China und Indien zurückzuführen ist. Dabei ist diese Ausrichtung durchaus nicht ausschließlich ökonomisch motiviert gewesen. Immerhin hat sie auch zu Indiens Eintritt in das ASEAN Regional Forum geführt, der einzigen funktionierenden regionalen Sicherheitsorganisation Ostasiens.[89]

Zum großen Teil aber sind die eher schwachen Beziehungen auch der lang anhaltenden europäischen Ignoranz gegenüber dem Aufstieg Indiens und seiner neuen internationalen Rolle geschuldet.[90] Erstmals auf dem gemeinsamen Lissaboner Gipfeltreffen im Juni 2000 bekundeten beide Seiten überhaupt das politische Inte-

89 Howard Loewen, Die ASEAN als Impulsgeber ostasiatischer Integration, GIGA Focus Asien, 2 (2006), German Institute of Global and Area Studies (GIGA), Hamburg.

90 Christian Wagner, Indiens neue Rolle, GIGA Focus Asien, 4 (2006), Hamburg.

resse, ihre bilateralen Beziehungen in allen Bereichen zu vertiefen. Höhepunkt der Kooperation war seither die Unterzeichnung des „Neuen Strategischen Partnerschaftsabkommens“ im Juni 2004, in dem beide Seiten die Felder möglicher Zusammenarbeit präzisierten:

1. Konfliktprävention, Bekämpfung des internationalen Terrorismus, Proliferation sowie Förderung von Demokratie und Menschenrechten;
2. wirtschaftliche Zusammenarbeit einschließlich sektoraler Dialoge über gemeinsame Regulierungsaufgaben;
3. entwicklungspolitische Zusammenarbeit;
4. Kulturaustausch;
5. Weiterentwicklung der institutionellen Verzahnung.

Insgesamt aber blieb die Kooperation bislang auf wenige konkrete Projekte bei der wirtschaftlichen (Indien nimmt am GALILEO-Satellitenprogramm der Union teil) sowie der Zusammenarbeit im Hochschulbereich (im Rahmen des Erasmus-Programms) beschränkt. In den beiden vergangenen Jahren rangierte Indien mit knapp 2 Prozent aller Importe und Exporte weit abgeschlagen auf der Liste der größten Handelspartner der Union, gleichzeitig flossen gerade einmal 0,3 Prozent aller Direktinvestitionen der EU nach Indien. Und auch auf politischer Ebene war die Vergangenheit auffällig von einer europäischen China-Fixiertheit geprägt. Dort, wo sich die EU allerdings zu Wort meldete – in der Menschenrechtsfrage und in der Frage der Kinderarbeit, im Kaschmirkonflikt oder in Fragen wie dem Internationalen Strafgerichtshof oder dem Verbot von Antipersonenminen – reagierte Indien entweder mit äußerster Zurückhaltung oder ähnlich wie Peking gar mit Ablehnung unter Hinweis auf das Nichteinmischungsprinzip. Damit stieß auch im Falle von Indien die europäische Vision, als größte Demokratie der Welt teile Indien weitgehend die Weltsicht der Union, sehr rasch an ihre Grenzen. Wie in Peking dient der indische Diskurs über Multilateralismus und die Notwendigkeit einer multipolaren Ordnung vor allem dem ganz pragmatischen Zweck, die Übermacht der Amerikaner im Besonderen und der Hegemonie des Westens im Allgemeinen einzudämmen. Auffällig ist in diesem Zusammenhang, welche Bedeutung Indien vor allem seinem ökonomischen und militärischen Aufstieg beimisst – auch dies ist ein Grund für die weit verbreitete Geringschätzung einer vor allem auf Normen und Verrechtlichung setzenden Politik der Europäer. Nicht wenige Experten in indischen Thinktanks verweisen daher lieber auf den nunmehr offiziell von Washington anerkannten Nuklear- als auf den Demokratiestatus Indiens, wenn es um die Frage nach dem Einfluss des Landes als internationaler Akteur oder regionale Führungsmacht geht. Auf dieser Linie liegt auch der Anspruch Indiens auf einen ständigen Sitz im UN-Sicherheitsrat und seine Führungsrolle unter den

Schwellenländern innerhalb der WTO. Solange diese Ambitionen von Washington unterstützt werden, weil man dort in der Aufwertung des Landes ein probates Mittel zum Ausspielen Chinas sieht, wird die EU es schwer haben, mit ihrem erwähnten Partnerschaftsabkommen eine vergleichbare Wirkung zu erzielen wie Washington mit seinem strategischen und militärischen Abkommen mit Delhi vom Juni 2005.[91] Die einzige Alternative, die der Union bleibt, ist auch im Falle Indiens die Stärkung des außenpolitischen Profils durch ein einheitliches europäisches Auftreten gegenüber Delhi; in zu vielen Kooperationsfeldern bringt Brüssel zwar zunächst eine gemeinsame Agenda auf den Weg, in der Praxis aber wird diese durch bilaterale Verträge einiger Mitgliedstaaten mit Indien unterlaufen. Darüber hinaus wirkt der bisherige europäische Sinozentrismus aus der Sicht Indiens kontraproduktiv im bilateralen Verhältnis. Eine ausgewogenere Politik der Union, die zudem die Ambitionen Indiens bezüglich einer Mitgliedschaft in der G8 sowie eines ständigen Sitzes im Sicherheitsrat unterstützte – zumal China sich diesen bislang widersetzte – würde in Delhi sicherlich honoriert werden und könnte zu einer Intensivierung der Zusammenarbeit in den für das Land so wichtigen Bereichen etwa des Umweltschutzes oder der Infrastruktur. Die enormen Probleme des Landes bei der Trinkwasserversorgung oder der dringend notwendigen Versorgung mit den beiden gleichermaßen teuren wie die Umwelt verschmutzenden Energieträgern Erdöl und Kohle könnten gerade durch eine verstärkte Zusammenarbeit mit der EU entschärft werden, indem diese zum wichtigsten Technologielieferanten im von Indien zunehmend attraktiver werdenden Kernenergiebereich avancierte.

Wie im Falle Chinas sollte sich die Union auch mit Blick auf Indien oder andere Aufsteiger in der Weltpolitik von den beiden oben erwähnten Grundsätzen leiten lassen: Trennung von Politik und Wirtschaft; konsequentes Eintreten für Demokratie und Menschenrechte, nicht nach europäischem, sondern universalem Maßstab, wie er in den relevanten VN-Konventionen definiert ist. Im Fall von EU-Beitrittskandidaten ist es legitim, eine solche rechtliche wie reale Verfasstheit zu verlangen, wie sie dem eigenen, seit dem 18. Jahrhundert entwickelten Leitbild entspricht: der parlamentarischen, gewaltenteiligen Demokratie und dem auf Achtung der Menschenrechte gegründeten Rechtsstaat. In ihrer globalen Ausrichtung aber sollte die Union bedenken, dass allenfalls der Grundsatz der Achtung der Menschenrechte und Grundfreiheiten im Sinne des Völkerrechts über alle Grenzen der Länder und Kontinente hinweg weltweit Geltung beanspruchen kann. Die in zahlreichen EU-Dokumenten anzutreffende Ausdifferenzierung von Konditionalitäten aber wirkt oft kontraproduktiv, da sie jeder legitimen europäischen Interessenpolitik (schon

91 Christophe Jaffrelot, Indien und die EU: Die Scharade einer strategischen Partnerschaft, GIGA Focus, 5 (2006), Hamburg.

aus Legitimitätsgründen) zusätzliche Fesseln anlegt und von den verstärkt auf ihre eigenen (außenpolitischen) Identitäten pochenden Regionalmächten als Adressaten nicht anerkannt wird. Wenn denn überhaupt, dann sollte die EU in den entsprechenden internationalen Gremien geschlossen den Mindestanspruch vertreten, der diese Foren trägt; eine solche Politik nimmt im Zweifelsfall auch das Handeln der Supermacht USA nicht von Kritik aus, schafft ansonsten aber vor allem im Konsens mit Washington die Voraussetzung für ein kooperatives Verhalten der aufstrebenden Regionalmächte.

Dieser Ansatz entspricht der Logik des Erfolgs einer integrativen Gleichgewichtspolitik der EG/EU im Innern einerseits und der hohen Akzeptanz der Union weltweit auf Grund seiner anti-imperialen Politik nach außen andererseits; letztere hat gerade in jüngster Zeit Europas diplomatischen Handlungssielraum und Einfluss in der gemäßigten islamischen Welt erheblich vergrößert.[92] Nach wie vor liegt der entscheidende Unterschied zu den anderen Großmächten im Fall der Union in der Wahl der Mittel. Noch immer folgt die EU in ihren Außenbeziehungen dem Konzept der Zivilmacht; auch in der ESS betont die Union ihren Charakter als „Friedensmacht“, die sich zur strikten Einhaltung des Völkerrechts als alleinige Grundlage von Zwangsmaßnahmen verpflichtet und die „zivile“ Ansätze zur Konfliktbewältigung in Zusammenarbeit mit anderen Organisationen (UN, NATO oder OSZE) präferiert. Gleichwohl folgt die Union auch einer machtpolitischen Logik, welche die Frage aufwirft, ob sie die Einordnung als Zivilmacht nicht bereits hinter sich gelassen hat. Dieser Logik entspricht nicht nur die o. e. wachsende Bereitschaft zum Einsatz militärischer Mittel, sondern auch der geopolitische Zwang zum Ausbau der eigenen Machtposition. Dieser Zwang ergibt sich weniger aus dem prozesshaften Charakter der europäischen Integration als vielmehr aus den zentralen Herausforderungen der heutigen Zeit (neben dem internationalen Terrorismus, der Proliferationsproblematik und der Organisierten Kriminalität vor allem Staatsscheitern und Energiesicherheit), welche im Falle von Nichthandeln der Union enorme immaterielle wie materielle Kosten verursachen.

Scheiternde bzw. gescheiterte Staaten sowie Organisierte Kriminalität verursachen erhebliche immaterielle Kosten durch sie begleitende Vertreibung, Menschenhandel oder Zwangsprostitution. Gleichzeitig zwingen Staatversagen und regionale Konflikte die Union zunehmend zum Eingreifen, auch fernab des eigenen Kontinents, und erheblichen materiellen Investitionen. Der mit dem ökonomischen Aufstieg anderer Regional- bzw. Großmächte verbundene Anstieg der Energiepreise hat unmittelbare Auswirkung auf die wirtschaftliche Entwicklung der Union und da-

92 Werner Link, Auf dem Weg zu einem neuen Europa. Herausforderungen und Antworten, Baden-Baden 2006, S. 78 f.

mit letztendlich auch auf die sozialen Sicherungssysteme. Für die Union als heute weltweit größter Energieimport bedeutet dies, dass sie die zunehmenden Abhängigkeiten und Unsicherheiten der Versorgung mit Öl und Gas auf ein kalkulierbares Maß reduzieren muss. Geopolitik tritt an die Stelle der Geologie, diese aber leitet die Geopolitik und erfordert von der Union vor allem eine Konzentration auf die Golfregion (mit rund zwei Dritteln aller Ölvorkommen) und verstärkt auch auf die Region um das Kaspische Becken. Um im Verteilungskampf mit den Aufsteigern und den USA zu bestehen, benötigt die EU dringend eine gemeinsame Energiepolitik. Den Anstoß dazu gab das Grünbuch der Kommission zur Energieeffizienz vom Juni 2005.[93] Ihm folgten ein weiteres Grünbuch im März 2006 mit Vorschlägen für eine nachhaltige, wettbewerbsfähige und sichere Energieversorgung sowie eine Mitteilung der Kommission vom Januar 2007, in der die Union erstmals die sicherheitspolitische Relevanz ihrer Abhängigkeit von Energieimporten betont und explizit von der Notwendigkeit einer „kohärenten Energieaußenpolitik" spricht. Obwohl eine solche für die Union von zentraler Bislang zur Stärkung internationaler Energiepartnerschaften ist, erschöpft sie sich jedoch bislang eher in Absichtserklärungen denn konkreten Projekten. Nach wie vor gilt in Brüssel der Grundsatz, wonach es das legitime Recht der Mitgliedstaaten ist, zur Gewährleistung einer sicheren Energieversorgung eigene äußere Beziehungen zu pflegen und den internen Energiemix selber zu bestimmen.

Wie immer man die Chancen für eine gemeinsame Energiepolitik im Speziellen und eine Gemeinsame Außenpolitik gegenüber Drittstaaten und anderen Regionen im Allgemeinen bewerten mag, fest steht, dass die Union auch diesbezüglich längst einen qualitativen Sprung in Richtung eines eigenständigen sicherheits- und außenpolitischen globalen Akteurs getan hat. Ob die Union es will oder nicht, sie ist sowohl der Globalisierung mit all ihren Facetten wie auch der durch den (Wieder-)Aufstieg Russlands, Chinas, Indiens oder anderer Regionalmächte bedingten Diffusion der Macht unweigerlich ausgeliefert. Damit wird sie gezwungen, pragmatisch europäische Interessen zu formulieren und gemeinsam zu vertreten – als eigenständige Regionalmacht, die global ausstrahlt, wie als „strategischer Partner" insbesondere mit den USA. Die Bedeutung der Union wächst vor allem dann, wenn es ihr in ihren Außenbeziehungen zweierlei gelingt: einerseits die USA von ihrem „positiven Beitrag zu einer stabilen Weltordnung regionaler Balancen" zu überzeugen[94] – eben als regionale Ordnungsmacht in Europa und seiner Nachbarschaft; durch enge Beziehungen mit anderen Regionalverbänden und Großmächten; und durch

93 European Commission, Green Paper on Energy Efficiency. Doing more with less, Brüssel, COM (2005) 265 final, 22. Juni 2005.

94 Link, a.a.O., S. 115.

entschlossenes Handeln, wo vitale europäische Interessen unmittelbar tangiert sind –, andererseits gleichzeitig eine Alternative zu einer präemptiven Interventionspolitik der USA anzubieten, die die Union besagten Drittstaaten und Regionen als gewünschter Kooperationspartner erscheinen lässt.

5. Außenpolitik gestalten – Nachbarschafts- und Regionalpolitik der Europäischen Union

Die im vorangegangenen Kapitel geschilderten Herausforderungen für die erweiterte Union stellen sich ganz unmittelbar an ihrer Peripherie. Wie diese abzugrenzen ist und wo damit europäische Interessen ganz unmittelbar berührt sind, lässt sich räumlich zwar in etwa definieren. Letzten Endes aber zwingen diese Herausforderungen und Bedrohungen die EU zu einem Engagement weit über die Peripherie hinaus und machen sie damit, wenn auch nicht in allen Belangen zu einem Staaten vergleichbaren Akteur im Sinne von Autonomie und exklusiven Vertretungsanspruch, so doch zu einer Institution, die maßgeblich auf die internationale Politik einwirkt und insofern eine effektive Außendimension besitzt. Interdependenz und Transnationalisierung haben nicht nur die Grenzen zwischen Innen- und Außenpolitik durchlässig gemacht, indem Migration, Asyl und innere Sicherheit zu unmittelbaren sicherheitspolitischen Themen geworden sind. Darüber hinaus üben Themen wie Energiesicherheit (s. o.) oder Terrorismusbekämpfung sowie die unverändert gültige Selbstverpflichtung auf die Charakterisierung der Gemeinschaft als „Zivilmacht“ (angesichts der Bedeutung humanitär motivierter Interventionen) zunehmenden außenpolitischen Handlungsdruck auf die Union aus – zum Teil nicht frei von Spannungen und Widersprüchen, aber eben doch zwangsläufig.

Bei der Terrorismusbekämpfung beispielsweise führten die Entwicklungen seit dem „11. September“ nach anfänglichen Bemühungen um kollektives Handeln in der EU (Einrichtung verschiedener Gemeinschaftsinstrumente zur Bekämpfung der Bedrohung auf EU- und globaler Ebene) zwar rasch zu Desintegrationstendenzen und Ineffizienz auf europäischer Seite. Dennoch ist in dieser Zeitspanne insgesamt zu beobachten, dass es – trotz US-Drucks (unilaterales Handeln), unterschiedlicher Bedrohungswahrnehmung und interner Spannungen bzgl. der Wahl der Mittel – ein größeres Maß an Unterstützung für ein kollektives Vorgehen der EU mittels von Integrationsinstrumenten vor allem im rechtlichen und ökonomischen Bereich gab. Dies ist umso bemerkenswerter, als sich die Präferenzbildungsprozesse der Mitgliedstaaten innerhalb der EU zunächst diametral entgegenstanden. Die EU-Ebene übte insofern aufgrund des internationalen Drucks der Anti-Terror-Koalition eine akkommodierende Rolle im Mehrebenensystem aus, die im Nachhinein als wichtiges Korrektiv zwischen beiden Polen nach innen wirkte und gleichzeitig der EU ein größeres Gewicht nach außen verlieh. So kam es ungeachtet des Widerstands der Justizpolitiker in Bezug auf bestehende Rechtshilfeabkommen sowie polizeiliche und geheimdienstliche Kooperation zu einer verstärkten Zusammenarbeit insbesondere mit den USA.

Eine ähnliche Konstellation findet sich auch in der Frage der Militäreinsätze. Lange Zeit schien die Entwicklungsdynamik der GASP/ESVP vor allem das Ergebnis des Verhandlungsprozesses zwischen interessengeleiteten staatlichen Akteuren sowie des äußeren Zwangs (gemeinsame Bedrohungen) zum Handeln (reaktiver Charakter). Der Zwang zum Konsens verhinderte demnach einerseits einen raschen Entscheidungsprozess, wie er in Krisensituationen nun mal oft erforderlich ist (Kosovo, Bosnien oder Golfkriege). Auf der anderen Seite bestand das Problem der vertikalen (Einigung zwischen den Mitgliedstaaten) und der horizontalen (Pfeilerstruktur) Kohärenz. Zunehmend ist jedoch auch in diesem Bereich eine Entwicklungslogik zu beobachten, die sowohl durch die innere (EU; Mitgliedstaaten) als auch die äußere Ebene bestimmt wird. So gibt es innerhalb der EU nicht nur das, was man als „Koordinationsreflex“ auf der Basis „akkumulierter“ Werte oder „Brüsselisierung“ bezeichnen kann – sprich die Gewohnheit der Mitgliedstaaten, sich im Vorfeld der eigenen Positionsbestimmung mit den anderen Mitgliedstaaten abzusprechen. Gleichzeitig ist die Dynamisierung der GASP/ESVP zunehmend das Ergebnis eines äußeren Drucks auf die Union, angesichts der neuen Herausforderungen und Bedrohungen weltweit größere Verantwortung im Sinne einer pro-aktiveren Politik zu übernehmen.

Eben diese Haltung spiegelt sich sowohl in der Nachbarschaftspolitik wie auch in der Politik gegenüber dem erweiterten Mittleren Osten der Union wider. Gemäß Art. I-57 des Verfassungsvertrages will die Union „besondere Beziehungen zu den Ländern in ihrer Nachbarschaft, um einen Raum des Wohlstands und guten Nachbarschaft zu schaffen, der auf den Werten der Union aufbaut und sich durch enge, friedliche Beziehungen auf der Grundlage der Zusammenarbeit auszeichnet.“[1] Was sich jedoch wie das bewährte Instrument einer auf Werthaltungskonformität ausgerichteten Außenpolitik gegenüber Drittstaaten liest, ist vor allem Ausdruck einer grundsätzlichen Neuausrichtung der EU gegenüber seinen Nachbarn an den östlichen wie den Mittelmeergrenzen, mit der die EU ihren sicherheitspolitischen Interessen Rechnung trägt und gleichzeitig der Gefahr ihrer geostrategischen Überdehnung durch weitere Beitritte vorzubeugen sucht.

1 Verfassungsvertrag, unterzeichnet am 29. Oktober 2004 in Rom, CIG 87/2/04 Rev. 2, ABl. 2004, Nr. C 310, S. 1.

5.1 Die Nachbarschaftspolitik der Union

Mit der Erweiterung der Union im Mai 2004 und zum 1. Januar 2007 sind Belarus, die Ukraine und Moldawien (Rumänien) zu unmittelbaren Nachbarn der EU geworden. Gleichzeitig hat sich die Grenze zu Russland verlängert (gemeinsam mit denen zu Belarus und der Ukraine beträgt sie heute in etwa 5100 km) und rücken Malta und Zypern die Union näher an die Mittelmeerregion heran. Bedenkt man zusätzlich die Tragweite der Grundsatzentscheidung des Europäischen Rates vom Dezember 2004, Beitrittsverhandlungen mit der Türkei aufzunehmen, sowie die durch den Stabilitätspakt für Südosteuropa in Aussicht gestellte Beitrittsperspektive für die westlichen Balkanstaaten, so wird die fundamentale geostrategische Bedeutung der jüngsten Beitritte wie der damit verbundenen Erweiterungsdynamik deutlich;[2] in diesem Zusammenhang betonte die Europäische Sicherheitsstrategie explizit, dass die Erweiterung nicht ausschließlich als Sicherheitsgewinn zu interpretieren ist.[3] Wenn die Beitrittsdynamik über das vorläufige Scheitern des Verfassungsvertrages auch zunächst nachließ, so erforderten die jüngsten Entwicklungen aus diesen Gründen doch eine Reaktion Brüssels über den künftigen politischen Kurs gegenüber Beitrittswilligen wie neuen Nachbarn.

Vor diesem Hintergrund präsentierte die Union am 11. März 2003 zunächst ihre Mitteilung „Größeres Europa – Nachbarschaft: Ein neuer Rahmen für die Beziehungen der EU zu ihren östlichen und südlichen Nachbarn".[4] Ihr folgte im Mai 2004 das Strategiepapier zur „Europäischen Nachbarschaftspolitik", in welchem die Union die strategischen Ziele der ENP festlegte.[5] Beide Dokumente behandelten erstmals gemeinsam die östlichen Nachbarn (Moldawien, Ukraine und Weißrussland sowie die Kaukasusstaaten Armenien, Aserbaidschan und Georgien) wie die Mittelmeeranrainer (Ägypten, Algerien, Israel, Jordanien, Libanon, Libyen, Marokko, Palästinensische Autonomiebehörde, Syrien und Tunesien), gleichwohl in der Folge den in den „Stabilisierungs- und Assoziierungsprozess der EU" (SAP) einbezogenen Balkanstaaten besondere „Europäische Partnerschaften" in Aussicht gestellt wurden.[6] Mit Ausnahme von Libyen und Weißrussland sind die Beziehungen zu allen Partnerstaaten bereits durch Partnerschafts- und Kooperationsabkommen

2 Zur Türkei-Entscheidung vgl. Schlussfolgerungen des Europäischen Rats, Brüssel, 16./17. Dezember 2004, Ziffer 17-22. http://ue.eu.int/ueDocs/cms_Data/docs/pressData/de/ec/83221.pdf; zum Stabilitätspakt siehe Antonio Missiroli, The EU and Its Changing Neighbourhoods: Stabilization, Integration and Membership, in: Partners and Neighbours: A CFSP for a Wider Europe, EU Institute for Security Studies (ISS), Chaillot Paper nr. 64, Paris (September 2003), S. 9-33.

3 ESS (12. Dezember 2003), a.a.O., S. 4 ff.

4 KOM (2003) 104 endg., Brüssel, 11. März 2003.

5 KOM (2004) 373 endg., Brüssel, 12. Mai 2004.

6 VO (EG) Nr. 533/2004 des Rates, 22. März 2004, ABl. 2004, Nr. L 86.

oder durch Assoziationsabkommen geregelt, die zu Russland (s. o.) hingegen in einem besonderen strategischen Partnerschaftskonzept. Einen Sonderfall stellt schließlich noch die Türkei dar. Die seit der Aufnahme von Beitrittsverhandlungen mit den mittel- und osteuropäischen Staaten im Jahr 1998 anhaltende Diskussion um eine gleiche Perspektive für die Türkei, die schließlich in der entsprechenden Grundsatzentscheidung des Europäischen Rates vom Dezember 2004 kulminierte, hatte entscheidende Auswirkungen auf die Entscheidung der Union über den künftigen Kurs gegenüber ihren Nachbarn. Da man zu diesem Zeitpunkt, trotz des anders lautenden Signals in Richtung Ankara, die Aussicht auf weitere Beitritte im Grunde politisch wie mental nicht verkraftete, galt es darüber nachzudenken, welche Optionen die EU jenseits der Erweiterungsperspektive besaß und wie die Finalität ihrer Außengrenzen zu definieren war.[7]

Gemeinsam mit den Stellungnahmen des Rates für „Allgemeine Angelegenheiten und Außenbeziehungen" vom 16. Juni 2003 und 13. Oktober 2003 sowie einer Entschließung des Europäischen Parlaments zu den „Beziehungen der Union zu ihren östlichen und südlichen Nachbarn" vom 20. November 2003 bilden die erwähnten EU-Dokumente somit das Fundament der neuen Europäischen Nachbarschaftspolitik (ENP).[8] Schließlich ist die Initiative unmissverständlich Bestandteil der europäischen Außen- und Sicherheitspolitik. So erwähnt das Strategiepapier der Union vom Mai 2004 ausdrücklich die Europäische Sicherheitsstrategie vom Dezember 2003 und muss damit in den größeren Rahmen bzw. komplementär zu der GASP eingeordnet werden.

Ziel der Initiative ist es, einerseits den Ausgrenzungseffekt der neuen Grenze abzuschwächen und dabei Instabilitäten vor den „Toren der Union" vorzubeugen; aus diesem Grund versuchte die Union, die Methoden und Erfahrungen, die sie aus den Verhandlungen mit den MOE-Staaten gewonnen hat, auch für solche Partnerstaaten nutzbar zu machen, für die es keine explizite Beitrittsperspektive als Anreiz für die Einleitung ökonomischer und politischer Reformen gibt. Im Prinzip wurde damit die in der Euro-Mediterranen Partnerschaft (EMP) erprobte Strategie der „positiven Sanktionierung" sehr viel deutlicher als Mittel zur Förderung von Demokratie, Menschenrechten und *good governance* betont. Andererseits signalisierte die Union den Adressaten mit der ENP die Grenzen ihrer Aufnahmekapazität, bietet ihnen jedoch gleichzeitig die über das Ziel der Freihandelszone hinausgehende Einbeziehung in den Europäischen Binnenmarkt an.

7 Ausführlicher zur Türkeifrage: Kemal Kirisei, Turkey's Foreign Policy in turbulent times, ISS, Chaillot Paper 92 (September 2006), Paris.
8 Martin Koopmann/Christian Lequesne (Hg.), Partner oder Beitrittskandidaten. Die Nachbarschaftspolitik der Europäischen Union auf dem Prüfstand, Baden-Baden 2006, S. 17-30.

Die Ausgestaltung der neuen Nachbarschaftspolitik erfolgt über so genannte gemeinsame Aktionspläne. Diese sind das Ergebnis der mit den Partnern eingeleiteten Sondierungsgespräche über eine Reihe von Prioritäten und konkreten Projekten (auf der Basis von speziellen Länderberichten der Kommission), die durch besondere Maßnahmen umzusetzen sind.[9] Die Aktionspläne wurden von der Kommission in Abstimmung mit den betreffenden Ländern (in Brüssel betont man ausdrücklich den Kompromisscharakter der ausgehandelten Pakete und vermeidet es von Konditionalitäten zu sprechen) und mit dem Beitrag des Hohen Vertreters für die GASP vorgelegt und anschließend im Rahmen der PKAs und der Assoziationsabkommen durch die jeweiligen Räte genehmigt. Sind die Prioritäten der Aktionspläne erfüllt, kann der nächste Schritt zur Aushandlung von so genannten „Europäischen Nachbarschaftsabkommen“ erfolgen, die die bilateralen Abkommen der jetzigen Generation ersetzen;[10] mit ihnen ist zwischen 2007 und 2010 zu rechnen. Während des ersten Zeitraums geht es zunächst um die Stabilisierung der Partnerländer durch die Unterstützung demokratischer und wirtschaftlicher Reformprozesse in Form von technischer Hilfe und twinning-Programmen zur legislativen, justiziellen und administrativen Annäherung. Der Schwerpunkt der Aktionspläne liegt in dieser Phase weniger auf der gegenseitigen Verpflichtung auf gemeinsame Werte als vielmehr auf der Einführung bestimmter Mindeststandards in den Bereichen Rechtsstaatlichkeit, *good governance* und Marktwirtschaft. Darüber hinaus strebt die Union, in Übereinstimmung mit der Europäischen Sicherheitsstrategie, eine Koordinierung wesentlicher Aspekte des außen- und sicherheitspolitischen Handelns der Vertragspartner an; über die gemeinsame Bekämpfung des Terrorismus und der Verbreitung von Massenvernichtungswaffen sowie Einhaltung des Völkerrechts sollen nicht nur die EU-Grenzen gesichert werden, sondern die Nachbarstaaten auch in die Ausarbeitung eines „Gemeinsamen Raums der Freiheit, der Sicherheit und des Rechts“ eingebunden werden. Da die Schengen-Außengrenze die neuen Nachbarstaaten unmittelbar berührt und von ihnen als neue Trennlinie wahrgenommen wird,[11] umgekehrt aber die EU-Mitgliedstaaten Fragen der Inneren Sicherheit und Justiz (Dritter Pfeiler) als in hohem Maße sensible Bereiche an der Schnittstelle zwischen äußerer (GASP) und innerer Sicherheit (eben Inneres und Justiz) betrachten, versucht Brüssel im Rahmen der Nachbarschaftsstrategie beiden Anliegen vor allem durch ein effektives Grenz- und Visummanagement gerecht zu werden, in dem Sonderbestimmungen für den so genannten kleinen Grenzverkehr und verein-

9 Die ersten Aktionspläne wurden für die Ukraine und Moldawien vorgelegt; vgl. KOM (2004) 795 endg., Brüssel, 9. Dezember 2004.

10 KOM (2004) 373, S. 5.

11 Joanna Apap/Angelina Tchorbadjiyska, What about the Neighbors? The Impact of Schengen along the EU's External Borders, CEPS Working Document, Nr. 210, Brüssel, Oktober 2004.

fachte Visumverfahren eingeführt werden sollen. Gleichzeitig will die Kommission die Zusammenarbeit in den Bereichen Migration, Asyl und grenzüberschreitende Kriminalität vorantreiben. Auch hier berühren Fragen des Dritten Pfeilers unmittelbar die Sicherheit der Union und werden somit zu zentralen Fragen der EU-Außenpolitik.

5.1.1 Europäisierung ohne Mitgliedschaftsperspektive

Bezüglich der längerfristigen Entwicklung bleibt das Konzept der ENP allerdings unklar. Strittig ist unter EU-Mitgliedstaten wie den Partnerländern vor allem die Frage nach den weiteren Schritten auf die erste Annäherung zwischen beiden Seiten. Mit der ausdrücklichen Perspektive auf eine Einbeziehung in den Europäischen Binnenmarkt für diejenigen Staaten, die dies ausdrücklich wollen und die die in den Aktionsplänen formulierten Voraussetzungen erfüllen, ist zwar ein Anreiz für weitere Anstrengungen der Partnerländer beim Reformprozess gegeben, der ursprüngliche Vorschlag vom damaligen Kommissionspräsident Prodi, die Nachbarstaaten in vollem Umfang an den vier Freiheiten des Binnenmarktes teilhaben zu lassen, wurde jedoch in den erwähnten Grundsatzdokumenten zur ENP nicht mehr erwähnt.[12] Ebenso zweideutig bleibt die Politik der EU geradezu zwangsläufig bezüglich der Beitrittsoption. Zwar vermied die Union in ihren Dokumenten jede explizite Festlegung auf eine solche. Gleichwohl ließen Äußerungen der Außenkommissarin Ferrero-Waldner wie aus dem Parlament über einen möglichen Beitritt der Ukraine rasch erkennen, dass die Debatte über die endgültigen Grenzen der Union offen bleibt.[13] Insofern ist nicht auszuschließen, dass der entscheidende Anreiz für die Partnerstaaten, in den verschiedenen Bereichen die Normen des *Acquis* und die dem Integrationsprozess zugrunde liegenden gemeinsamen Werte zu übernehmen, zunächst einmal in dem ganz praktischen Interesse am eigenen Stabilitätsgewinn (durch ein gemeinsames Grenzregime mit der EU) im speziellen sowie der Schaffung einer Rechts- bzw. Vertragsbasis mit der EU im Sinne einer „Normalisierung" der bilateralen Beziehungen im Allgemeinen besteht. Darüber hinaus besteht selbstverständlich das Interesse, in den Genuss der finanziellen Hilfeleistungen zu kommen, die seit 2007 im Rahmen des neuen umfassenden, die Programme TACIS und MEDA ablösenden Finanzierungsinstruments (European Neighbourhood and Partnership Instrument, ENPI) den Partnerländern zufließen (insgesamt

12 Zur Grundsatzrede Romano Prodis am 5. Dezember 2002 vgl. http://europa.eu.int/constitution/futurum/documents/offtext/sp051202_de.htm.

13 Vgl. die Rede von Ferrero-Waldner vor dem Europäischen Parlament am 1. Dezember 2004: http://europa.eu.int/comm/external_relations/news/ferrero/2004/speech04_506_de.pdf.

14,9 Milliarden für die Jahre 2007-2013), zumal da die inhaltliche Priorität des neuen Instruments im ersten Zeitraum eben auf der Förderung grenzüberschreitender Kooperationen liegt.[14]

Die zentrale Frage lautet daher, ob die von der Union intendierte Heranführung der Nachbarländer an die EU jenseits einer Mitgliedschaft für die betroffenen Länder genügend Kooperationsanreize bieten kann, um den Demokratisierungsprozess erfolgreich abzuschließen.[15] Grundsätzlich ist die Perspektive der „Europäisierung", d. h. der Schaffung einer gemeinsamen Zone politischer und ökonomischer Stabilität zunächst für diejenigen Staaten attraktiv, die eine Mitgliedschaft ohnehin nicht anstreben. Insofern liegt in dem vermeintlichen Vorzug der Initiative, so unterschiedliche Staaten wie Georgien und die Ukraine auf der einen, und Weißrussland oder Israel auf der anderen Seite anzusprechen und mit ihnen jenseits einfacher Kooperationsmechanismen einen gewissen Integrationsgrad zu erreichen, zugleich ihr größter Nachteil. Die individuell zugeschnittenen Aktionspläne erlauben zwar den Aufbau strukturierter und systematischer Beziehungen zu jedem einzelnen Staat und geben so der Union theoretisch ein höheres Maß an Flexibilität als etwa im multilateral angelegten Barcelona-Prozess. Solche Partnerländer aber, die wie die Ukraine oder Moldawien in der ersten Phase erwartungsgemäß größere Fortschritte bei ihren Bemühungen um eine politische und wirtschaftliche Annäherung an die Standards der Union erzielt haben werden, werden auf Dauer ohne eine klare Beitrittsoption kein Interesse an einer Fortführung ihrer Anstrengungen haben, selbst wenn bestimmte Vereinbarungen (bspw. in der speziellen Frage des Visumsproblems der ukrainischen Bevölkerung in der polnisch-ukrainischen Grenzregion) die Folgen der Erweiterung für die Nachbarstaaten mildern können. Zwar ist ausdrücklich vorgesehen, dass die Aktionspläne am Ende ihrer Laufzeit erneuert und durch neue Abkommen ersetzt werden können. Allerdings werden diese möglichen „Vereinbarungen" nicht näher spezifiziert.[16] Hinzu kommt, dass sie sich teilweise selbst als Referenz für Brüssels zumindest geographisch umfassendes Angebot sehen: So haben die „orangene Revolution" in der Ukraine, aber auch die Wahlen im Gazastreifen und in der Westbank oder die Forderungen nach mehr Freiheit im Libanon wie in Ägypten gleichermaßen dazu beigetragen, dass die Union ihre Werte auch in solchen Ländern kommunizieren will, in denen diese bislang nicht annähernd implementiert wurden und in denen im Übrigen der EU-Ansatz unrealisti-

14 Zur ENPI vgl. KOM (2004) endg., Brüssel, 29. September 2004.

15 Vgl. Stefan Fröhlich, The European Neighbourhood Policy: An adequate Instrument for Democratization?, in: Johannes Varwick/Kai-Olaf Lang (Hg.), European Neighbourhood Policy. Challenges for the EU-Policy Towards the New Neighbours, Opladen/Farmington Hills 2007, S. 75-86.

16 Vgl. dazu bspw. den Aktionsplan mit der Ukraine vom 9. Dezember 2004: http://europa.eu.int/comm/world/enp/pdf/action_plans/Proposed_Action_Plan_EU-Ukraine.pdf.

sche Hoffnungen bezüglich einer Integration in die EU-Strukturen weckt (so vor allem in den maghrebinischen Staaten).

Auf Dauer wird die ENP insofern den Anspruch einer einheitlichen Nachbarschaftspolitik kaum aufrechterhalten können. Eine solche erfordert, dass die Partnerländer von einer annähernd gleichen Ausgangssituation starten (gleichwohl unterschiedliche Reformgeschwindigkeiten natürlich denkbar sind), um am Ende vergleichbare Ziele zu erreichen. Die ENP ist daher zunächst ein wichtiges Instrument für die EU, Zeit zu gewinnen, um auf mittlere Sicht zu einer Einteilung der Partnerländer in Gruppen zu kommen bzw. eine stärkere regionale Differenzierung für die Nachbarschaft der Union vorzunehmen. Angedacht war diese bereits im Vorfeld der Entwicklung der ENP, indem die EU zunächst den südkaukasischen Republiken Georgien, Armenien und Aserbaidschan eine Mitgliedschaft in der ENP verwehrte und sie erst später – u. a. auch auf Druck einiger Mitgliedstaaten und der USA – in die Initiative einband. Im Übrigen signalisiert der kategorische Ausschluss der zentralasiatischen Saaten von der Initiative eben die Erkenntnis in Brüssel, dass eine zu weite Definition der Region den Zielen der ENP entgegenläuft.[17] So sind die Interessen der EU in Zentralasien nun mal primär sicherheitspolitischer Natur. Abgesehen davon, dass diese Staaten mehrheitlich muslimisch, ihre politischen Koordinaten aber unverändert stärker in Richtung Moskau ausgerichtet sind, muss es das Anliegen der EU sein, in Partnerschaften mit den Zielländern vor allem deren Kapazitäten im Kampf gegen Terrorismus und Drogenkriminalität zu stärken; im Rahmen des Afghanistan-Einsatzes dessen Grenzen zu den nördlichen Nachbarn Tadschikistan und Turkmenistan zu sichern; und mit den USA durchgeführte Anti-Drogenkampagnen in Zentralasien möglichst eng mit Iran, den kaspischen Anrainern und Russland zu koordinieren. Jede weiter reichende Politik einer Heranführung käme im so genannten „great game" um die kaspischen Öl- und Gasvorkommen zwischen Russland, den USA, zukünftig wohl auch China sowie den zentralen regionalen Akteuren Iran, Aserbaidschan und Türkei einer geostrategischen Überdehnung gleich.

5.1.2 Nachbarschaftspolitik als aktive Außenpolitik

Mit der ENP ist die Union somit von einer bis dato reaktiven in eine pro-aktive Steuerung der Erweiterungsdynamik eingetreten. War die Erweiterungsfrage zwischen 1998 (Aufnahme der Beitrittsverhandlungen) und Mai 2004 (Beitritt zehn

17 Zur Politik gegenüber Zentralasien vgl. Anna Matveeva, EU stakes in Central Asia, Chaillot Paper Nr. 91, ISS Paris, Juli 2006.

neuer Mitglieder) eher als Integrationsprojekt, sprich innere Angelegenheit der Union angelegt, so ist die ENP zunächst als Teilstück zur Realisierung des Ziels einer Harmonisierung der außenpolitischen Regime im Sinne des Kohärenzgebots zu verstehen.[18] Durch die Zusammenführung politischer Instrumente aus allen drei Säulen der Union – neben Maßnahmen aus Gemeinschaftsprogrammen wie Forschung und Bildung, Umwelt oder Telekommunikation stehen Projekte im Bereich der Dritten Säule (Bekämpfung organisierter Kriminalität, Eindämmung von Migrationsströmen, Energie) sowie der Zweiten Säule (Bekämpfung des Terrorismus und der Verbreitung von Massenvernichtungswaffen) – signalisiert die Union, dass die neuen Herausforderungen komplexer Natur sind und nicht allein mit den traditionellen Mitteln europäischer Außenpolitik beantwortet werden können. Einerseits entspricht der ENP-Ansatz zwar der traditionellen Zivilmachtslogik der Union: Danach war und ist ein Großteil des weltweiten Beitrags der EU zu Frieden und Sicherheit ökonomischer Natur; Grundlage dieses Beitrags sind die Handels- und Entwicklungshilfepolitik sowie humanitäre Hilfe. Entsprechend suchte die EU bislang auch ihre Nachbarschaft durch einen dualen Prozess zu fördern – durch die Stabilisierung über regionale Zusammenarbeit und Partnerschaft einerseits, und durch die Beitrittsperspektive andererseits. Die ENP will zumindest Letzteres, indem sie versucht, den Erfolg der Erweiterung als eine Stabilisierungs- und Transformationsstrategie auf die neuen Nachbarn zu übertragen und im Sinne der Zivilmacht Demokratie und Marktreformen zu fördern. Andererseits sucht die Union den mit der Erweiterung verbundenen sicherheitspolitischen Herausforderungen aktiv im Sinne einer „Ordnungsmacht" zu begegnen. Indem sie die erwähnten Probleme im Bereich der „soft security" als unmittelbare Risikofaktoren für die Sicherheit der Union begreift und aktiv anzugehen sucht sowie ihr Kooperationsangebot unter den Vorbehalt eines strikten Konditionalitätsprinzips stellt, betreibt sie in erster Linie Interessenpolitik. Gleiches gilt in Bezug auf den Bereich der *hard security:* Die EU-Nachbarschaft ist auch geprägt vom Dauerkonflikt zwischen Israel und Palästina, dem zunehmenden Radikalismus im Maghrebraum sowie den „eingefrorenen" Konflikten im Südkaukasus. Die meisten dieser Staaten sind, ähnlich wie Belarus, vom Staatsscheitern bedroht und bergen mit den damit verbundenen Konsequenzen ganz unmittelbares Konfliktpotenzial für die Union.

So gesehen liegt die ENP-Strategie durchaus in der Logik eines modifizierten „Zentrum-Peripherie"-Ansatzes: Danach versucht die Union, über den „Ring von befreundeten Staaten" (Semiperipherie) nicht nur einen größeren Einfluss in der Region selbst zu gewinnen, sondern sich mit deren Hilfe (gewissermaßen als Pufferzone) auch gegenüber einer erweiterten Peripherie (Russland, Mittlerer Osten,

18 Michael Leigh, The EU's Neighbourhood Policy, in: Brimmer/Fröhlich, a.a.O.

China), die mit einer teilweise aggressiven Ressourcen- und Proliferationspolitik zunehmend in diese Semiperipherie vordringt, abzusichern. Insofern folgt sie auch den durch die Globalisierung verursachten Zwängen einer über die eigene Peripherie hinausreichenden aktiveren Außenpolitik.

Deutlich wird dieser neue „Realismus“ der Union nicht zuletzt auch an der Aufwertung der ENP im Vergleich zu bisherigen regionalen Kooperationen wie etwa der Euro-Mediterranen Partnerschaft. Während diese im Rahmen von Art. 133 EUV als Außenwirtschafts- bzw. Entwicklungshilfepolitik konzipiert ist, ist die ENP nicht mehr länger „nur“ als Teil von Art. V des Unionsvertrags (GASP), sondern exklusiv angelegt, zum einen auf der Basis von Art. I-57 der Verfassung, zum anderen durch die Aufnahme des ENP-Titels in das Portfolio des Kommissars für „Außenbeziehungen und (nunmehr) Europäische Nachbarschaftspolitik“.[19] Von der Verabschiedung des Verfassungsvertrags hängt damit entscheidend ab, ob gerade in der Außenpolitik mehr Klarheit herrscht bezüglich der Rollen von Kommission, Rat, dem Hohen Beauftragten und den Mitgliedstaaten.

Insgesamt stellt sich die ENP somit als ein Instrument dar, mit welchem die Union ihre Interessen als Ordnungs- und Gestaltungsmacht, die sich vor dem Import von Instabilität in die EU schützen will, in Einklang mit dem Export ihrer Werte als Zivilmacht („strukturierende“ Außenpolitik) zu bringen sucht.[20] Anders formuliert: Die zentrale Herausforderung besteht darin, die Balance zwischen der notwendigen Öffnung gegenüber den Partnerstaaten, der Sicherung der EU-Außengrenzen und der Entwicklung eines Sicherheitsgürtels an der Peripherie der Union. Allerdings setzt die dabei verfolgte Strategie der positiven Konditionalität voraus, dass die EU auch in der Lage ist, die Spielregeln für die Beziehungen mit ihren Nachbarn zu bestimmen. Der bisherige Erfolgsgarant für die Strategie der politischen Konditionalität war der Preis einer Mitgliedschaft in der EU. Da dieser im Falle der ENP nicht gegeben ist, kann auch die Wirksamkeit des neuen Instruments nicht vorausgesetzt werden. Hinzu kommt, dass die Bedingungen, unter denen die Nachbarstaaten schließlich für ihre Kooperation belohnt werden, ebenfalls nicht kalkulierbar sind. Fest steht, dass die Unterstützung der Reformprozesse in den Ländern an die Kooperation in ganz konkreten Projekten gekoppelt ist. Wie aber verhält sich die Union in den Fällen, in denen sich der Demokratisierungs- bzw. Reformprozess in einem Land verlangsamt, die Kooperation mit diesem Partnerstaat in so sensiblen Bereichen wie Energie, Grenzkontrolle oder illegale Migration aber erfolgreich voranschreitet? Wird der betreffende Staat in diesem Fall be-

19 Andreas Marchetti, The European Neighbourhood Policy. Foreign Policy at the EU's Periphery, ZEI Discussion Paper C 158, Bonn 2006.

20 Vgl. dazu Benita Ferrero-Waldner, The European Neighbourhood Policy: The EU's Newest Foreign Policy Instrument, in European Foreign Affairs Review, 11 (2006), S. 140.

lohnt oder wird er bestraft? Bestraft die Union ihn, schließt sie ihn damit aus der für beide Seiten vorteilhaften Kooperation aus und erschwert damit unmittelbar die Bewältigung von Sicherheitsherausforderungen im Bereich der *soft security*. Bestraft sie ihn nicht, gefährdet sie gleichsam die Reformprozesse in den anderen Ländern und unterminiert damit ihre Rolle als Föderator und Zivilmacht.

Vieles spricht dafür, im Kontext der neuen Sicherheitsrisiken die Kooperationsbereitschaft der Partnerstaaten in entsprechenden Problembereichen zu belohnen. Mit den Anschlägen in Madrid und London hat auch die Union die unmittelbare Bedrohung ihrer äußeren wie inneren Sicherheit erfahren. Die Durchlässigkeit der Grenzen auf Grund globaler Personen- wie Kapitalbewegungen allgemein sowie die Erweiterung im speziellen haben die Bedeutung der neuen Nachbarn als *security provider* bzw. den Mehrwert gemeinsamer Anstrengungen der Akteure erhöht. Dies zeigt sich nicht zuletzt in dem Novum, dass die Nachbarstaaten in den Aktionsplänen Ziele und Instrumente der Zusammenarbeit mit der EU mitbestimmen können.

Gerade die Verstärkung der regionalen Zusammenarbeit in diesem Sinne ermöglicht daher auch eine Stärkung der Kohäsion der EU-Mitgliedstaaten, die sich gemeinsam mit den Nachbarn den gleichen Problemen und Herausforderungen ausgesetzt sehen. Dies funktioniert am effektivsten über einen stärkeren regionalen Ansatz (ähnlich dem in der so genannten „Nordischen Dimension")[21] in Form gemeinsamer Aktionspläne zur pragmatischen Bewältigung regionalspezifischer Herausforderungen wie etwa die Entwicklung gemeinsamer Grenzregime, Organisierte Kriminalität, Nuklear- und Energiesicherheit, Migration oder Umweltschutz durch Mitgliedstaaten, Beitrittskandidaten sowie Nachbarstaaten gleichermaßen. Der in der euromediterranen Partnerschaft verfolgte Ansatz war zwar multilateral, die von der EU von außen angestoßene horizontale Zusammenarbeit zwischen den nordafrikanischen Staaten aber blieb nicht zuletzt auf Grund der mangelnden Eingebundenheit der EU sowohl im politischen wie auch im ökonomischen Bereich weitgehend aus.[22] Gleiches gilt für die Politik der EU gegenüber den östlichen Nachbarn, die bis 2004 von den Programmen und Instrumenten der Erweiterung geprägt war. Das nunmehr praktizierte Instrument bilateraler Aktionsprogramme hat demgegenüber zwar den Vorteil größerer Flexibilität für die Union, klammert aber die regionale Kooperation im Sinne einer alle Akteure umfassenden Zusammenarbeit weitgehend aus. Dies kann durchaus Auswirkungen auf das Gleichge-

21 Vgl. Second Northern Dimension Action Plan, 2004-2006, Commission Working Document, June 10, 2003. COM (2003) 343 final. http://www.europa.eu.int/comm/external_relations/north_dim/ddap/com03_343.pdf.

22 Peter Schlotter, Die Europäische Union als außenpolitischer Akteur? Zur Kohärenz der EU-Mittelmeerpolitik und zur Rolle der Kommission, in: integration, 28, 4 (Oktober 2005), S. 316-331.

wicht der EU-Außenpolitik in der jeweiligen Region haben. So schwächen die weit reichenden Angebote der Union an Israel im bilateralen Aktionsplan die Beziehungen mit anderen Ländern des Mittelmeerraumes und mit den arabischen Ländern und unterminieren dadurch ihre gleichzeitigen – bislang allerdings erfolglosen – Bemühungen um eine Lösung des arabisch-israelischen Konflikts im Rahmen der euromediterranen Partnerschaft.

Der Vorzug einer solchen „Multilateralisierung" bestünde nicht nur darin, dass er einen gewissen, geradezu zwangsläufig in der Logik bilateraler Aktionspläne liegenden Erweiterungsdruck von der Union nähme, sondern auch in der Möglichkeit gezielter Zusammenarbeit in alle Staaten gleichermaßen betreffenden Politik- bzw. Problembereichen im Sinne funktionaler Kooperation sowohl innerhalb wie außerhalb des *Acquis*. Ein solcher Ansatz schüfe durch die Anerkennung der sicherheitspolitischen Interdependenz nicht nur die Voraussetzung für ein ernsthaftes politisches Engagement der Partnerländer, sondern ermöglichte auch die Kooperation mit Staaten, die beispielsweise die wesentlichen politischen Voraussetzungen annähernd erfüllten, von den Zielen einer für die Teilnahme an Binnenmarktprogrammen erforderlichen Wirtschaftsreform jedoch noch weit entfernt sind. Dies wäre gleichsam die Voraussetzung für eine Flexibilisierung der Finanzierungsinstrumente im Rahmen der ENP dergestalt, dass auch partielle, an das jeweilige Kooperationsfeld gebundene Unterstützungsleistungen der EU möglich sind – ein Anreiz zur Kooperation insbesondere für jene Länder, die ohne jegliche Beitrittsperspektive sind. Ähnlich ließe sich hinsichtlich einer möglichen Teilnahme am Gemeinsamen Markt der EU verfahren.

Eine solche Politik wäre auch der erste Schritt hin zu einer Nachbarschafts-Außenpolitik, die sich von der Erweiterungslogik löst und eine stärkere regionale Differenzierung ermöglicht. Damit würde das derzeit auf operationeller Ebene einzig vorhandene Instrument bilateraler Aktionspläne, welches die in der Beitrittslogik liegende „one-fits-all"-Politik der Union evoziert, sinnvoll durch einen modifizierten multilateralen Ansatz ergänzt. Schon jetzt ist eine solche Differenzierung gegenüber ihren Nachbarn im Osten und Süden in der Politik der Union angelegt. Während die politischen Vereinbarungen und Abkommen in Richtung Osten (Russland, Belarus, Ukraine) vor allem politisch motiviert sind, spielen in Richtung Mittelmeerraum vor allem sozio-ökonomische und mit Blick auf den Südkaukasus und Zentralasien zunehmend geostrategische Überlegungen eine Rolle. In allen Fällen nimmt die Union längst nicht mehr nur jeweils die Großregion als Ganzes wahr, sondern sucht zugleich nach den Möglichkeiten regionaler Differenzierung und einer engeren Zusammenarbeit mit den Partnerländern im einzelnen. Deutlich wurde dies zuletzt in Bezug auf die gewachsene Bedeutung Zentralasiens: Kernaussage des unter der deutschen Ratspräsidentschaft im ersten Halbjahr 2007 erstmals in Umrissen vorgetragenen Strategiekonzepts für das Verhältnis zu der Region ist die Betonung der dortigen Gegensätze und die daraus abgeleitete Notwendigkeit individuell zugeschnittener Vereinbarungen mit den betroffenen Ländern. Dies ist mit Blick auf diese Region aus zwei Gründen sinnvoll: Erstens hat die Union selbst in und an den fünf Staaten (Kasachstan, Turkmenistan, Usbekistan, Tadschikistan und Kirgistan) sehr unterschiedliche Interessen, zweitens sind diese in ökonomischer, geographischer und politischer Hinsicht so unterschiedlich, dass es geradezu unmöglich erscheint, eine Politik für alle Staaten zu formulieren. Es wird daher darauf ankommen, in der zweiten Phase des ENP-Konzepts vor allem die o. a. sektorale regionale Kooperation zu verstärken. Schon jetzt aber steht fest, dass die ENP durchaus ein wichtiger Schritt der Union ist, mit Blick auf ihre Nachbarschaft eine aktivere Rolle einzunehmen und die in der GASP und ESVP erzielten Fortschritte auf dem Weg zu einer konstruktiven Gestaltung der Außenbeziehungen sinnvoll zu ergänzen.

5.2 Die EU und der „Greater Middle East"

Die Ausweitung der ENP auf die Mittelmeerländer, nicht zu letzt unter deren Druck, war auch das Ergebnis Brüsseler Überlegungen, den seit Jahren eher stagnierenden euromediterranen Dialog (Barcelona-Prozess) neue Impulse zu verleihen.[23] Dieser war mit dem Irak-Krieg, der eine Welle nicht nur anti-amerikanischer, sondern auch anti-westlicher Gefühle in den Ländern des Nahen und Mittleren Ostens auslöste, den Rückschlägen im Nahost-Friedensprozess und dem Ausscheiden der EU-Neumitglieder Zypern und Malta sowie der Türkei aus der EMP ins Stocken geraten und bedurfte nach Ansicht der Kommission einer grundsätzlichen Neuausrichtung. Dass beide Prozesse als komplementär betrachtet werden, zeigt hingegen, dass auch in der EU das Verständnis für den transnationalen Charakter der Konfliktmuster und -zusammenhänge in jenem Großraum wächst, der neben den arabischen Ländern Nordafrikas und des Sudans, die Staaten des Maschrek oder der Levante (Israel und seine Nachbarn), die arabische Halbinsel, Iran sowie allenfalls Afghanistan umfasst; die Türkei und Pakistan, wie auch die Kaukasusstaaten und die früheren Sowjetrepubliken Zentralasiens hingegen sind nach ihrem Selbstverständnis anderen regionalen und politischen Zusammenhängen zuzuordnen. Jedenfalls bilden der Nahe und Mittlere Osten die Weltregion, in der Kri-

23 Rafaella Del Sarto/Tobias Schumacher, From EMP to ENP: What's at Stake with the European Neighbourhood Policy towards the Southern Mediterranean, in: European Foreign Affairs, 1 (2005), S. 17-38.

sen und Konflikte mit grenzüberschreitendem Charakter besonders häufig vorkommen und in der bestimmte Strukturschwächen praktisch flächendeckend auftreten. Der Nahostkonflikt, Libanon, Irak und Iran, Terrorismus, Fundamentalismus und interkonfessionelle Gewalt, sowie autoritär-dikatorische Regime mit all ihren Konsequenzen für Staatlichkeit und gesellschaftliche Entwicklung lauten die zentralen Stichworte in dieser Konflikttopographie. Zwar hängt nicht alles mit allem zusammen – entgegen der landläufigen Standardthese, ohne eine Regelung des Palästina-Konflikts könne es keine regionale Stabilität gegen, seit dem Irak-Krieg ergänzt um den Zusatz der notwendigen Befriedung des Iraks –, und doch verlangen die Durchlässigkeit der sicherheitspolitischen Herausforderungen sowie die strategische Bedeutung der Region für die Union insgesamt eine umfassende und ganzheitliche Strategie der EU bzw. des Westens.

Dies schließt andererseits die Berücksichtigung unterschiedlicher Entwicklungen in einzelnen Teilen oder Subregionen keinesfalls aus. Eine zu weit gefasste Definition der Großregion, die Stabilität und Sicherheit für unteilbar hält, erschwert die Entwicklung und Umsetzung politischer Strategien und läuft Gefahr, jene Länder zu entmutigen, deren Entwicklung in den vergangenen Jahren durchaus von wirtschaftlichem Erfolg und gesellschaftlicher Entwicklung geprägt war – so etwa die kleinen arabischen Monarchien am Golf. Jede Strategie gegenüber der Großregion als Ganzes sollte daher auch die kulturellen, ethnischen sowie ökonomischen und politischen Charakteristika der einzelnen Länder und Subregionen berücksichtigen wie auch deren bi- bzw. transnationalen Beziehungen untereinander.[24] Eine solche Herangehensweise entspricht durchaus dem traditionellen europäischen Ansatz vor der Barcelona-Initiative, die die bis dato praktizierte Parzellierung des Mittelemeerraums in Maghreb, Levante und arabische Halbinsel durch einen, alle Subregionen umfassenden, multilateralen Rahmen ersetzte.

5.2.1 Zur westlichen Einordnung des „Greater Middle East"

Seit den Anschlägen vom 11. September, verstärkt jedoch seit dem Irak-Krieg betonen die USA die Notwendigkeit einer dauerhaften strategischen Präsenz – nicht zuletzt evoziert durch die erstmalige Eroberung eines arabischen Staates durch einen externen Akteur – und Unterstützung der Transformationsprozesse im Nahen und Mittleren Osten durch den Westen insgesamt. Ungeachtet, welche Auswirkungen

24 Volker Perthes, New Features of an Old Middle East, in: Internationale Politik (Fall 2006), S. 66-71; ausführlich: ders., Orientalische Promenaden. Der Nahe und Mittlere Osten im Umbruch, München 2006.

diese Präsenz mittel- bis langfristig auf den Irak und die arabischen Gesellschaften haben wird, ist der „Greater Middle East“ in Washington zu dem außenpolitischen Projekt schlechthin erhoben worden, an dem sich – je nach Kooperationsgrad – geradezu seismographisch auch der jeweilige Stand der transatlantischen Beziehungen ablesen lässt. Im Mittelpunkt der beiderseitigen geopolitischen Ordnungsbemühungen und Auseinandersetzungen im Nahen und Mittleren Osten steht dabei die so genannte „Broader Middle East Initiative“ der US-Administration, welche beim G8-Gipfeltreffen in Sea Island im Juni 2004 von den Staats- und Regierungschefs angenommen wurde und auf das von der Bush-Administration bereits im Vorfeld des Gipfels veröffentlichte Dokument „Greater Middle East Initiative“zurückgeht.[25] Die „Broader Middle East Initiative“ ist eine gegenüber den ursprünglichen Plänen in Washington leicht abgeschwächte Version des ehrgeizigen Projekts zur Transformation der Region, die an frühere Ideen der Clinton-Administration anknüpft, die Reformprozesse im Nahen Osten im politischen, ökonomischen wie sozialen Bereich zu unterstützen, die jedoch, entsprechend der o. g. Auswahlkriterien, die Türkei, Pakistan, die Kaukasus-Republiken und die maghrebinischen Staaten nicht mit einschließt. Adressaten dieser Initiative sind somit zunächst die arabischen Staaten der Levante, die arabische Halbinsel sowie Afghanistan und Iran.[26]

Die Initiative baut stark auf den „Arab Human Development Report“ aus dem gleichen Jahr auf, der ebenfalls zu dem Schluss gekommen war, dass ohne Reformen im Bereich *good governance* und Demokratie die Entwicklungsperspektiven für die Region gering einzuschätzen seien,[27] löste aber heftige Kritik in der arabischen Welt aus, da es zum einen keinerlei Konsultationen mit den Adressatenländern über deren Inhalt gegeben hatte, zum anderen weil der Nahostkonflikt in der ursprünglichen Fassung nicht einmal erwähnt wurde. Der Vorschlag wurde daher als imperialistischer Übergriff Washingtons auf die Region empfunden und daraufhin, auch aufgrund politischen Drucks der EU, überarbeitet. In der aktuellen Version enthält er nunmehr die Idee regelmäßiger Konferenzen und gemeinsam vorzubereitender kleinerer politischer, militärischer und wirtschaftlicher Programme; zu ihnen

---

25 Vgl. US Working Paper for G-8 Sherpas. G-8 Greater Middle East Partnership (von der in London ansässigen arabischen Zeitschrift bereits am 13. Februar 2004 veröffentlichtes US-Papier, präsentiert auf dem G-8 Gipfel vom 8-10. Juni 2004. http://english.daralhayat.com/Spec/02-20047 Article-2004213-ac40bdaf-c0a8-01ed-004e-5e7ac897d678/story.html; Broader Middle East/ North Africa Partnership, Sea Island, 9. Juni 2004. http://www.whitehouse.gov/news/releases/ 2004/06/20040609-30.html.

26 Hans Georg Erhart/Margret Johannsen (Hg.), Herausforderung Mittelost: Übernimmt sich der Westen, Baden-Baden 2005, S. 251-264.

27 United Nations: Arab Human Development Report 2004 – Towards Freedom in the Arab World, New York 2004. Der Bericht wurde von den USA zunächst blockiert, da er die Irak-Intervention sowie die US-Position im Nahostkonflikt heftig kritisierte; erst im April 2005 wurde er zur Veröffentlichung freigegeben.

sollen multi- wie bilaterale Maßnahmen zur Unterstützung der Demokratisierungsprozesse nah- und mittelöstlicher Staaten, Freihandelsangebote an einzelne Länder, eine geographische Ausweitung und Vertiefung der OSZE-Mittelmeerpartnerschaft sowie ein an die *NATO Partnership for Peace* angelehntes Programm gehören. Damit entspricht er im Grunde dem breit und langfristig angelegten euro-mediterranen Ansatz der EU,[28] der seit 1995 die großräumige Vision der Schaffung einer euro-mediterranen Freihandelszone bis zum Jahr 2010 als Zone des „Friedens und der Stabilität" in Anerkennung fundamentaler Grundprinzipien wie Menschenrechte, Demokratie und Entwicklung einer Zivilgesellschaft verfolgt.[29]

In dem Maße aber, wie Washington nunmehr dem traditionell stärker multilateral angelegten Ansatz des Barcelona-Prozesses folgt, beginnt in der EU über das Instrument der ENP wieder eine stärkere Rückorientierung in Richtung regionaler Differenzierung – nicht zuletzt aufgrund der eher gemischten Erfolgsbilanz der EMP. Das bedeutet: Die USA beginnen trotz ihrer grundsätzlich ganzheitlichen geopolitischen Vorstellungen in der Region, deren weitgehende Kontrolle sie bislang über gezielte bilaterale Bündnisse auch in das arabische Lager hinein ermöglichten (zu den Grundprinzipien dieser Strategie gehörte seit den siebziger Jahren des 20. Jahrhunderts traditionell die Verhinderung des Aufkommens eines neuerlichen, für Israel bedrohlichen Panarabismus durch eben solche Zweckpartnerschaften), nunmehr Elemente des europäischen Konzepts (multilaterale Verhandlungen) in ihr Strategiekonzept einzubauen.[30] Diese Entwicklung ist der nunmehr auch in

28 Die Konferenz der Außenminister in Barcelona im November 1995 führte zur Deklaration der euro-mediterranen Partnerschaft zwischen den damals 15 EU-Mitgliedstaaten und 12 Ländern des südlichen Mittelmeerraums: Marokko, Algerien, Tunesien, Ägypten, Israel, Jordanien, die Palästinensischen Autonomiegebiete, Syrien, Libanon, die Türkei, Zypern und Malta. Vereinbart wurde die Kooperation in drei Feldern: 1. Politische und Sicherheitsfragen, 2. wirtschaftliche, finanzielle und handelspolitische Zusammenarbeit, 3. soziale und kulturelle Kooperation. Der Barcelona-Prozess stellt die erste koordinierte außenpolitische Maßnahme der Gemeinschaft gegenüber der Region dar; bis dahin wurden die einzelnen bilateralen Beziehungen allenfalls lose unter den Mitgliedstaaten abgestimmt, wobei Frankreich mit seiner *politique arabe* traditionell eine Sonderrolle im Mittelmeerraum einnahm.

29 Dazu European Commission, GD IB, External Relations, Euro-Mediterranean Partnership, Brüssel 1995; des Weiteren: Klaus Schubert/Gisela Müller-Brandeck-Bocquet, Die EU und der Barcelona-Prozess – Bewertung und Perspektiven, in: integration, 1 (2001), S. 42-57; Eric Phillipart, The Euro-Mediterranean Partnership: A Critical Evaluation of an Ambitious Scheme, in: European Foreign Affairs, 2 (2003), S. 201-220; Stelios Stavridis/Justin Hutchence, Mediterranean Challenges to the EU's Foreign Policy, in: European Foreign Affairs Review, 1 (2000), S. 35-62; Stephen Calleya/Eberhard Rhein, The Euro-Med Partnership Needs a Strong Push, in: Andreas Jacobs (Hg.), Euro-Mediterranean Cooperation: Enlarging and Widening the Perspective, ZEI Discussion Paper C 131, Bonn 2004.

30 Stefan Fröhlich, Der Mittelmeerraum im strategischen Interessenkalkül der Vereinigten Staaten, in: Martin Hoch/Carlo Masala/Andreas Jacobs (Hg.), Hannibal ante portas?, Ebenhausen 2000; Amir Taheri, The United States and the Reshaping of the Greater Middle East, in: American Foreign Policy Interests, 27 (2005), S. 295-301.

Washington gewonnenen Erkenntnis geschuldet, dass der Kampf gegen den Terrorismus und die Verbreitung von Massenvernichtungswaffen nicht nur über den Sturz „unfreundlicher Regime" erfolgt, sondern vor allem über die Bewältigung der vielfältigen strukturellen Probleme der Region. Zwar sind die USA mittlerweile auch im größeren Mittlern Osten die stärkste Macht vor Ort, was wiederum die Machtpositionen der potenziellen regionalen Vormächte und sonstigen Akteure erheblich tangiert und bereits zu erheblichen politischen Neupositionierungen in der Region geführt hat. Weder Syrien oder der Iran, noch Saudi-Arabien, Ägypten oder Israel sind derzeit in der Lage, die Region zu dominieren bzw. die USA ernsthaft herauszufordern. Iran und Syrien mögen entsprechende Ambitionen haben, würden sich aber rasch nicht nur dem Widerstand Washingtons, sondern auch der EU ausgesetzt sehen. Syrien ist ohnehin geschwächt, da sein Führungsanspruch im Libanon dem Ende zugeht. Saudi-Arabien hat seine Führungsrolle auf der arabischen Halbinsel längst eingebüßt, wo die aufsteigenden Staaten des Golfkooperationsrates sich nicht nur von Riad emanzipiert haben, sondern heute auch stärker in Richtung Washington blicken. Und Ägypten ist heute allenfalls noch in der Lage und willens, eine konstruktive Rolle in seiner unmittelbaren Nachbarschaft zu spielen und als eher glückloser Vermittler zwischen Israelis und Palästinensern aufzutreten.

Auf der anderen Seite ist das Störpotenzial insbesondere Irans und Syriens aber immer noch groß genug, um, vor allem im Falle einer möglichen Nuklearisierung Teherans, das Gleichgewicht in der Region empfindlich zu tangieren – mit möglichen Konsequenzen für die langfristige Energieversorgung, sicherlich unmittelbarer Auswirkung aber für die Entwicklung des Ölpreises. Dem vorzubeugen, bedarf derzeitig weniger amerikanischer Interventionsfähigkeit denn größeren Verhandlungsgeschicks des Westens insgesamt. Die USA sind daher trotz ihrer unbestrittenen Führungsrolle mehr denn je auf ein koordiniertes, multilateral abgestimmtes Vorgehen angewiesen. Die Glaubwürdigkeit Washingtons in der Region ist derzeit nicht sehr hoch. Infolge des unverändert schwelenden Nahost-Konflikts und der amerikanischen Bilanz im Irak steht die arabische Welt jeglicher Initiative aus dem Westen, zumal wenn sie von den USA ausgeht, ohnehin äußerst skeptisch gegenüber. Undenkbar aber ist für die arabischen Partner der Anti-Terror-Koalition und die Türkei wohl eine Ausweitung militärischer Aktionen auf weitere islamische „Schurkenstaaten" wie Iran, Syrien, Sudan oder Somalia.

Umgekehrt wächst in der EU die Erkenntnis, dass die traditionell ganzheitliche institutionelle Herangehensweise an die vielfältigen Probleme der Region, mit der allenfalls schematischen geographischen Einteilung in ihre Teilregionen, ohne die Berücksichtigung nationaler wie subregionaler Dynamiken, gleichsam kein Erfolgsrezept darstellt. Der Barcelona-Prozess bot zwar mit seinem aus dem KSZE-Prozess übernommenen Korb-Ansatz einen Rahmen für die Entwicklung nachhaltiger ökonomischer und politischer Problemlösungsstrategien. In der Praxis aber scheiterte die Umsetzung nicht nur an den strukturellen Problemen der Außenpolitikgestaltung im EU-Entscheidungssystem bzw. an den dominierenden mitgliedstaatlichen Interessen insbesondere der EU-Mittelmeeranrainer; tatsächlich konnte auf Grund des geltenden Einstimmigkeitsprinzips das in den Assoziationsabkommen mit den Mittelmeerstaaten verankerte Konditionalitätsprinzip kaum angewendet werden.[31] Viel schwerer noch wogen die ganz praktischen Problemen der Nicht-Koordinierbarkeit des Nahost-Konflikts in einem größeren multilateralen Rahmen, der mangelnden Kooperationsbereitschaft der Mittelmeerländer sowohl untereinander als auch gegenüber der Union, der Nichtberücksichtigung der enormen Unterschiede in den politischen Strukturen und geopolitischen Parametern der einzelnen Staaten – von denen einige sich dem Prozess schon deshalb nicht verpflichtet fühlten, weil sie um ihre privilegierte soziale Position fürchteten – sowie der mangelnden Bereitschaft der Union, eine insgesamt aktivere Rolle im Reformprozess der Mittelmeerländer zu spielen. Gerade die Idee der am EU-Vorbild angelehnten intra-regionalen Kooperation (im Sinne des „Hilfe zur Selbsthilfe- Prinzips") erwies sich im Falle der euromediterranen Partnerschaft als wenig verfänglich für die Partnerländer; zu groß sind nach wie vor die aus den andauernden und ungelösten Konflikten herrührenden Vorbehalte gegenüber den jeweiligen Nachbarn, als dass sich ein wirklich nennenswerter intraregionaler Handel (dieser beträgt derzeit nicht einmal ein Zehntel des Exports, obwohl die Binnenmärkte eher klein sind) ergäbe, geschweige denn sich eine kooperationsfreundliche Sicherheitskultur in der Region herausbilden ließe.[32]

Letzteres liegt im ganz unmittelbaren sicherheitspolitischen Interesse der Union. Der generelle Unmut gegenüber dem westlichen Kampf gegen den Terrorismus, geschürt von anhaltender ökonomischer Unterentwicklung, sozialer Verelendung und politischer Perspektivlosigkeit entlädt sich zunehmend in politischen Spannungen und islamischen Fundamentalismus in den arabischen Gesellschaften und verheißt nichts Gutes für die Union. Bedenkt man die unmittelbare geographische Nähe potenzieller neuer Krisenherde an der Mittelmeer-Südflanke der Union, so ist es nahe liegend, die Grenzen europäischer Kooperationsbereitschaft an den Risiken, die von einigen Ländern für Europa ausgehen, zu bemessen (eben dies erfordert wie im Falle der ENP dann auch unweigerlich eine stärkere regionale Differenzierung), klare Handlungsprinzipien zu definieren und schließlich auch eine gemeinsame

31 Dazu ausführlicher Peter Schlotter, a.a.O., S. 316-331.

32 Volker Perthes, Naher und Mittlerer Osten – Unvollständige Regimebildung und die Suche nach regionaler Sicherheit, in: Mir Ferdowsi (Hg.), Sicherheit und Frieden zu Beginn des 21. Jahrhunderts. Konzeptionen – Akteure – Regionen, München 2004, S. 461-474.

Haltung zum Einsatz militärischer Gewalt zu bestimmen. Eben dies ist im Rahmen der Europäischen Sicherheitsstrategie erfolgt.

5.2.2 Interessen und Gestaltungsmöglichkeiten der EU in der Region

Vor dem Hintergrund der scheinbar unbewussten wechselseitigen Anpassung der Positionen auf beiden Seiten sind die Aussichten für eine Verständigung über die Grundpositionen in Bezug auf die Region somit wesentlich besser als weithin von Experten angenommen.Sie gestatten vor allem der EU, die sich seit 1995 anschickt, das durch den vorübergehenden Rückzug Russlands in der Region entstandene Machtvakuum auszufüllen und als Korrektiv zu der Israel-freundlichen US-Position in Erscheinung zu treten, eine umfassende transatlantische Strategie für seine südöstlichen Nachbarn maßgeblich mitzugestalten, anstatt sich amerikanischen Initiativen nur anzuschließen oder sie zu boykottieren. Dies ist aus zweierlei Gründen von Bedeutung: Zum einen sind die Interessen und die Lageeinschätzung bezüglich der Region nahezu identisch; transatlantisches Konfliktpotenzial besteht in erster Linie hinsichtlich der Mittel, mit denen diese Interessen umgesetzt werden:

1. Beide Seiten teilen die Einschätzung bezüglich der Ursachen für die Krisenpotenziale im Größeren Mittleren Osten und wissen, dass eine Verbesserung der Situation nur über eine Stärkung der Reformkräfte erreicht werden kann. In der desolaten wirtschaftlichen Situation als Folge der verfehlten Wirtschafts- und Sozialpolitiken der vergangenen Jahrzehnte und dem Mangel an Lebensperspektiven sehen sie die Auslöser für den wachsenden islamischen Fundamentalismus. Mit Ausnahme der Erdölemirate ist die arabische Welt im Entwicklungswettlauf mit den Schwellen- und Entwicklungsländern Asiens und Lateinamerikas in den vergangenen Jahren weiter zurück gefallen; lediglich Subsahara-Afrika weist noch schlechtere Ergebnisse aus, was so zentrale Indikatoren wie das Pro-Kopf-Einkommen – zwischen 520 (Jemen) und 2.240 US-Dollar (Tunesien) –, die Analphabetenrate – zwischen 26 (Syrien) und 52 Prozent (Ägypten) –, den Freiheitsgrad oder die Rolle der Frau betrifft.[33]
2. Beide Seiten wissen, dass die Hindernisse auf dem Weg zu einer Konsolidierung der politischen wie ökonomischen Verhältnisse von einer grundlegenden Reform des traditionellen Gesellschaftsvertrags in der Region abhängig ist, wonach staatliche Fürsorge in Form von umfassenden Dienstleistungen um den Preis

33 Vgl. hierzu Dieter Weiss, Freiheit und Entwicklung in der arabischen Welt, in: APuZ, 45 (2005), S. 37-45.

politischer Entmündigung gewährt wird. Die meisten Länder haben bislang lediglich eine kontrollierte Öffnung ihrer politischen Systeme zugelassen; dabei handelt es sich entweder um Präsidialsysteme mit autoritären Ein-Parteiensystemen, die gesellschaftliche Gruppen an ein korporatistisches System zu binden suchen und in der Vergangenheit nur schrittweise zusätzliche Parteien zuließen, oder um traditionelle Monarchien, deren Macht in familiärer Erbfolge und durch eine „konservativ-islamischen Sozialethik" begründet wird. In allen Ländern wurde zudem der Weg von staatlich gelenkter ökonomischer Entwicklung zur partiellen Liberalisierung seit Mitte der achtziger Jahre nur sehr zögerlich und unvollständig beschritten. Es gelang zwar eine makroökonomische Stabilisierung, die Umsetzung mikroökonomischer Reformen aber blieb weitgehend aus. Privatisierungen erfolgten nicht nach Marktprinzipien, sondern waren das Ergebnis klientelistischer Übereignungsgeschäfte.[34]

3. Die EU und die USA haben ein fundamentales Interesse an einer sicheren Ölversorgung aus der Region. Beide Seiten sind in hohem Maße abhängig von den Reserven des Nahen Ostens, die sich weltweit auf 62 Prozent belaufen – allein der Anteil Saudi-Arabiens liegt bei nahezu einem Viertel. Bei einem Ölverbrauch von etwa 29,5 Prozent (USA) bzw. 25,1 Prozent (Europa einschließlich Zentralasien) ist jede größere Unterbrechung mit erheblichen wirtschaftlichen Konsequenzen verbunden, zumal Öl heute in weltweit rund 90 Prozent der für jede Industrienation lebenswichtigen Transportenergie und 35 Prozent des Primärenergiebedarfs stellt.[35] Verschärft wird das Problem der Abhängigkeit zudem durch zwei Entwicklungen: Zum einen nehmen die Produktionsverläufe in den Ländern/Regionen, die nicht zur Opec gehören (z. B. USA und Nordsee), ab, so dass sie voraussichtlich nur noch für wenige Jahre die Zunahme der Nachfrage auf der Welt bedienen können; die Hoffnung, dass unkonventionelles Öl (etwa venezolanisches Schweröl, Tiefseeöl in Afrika, Süd- oder Mittelamerika, kanadische Teersände) diese Lücke annähernd kosteneffizient auffangen könnte, erscheint dabei wenig realistisch. Somit dürfte die geostrategische Bedeutung der Region für die Verbraucherländer eher noch zu- denn abnehmen, zumal die Region zusätzlich über rund 40 Prozent aller bekannten Gasvorkommen verfügt. Zum anderen werden der Aufstieg Chinas, Indiens und anderer regionaler Vormächte wie Brasilien oder Mexiko den weltweiten Energiebe-

34 Vgl. Bertelsmann Forschungsgruppe Politik, Centrum für Angewandte Politikforschung, Europa und der Nahe Osten – Perspektiven für Engagement und Zusammenarbeit, Diskussionspapier der IX. Kronberger Gespräche, 23-25. 2005, München 2005, S. 5 ff.

35 Zu den Daten siehe Eckart Wörtz, Saudi-Arabien: Energieriese zwischen geopolitischer Neuausrichtung und innenpolitischer Reform. Analyse der Friedrich Ebert-Stiftung, Bonn, September 2006, S. 3 f.

darf in den beiden kommenden Jahrzehnten dramatisch erhöhen und damit auch die Verteilungskämpfe verschärfen. Vor allem Asiens Energiehunger wird neue Kapazitäten dringend erforderlich machen. Hier befinden sich rund 50 Prozent der Weltbevölkerung, aber nur 3,5 Prozent der weltweiten Ölreserven. Allein China wird nach Angaben der Internationalen Energieagentur, sollte sich an seinem derzeitigen Anstieg der Energienachfrage von etwa 3,2 Prozent jährlich nichts ändern, bis 2030 in etwa die aktuelle Ölproduktion von 85 Millionen Fass/Tag verbrauchen. Dass eine solche Entwicklung angesichts der zunehmenden energiepolitischen Spannungen zwischen Russland und der EU auf der einen, sowie der ohnehin latenten politischen Spannungen zwischen Washington und Peking auf der anderen Seite, erhebliches Konfliktpotenzial für beide Seiten des Atlantiks birgt, ist offensichtlich. In jedem Fall liegt es im beiderseitigen geostrategischen Interesse, die Sicherheit der künftig noch wichtigeren Transportwege, wie der Straße von Malacca und Hormuz, zu gewährleisten und mögliche Energie- und Interessenkonflikte auszubalancieren.

4. Beide Seiten haben Interesse an einer friedlichen Lösung des Nahostkonflikts, die Israel Existenz dauerhaft sichert und einen autonomen Palästinenserstaat ermöglicht. Unzweifelhaft beginnt dabei Washington seinen traditionellen Verhandlungsansatz aufzugeben, eng mit der israelischen Regierung zusammenzuarbeiten, um Vorschläge für den Friedensprozess zu erarbeiten. Stattdessen folgt es stärker der europäischen Linie, mit beiden Seiten eine Lösung des Konflikts auf der Grundlage der bekannten Parameter für eine endgültige Einigung zu erwirken.
5. Beide Seiten sind außerdem, unabhängig von den Differenzen, die es über die Notwendigkeit und die Legitimität des Irak-Krieges gab und noch immer gibt, an einer friedlichen Neuordnung des Iraks im speziellen und einer Transformation der Region im Allgemeinen interessiert – nicht zuletzt, um die dortigen eigenen Investitions- und Handelsmöglichkeiten zu verbessern. Die EU verfolgt das Ziel der Demokratisierung und des Aufbaus von Rechtsstaatlichkeit und einer Zivilgesellschaft im Rahmen des Barcelona-Prozesses bereits seit längerem, Washington hat die Idee mittlerweile sowohl im Rahmen der ursprünglichen „forward strategy of freedom“ vom November 2003 wie auch in der besagten „Broader Middle East Initiative“ vom Juni 2004 aufgegriffen. In einer gemeinsamen EU-US-Initiative haben beide Seiten schließlich unmittelbar nach dem G-8-Treffen nochmals die Bedeutung der in der Gipfelerklärung festgelegten Ziele unterstrichen.[36]

36 EU-US Declaration Supporting Peace, Progress and Reform in the Broader Middle East and in the Mediterranean, EU-US Summit, Dromoland Castle, June 26, 2004. http://europe.eu.int/comm/external_relations/us/sum06_04/decl_me.pdf.

6. Der Kampf gegen den Terrorismus und die Proliferation von Massenvernichtungswaffen gehört schließlich ebenso zur gemeinsamen Agenda wie die Eindämmung des Fundamentalismus, der als ein zutiefst innerislamisches Phänomen sowohl die Region von innen heraus bedroht wie auch die Zunahme antiwestlicher Stimmungen schürt. Der gemeinsame Druck auf den Iran im Zusammenhang mit dessen nuklearen Ambitionen und die Zusammenarbeit im Rahmen der NATO-Operation in Afghanistan zeigen zudem, das die EU und Washington die Idee von einem annähernden strategischen Gleichgewicht als Voraussetzung für Stabilität in der Region weitgehend teilen, gleichwohl die USA als zentrale externe Ordnungsmacht damit ein unmittelbareres Interesse verbinden als Brüssel.[37]

Zum anderen gibt es, bei aller Abhängigkeit der regionalen Akteure von Wirtschaftshilfe und Waffenlieferungen durch die Großmächte, Grenzen internationalen Einflusses auf die Region. Selbst wenn die Interessen der EU und der US weitgehend deckungsgleich sind, so unterscheiden sich doch die Lösungsansätze konzeptionell zum Teil erheblich und erhöhen damit die Gefahr einer Instrumentalisierung der externen Mächte durch die regionalen Akteure. Der Kampf gegen den Terrorismus und die zunehmenden Spannungen in der Region insgesamt bieten den regionalen Akteure Möglichkeiten, die EU, Amerika oder nunmehr verstärkt auch Russland und China gegeneinander auszuspielen und in ihre innenpolitischen oder regionalen Konflikte hineinzuziehen. Insofern ist die Koordinierung der westlichen Aktivitäten umso dringlicher.

Die Voraussetzungen dafür sind wie erwähnt vor allem aus europäischer Sicht günstig.[38] Die EU hat mit ihrer Kritik an der „Greater Middle East Initiative“ den ursprünglichen Entwurf maßgeblich entschärft. Abgesehen davon, dass man sich auf gemeinsame Entwicklungsziele in den Bereichen Freiheit, Bildung und Gleichberechtigung einigen konnte, gelang es Brüssel, Washington von einer Reihe weiterer Grundparameter für eine gemeinsame Agenda zu überzeugen: der geographischen Eingrenzung der Region; dem so genannten „ownership“-bzw. Partnerschaftsprinzip, wonach die Reformziele mit den jeweiligen Führungen abzusprechen und durchzuführen sind bzw. der Demokratisierungsprozess von „innen heraus“ entstehen soll; der vorrangigen Bedeutung regionaler Konfliktlösungen einschließlich des Nahostkonflikts; sowie der Einrichtung des „Forum for the Future“

37 Helmut Hubel/Markus Kaim/Oliver Lembcke, Pax Americana im Nahen Osten: Eine Studie zur Transformation regionaler Ordnungen, Baden-Baden 2000, S. 23 ff.

38 Vgl. Dazu Ronald Asmus/Larry Diamond/Mark Leonard/Michael McFaul, A Transatlantic Strategy to Promote Democratic Development in the Broader Middle East, in: The Washington Quarterly, 28, 2 (Spring 2005), S. 7-21; John Calabrese, Freedom on the March in the Middle East – And Transatlantic Relations on a New Course?, in: Mediterranean Quarterly, Fall 2005, S. 42-64.

als neuer Plattform für einen intensiveren Dialog mit Geschäftsleuten und Vertretern der Zivilgesellschaft in der Region. Auch wenn mit der „Broader Middle East Initiative" noch keine neuen und konkreten Lösungsvorschläge verbunden sind – zu wenig konkret bleibt das Dokument ansonsten bzgl. der Partner und Ansprechpartnet in der Region sowie der Präzisierung gemeinsamer Interessen –, so ist sie doch von Bedeutung hinsichtlich der Annäherung der Positionen.

Immerhin signalisiert die Initiative die Abkehr Washingtons von der bis dato propagierten „forward strategy for freedom" und Hinwendung zu einem insgesamt differenzierteren Demokratisierungsverständnis für die Region. Danach – und somit nach europäischer Lesart – ist Demokratisierung ein langwieriger und komplexer Prozess, der nicht durch von außen erzwungene Regimewechsel zu erreichen ist, sondern durch Unterstützung der Reformkräfte innerhalb des betreffenden Staates bzw. Ausloten der Verhandlungsbereitschaft der jeweiligen Regime über Dialog und konditionalisierte Hilfe. Die Grenzen der transatlantischen Verständigung liegen dabei unverändert bei Staaten wie Iran oder Syrien, deren Regime Washington grundsätzlich als Hindernis für die Entwicklung des Landes sieht, Brüssel aber auf Grund des innenpolitischen Entwicklungspotenzials durchaus als wenn auch problematische Verhandlungspartner; immerhin gilt das politische System Irans als das am stärksten pluralistische am Golf. In jüngster Vergangenheit hat die EU sich im Rahmen der „Drei plus eins"-Verhandlungen (Großbritannien, Frankreich und die Bundesrepublik mit dem Iran) zur Entschärfung des Nuklearpokers mit Teheran in diesem Sinne um Verständigung bemüht, im Falle Syriens aber wenig unternommen, um den Gesprächsfaden wieder aufzunehmen; im März 2007 besuchte Solana Damaskus nach mehr als zwei Jahren das erste mal wieder zu offiziellen Gesprächen.

Es entspricht also durchaus Realpolitik, Dialoge auch mit solchen Systemen zu führen, deren politische Entwicklung grundsätzlich hinter europäischen Vorstellungen zurückbleibt, selbst wenn man auf der anderen Seite Staaten (bspw. die Nahostkonflikt-Parteien) kritisiert, deren Politik wiederum weniger gravierende Verletzungen bestimmter Grundprinzipien ausweist. Das langfristige Veränderungspotenzial in den betreffenden Staaten kann ein solches Verhalten durchaus rechtfertigen. Die Friedensverträge Israels mit Ägypten wie Jordanien zeigen, dass pragmatische, für beide Seiten stabilisierend wirkende Lösungen zwischen Demokratien und mehr oder weniger autoritären Herrschaftssystemen auch im Mittleren Osten möglich sind. Im Übrigen zeigen die Entwicklungen in den palästinensischen Autonomiegebieten, die nach den demokratischen Wahlen die Terrorgruppe Hamas an die Macht gespült haben, dass die EU und die USA künftig keine andere Wahl haben, als mit dem Westen grundsätzlich unliebsamen nicht-demokratischen Vertretern zu verhandeln.

Auch in Washington wächst offenbar diese Erkenntnis, wie sich an der zögerlichen Bereitschaft der Administration (unter dem Druck eines mehrheitlich demokratischen Kongresses) ablesen lässt, nunmehr zumindest in der Irakfrage auch mit Syrien und Iran zu verhandeln;[39] noch im Januar 2007 hatte der Präsident einen solchen Schritt ausgeschlossen.[40] Schon aus Glaubwürdigkeitsgründen tun die USA und die EU gut daran, wenn sie gegenüber der Region deutlich machen, dass Demokratie zwar eingefordert, keinesfalls aber zur Voraussetzung eines Engagements um Konfliktlösungen in der Region erklärt wird.[41] Andererseits gehört zu einem solchen Pragmatismus auch, dass die EU ihrerseits deutlich macht, wo die Grenze ihrer Kooperationsbereitschaft erreicht ist. In manchen Staaten fehlen schlicht die kritische Masse und die institutionellen Voraussetzungen für einen Demokratieimport; dies gilt für den Nahen Osten gleichermaßen wie für Zentralasien und den kaspischen Raum.[42] Zu Recht weist daher Washington umgekehrt darauf hin, dass Verhandlungen mit Iran oder Syrien nicht um jeden Preis zu haben sind. Notfalls müssen im Falle Teherans der ersten Sanktionsresolution weitere durch den UN-Sicherheitsrat folgen – möglichst mit der Unterstützung Chinas und Russlands. Gleiches gilt auch für Syrien: Solange es keine Kooperation bezüglich einer Stärkung der Souveränität des Libanon gibt – und Möglichkeiten bspw. im Bereich der gemeinsamen Grenzsicherung sind durchaus vorhanden –, sind weiterreichende Verhandlungsangebote an Damaskus überflüssig.

Im Nahostkonflikt zeigt sich, wie wichtig eine so verstandene Komplementarität der transatlantischen Kooperation ist. Der Friedensprozess wird solange keinen Erfolg haben, wie sowohl die regionalen Akteure als auch Russland gelingt, Amerika und die EU gegeneinander auszuspielen. Nur ein Zusammengehen beider Seiten, unter Nutzung ihrer komparativen Vorteile im militärischen Bereich (USA) einerseits sowie bezüglich der Integrationsperspektiven (EU) andererseits, gewährleistet eine annähernd erfolgreiche Rolle des „Nahost-Quartetts“[43] bei der Vermittlung ei-

39 Washington Post, March 9, 2007, A15.

40 Transcript of President Bush's Address to the Nation on US Policy in Iraq, in: The New York Times, January 11, 2007.

41 Volker Perthes, America's Greater Middle East and Europe: Key Issues for Dialogue, in: Middle East Policy, XI, 3 (Fall 2004), S. 85-97; Muriel Asseburg, Demokratieförderung in der arabischen Welt – hat der partnerschaftliche Ansatz der Europäer versagt?, in: ORIENT, 2 (2005), S. 272-290.

42 Borut Grgic, The New Security Front. Making Europe Count in the Middle East, in: Internationale Politik (Englische Ausgabe), Fall 2006, S. 72-76.

43 Dem Nahost-Quartett gehören die EU, die USA, die Vereinten Nationen und Russland an. Im September 2002 legte es einen Drei-Stufen-Plan vor, der unter dem Namen „roadmap“ seither die Diskussion um den Friedensprozess im Nahen Osten bestimmt. In der ersten Phase sollten die Konfliktparteien Sicherheitsmaßnahmen vereinbaren (Rückzug der Israelis auf die vor der Intifada im September 2000 gehaltenen Positionen; entschlossene Bekämpfung des Terrorismus durch die

nes Verhandlungsergebnisses.[44] Dabei ist die amerikanische Führung allein wegen des größeren Einflusses auf Israel zwar unbestritten, Europas Rolle als energischer und neutraler Vermittler gerade aus Sicht der Palästinenser aber unabdingbar. Die EU ist *erstens* in der derzeitigen Situation eher in der Lage, die Palästinenser davon zu überzeugen, dass eine Zweistaatenlösung nur durch die Einlösung der drei „essentials" – die Anerkennung des Existenzrechts Israels; ein Ende der Gewalt als Mittel zur Lösung des Konflikts; sowie die Anerkennung der bisherigen Verhandlungsschritte der internationalen Gemeinschaft – voranzubringen ist. Sie hat in diesem Zusammenhang auch entschlossen auf eine Einigung der palästinensischen Konfliktparteien (Hamas und Fatah) zur Schaffung einer Regierung der „nationalen Einheit" hingearbeitet. Sie kann *zweitens* der arabischen Welt insgesamt glaubwürdiger den Zusammenhang zwischen der Überwindung des Konflikts und politischen und wirtschaftlichen Veränderungsprozessen in der Region vermitteln. Die arabischen Regime verweigern nicht zuletzt unter dem Hinweis auf die Konfliktträchtigkeit der Region innere Reformen und rechtfertigen damit wiederum militärische Lösungen. *Drittens* schließlich entspricht die wachsende Erkenntnis, dass der Konflikt nicht allein von außen gelöst werden kann, sondern regionaler Anstrengungen bedarf, exakt dem europäischen Ansatz, über regionale Strukturbildung die Reformprozesse voranzutreiben. Die Bereitschaft der arabischen Staaten zu größeren Eigenaktivitäten wächst jedenfalls angesichts der veränderten Kräfteverhältnisse in der Region. Jüngstes Beispiel dafür ist eben die durch Saudi-Arabien im März 2007 in Mekka erwirkte Einigung zwischen der Hamas und Fatah.

Damit erhält auch die europäische Idee einer Konferenz für Sicherheit und Zusammenarbeit im Mittleren Osten in Anlehnung an den KSZE-Prozess bei einigen Staaten zumindest einen gewissen Charme; immerhin wurde er zuerst von regionalen Akteuren wie Jordanien aufgegriffen.[45] Ein solcher Kooperationsansatz kann zunächst ein viel versprechender Rahmen sein, um den Nahost-Friedensprozess durch die derzeit erforderlichen Maßnahmen zu stabilisieren – Gewährleistung der israelischen Abzugspäne aus der nördlichen Westbank (nach Abzug aus Gaza); Aufbau erhöhter Präsenz vor Ort, um nachhaltiges Engagement für die Umsetzung der

---

Palästinenser sowie Abhalten freier und fairer Wahlen). Die zweite Phase sah die Festlegung provisorischer Grenzen eines Palästinenserstaates vor (außeredem Ausarbeitung einer Verfassung). In der dritten Phase schließlich sollten die endgültigen Grenzen eines ständigen Palästinenserstaates festgelegt werden. Der Plan sieht eine Lösung des Konflikts auf der Basis der UN-Resolutionen 242 und 338 vor und ist schon deshalb das wesentliche Referenzdokument für Fortschritt in israelisch-palästinensischen Friedensbemühungen, weil er von allen regionalen und internationalen Akteuren anerkannt und durch die Resolution 1515 (2003) des UN-Sicherheitsrats legitimiert ist.

44 Vgl. Auswärtiges Amt, Friedensplan für Nahost, Berlin, 6. Mai 2003. www.auswaertiges-amt.de/diplo/de/Aussenpolitik/RegionaleSchwerpunkte/Nahost/NO-roadmap.html.

45 Stefan Fröhlich, How Much Regional Differentiation is Necessary to Establish a Successful CSCE-analogous Process in the Greater Middle East, in: ZEI Discussion Paper, C 137, Bonn 2004.

„road map“ zu demonstrieren und um die Umsetzung der Vereinbarungen effizient zu überwachen; rasche Verbesserung der ökonomischen Situation der palästinensischen Bevölkerung als Voraussetzung für Fortschritte im politischen Reformprozess; Förderung des Austauschs zwischen den Zivilgesellschaften auf beiden Seiten. Deshalb unterstützt die Union das arabische Quartett aus Jordanien, Saudi-Arabien, den Vereinigten Arabischen Emiraten und Ägypten, welches sich im Frühjahr 2007 entschlossen hat, den Prozess aktiver zu unterstützen und dabei vor allem die Verhältnisse in den palästinensischen Autonomiegebieten stabilisieren zu wollen. Sie tut dies zum einen, weil sie sich davon eine stabilisierende Wirkung auf die innerarabischen Konflikte erhofft. Zum anderen könnte eine solche Allianz unter Führung von Saudi-Arabien zum Ausgangspunkt einer Art Golf-Sicherheitsrat werden – womöglich unter UN-Beobachtung –, der sich zunächst mit dem Thema Waffenkontrolle befasste und damit vor allem vertrauensbildend in Richtung Israel wirkte. Dort würde man Verhandlungen vor allem dann begrüßen, wenn sie ergebnisoffen, d. h. ohne Diktat eines Friedensplans geführt würden.

Ein solcher Ansatz kann aber auch mit Blick auf den zweiten großen Konfliktherd, Irak, zu einer konstruktiven Lösung führen. So ist es sicherlich sinnvoll, das Momentum, welches in den wiederholten Treffen der Nachbarstaaten des Iraks nach dem Krieg lag, wieder aufzugreifen und diese Gruppe mit dem Nahostquartett und anderen regionalen oder externen Akteuren zusammenzuführen, um nicht nur die Regierung zu stabilisieren und im Transformationsprozess zu unterstützen, sondern schrittweise vertrauensbildende Maßnahmen im Mittleren Osten insgesamt zu schaffen. Für die EU ist dies nicht nur aus geo-ökonomischen, sondern vor allem auch aus geostrategischen Gründen von größerem Interesse als für die USA. Sollte es langfristig zu einer EU-Mitgliedschaft der Türkei kommen, so werden der Irak, Syrien und Iran direkte Nachbarn der EU; schon aus diesem Grund, und nicht zuletzt wegen der anhaltenden Diskussion um die Signalwirkung einer Aufnahme der Türkei in die Union für die europäische Glaubwürdigkeit gegenüber der muslimischen Welt, bleibt die Türkei als geopolitischer Brückenkopf zwischen der EU und dem Nahen Osten eine zentrale Variable für den Mittleren Osten im besonderen und die Entwicklung GASP der Union im Allgemeinen.[46]

Flankiert werden muss ein solcher Ansatz allerdings von einer entschlossenen Haltung der Union bezüglich ihrer Präsenz vor Ort, die sich keinesfalls in der erfolgten Bestellung eines EU-Sonderbeauftragten für den Nahen Osten und sporadischen Besuchen des Hohen Repräsentanten für die Außenpolitik erschöpfen kann. Dies betrifft die Unterstützung der Arbeit der UN-Truppen im Rahmen des Man-

46 Bill Park, Between Europe, the United States and the Middle East: Turkey and European Security in the Wake of the Iraq Crisis, in: Perspectives on European Politics and Society, 5, 3 (December 2004), S. 494-516.

dats von UNIFIL zur Stärkung der Souveränität des Libanon notfalls auch durch die Bereitstellung entsprechender eigener Kontingente; der europäische Beitrag bestand in der Teilnahme einiger weniger Mitgliedstaaten, darunter Frankreich und die Bundesrepublik. Dies betrifft auch den Beitrag zur Lösung des Nahostkonflikts. Immerhin beteiligte sich die Union seit Ende 2005 an der am 25. November des gleichen Jahres geöffneten Grenzübergangs Rafah zwischen Gazastreifen und Ägypten, nachdem die palästinensische Behörde und Israel ein entsprechendes Abkommen unterzeichnet hatten. Die „Boarder Assistance Mission at Rafah" (EUBAM Rafah) „beobachtet, verifiziert und evaluiert" die palästinensische Grenzabfertigung, hilft beim Aufbau palästinensischer Grenzbehörden und soll die Zusammenarbeit mit den israelischen und ägyptischen Behörden unterstützen. Gleichzeitig unterstützt die EU auch den Aufbau eines zivilen Polizei- und Strafjustizsystems in den palästinensischen Gebieten.

Es stellt sich aber eben auch die Frage nach der Notwendigkeit einer stärkeren EU-Unterstützung des Wiederaufbaus im Irak beispielsweise in Form der Bereitstellung von Kontingenten für eine UN-Truppe. Sie mag zum jetzigen Zeitpunkt eher hypothetischer Natur sein, aber auch nach dem sich abzeichnenden Scheitern der USA im Irak muss sich die EU – schon um sich Klarheit über ihr eigenes künftiges Handeln im Falle des Eintretens ähnlicher Konfliktszenarien zu verschaffen – mit dem Gedanken auseinandersetzen, ob nicht eine raschere Entscheidung zugunsten einer entsprechenden europäischen Beteiligung an der Ausrüstung und personellen Ausstattung einer solchen Truppe gerade durch die Staaten, die seit Ende des Krieges für eine Führungsrolle der UN eingetreten sind, im Interesse der Stabilisierung des Landes gewesen wäre. Auch die jüngste Entscheidung der US-Administration zugunsten einer nochmaligen Aufstockung der US-Truppen im Irak und eines verstärkten Engagements beim zivilen Wiederaufbau würde in der irakischen Bevölkerung sicherlich größeren Nachhall erfahren durch einen von der EU stärker unterstützten UN-Einsatz.

Ähnlich ließe sich schließlich auch fragen, ob nicht ein größerer Einsatz der EU im Rahmen der Stabilisierungsbemühungen der NATO (ISAF) in Afghanistan auf der Basis der UN-Resolution 1510 (2003) im unmittelbaren Interesse der EU liegt; immerhin umfasst die „Broader Middle East Initiative" auch Afghanistan und Iran.[47] Die EU unterstützt umfassend die Bemühungen der internationalen Gemeinschaft, die Stabilität und den Wiederaufbau des Landes sicherzustellen.[48] Auf

47 Zur Lage in Afghanistan vgl.: Bruce Riedel, Al-Qaeda Five Years after the Fall of Kandahar, Brookings Institution, January 18, 2007. http://www.brookings.edu/views/articles/riedel/20070118.htm; James Dobbins, New Directions for Transatlantic Security Cooperation, in: Survival, 47, 4 (Winter 2006/06), S. 39-53.

48 Vgl. Europa-Rapid-Press Releases, Treffen der Ministertroika EU-Afghanistan, Berlin, 26. Januar 2007.

sie entfiel als größter internationaler Geber für den Wiederaufbau Afghanistans bei der Geberkonferenz in Tokio im Januar 2002 fast die Hälfte der gesamten Zusagen: 2,1 Milliarden von insgesamt 5 Milliarden Euro; damit unterstützt sie Projekte in den Bereichen Verwaltungsaufbau, Unterstützung ländlicher Gebiete und Minenräumung. Die Union hat außerdem auf dem Europäischen Rat von Laeken im Dezember 2001 die Beteiligung der Mitgliedstaaten an der internationalen Schutztruppe beschlossen. Ansonsten aber erschöpfte sich ihr (sicherheits-)politischer Beitrag bislang in der Ernennung eines Sonderbeauftragten für Afghanistan sowie einer Vereinbarung über die langfristige vertiefte Zusammenarbeit zwischen beiden Seiten im November 2005.

Nach dem ISAF-Beschluss vom 31. Juli 2006 zur Übernahme der militärischen Verantwortung für die Südregion und der anschließenden Erweiterung des Einsatzgebietes in die Ostregion ist die Verantwortungsübernahme für ganz Afghanistan durch ISAF abgeschlossen. Damit übernimmt die NATO die bislang von der amerikanischen Operation „Enduring Freedom" wahrgenommenen Stabilisierungs- und Aufbauarbeiten und weitet diese sogar noch aus. Die Grundlage für eine stärkere EU-Beteiligung hat sich damit, schon allein auf Grund der Teilnahme europäischer NATO-Mitglieder, ohnehin wesentlich geändert. In dem Maße, wie diese Staaten mit möglichen begrenzten Kampfhandlungen konfrontiert werden, sollte auch die EU schon aus Solidaritäts- und Glaubwürdigkeitsgründen (auch gegenüber Washington) stärker über einen eigenen Beitrag nachdenken. Die Sicherheitslage hat sich seit dem Winter 2005/06 merklich verschlechtert. Vor allem zeigt die Zunahme der Gewaltbereitschaft im bislang wesentlich ruhigeren Norden und Westen, also jenen Regionen, in denen, mit Ausnahme Großbritanniens, vor allem die europäischen NATO-Partner einschließlich der Bundesrepublik stationiert sind, dass die Gefahr solcher Verwicklungen in allen Teilen des Landes zunimmt.[49]

Abgesehen davon liegt ein verstärktes EU-Engagement, schon auf Grund der enormen regionalpolitischen Herausforderungen, die der Wiederaufbau des Landes birgt, im ureigenen Interesse der Europäer. Will man, wie die ESS es impliziert, den mit der internationalen Intervention im Jahr 2001 erfolgten erfolgreichen Schlag gegen die terroristischen Strukturen der al-Quaida und die sie beherbergenden Taliban nachhaltig und dauerhaft machen, so setzt dies nicht nur den weiteren Ausbau und die Stärkung eines sich selbst tragenden afghanischen Staatswesens voraus, sondern auch ein weiterhin entschiedenes Zurückdrängen des gewaltbereiten radikalen Terrorismus. Es ist unbestritten, dass der zivile und Polizeiaufbau die

49 Auswärtiges Amt, Bundesministerium des Inneren, Bundesministerium der Verteidigung, Bundesministerium für Wirtschaftliche Zusammenarbeit und Entwicklung, Das Afghanistan-Konzept der Bundesregierung, 12. September 2006.
www.geopowers.com/Mächte/Deutschland/facts_ger/Afghanistan-Konzept_2006.pdf.

wesentliche Voraussetzung für die Stabilisierung des Landes ist. Dieser Aufbau muss aber von der auch in der Bevölkerung in allen Teilen des Landes spürbaren Entschlossenheit flankiert sein, Afghanistan auf Dauer zu sichern. In Afghanistan stellt sich für die EU eben nicht nur die Frage nach dem erfolgreichen Kampf gegen den Terrorismus. Das Land ist ein geostrategisch enorm wichtiges Scharnier zwischen dem Nahen Osten, Zentral- und Südasien. Allein die Stellung zwischen dem westlichen Nachbarn Iran und dem südöstlichen Nachbarn Pakistan, der eine Aspirant für, der andere bereits im Besitz von Nuklearwaffen, zeigen die enorme Bedeutung stabiler Verhältnisse im Lande für die gesamte Region. Ein neuerliches Scheitern Afghanistans bzw. ein erneutes Vordringen der Taliban in das Land hätte somit auch ganz unmittelbare Auswirkungen auf die europäischen Sicherheitsinteressen.

5.2.3 Eine EU-Strategie für den „Greater Middle East"

Eine EU-Strategie für den Größeren Mittleren Osten sollte daher vor allem darauf angelegt sein, *erstens* einen pragmatischen Dialog mit allen mehr oder weniger verhandlungsbereiten Kräften in der Region anzubieten (Demokratisierung als Prozess), dabei aber durchaus nach den Bedürfnissen der einzelnen Länder zu differenzieren; *zweitens* konsequent die eigenen geostrategischen Interessen durch eine stärkere Präsenz vor Ort – Libanon, Iran, Irak, Nahost-Konflikt und Afghanistan – zu vertreten (aktiveres Konfliktmanagement); *drittens* Kooperationsformen in Fragen der Sicherheit zu schaffen, bei denen die EU vor allem als Impulsgeber für ein alle Anrainer einbindendes kollektives Sicherheitssystem fungiert (Regionalisierung).

Die Plausibilität für eine solche Strategie liegt auf der Hand: *Demokratisierung* – Der Brückenschlag nach Damaskus und Teheran ist auf mittlere Sicht unabwendbar, auch wenn bzw. gerade weil beide die schwache Zentralregierung in Bagdad bislang nicht gestärkt haben. Fest steht, dass die eine Verbesserung der prekären Lage für die dortige Regierung, in der die Schiiten in der Mehrheit sind, angesichts der extrem starken zentrifugalen religiös-ethnischen Kräfte, die das Land an den Rand eines Bürgerkriegs geführt haben, ohne die Einbindung Irans und (weniger) Syriens kaum vorstellbar ist. Das Wiedererstarken des Schiismus ist nicht nur verbunden mit dem Wiedererstarken des Islams generell nach dem Ende des Kolonialzeitalters und dem Scheitern der verschiedenen nahöstlichen Nationalismen, sondern ist vor allem das Ergebnis der „islamischen Revolution" Chomeinis in Iran im Jahr 1979. Deren Erfolg hatte Signalwirkung auch außerhalb Irans und förderte den Aufstieg der Schiiten etwa im Libanon, im östlichen Saudi-Arabien und am

Persischen Golf. Entscheidend aber war der mit dem Sturz Husseins verbundene Machtwechsel zu den Schiiten im Irak. Er hat nicht nur die Situation für die Minderheit der Sunniten dramatisch verschlechtert; da die so lebenswichtigen Ölfördergebiete im mehrheitlich schiitischen Süden liegen, sind die in der Mitte des Landes lebenden Sunniten von diesen praktisch abgeschnitten. Er hat auch die Ausgangslage für Iran entscheidend verbessert und es dem Regime in Teheran ermöglicht, an die Rolle als Hegemonialmacht in den siebziger Jahren des 20. Jahrhunderts anzuknüpfen.

Angesichts des Vormarsches des Schiismus sprechen die arabischen Golfstaaten, vor allem aber Saudi-Arabien und Jordanien bereits von einem „schiitischen Gürtel", der von Iran über den Irak und Syrien bis in den Libanon und nach Palästina reiche. In den Palästinensergebieten unterstützen die schiitische Hisbullah („Partei Gottes") und Teheran die Hamas, im Libanon üben beide erheblichen Druck auf die Regierung aus und fordern damit nicht nur Israel, sondern auch Saudi-Arabien heraus, welches hinter der Regierung Siniora steht. Behält Teheran die Oberhand im libanesischen Machtkampf, hat dies gravierende Konsequenzen für das regionale Gleichgewicht. Ebenso bindet Iran den Irak immer stärker durch dessen wirtschaftliche Abhängigkeit an sich; diese erlaubt Teheran, seine eigenen Exporte entsprechend zu diversifizieren und sich verstärkt auch als Waffenlieferant in der Region hervorzutun, gleichwohl es nicht an einem Bürgerkrieg im Nachbarland interessiert sein kann. Flankiert wird diese Politik von dem gleichzeitigen Angebot eines Sicherheitsbündnisses Teherans mit den Golfstaaten. Mit ihm unterstreicht die iranische Führung ihren Hegemonialanspruch in der Region.

Aktiveres Konfliktmanagement – Für die EU und den Westen insgesamt bedeutet dies, dass sie zunächst mit aller Entschiedenheit den regionalpolitischen Ambitionen Irans entgegentreten müssen. Dies können sie zum einen dadurch tun, dass sie Teheran unmissverständlich klar machen, in der Nuklearfrage hart zu bleiben. Das Regime in Teheran behauptet zwar, sein Atomprogramm sei ausschließlich ziviler Natur. Andererseits besteht es kompromisslos auf einem geschlossenen Brennstoffkreislauf, so dass die Absicht einer militärischen Nutzung zu vermuten ist – mit all ihren Konsequenzen für eine mögliche Nuklearisierung der Region insgesamt. Gerade die EU sollte in der Sanktionsfrage somit wieder mehr Druck ausüben und dabei mit gezielten Angeboten, die Teherans legitimen Sicherheitsbedürfnissen in der Region Rechnung tragen, die iranische Führung zum Einlenken bewegen. Gegenüber Washington hat sich Teherans Konfrontationskurs in der Nuklearfrage bereits ausgezahlt, wie die Kongresswahl als Vorbote eines amerikanischen Rückzugs aus dem Irak, die Rücktritte von Rumsfeld und UN-Botschafter Bolton Anfang 2007 signalisierten. Die USA sind angeschlagen, die arabischen Staaten kraftlos. Die EU könnte in dieser Situation durch ein deutliches Signal, dass man weder bereit ist, sich von Teheran gegenüber Washington in der Nuklearfrage ausspielen zu lassen, noch dessen Weigerung hinnimmt, in irgendeiner Form mäßigend auf die schiitischen Milizen im Irak sowie die Hisbullah im Libanon einzuwirken, die iranische Regierung wohl am ehesten von den Risiken eines solchen Kurses überzeugen – wiewohl nur Washington im Irak selbst bislang die Garantie dafür bietet, dass die Sunniten trotz aller Föderalisierungspläne nicht marginalisiert werden. Teheran muss wissen, dass es sich mit seiner Politik in der Region – bei aller Erweiterung seines gegenwärtigen geopolitischen Handlungsspielraums – zusehends auf einen Konfrontationskurs mit den Golfstaaten hinbewegt und dass die EU und die USA weder dies noch zwei andere Entwicklungen akzeptieren werden: das Zurücklassen eines gescheiterten Iraks und das Entstehen eines innerislamischen Großkampfplatzes.

Darüber hinaus muss die EU die Führungsrolle in der Region, die sie mit der Entsendung von 8000 EU-Blauhelmen in den Libanon, ihrem Einsatz im Nahost-Konflikt sowie der Vermittlung von Verlandlungen mit Teheran vorübergehend übernommen hatte, wieder aufgreifen und dabei möglichst Washingtons Unterstützung gewinnen.[50] Dies bedeutete eine aktivere Vermittlungsrolle im Libanon – schon allein aufgrund der dortigen Präsenz von EU-Truppen; eine stärkere Einbindung Syriens; Verhandlungen mit der palästinensischen Regierung einschließlich Hamas; Ausarbeitung einer gemeinsamen US-EU-Strategie für Afghanistan und dessen Nachbarschaft; und eben das Aufgreifen der Idee eines kollektiven Sicherheitssystems.

Regionalisierung – Der Zeitpunkt hierfür ist günstig. In den Golfstaaten, unter der Führung Saudi-Arabiens, beginnt man vor dem Hintergrund des innerislamischen Machtkampfes über eine Sicherheitsordnung für die Region im Allgemeinen, aber auch die Nutzung der Atomtechnik im Speziellen nachzudenken. Letzteres verheißt zunächst zwar nichts Gutes für die Region, könnte aber auch zum Ausgangspunkt von Überlegungen für ein konstruktives Sicherheitsarrangement werden. Dieses setzt mittelfristig zwar innerstaatliche Reformen voraus, um auf Dauer erfolgreich zu sein, sollte sich aber zunächst an den unmittelbaren Erfordernissen für die Region orientieren. Vertrauensbildende Maßnahmen im Bereich Waffenkontrolle und sicherheitsrelevanter Probleme und Ängste könnten ein erster Schritt in diese Richtung sein. Sie könnten den Austausch von Informationen über die militärischen Kräfte, die Möglichkeit der Verifikation von militärischen Aktivitäten sowie die Einrichtung permanenter Kommunikationsstrukturen der Staaten untereinander

50 Sven Biscop, For a More Active EU in the Middle East, Royal Institute for International Relations, Egmont Paper 13, Brussels, March 2007.

unter UN-Kontrolle beinhalten. Mittel- bis langfristig sollte dieser Ansatz zum Abbau von offensiven militärischen Einheiten führen, die Diskussion aller territorialer und Grenzstreitigkeiten bzw. über den Rückzug von Truppen aus umstrittenen Grenzgebieten ermöglichen und die Aufhebung des Nichteinmischungsprinzips in innere Angelegenheiten durch regionale Staaten wie externe Akteure nach sich ziehen.

Grundsätzlich liegt es im Interesse aller Golfanrainer, dass es zu einer derartigen regionalen Verständigung kommt, die nicht auf eine automatische Verknüpfung mit anderen teil-regionalen Aspekten, wie etwa dem Nahostkonflikt, pocht, sondern flexibel angelegt ist. Den sicherheitspolitischen Bedenken Saudi-Arabiens und der Golfstaaten würde ein solcher Ansatz derzeit allemal entsprechen. Dem ohnehin angeschlagenen Regime Syriens böte er die Möglichkeit, aus der politischen Isolation herauszufinden. Irak wiederum erhielt bei einer Stabilisierung seines sicherheitspolitischen Umfeldes nicht nur Gelegenheit, den Wiederaufbau aus eigenen Kräften weiter voranzutreiben, sondern dabei auch seine eigenen unmittelbaren Sicherheitsinteressen zu behandeln, u. a. die Frage nach dem Zugang zum Meer. Gegenüber dem Iran ist der Schatt al-Arab, gegenüber Kuwait sind die Inseln Warba, Bubiyan und der Khor al-Abdallah unverändert umstrittene Punkte im jeweiligen bilateralen Verhältnis. Für den Iran schließlich gilt, dass jede für alle Seiten akzeptable Regelung in der Nuklearfrage eine Sicherheitsgarantie (unter Beteiligung der USA) für den Iran enthalten muss, die dann auch eine Art regionalen Vertrag ermöglicht, der die Erforschung, Entwicklung und Produktion von Massenvernichtungswaffen untersagt.

Perspektiven für die Union als globaler Akteur

Man braucht kein Prophet zu sein, um der künftigen Außen- und Sicherheitspolitik der Union sicherlich keinen dramatischen Wandel vorhersagen zu wollen.[1] Die globalen Herausforderungen der heutigen Zeit setzen die Union zwar ganz unmittelbar unter Handlungszwang – zu groß wären die Kosten im Falle eines Nichthandelns – und sie haben zum Teil auch erhebliche Konsequenzen für die Position der Union in der Welt; einen Teil seiner bis dato unangefochtenen Führungsrolle wird der Westen insgesamt, einschließlich der EU, künftig schon aufgrund der ökonomischen Kräfteverschiebungen zugunsten neuer und wieder erstarkter globaler Akteure wie China, Indien, Brasilien oder Russland sowie der demographischen Entwicklung gerade in Europa abgeben müssen. Dies bedeutet aber nicht, dass die Union insgesamt schwächer würde oder von bewährten Grundprinzipien der Vergangenheit Abschied zu nehmen bzw. eine radikale Neuausrichtung ihrer Politik vorzunehmen hätte.

Es gehört zwar zu den unbestrittenen Schwächen der Union, ihre eigenen Integrationserfahrungen und normative Orientierung in ein kohärentes Strategiekonzept gemeinsamer und systematisch verfolgter Interessen einzubetten. Und die Identifizierung und Definition solcher Interessen ist Voraussetzung für die Formulierung von gemeinsamen Positionen und die (Mit-)Gestaltung von Außenpolitik. Eine aktive und erfolgreiche Rolle bei der Lösung der globalen Probleme erfordert deshalb aber noch nicht notwendigerweise eine vergemeinschaftetete Außen- und Sicherheitspolitik. Die Fixierung auf eine solche, die nationalen Souveränitäten ersetzende europäische Außenpolitik ist ebenso irreleitend wie die der Verweis auf das traditionelle staatliche Souveränitätsverständnis; vielmehr sollten beide als komplementäre Bezugspunkte betrachtet werden. Kollektives Handeln auf der EU-Ebene ist kompatibel mit einer positiven, zeitgemäßen Definition von Souveränität im Sinne der Fähigkeit, so effizient wie irgend möglich Ergebnisse mit anderen Akteuren zu erzielen. Transnationale Bedrohungen verlangen unweigerlich nach transnationalen Antworten, was neben multilateralen und bilateralen Maßnahmen auf glo-

1 Ludger Kühnhardt, Constituting Europe. Identity, Institution-Building and the search for a new global role, Baden-Baden 2003

baler Ebene vor allem europäische Antworten bedeutet. Und in dem Maße, wie in einem Europa ohne Binnengrenzen und mit einer zunehmend instabileren Nachbarschaft innere wie äußere Sicherheit nicht länger von einander zu trennen sind, bedroht das Sicherheitsversagen eines einzelnen Staates ganz unmittelbar alle anderen Staaten und verlangt gemeinsame europäische Antworten im Sinne eines integrierten, pfeilerübergreifenden Ansatzes. Es geht also auch künftig weniger um die Frage nach einer Vergemeinschaftung als vielmehr um die Frage nach der Steigerung der Leistungsfähigkeit und damit der Sicherheit der Union durch stärkere Koordination und Kooperation.

In diesem Sinne wird es auch künftig zu den Stärken der Union zählen, ein zunehmend multipolareres politisches System mit den Erfordernissen einer multilateralen Ordnung in Einklang zu bringen. Das unipolare Moment mit der überragenden Macht USA neigt sich dem Ende und wird durch eine multipolare Ordnung abgelöst, in der die USA zwar nach wie vor den Ausschlag geben werden, die neuen politischen Schwergewichte aber noch viel stärker internationale Normen und Institutionen als Mittel zum Zweck denn als Lösung der globalen Probleme betrachten werden. Multilateralismus *à la carte* wird die bevorzugte Option bleiben, langfristig aber zwingen die wechselseitigen Abhängigkeiten und Kosten alle Akteure gleichermaßen zur Kooperation.

Die EU hat seit Maastricht ihr Instrumentarium in der Außen- und Sicherheitspolitik sukzessive erweitert, gleichwohl die rein politischen Aspekte der Außenbeziehungen unverändert nicht vergemeinschaftet sind und die Verteidigungspolitik, abgesehen von den Anfängen eines Krisenmanagements, nach wie vor nur rudimentär angelegt ist. Die institutionelle Komplexität und Fragmentierung, potenziert durch die „Versäulung", verhindert zwar nicht selten ausreichende Kohärenz zwischen den verschiedenen Politikfeldern. Dies gilt sowohl für die Bestimmung der außenpolitischen Ziele, die die Union verfolgt, wie auch für die Durchführung der Außenpolitik. Dennoch haben gerade die Entwicklungen seit den Terroranschlägen vom 11. September gezeigt, dass die EU begonnen hat, mit der Pfeilerproblematik flexibel und pragmatisch umzugehen. Zwar zeigten sie auch, dass die Union vor allem unter dem Eindruck von Ereignissen oder unter entsprechendem Druck von außen relativ zügig und koordiniert handeln kann, d. h. gewissermaßen ein globaler Akteur, allemal aber eine regionale Supermacht auf Abruf ist. Ganz unbestritten aber wirkt die EU auf vielfältige Weise auf die Politiken der Mitgliedstaaten und von Drittstaaten und internationalen Organisationen ein. Allein der in den vielen Politikfeldern der Außenbeziehungen vertraglich festgelegte Koordinationszwang der Mitgliedstaaten untereinander, die permanente Vorgabe von Zielvereinbarungen und die Möglichkeit der Lastenverteilung zwischen den Mitgliedstaaten zeigen, das die Union selbst auf den Gebieten, in denen sie nicht als eigenständiger

Akteur auftritt, dafür sorgt, doch als solcher wahrgenommen zu werden. Die EU besitzt insofern eine durchaus effektive Außendimension.

Bezüglich der Inhalte der EU-Außenbeziehungen so gilt unverändert die Charakterisierung der Gemeinschaft als „Zivilmacht". Die Union lässt sich in ihren außenpolitischen Ordnungsvorstellungen von jenen Grundprinzipien leiten (Demokratie und Menschenrechte, Rechtsstaatlichkeit, Verrechtlichung und ökonomische Liberalisierung), die auch im Inneren gelten; dies gilt im regionalen wie globalen Maßstab gleichermaßen. Dabei spricht sie gerade im ökonomischen Bereich in einigen Fällen durchaus mit einer Stimme und hat insofern nicht nur unbestritten Akteurscharakter (Handelspolitik), sondern auch erheblichen globalen Einfluss (Entwicklungshilfepolitik). Mit Blick auf ihre östlichen wie südlichen Nachbarn aber zeigen die Entwicklungen der vergangenen Jahre, dass die EU seit der letzten Erweiterung nicht länger bereit ist, diese Werte um jeden Preis einzufordern, sondern ihre Durchsetzung unter den Vorbehalt einer nüchternen der Betrachtung bzw. Berücksichtigung eigener ökonomischer und ordnungspolitischer Belange stellt. Im Verhältnis zu China und Russland hat dieser neue Pragmatismus dazu geführt, dass die Union deren jeweiliges Demokratieverständnis zumindest nicht zum Anlass nimmt, ökonomische wie politische Interessen eigenen Wertvorstellungen zu opfern. Insofern wird zumindest der traditionelle Anspruch relativiert, wonach Marktliberalisierung und politische Öffnung in Richtung Demokratie im Grunde als gleichläufige Entwicklungen zu betrachten seien und europäische Außenpolitik vor allem um den Export des europäischen Modells willen betreiben wird. Vor allem im Falle Chinas wächst in der EU die Erkenntnis, dass ökonomischer Fortschritt nicht immer von politischem Fortschritt begleitet sein muss.

Was in Bezug auf die Handels- und Außenwirtschaftspolitik der Gemeinschaft seit langem gilt, nämlich die Privilegierung einzelner Sektoren zu Lasten des generellen Bekenntnis zur weltweiten Handelsliberalisierung im Rahmen der WTO im Sinne politischer Kosten-Nutzen-Kalküle, erfasst somit mittlerweile auch die Gesamtheit der EU-Außenbeziehungen: Die Union stellt vor dem Hintergrund der sie unmittelbar betreffenden Herausforderungen und Bedrohungen an ihrer Peripherie die eigenen (sicherheits-)politischen Interessen zunehmend stärker in den Vordergrund und verändert damit auch ihr bis dato eher reaktives Politikverhalten zugunsten einer insgesamt pro-aktiveren Gestaltung ihrer Außenbeziehungen. Dabei hat sie nicht nur ihren geographischen Aktionsradius, sondern auch ihr Instrumentarium für Krisenmanagement systematisch erweitert (humanitäre Hilfsaktionen und Rettungseinsätze, Peacekeeping, Abrüstungsinitiativen und Anti-Terrormaßnahmen), so dass es angebracht erscheint, statt von einem „soft power" heute eher von einem „soft power plus"-Konzept der Union zu sprechen.

Dies zeigen vor allem die signifikanten Veränderungen der Union in den vergangenen Jahren im Bereich der militärischen Dimension ihrer Außenbeziehungen. Die Zwangsläufigkeit dieser Entwicklung liegt angesichts der vielfältigen sicherheitspolitischen Bedrohungen für die Union in ihrer unmittelbaren Nachbarschaft (Balkan) sowie darüber hinaus (Nordafrika, Kaukasus) auf der Hand. Innerhalb einer Dekade wandelte sich das Bild von der zögerlichen Gemeinschaft zur handlungsfähigen Union zumindest am unteren Ende von Krisenmanagementoperationen über die bekannten Stationen von Amsterdam, St. Malo, Helsinki, Köln und Nizza. Am Ende dieser Entwicklung stand die vertragliche Verankerung der ESVP 2003. Mit ihr gelang der Union der qualitative Sprung zum globalen Akteur (zumindest was den Aktionsradius betrifft) auch in der Außen- und Sicherheitspolitik. 2006 führte die EU im Rahmen der ESVP weltweit insgesamt 16 zivile, polizeiliche und militärische Missionen durch, die meisten davon in ihrer unmittelbaren Nachbarschaft (westlicher Balkan) und in Afrika, aber eben auch in palästinensischen Autonomiegebieten und in Aceh, Indonesien. Begleitet werden diese Missionen mittlerweile von einer breiten öffentlichen Zustimmung innerhalb der EU. Mehr als 70 Prozent der EU-Bevölkerung unterstützen heute die Idee einer gemeinsamen Sicherheits- und Verteidigungspolitik, und etwa die Hälfte ist der Überzeugung, dass entsprechende Entscheidungen auf der EU-Ebene getroffen werden sollten.[2]

Gleichzeitig aber bleibt diese Haltung ambivalent, wenn es um die Frage nach der Erhöhung der nationalen Verteidigungshaushalte geht; hier anerkennt nur eine Minderzahl die Notwendigkeit für eine solche. Die EU dürfte somit auch künftig in hohem Maße von den Mitteln der NATO, respektive der USA abhängig bleiben, wenn es um Konflikte am oberen Ende des Operationsspektrums (Beispiel Kosovo) geht. Zwar schickt sie sich an die Fähigkeitslücke zu verkleinern, und in der Tat haben die Mitgliedstaaten nicht nur umfangreiche und verteidigungspolitisch relevante Vorkehrungen im Rahmen der ESVP getroffen, sondern im Rahmen der ESS auch erstmals keine expliziten geographischen Grenzen bezüglich ihres Aktionsradius festgelegt. Dem entspricht die in der ESS vorgenommene Neuausrichtung sowohl der interregionalen Beziehungen der EU zu ASEAN, Mercosur oder der Afrikanischen Union (AU) als auch der bilateralen strategischen Partnerschaften. Dennoch können die bisherigen Ergebnisse in Bezug auf den Aufbau eigener, schlagkräftiger Streitkräfte (Umsetzung der headline goals, Aufbau von „battle groups") nicht darüber hinwegtäuschen, dass die Union auch künftig zu einem eigenständigen robusten Krisenmanagement größeren Umfangs nicht fähig sein wird. Dies ist beileibe keine Frage der fehlenden Mittel oder Kapazitäten, sondern, unverändert,

2 Zur Rolle der Öffentlichkeit in den Außenbeziehungen allgemein: Dov Lynch, Communicating Europe to the World: What Public Diplomacy for the EU?, European Policy Centre (EPC), Working Paper 21, Brussels, November 2005.

des fehlenden politischen Willens, aber auch der Grundüberzeugung, dass die Werte einer Zivilmacht allenfalls bei Erfüllung bestimmter Voraussetzungen (vor allem völkerrechtlicher Natur – Gewaltmonopol der Vereinten Nationen, wie in der ESS angelegt) auch mit militärischen Mitteln durchzusetzen sind. Hinzu kommen die nach wie vorhandenen Differenzen insbesondere der drei „drei Großen“ (Frankreich, Großbritannien und die Bundesrepublik), wenn es um Detailfragen einer weiteren Vergemeinschaftung der GASP/ESVP geht. Ein hohes Maß an institutioneller wie politischer Flexibilität bleibt daher auch künftig die *conditio sine qua non* für den Erfolg europäischer Außen- und Sicherheitspolitik.

Immerhin weisen die jüngsten Entwicklungen auch darauf hin, dass der Ausbau der militärischen Komponente der Außenbeziehungen der Union zumindest bei einigen Mitgliedstaaten zunehmend als eine notwendige Maßnahme im Sinne des Erwerbs einer größeren Eigenständigkeit als globaler Akteur auch in diesem Bereich gewertet wird. Dies sollte sicherlich nicht als Gegenmachtreflex zu den USA im neorealistischen Sinne interpretiert werden – im Gegenteil ist die transatlantische Verständigung entscheidende Voraussetzung für eine entsprechende Einbindung und Kontrolle vor allem Russlands und Chinas im Rahmen internationaler Arenen –, aber durchaus als Erkenntnis, dass erstens die Europär nicht in jedem Fall bereit sind, vorbehaltlos der amerikanischen Führung und ihrer Politik zu folgen, umgekehrt man aber angesichts der derzeitigen Belastung amerikanischer Streitkräfte im globalen Kampf gegen den Terrorismus auch nicht damit rechnen kann, dass Washington im Falle einer weiteren Krise an der Peripherie der Union Truppen entsenden würde; zweitens die Übernahme größerer Verantwortung in der Welt auch eine größere sicherheitspolitische Autonomie einschließt; drittens der Zivilisierung der internationalen Beziehungen Grenzen gesetzt sind bzw. der Einsatz militärischer Mittel gerade im Zeitalter fragiler Staatlichkeit und regionaler Bürgerkriege mit all ihren verheerenden humanitären Konsequenzen notwenig sind. Gerade im Falle eklatanter Menschenrechtsverletzungen und des Völkermordes ist der Rubikon mit dem Kosovo-Einsatz längst überschritten und sollte die Haltung der EU daher – wohlgemerkt unter Abwägung der verfügbaren Kapazitaten – unmissverständlich sein. In allen anderen Fällen gehört die Abwägung eigener Interessen und Prioritäten zum legitimen Repertoire jeder Außenpolitik.

Der Verfassungsvertrag entspricht dieser Erkenntnis insofern, als er nicht nur die Effizienz und Kohärenz der europäischen GASP/ESVP zu stärken sucht (Außenminister, Europäischer Diplomatischer Dienst, Europäische Verteidigungsagentur), sondern auch die Handlungsfähigkeit der Union verbessern will („permanente strukturierte Zusammenarbeit“, Koalitionen von Handlungswilligen). Es wäre daher zumindest im außenpolitischen Interesse der Union, wenn er – wie derzeit vorgesehen und in welcher Form auch immer – 2009 Realität würde.

Literatur – Gesamtverzeichnis

Adebahr, Cornelius, Wachstum für Weltgeltung. Die Bedeutung der Lissabonner Strategie für die Europäische Außenpolitik, DGAPanalyse, Berlin, November 2006.

Algieri, Franco, Die Europäische Sicherheits- und Verteidigungspolitik – erweiterter Handlungsspielraum für die GASP, in: *Weidenfeld, Werner* (Hg.), Nizza in der Analyse, Gütersloh 2001, S. 161-201.

Algieri, Franco, Von der Macht der Zeitumstände und der Fortführung eines integrationspolitischen Projekts: Die Gemeinsame Außen- und Sicherheitspolitik im Verfassungsvertrag, in: *Weidenfeld, Werner* (Hg.), Die Europäische Verfassung in der Analyse, S. 205-227.

Allen, David, Who Speaks for Europe? The Search for an Effective and Coherent External Policy, in: *Peterson, John/Sjursen, Helene* (Hg.), A Common Foreign Policy for Europe?, London: Routledge 1998, S. 42 ff.

Allen, David/Smith, Michael, External Policy Developments, in: Journal of Common Market Studies, 40, 2, supplement 3 (2002), S. 97-115.

Aninat, Eduardo, Surmounting the Challenges of Globalization, in: Finance and Development (IMF Magazine), 39, 1 (March 2002).

Apap, Joanna/Tchorbadjiyska, Angelina, What about the Neighbors? The Impact of Schengen along the EU's External Borders, CEPS Working Document, Nr. 210, Brüssel, Oktober 2004.

Arend, Anthony Clark, International Law and the Preemptive Use of Military Force, in: The Washington Quarterly, 26, 2 (Spring 2003), S. 89-103.

Asmus, Ron, Rebuilding the Atlantic Alliance, in: Foreign Affairs, 5 (2003), S. 20-31.

Asmus, Ronald/Diamond, Larry/Leonard, Mark/McFaul, Michael, A Transatlantic Strategy to Promote Democratic Development in the Broader Middle East, in: The Washington Quarterly, 28, 2 (Spring 2005), S. 7-21.

Asseburg, Muriel, Demokratieförderung in der arabischen Welt – hat der partnerschaftliche Ansatz der Europäer versagt?, in: ORIENT, 2 (2005), S. 272-290.

Attalides, Michael/Balazs, Peter/Christophersen, Henning/Farleitner, Hannes/Hjelm-Wallén, Lena/Kalniete, Sandra/Kohout, Jan/Korcok, Ivan/Kuneva, Maglena/Lopes, Ernani/Martikonis, Rytis/Meri, Lennart/Roche, Dichk/Rupel, Dimitri/Serracino-Inglott, Peter/Tiilikkainen, Teija, Reforming the Institutions: Principles and Premises, CONTRIB 288, CONV 646/03, Brüssel, 28. März 2003.

Axelrod, Robert/Keohane, Robert, Achieving Cooperation under Anarchy: Strategies and Institutions, in: *Oye, Kenneth* (Hg.), Cooperation under Anarchy, Princeton: Princeton University Press 1986, S. 379-396.

Bagci, Huseyin, The Greater Middle East Project and Turkey's Attitude towards it, in: *Marchetti, Andreas* (Hg.), The CSCE as a Model to Transform Western Relations with the Greater Middle East, ZEI Discussion Paper C137 (2004), S. 83-100.

Bailes, Alyson, European Defense: What are the Convergence Criteria?, in: RUSI Journal (June 1999), S. 60.

Bailes, Alyson, The European Security Strategy: An Evolutionary History, SIPRI Policy Paper No. 10, Februar 2005.
Abrufbar unter: http://www.sipri.org/contents/publications/Policypaper10.html.

Barkey, Henri/Gloannec, Anne-Marie, The Strategic Implications of Turkey's Integration in the EU, in: *Brimmer, Esther/Fröhlich, Stefan* (Hg.), The Strategic Implications of European Union Enlargement, Washington 2005, S. 127-150.

Bastian, Katrin, Die Europäische Union und Russland. Multilaterale und bilaterale Dimensionen in der europäischen Außenpolitik, Wiesbaden 2006.

Beichelt, Tim, Die EU nach der Osterweiterung, Wiesbaden 2004.

Bergsten, Fred, The Transatlantic Century, in: Washington Post, April 25, 2002.

Bertelsmann Forschungsgruppe Politik, Centrum für Angewandte Politikforschung, Europa und der Nahe Osten – Perspektiven für Engagement und Zusammenarbeit, Diskussionspapier der IX. Kronberger Gespräche, 23-25. 2005, München 2005.

Bertelsmann Foundation, A European Defence Strategy, Gütersloh 2004.

Bertelsmann Foundation, Why the World Needs a Strong Europe ... And Europe Needs to be Strong, Gütersloh 2005.

Bhagwati, Jagdish/Greenaway, David, Arvind Panagariya, Trading Preferentially: Theory and Policy, in: The Economic Journal, 108 (1998), S. 1128-1148.

Biermann, Rafael, Lehrjahre im Kosovo. Das Scheitern der internationalen Krisenprävention vor Kriegsausbruch, Paderborn 2006.

Binnendijk, Hans/Kugler, Richard, Transform NATO. Don't End It, in: The National Interest, 75 (2004), S. 72-76.

Biscop, Sven, For a More Active EU in the Middle East, Royal Institute for International Relations, Egmont Paper 13, Brussels, March 2007.

Blanke/Lopez-Claros, The Lisbon Review 2004. World Economic Forum, Cologny 2004.

Blinken, Anthony, The False Crisis over the Atlantic, in: Foreign Affairs, 80, 3 (May/June 2001), S. 35-48 (46).

Bogdandy, Armin von/Makatsch, Tilman, Kollision, Koexistenz oder Kooperation? Zum Verhältnis von WTO-Recht und europäischem Wirtschaftsrecht in neueren Entscheidungen, in: Europäische Zeitschrift für Wirtschaftsrecht, 11, 9 (2000), S. 261-268.

Borrell, Brent/Hubbard, Lionel, Global Economic Effects of the EU Common Agricultural Policy, in: Economic Affairs, 20, 2 (2000), S. 18-26.

Bretherton, Charlotte/Vogler, John, The European Union as a Global Actor, London: Routledge 1999.

Bretherton, Charlotte/Vogler, John, The EU as an Economic Power and Trade Actor, in: *dies.,* The European Union as a Global Actor, London/New York: Routledge 1999, S. 46-79.

Brooks, Stephen G./Wohlforth, William, American Primacy in Perspective, in: Foerign Affairs, 81, 4 (Juli/August 2002), S. 22-33.

Brüne, Stefan, Europas Außenbeziehungen und die Zukunft der Entwicklungshilfepolitik, Opladen: Leske + Budrich 2004.
Bulmer, Simon/Lequesne, Christian (Hg.), Member States in the EU, Oxford 2005.
Byers, Michael, Letting the Exception Prove the Rule, in: Ethics and International Affairs, 17, 1 (2003), S. 15.
Calabrese, John, Freedom on the March in the Middle East – And Transatlantic Relations on a New Course?, in: Mediterranean Quarterly, Fall 2005, S. 42-64.
Calleya, Stephen/Rhein, Eberhard, The Euro-Med Partnership Needs a Strong Push, in: *Jacobs, Andreas* (Hg.), Euro-Mediterranean Cooperation: Enlarging and Widening the Perspective, ZEI Discussion Paper C 131, Bonn 2004.
Cameron, Fraser, The Foreign and Security Policy of the EU: Past, Present and Future, Sheffield: Sheffield Academic Press 1999.
Cameron, Fraser, The Future of CFSP, in: The Brown Journal of World Affairs, IX, 2 (Winter/Spring 2003).
Cameron, Fraser, The EU and International Organizations: Partners in Crisis Management. European Policy Centre (EPC), Issue Paper, 41 (October 2005), Brussels.
Cameron, Fraser/Quille, Gerrard, ESDP: The State of Play. EPC Working Paper No. 11, Brüssel: EPC 2004.
Carlsnaes, Walter/Sjursen, Helene/White, Brian, Contemporary European Foreign Policy, London: Sage Publishers 2004.
Carlsnaes, Walter/Smith, Steve, European Foreign Policy, London: Sage 1994
Chávarri Ureta, Iciar de, The European Commission's Institutional Framework for Development Policy, in: *Cosgrove-Sacks, Carol,* Europe, Diplomacy and Development, Basingstoke 2001, S. 52-78.
Clarke, Michael/Cornish, Paul, The European Defence Project and the Prague Summit, in: International Affairs, 4 (2002), 777-788.
Clinton, Bill, Second Inaugural Address of the President, January 20, 1997 (www.law.ou.edu/hist/clinton2html).
Cornish, Paul, NATO: The Practice and Politics of Transformation, in: International Affairs, 1 (2004), S. 63-74.
Cornish, Paul/Edwards, Geoffrey, The Strategic Culture of the European Union: A Progress Report, in: International Affairs, 81, 4 (2005), S. 801-820.
Cosgrove-Sacks, Carol (Hg.), Europe, Diplomacy and Development, Basingstoke: Palgrave 2001.
Daalder, Ivo, The End of Atlanticism, in: Survival, 2 (2003), S. 147-166.
Daalder, Ivo/Lindsay, James, Scheidung oder Neubeginn. Die transatlantischen Beziehungen sind an einem Wendepunkt angelangt, in: Internationale Politik, 5 (2003), S. 9-20.
Dannreuther, Roland (Hg.), European Union Foreign and Security Policy: Towards a Neighbourhood Strategy, London/New York: Routledge 2004.
de Jonge Oudraat, Chantal, A Larger EU: A More Effective Actor in the United Nations?, in: *Brimmer, Esther/Fröhlich, Stefan* (Hg.), The Strategic Implications of European Union Enlargement, Washington 2005, S. 241-272.

de Tinguy, Anne, Konkurrenten statt Partner: Die russische Sicht auf die EU und die Nachbarschaftspolitik, in: *Koopmann, Martin/Lequesne, Christian* (Hg.), Partner oder Beitrittskandidaten? Die Nachbarschaftspolitik der Europäischen Union auf dem Prüfstand, Baden-Baden 2006, S. 85-110.

de Witte, Pol/Rademacher, Fritz, Partnerschaft oder Rivalität? Ein Blick aus der Praxis, in: *Varwick, Johannes* (Hg.), Die Beziehungen zwischen NATO und EU. Partnerschaft, Konkurrenz, Rivalität?, Opladen 2005, S. 271-292.

Del Sarto, Rafaella/Schumacher, Tobias, From EMP to ENP: What's at Stake with the European Neighbourhood Policy towards the Southern Mediterranean, in: European Foreign Affairs, 1 (2005), S. 17-38.

Dembinski, Matthias, Unilateralismus versus Multilateralismus. Die USA und das spannungsreiche Verhältnis zwischen Demokratie und Internationaler Organisation, Frankfurt a. M. HSFK-Report 4 (2002).

Derichs, Claudia/Hüstebeck, Momoyo/Lukner, Kerstin, Japans Rolle in der Welt, in: *Piazolo, Michael* (Hg.), Macht und Mächte in einer multipolaren Welt, Wiesbaden 2006, S. 141-184.

Deutsch, Karl W., Politische Kybernetik. Modelle und Perspektiven, Freiburg 1970.

Devuyst, Youri, The European Union Transformed, Brussels: Peter Lang 2005.

Di Paola, Stefania, International Treaty-Making in the EU: What Role fort the European Parliament?, in: International Spectator, 38 (2003), S. 75.

Dicke, Klaus, Die Zukunft der Vereinten Nationen. Entwicklungen und Perspektiven seit 1990, in: Die politische Meinung, 412, 3 (März 2004), S. 43-50.

Dobbins, James, New Directions for Transatlantic Security Cooperation, in: Survival, 47, 4 (Winter 2006/06), S. 39-53.

Donahier, William/DeBlois, Ross, Is the Current UN and US Policy Toward Iraq Effective?, in: Parameters, 31, 4 (Winter 2001/02), S. 112-125.

Duchêne, François, Die Rolle Europas im Weltsystem, in: *Kohnstamm, Max/Hager, Wolfgang* (Hg.), Zivilmacht Europe – Supermacht oder Partner?, Frankfurt a. M. 1973, S. 11-35.

Durand, Guillaume, The EU Financial Perspectives: Negotiating in the Dark. European Policy Centre, Commentary, Brussels, 23.02.2005 (http://www.theepc.net/en/default.asp?TYP=TEWN&LV=470&PG=TEWN/EN/detail).

Dyson, Kenneth/Featherstone, Kevin, The Road to Maastricht. Negotiating Economic nad Monetary Union, Oxford: Oxford University Press 1999.

Eberstadt, Nicholas, Population Power: Another Transatlantic Divergence?, in: American Enterprise Institute for Public Research/New Atlantic Initiative. European Outlook (November/December 2004), Washington 2004 (www.aei.org/nai).

Edmonds, Richard Louis, China and Europe since 1978. A European Perspective, Cambridge 2002.

Eeckhout, Piet, External Relations of the EU. Legal and Constitutional Procedures, Oxford 2005.

Ehrhart, Hans-Georg, Die EU als militärischer Akteur in Mazedonien: Lehren und Herausforderungen für die ESVP, in: *Varwick, Johannes* (Hg.), Die Beziehungen zwischen NATO und EU. Partnerschaft, Konkurrenz, Rivalität?, Opladen 2005, S. 169-184.

Ehrhart, Hans-Georg, Die EU als zivil-militärischer Krisenmanager: zwischen Anspruch und Wirklichkeit, in: integration, 28, 3 (Juli 2005), S. 217-232.

Elsig, Manfred, The EU's Common Commercial Policy. Institutions, Interests and Ideas, Aldershot: Ashgate Publishing Limited 2002.

Erhart, Hans Georg/Johannsen, Margret (Hg.), Herausforderung Mittelost: Übernimmt sich der Westen, Baden-Baden 2005.

Ferrero-Waldner, Benita, The European Neighbourhood Policy: The EU's Newest Foreign Policy Instrument, in: European Foreign Affairs Review, 11 (2006), S. 140.

Foot, Rosemary/MacFarlane, Neill/Mastanduno, Michael, The United States and Multilateral Organizations, Oxford/New York 2003.

Forster, Anthony/Wallace, William, Common Foreign and Security Policy. From Shadow to Substance?, in: *Wallace, Helen/Wallace, William* (Hg.), Policy-Making in the European Union, Oxford: Oxford University Press 2000, S. 461-491.

Franke, Dirk, Größte Banken der Welt. US-Institute demonstrieren Stärke, in: die Bank. Zeitschrift für Bankpolitik und Praxis, 10 (Oktober 2003) (www.die-bank.de).

Fröhlich, Stefan, Der Mittelmeerraum im strategischen Interessenkalkül der Vereinigten Staaten, in: *Hoch, Martin/Masala, Carlo/Jacobs, Andreas* (Hg.), Hannibal ante portas?, Ebenhausen 2000.

Fröhlich, Stefan, Zwischen Multilateralismus und Unilateralismus. Eine Konstante amerikanischer Außenpolitik, in: APuZ, B25 (21. Juni 2002), S. 23-30.

Fröhlich, Stefan, Globalisierung und die Zukunft der transatlantischen Beziehungen, Arbeitspapier der Konrad-Adenauer-Stiftung 98, Sankt Augustin 2003.

Fröhlich, Stefan, How Much Regional Differentiation is Necessary to Establish a Successful CSCE- analogous Process in the Greater Middle East, in: ZEI Discussion Paper, C 137, Bonn 2004.

Fröhlich, Stefan, Shaping the Issues. The Work of the Convention, in: The European Union Constitutional Treaty, Center for Transatlantic Relations (Hg.), Washington 2004, S. 3-35.

Fröhlich, Stefan, Europas wirtschaftliche Schwäche, in: Internationale Politik, 7, 60 (Juli 2005), S. 40-46.

Fröhlich, Stefan, USA – Die einzig verbliebene Supermacht, in: *Piazolo, Michael* (Hg.), Macht und Mächte in einer multipolaren Welt, Wiesbaden 2006, S. 53-78.

Fröhlich, Stefan, The European Neighbourhood Policy: An adequate Instrument for Democratization?, in: *Varwick, Johannes/Lang, Kai-Olaf* (Hg.), European Neighbourhood Policy. Challenges for the EU-Policy Towards the New Neighbours, Opladen/Farmington Hills 2007, S. 75-86.

Gareis, Sven Bernhard, Sicherheitspolitik zwischen „Mars und Venus"? Die Sicherheitsstrategien der USA und der EU im Vergleich, in: *Varwick, Johannes* (Hg.), Die Beziehungen zwischen NATO und EU. Partnerschaft, Konkurrenz, Rivalität?, Opladen 2005, S. 81-96.

Gareis, Sven, Deutschlands Außen- und Sicherheitspolitik, Opladen 2005.

Gareis, Sven/Varwick, Johannes, Die Vereinten Nationen, Opladen 2002.

Giering/Metz, Versuchslabor der Integration – Chancen und Risiken der „offenen Methode der Koordinierung“ (http://www.cap.lmu.de/download/spotlight/Reformspotlight_02- 04_d.pdf).

Gill, Bates, China's Evolving Role in Global Governance, in: *ders./Wacker, Gudrun* (Hg.), China's Rise: Diverging US-EU Perceptions and Approaches, SWP Berlin, August 2005, S. 9-15.

Ginsberg, Roy H., Conceptualizing the European Union as an International Actor: Narrowing the Theoretical Capability-Expectation Gap, in: Journal of Common Market Studies, 37, 3 (September 1999), S. 429-454

Ginsberg, Roy H., The European Union in International Politics: Baptism by Fire, Lanham: Rowman and Littlefield 2001.

Ginsberg, Roy H., The European Union in World Politics, Boulder: Rowman and Littlefield 2001.

Gottschald, Marc, Die GASP von Maastricht bis Nizza, Baden-Baden: Nomos 2001.

Grgic, Borut, The New Security Front. Making Europe Count in the Middle East, in: Internationale Politik (Englische Ausgabe), Fall 2006, S. 72-76.

Griller, Stefan/Weidel, Birgit (Hg.), External Economic Relations and Foreign Policy in the European Union, Vienna: Springer 2002.

Gros, Daniel/Coutinho, Leonor, The Larger EU in the Global Economy, in: *Brimmer, Esther/ Fröhlich, Stefan* (Hg.), The Strategic Implications of European Union Enlargement, Washington 2005, S. 273-287.

Grossmann, Gene/Helpman, Elhanan, The Politics of Free Trade Agreements, in: American Economic Review, 85, 4 (1995), S. 667-690.

Grybauskaité, Dalia, The European Project 2007-2013: Will it Meet Europe's Challenges? European Policy Centre. Events Reports, Brussels 2005 (http://www.theepc.net/en/ default.asp?TYP=ER&LV=483&PG=ER/EN/detail&AI=483).

Haftendorn, Helga, Eine neue NATO? Der Beitritt der sieben mitteleuropäischen Staaten zum Bündnis, in: SWP-Aktuell, Berlin, 16. April 2004, S. 8.

Hamilton, Daniel/Quinlan, Joseph, Partners in Prosperity: The Changing Geography of the Transatlantic Economy, Center for Transatlantic Relations, Johns Hopkins University: Washington 2004.

Hanson, Brian, What happened to Fortress Europe? External Trade Policy Liberalization in the European Union, in: International Organization, 52, 1 (1998), S. 55-85.

Haukkala, Hiski, A Problematic „Strategic Partnership“, in: *Lynch, Dov* (Hg.), EU-Russian Security Dimensions, EUIIS: Occasional Papers, No. 46 (July 2003), S. 8-19.

Hefecker, Carsten/Koopmann, Georg, WTO und internationale Handelsarchitektur, in: Wirtschaftsdienst, 83, 6 (2003), S. 402-406.

Heisbourg, François, Europe and the Transformation of the World Order, in: Survival, 43 (Winter 2001-02), S. 144 f.

Hermann, Christoph/Krenzler, Horst/Streinz, Rudolf (Hg.), Die Außenwirtschaftspolitik der EU nach dem Verfassungsvertrag, Baden-Baden 2006.

Hieber, Saskia, China – regionale Vormacht oder Supermacht?, in: *Piazolo, Michael* (Hg.), Macht und Mächte in einer multipolaren Welt, Wiesbaden 2006, S. 107-140.

Hill, Christopher, The Capability-Expectations Gap, or Conceptualising Europe's International Role, in: Journal of Common Market Studies, 31, 1 (1993), S. 305-328.

Hill, Christopher (Hg.), The Actors in Europe's Foreign Policy, London/New York: Routledge 1996.

Hill, Christopher, EU Foreign Policy since September 11, 2001, in: Journal of Common Market Studies, 42, 1 (2004), S. 143-163.

Hill, Christopher/Smith, Karen (Hg.), European Foreign Policy: Key Documents, London: Routledge 2000

Hill, Christopher/Smith, Michael (Hg.), International Relations and the EU, Oxford 2005.

Hillenbrand, Olaf, Die Wirtschafts- und Währungsunion, in: *Weidenfeld, Werner* (Hg.), Die Europäische Union, Bonn 2004, S. 242-272.

Hilpert, Hanns Günther, Europa trifft Asien – Asien trifft Europa, SWP-Aktuell 51, Berlin (November 2004).

Hippel, Karin von, Europe confronts Terrorism, Palgrave-Macmillan 2005.

Holzinger, Katharina/Knill, Christoph/Peters, Dirk/Rittberger, Berthold/Schimmelfenning, Frank/Wagner, Wolfgang, Die Europäische Union. Theorien und Analysekonzepte, Paderborn/München 2005.

Höreth, Marcus/Janowski, Cordula/Kühnhardt, Ludger (Hg.), Die Europäische Verfassung, Baden-Baden 2005.

Hoyer, Werner/Kaldrack, Gerd (Hg.), Europäische Sicherheits- und Verteidigungspolitik, Baden-Baden 2002.

Hubel, Helmut, Weltpolitische Konflikte. Eine Einführung, Baden-Baden 2005.

Hubel, Helmut/Kaim, Markus/Lembcke, Oliver, Pax Americana im Nahen Osten: Eine Studie zur Transformation regionaler Ordnungen, Baden-Baden 2000.

Isensee, Josef, Integrationsziel Europastaat?, in: *Due, Ole/Lutter, Markus/Schwarze, Jürgen* (Hg.), Festschrift für Ulrich Everling, Band I, Baden-Baden: Nomos 1995, S. 567-592.

Jachtenfuchs, Markus, Die Konstruktion Europas. Verfassungsideen und institutionelle Entwicklung, Baden-Baden: Nomos 2002.

Jachtenfuchs, Markus/Kohler-Koch, Beate, Regieren im dynamischen Mehrebenesystem, in: *dies.* (Hg.), Europäische Integration, Opladen: Leske + Budrich 1996, S. 15-44

Jaffrelot, Christophe, Indien und die EU: Die Scharade einer strategischen Partnerschaft, GIGA Focus, 5 (2006), Hamburg.

Jäger, Markus, Brasilien: O pais do futuro? Wirtschaftliche Szenarien für die nächsten 15 Jahre, Deutsche Bank Research 2006 (www.dbresearch.com/PROD/DBR Internet DE-PROD/PROD0000000000199370.pdf).

Jäger, Thomas/Höse, Alexander/Oppermann, Kai (Hg.), Transatlantische Beziehungen, Wiesbaden 2005.

Johnson, Michael, European Community Trade Policy and the Article 113 Committee, London: Royal Institute of International Affairs 1998.

Jones, Clifford/Matsushita, Mitsuo, Competion Policy in the Global Trading System, The Hague/London/New York 2002.

Jopp, Matthias, Gemeinsame Europäische Sicherheits- und Verteidigungspolitik, in: *Weidenfeld, Werner/Wessels, Wolfgang* (Hg.), Jahrbuch der Europäischen Integration 1998 ff., Bonn.

Jopp, Matthias/Lippert, Barbara/Regelsberger, Elfriede, Europäische Außen- und Sicherheitspolitik nach der Erweiterung – politische und institutionelle Herausforderungen und Lösungsansätze, in: *Lippert, Barbara* (Hg.), Bilanz- und Folgeprobleme der EU-Erweiterung, Baden-Baden 2004, S. 241-260.

Jorgensen, Knud Erik, Making the CFSP Work, in: *Peterson, John/Shackleton, Michael* (Hg.), The Institutions of the European Union, Oxford: Oxford University Press 2002, S. 210-232

Kagan, Robert, Of Paradise and Power: America and Europe in the New World Order, New York 2003.

Kagan, Robert, Power and Weakness, Policy Review No. 113 (Juni/Juli 2002) (www.policyreview.org/JUN02/kagan.html).

Kappel, Robert, Die entwicklungspolitischen Fehlleistungen von Lomé, in: Journal für Entwicklungspolitik, 15, 3 (1999), S. 247-256.

Keohane, Daniel, Europe's New Defence Agency. Centre for European Reform Policy Brief, London 2004.

Kevenhörster, Paul/Pascha, Werner/Shire, Karen, Japan: Wirtschaft – Gesellschaft – Politik, Wiesbaden 2007.

Kirisei, Kemal, Turkey's Foreign Policy in turbulent times, ISS, Chaillot Paper 92 (September 2006), Paris.

Kissinger, Henry, Diplomacy, New York 1994.

Klein, Nadia/Wessels, Wolfgang, Eine Stimme, zwei Hüte – viele Pioniere?, in: WeltTrends, 42 (2004), S. 11-26.

Knipping, Franz, Rom, 25. März 1957. Die Einigung Europas, München: dtv 2004, S. 79.

Knöbl, Wolfgang, Europäische Sicherheit aus soziologischer Perspektive, in: *Kernic, Franz/ Hauser, Guther* (Hg.), Handbuch zur europäischen Sicherheit, Frankfurt a. M.: Peter Lang 2005, S. 29-40.

Knodt, Michèle (Hg.), Regieren im europäischen Mehrebenensystem. Internationale Einbettung der EU in die WTO, Baden-Baden 2005.

Knodt, Michèle/Princen, Sebastiaan, Understanding the European Union's External Relations, London/New York 2003.

Kohler-Koch, Beate, The Evolution and Transformation of European Governance, in: *Kohler-Koch, Beate/Eising, Rainer* (Hg.), The Transformation of Governance in the European Union, London: Routledge 1999, S. 14-35.

Kohler-Koch, Beate/Conzelmann, Thomas/Knodt, Michèle, Europäische Integration – Europäisches Regieren, Wiesbaden: VS Verlag für Sozialwissenschaften 2004.

Koopmann, Georg, Handelspolitik in der Europäischen Gemeinschaft – Institutioneller Rahmen, Verhältnis zur Binnenmarktpolitik und Rolle in der Weltwirtschaft. Hamburgisches Welt-Wirtschafts-Archiv (HWWA), Hamburg Institute of International Economics, Discussion paper 279 (ISSN 1616-4914), Hamburg 2004 (http://www.hwwa.de/Publikationen/Discusion_Paper/2004/279.pdf).

Koopmann, Martin/Lequesne, Christian (Hg.), Partner oder Beitrittskandidaten. Die Nachbarschaftspolitik der Europäischen Union auf dem Prüfstand, Baden-Baden 2006.

Koopmann, Martin/Stark, Hans, Quel avenir? Relations franco-allemandes et PESD, DGAP-Analyse, Nr. 27, Berlin, Januar 2004.

Kramer, Heinz, Die Gemeinsame Außen- und Sicherheitspolitik der Europäischen Union und die Türkei, in: integration, 1-2 (2004), 44-55.

Kreft, Heinrich, Neomerkantilistische Energie-Diplomatie. China auf der Suche nach neuen Energiequellen, in: Internationale Politik, Februar 2006, S. 50-57.

Krenzler, Günter/Pitschas, Christian, Progress or Stagnation? The Common Commercial Policy after Nice, in: European Foreign Affairs, 6 (2001), S. 313.

Krugman, Paul, What happened to Asia? (http://web.mit.edu.krugman/www/DISINTER.html).

Kühnhardt, Ludger, Constituting Europe. Identity, Institution-Building and the search for a new global role, Baden-Baden 2003.

Kühnhardt, Ludger, Contrasting transatlantic interpretations. The EU and the US towards a Common Global Role, Stockholm 2003.

Kupferschmidt, Frank, Strategische Partnerschaft in der Bewährung. Die Zusammenarbeit von NATO und EU bei der Operation Althea. SWP-Studie, Berlin 2006 (April).

Leigh, Michael, The EU's Neighbourhood Policy, in: *Brimmer, Esther/Fröhlich, Stefan* (Hg.), The Strategic Implications of European Union Enlargement, Washington 2005.

Lieven, Anatol/Trenin, Dimitri (Hg.), Ambivalent Neighbors: The EU, NATO and the Price of Membership, Washington, DC: Carnegie Endowment for International Peace, 2003.

Lindstrom, Gustav, Im Einsatzgebiet: ESVP-Operationen, in: *Gnesotto, Nicole* (Hg.), Die Sicherheits- und Verteidigungspolitik der EU. Die ersten fünf Jahre (1999-2004), Paris 2004, S. 131-154.

Lindstrom, Gustav, The Headline Goal, EUISS online briefings, December 2004 (http://www.iss-eu.org/esdp/05-gl.pdf).

Link, Werner, Die Neuordnung der Weltpolitik. Grundprobleme globaler Politik an der Schwelle zum 21. Jahrhundert, München: Beck 1998.

Link, Werner, Auf dem Weg zu einem neuen Europa. Herausforderungen und neue Antworten, Baden-Baden 2006.

Lippert, Barbara (Hg.), Bilanz und Folgeprobleme der EU-Erweiterung, Baden-Baden: Nomos 2004.

Loewen, Howard, Die ASEAN als Impulsgeber ostasiatischer Integration, GIGA Focus Asien, 2 (2006), German Institute of Global and Area Studies (GIGA), Hamburg.

Lutz, Dieter/Tudyka, Kurt (Hg.), Perspektiven und Defizite der OSZE, Baden-Baden 1999/2000.

Lynch, Dov, Communicating Europe to the World: What Public Diplomacy for the EU?, European Policy Centre (EPC), Working Paper 21, Brussels, November 2005.

Lynch, Dov, Struggling with an Indispensable Partner, in: *ders.* (Hg.), What Russia Sees, European Union Institute for Security Studies (EUISS) Paris: Chaillot Papers, No. 74 (November 2005), S. 115-143.

Mahncke, Dieter, Die neue Sicherheitsstrategie der EU, in: *Bruha, Thomas/Nowak, Carsten* (Hg.), Die Europäische Union: Innere Verfasstheit und globale Handlungsfähigkeit, Schriftenreihe des Europa-Kollegs Hamburg zur Integrationsforschung (Bd. 47), Baden-Baden: Nomos 2006, S. 213-219.

Mahncke, Dieter, et al., European Foreign Policy, Brussels 2004.

Mandle, Jay, Reforming Globalization, in: Challenge, 44, 2 (March/April 2001), S. 24-38.

Manners, Ian/Whitman, Richard, The Foreign Policies of the European Union Member States, Manchester: Manchester University Press 2000.

Marchetti, Andreas, The European Neighbourhood Policy. Foreign Policy at the EU's Periphery, ZEI Discussion Paper C 158, Bonn 2006.

Matveeva, Anna, EU stakes in Central Asia, Chaillot Paper Nr. 91, ISS Paris, Juli 2006.

Mauer, Victor, Von der Hegemonie zum kooperativen Gleichgewicht. Die transatlantischen Beziehungen im Wandel, in: *Varwick, Johannes* (Hg.), Die Beziehungen zwischen NATO und EU. Partnerschaft, Konkurrenz, Rivalität, Opladen 2005, S. 257-270.

Meunier, Sophie/Nicolaidis, Kalypso, Who Speaks for Europe? The Delegation of Trade Authority in the EU, in: Journal of Common Market Studies, 37 (1999), S. 477-501.

Mildner, Stormy/Decker, Claudia, Der Einsatz ist hoch. Wohlstandsgewinne durch die Doha-Entwicklungsrunde der WTO, Deutsche Gesellschaft für Auswärtige Politik (DGAP), DGAPanalyse, Berlin, Juni 2006.

Missiroli, Antonio (Hg.), Bigger EU, Wider CFSP, Stronger ESDP? Occasional Papers, No. 34, Paris 2002, S. 60 ff.

Missiroli, Antonio, The EU and Its Changing Neighbourhoods: Stabilization, Integration and Membership, in: Partners and Neighbours: A CFSP for a Wider Europe, EU Institute for Security Studies (ISS), Chaillot Paper nr. 64, Paris (September 2003), S. 9-33.

Missiroli, Antonio, Enlarging CFSP/ESDP: The Central Europeans between the EU and NATO, in: *Maurer, Andreas/Lang, Kai-Olaf/Whitlock, Eugene* (Hg.), New Stimulus or Integration Backlash? EU Enlargement and Transatlantic Relations, SWP, Berlin, July 2004, 47-56.

Missiroli, Antonio, ESVP – wie sie funktioniert, in: *Gnesotto, Nicole* (Hg.), Die Sicherheits- und Verteidigungspolitik der EU. Die ersten fünf Jahre (1999-2004), Institut für Sicherheitsstudien der EU, Paris 2004, S. 65-86.

Molle, Willem, The Economics of European Integration. Theory, Practice, Policy, Aldershot: Ashgate Publishing Limited 1997.

Möller, Kai, Die Außenpolitik der Volksrepublik China 1949-2004, Wiesbaden 2005.

Mommsen, Margareta, Wer herrscht in Russland? Der Kreml und die Schatten der Macht, München 2003.

Mommsen, Margareta, Die Europäische Union und Russland, in: *Weidenfeld, Werner* (Hg.), Die Europäische Union, Bonn 2004, S. 482-502.

Mommsen, Margarete, Russland – nur virtuelle Großmacht in einer multipolaren Welt?, in: *Piazolo, Michael* (Hg.), Macht und Mächte in einer multipolaren Welt, Wiesbaden 2006, S. 79-106.

Monks, John, Secretary-General of the European Trade Union Confederation, The Lissbon Strategy must remain balanced, in: European Policy Centre (EPC), Challenge Europe Online Journal, No. 13, 28.01.2005.

Moore, Lynden, Developments in Trade and Trade Policy, in: *Artis, Mike/Nixson, Frederick* (Hg.), The Economics of the European Union, Oxford: Oxford University Press 2001.

Moravcsik, Andrew, Reassessing Legitimacy in the European Union, in: *Weiler, Joseph/Begg, Ian/Peterson, John* (Hg.), Integration in an Expanding European Union. Reassessing the Fundamentals, Oxford: Blackwell 2003, S. 77-97.

Moravcsik, Andrew, Striking a New Transatlantic Bargain, in: Foreign Affairs, 82, 4 (2003), S. 74- 89.

Morgenthau, Hans, Politics among Nations. The Struggle for Power and Peace, New York 1948.

Müller, Harald, Das transatlantische Risiko – Deutungen des amerikanisch-europäischen Weltordnungskonflikts, in: APuZ, B 3-4 (2004) (www.bpb.de/publikationen/HVZAAE.html).

Müller-Brandeck-Bocquet, Gisela (Hg.), The Future of the European Foreign, Security and Defence Policy after Enlargement, Baden-Baden: Nomos 2006.

Müller-Brandeck-Bocquet, Gisela/Schmidt, Siegmar, et al. (Hg.), Die Afrikapolitik der Europäischen Union. Neue Ansätze und Perspektiven, Leverkusen-Opladen: Verlag Barbara Budrich 2007.

Müller-Graf, Peter-Christian, Die Kompetenzen in der Europäischen Union, in: *Weidenfeld, Werner* (Hg.), Die Europäische Union. Politisches System und Politikbereiche, Bonn: Bundeszentrale für Politische Bildung 2004, S. 141-165.

Münkler, Herfried, Wandel des Krieges, Weilerswist 2006.

Nohlen, Dieter/Sangmeister, Hartmut, Macht, Markt, Meinungen: Demokratie, Wirtschaft und Gesellschaft in Lateinamerika, Wiesbaden 2004.

Nugent, Neill (Hg.), European Union Enlargement, Palgrave-Macmillan 2004.

Nuscheler, Franz, Entwicklungspolitik, Bonn 2005.

Nuttall, Simon, European Political Cooperation, Oxford: Clarendon Press 1992.

Nuttall, Simon, European Foreign Policy, Oxford: Oxford University Press 2000.

Olson, Mancur, The Rise and Decline of Nations: Economic Growth, Stagflation and Social Rigidities, New Haven 1982.

Oneal, John/Russet, Bruce, Triangulating Peace. Democracy, Interdependence and International Organizations, New York/London 2001.

Opitz, Peter, China – Der Aufstieg des Drachen, in: *Ferdowski. Mir* (Hg.), Sicherheit und Frieden zu Beginn des 21. Jahrhunderts: Konzeptionen – Akteure – Regionen, München 2004, S. 269-311.

Paemen, Hugo/Bensch, Alexandra, From the GATT to the WTO. The Euroepan Community in the Uruguay Round, Leuven: Leuven University Press 1995.

Palley, Thomas, The Tobin Tax Debate. Destabilizing Speculation and the Case for an International Currency Transactions Tax, in: Challenge, 44, 3 (May/June 2001), S. 70-89.

Palmer, John, in: EPC, Events Reports (http://www.theepc.be/en/default.asp?TYP=ER&LV=488&PG=ER/EN/detail&AI=488; 31. März 2005).

Park, Bill, Between Europe, the United States and the Middle East: Turkey and European Security in the Wake of the Iraq Crisis, in: Perspectives on European Politics and Society, 5, 3 (December 2004), S. 494-516.

Perthes, Volker, America's Greater Middle East and Europe: Key Issues for Dialogue, in: Middle East Policy, XI, 3 (Fall 2004), S. 85-97.

Perthes, Volker, Naher und Mittlerer Osten – Unvollständige Regimebildung und die Suche nach regionaler Sicherheit, in: *Ferdowsi, Mir* (Hg.), Sicherheit und Frieden zu Beginn des 21. Jahrhunderts. Konzeptionen – Akteure – Regionen, München 2004, S. 461-474.

Perthes, Volker, New Features of an Old Middle East, in: Internationale Politik (Fall 2006), S. 66-71.

Perthes, Volker, Orientalische Promenaden. Der Nahe und Mittlere Osten im Umbruch, München 2006.

Petersmann, Ernst-Ulrich/Pollack, Mark, Transatlantic Economic Disputes. The EU, the US and the WTO, Oxford: Oxford University Press 2003.

Peterson, John, Conclusion: The Myth of the CFSP?, in: *ders./Sjursen, Helene* (Hg.), A Common Foreign Policy for Europe? Competing visions of the CFSP, London: Routledge 1998, S. 169-185.

Peterson, John, The Choice of EU Theorists: Establishing a Common Framework for Analysis, in: European Journal of Political Research, 39 (2001), S. 289-319.

Phillipart, Eric, The Euro-Mediterranean Partnership: A Critical Evaluation of an Ambitious Scheme, in: European Foreign Affairs, 2 (2003), S. 201-220.

Piazolo, Michael, Die EU als internationaler Machtfaktor, in: *ders.* (Hg.), Macht und Mächte in einer multipolaren Welt, Wiesbaden 2006, S. 209-247.

Pinder, John, Nice – Towards a Federal or an Intergovernmental Europe?, in: *Jopp, Matthias/Lippert, Barbara/Schneider, Heinrich,* Das Vertragswerk von Nizza un die Zukunft der Europäischen Union, Bonn: Europa-Union 2001, S. 50-57.

Pohl, Manfred/Wieczorek, Iris (Hg.), Japan 2004: Politik und Wirtschaft, Hamburg 2004.

Preston, Peter/Gilson, Julie, The European Union and East Asia. Interregional Linkages in a Changing Global System, Cheltenham/Northampton 2001.

Princen, Sebastian, EU Regulation and Transatlantic Trade, The Hague/London/New York: Kluwer Law International 2002.

Quinlan, Michael, ESDP and EU Enlargement, in: *Brimmer, Esther* (Hg.), The EU's Search for a Strategic Role: ESDP and Its Implications for Transatlantic Relations, Center for Transatlantic Relations, SAIS, Washington, DC 2002, S. 23-34.

Regelsberger, Elfriede, Die EPZ in den achtziger Jahren: Ein qualitativer Sprung?, in: *Pijpers, Alfred/Regelsberger, Elfriede/Wessels, Wolfgang* (Hg.), European Political Cooperation in the 1980s: A Common Foreign Policy for Western Europe?, Dordrecht: Nijhoff 1988, S. 21-70.

Regelsberger, Elfriede, Gemeinsame Außen- und Sicherheitspolitik, in: *Weidenfeld, Werner/ Wessels, Wolfgang* (Hg.), Jahrbuch der Europäischen Integration 1990/91 ff., Bonn

Regelsberger, Elfriede, Die GASP nach Nizza – begrenzter Reformeifer und außervertragliche Dynamik, in: integration, 24, 2 (2001), S. 156-166.

Regelsberger, Elfriede, Die Gemeinsame Außen- und Sicherheitspolitik nach Nizza – begrenzter Reformeifer und außervertragliche Dynamik, in: *Jopp, Mathias/Lippert, Barbara/ Schneider, Heinrich* (Hg.), Das Vertragswerk von Nizza und die Zukunft der Europäischen Union, Bonn 2001, S. 112-122.

Regelsberger, Elfriede, Die Gemeinsame Außen- und Sicherheitspolitik der EU (GASP). Konstitutionelle Angebote im Praxistest 1993-2003, Baden-Baden: Nomos 2004.

Regelsberger, Elfriede/Jopp, Matthias, Und sie bewegt sich doch! Die Gemeinsame Außen- und Sicherheitspolitik nach den Bestimmungen des Amsterdamer Vertrages, in: integration, 20, 4 (1997), S. 255-263.

Reiter, Erich, Die Sicherheitsstrategie der EU, in: Aus Politik und Zeitgeschichte (APuZ), B 3-4 (2004), S. 26-31 (www.bpb.de/publikationen/IS3XME,0,0Die_Sicherheitsstrategie_der_EU.html).

Riedel, Bruce, Al-Qaeda Five Years after the Fall of Kandahar, Brookings Institution, January 18, 2007 (http://www.brookings.edu/views/articles/riedel/20070118.htm).

Risse, Thomas, Zur Debatte um die (Nicht-)Existenz einer europäischen Öffentlichkeit, in: Berliner Debatte Initial: Sozial- und geisteswissenschaftliches Journal, 13, 5/6 (2002), S. 15-23.

Risse, Thomas, Auf dem Weg zu einer gemeinsamen Außenpolitik? Der Verfassungsentwurf und Die europäischen Außen- und Sicherheitspolitik, in: integration, 26, 4 (2003), S. 564-574.

Roloff, Ralf, Die Außenbeziehungen der Europäischen Union zwischen Globalisierung und Regionalisierung, in: Zeitschrift für Politikwissenschaft, 11, 3 (2001), S. 1045-1072.

Rühl, Lothar, Das Reich des Guten. Machtpolitik und globale Strategie Amerikas, Stuttgart: Klett-Cotta 2005.

Rühl, Lothar, Lange Schachpartie. Realität und Perspektiven der chinesischen Militärpolitik, in: Internationale Politik, 12 (2005), S. 65-71.

Rummel, Reinhart, Soft Power EU – Interventionspolitik mit zivilen Mitteln, in: *Ehrhart, Hans-Georg/Schmitt, Burkard* (Hg.), Die Sicherheitspolitik der EU im Werden, Baden-Baden: Nomos 2004, S. 259-279.

Russet, Bruce/O'Neill, Barry/Sutterlin, James, Breaking the Security Council Logjam, in: Global Governance, 2, 1 (January-April 1996), S. 65-79.

Sapir, André, EC Regionalism at the Turn of the Millenium: Toward a New Paradigm?, in: The World Economy, 23, 9 (2000), S. 1135-1432.

Scherpenberg, Jens van, Coping with China as an Economic Power – European versus American Approaches, in: *Gill, Bates/Wacker, Gudrun* (Hg.), China's Rise: Diverging US-EU Perceptions and Approaches, SWP Berlin, August 2005, S. 16-22.

Schieder, Siegfried/Spindler, Manuela (Hg.), Theorien der Internationalen Beziehungen, Opladen: Leske 2003.

Schirm, Stefan, Internationale Politische Ökonomie, Baden-Baden 2004.

Schlotter, Peter, Die Europäische Union als außenpolitischer Akteur? Zur Kohärenz der EU-Mittelmeerpolitik und zur Rolle der Kommission, in: integration, 28, 4 (Oktober 2005), S. 316-331.

Schmid, Josef, Wohlfahrtsstaaten im Vergleich, Opladen 2002.

Schmidt, Siegmar, Aktuelle Aspekte der EU-Entwicklungspolitik, in: APuZ, B 19-20 (2002), S. 29-38.

Schmitt, Burkard, Europas Fähigkeiten – wie viele Divisionen?, in: *Gnesotto, Nicole* (Hg.), Die Sicherheits- und Verteidigungspolitik der EU. Die ersten fünf Jahre (1999-2004), Institut für Sicherheitsstudien (ISS), Paris 2005, S. 105-130.

Schoutheete, Philippe de, La coopération politique européenne, Brüssel 1986.

Schoutheete, Philippe de, The Creation of the Common Foreign and Security Policy, in: *Regelsberger, Elfriede/Schoutheete, Philippe de/Wessels, Wolfgang* (Hg.), Foreign Policy of the EU. From EPC to CFSP and Beyond, Boulder, Col./London 1997, S. 41-63.

Schoutheete, Philippe de, Closer Cooperation: Political Background and Issues in the Negotiation, in: *Monar, Jörg/Wessels, Wolfgang* (Hg.), The European Union after the Treaty of Amsterdam, London/New York 2001, S. 150-166.
Schubert, Gunter, China und die Europäische Union im Kontext der GASP, in: APuZ, B 19/20 (2002), S. 21-28.
Schubert, Klaus/Müller-Brandeck-Bocquet, Gisela (Hg.), Die Europäische Union als Akteur in der Weltpolitik, Opladen: Leske 2000.
Schubert, Klaus/Müller-Brandeck-Bocquet, Gisela, Die EU und der Barcelona-Prozess – Bewertung und Perspektiven, in: integration, 1 (2001), S. 42-57.
Shambaugh, David, Lifting the EU Arms Embargo on China. An American Perspective, in: *Gill, Bates/Wacker, Gudrun* (Hg.), China's Rise: Diverging US-EU Perceptions and Approaches, SWP Berlin, August 2005, S. 23-29.
Siegler, Heinrich (Hg.), Europäische politische Einigung, Bd. I (1949-1968), Bonn u. a., 1968, Nr. 70.
Simon, Jeffrey, Partnership for Peace: Charting a Course for a new Era, in: Strategic Forum, 206, (March/April 2004), S. 6.
Sjursen, Helene, The Common Foreign and Security Policy: An Emerging New Voice in International Politics?, Oslo: ARENA Working Paper 34, 1999.
Smith, Hazel, European Union Foreign Policy. What it is and what it does, London: Pluto Press 2002.
Smith, Karen E., The EU, Human Rights and Relations with Third Countries: Foreign Policy with an Ethical Dimension?, in: *Smith, Karen E./Light, Margot* (Hg.), Ethics and Foreign Policy, Cambridge: Cambridge University Press 2001, S. 185 ff.
Smith, Michael, The Quest for Coherence: Institutional Dilemmas of ExternalAction from Maastricht to Amsterdam, in: *Stone Sweet, Alec/Sandholtz, Wayne/Fligstein, Neil* (Hg.), The Institutionalization of Europe, Oxford: Oxford University Press 2001.
Smith, Steve, International Theory and European Integration, in: *Kelstrup, Morten/Williams, Michael,* International Relations Theory and the Politics of European Integration, London/New York: Routledge 2000, S. 33-56.
Soetendorp, Ben, Foreign Policy in the European Union, London/New York 1999.
Solana, Javier, Ein sicheres Europa in einer besseren Welt, Europäische Sicherheitsstrategie, Brüssel, 12. Dezember 2003 (http://ue.eu.int/solana/docs/031208ESSIIDE.pdf).
Song, Xinning, Europa und China – eine schwierige Beziehung, in: Internationale Politik, 2 (2002), S. 39-43.
Stavridis, Stelios/Hutchence, Justin, Mediterranean Challenges to the EU's Foreign Policy, in: European Foreign Affairs Review, 1 (2000), S. 35-62.
Steinberg, James, An Elective Partnership: Salvaging Transatlantic Relations, in: Survival, 2 (2003), S. 113-146.
Stiglitz, Joseph, More Instruments and Broader Goals: Moving Toward the Post-Washington Consensus. World Institute for Development Economic Research Annual Lecture, 7. Januar 1998, S. 8. Abrufbar unter: www.iie.com/TESTMONY/Bankwc.html.
Taheri, Amir, The United States and the Reshaping of the Greater Middle East, in: American Foreign Policy Interests, 27 (2005), S. 295-301.

Thalmaier, Bettina, Die zukünftige Gestalt der Europäischen Union. Integrationstheoretische Hintergründe und Perspektiven einer Reform, Baden-Baden: Nomos 2005.

Timmermann, Heinz, Der Moskauer EU-Russland-Gipfel, in: Russlandanlysen, 66, 2005.

Trenin, Dimitri, Russland. Die gestrandete Weltmacht. Neue Strategien und die Wende zum Westen, Hamburg 2005.

Umbach, Frank, Strategische Partnerschaft oder multilateraler Kotau? Die EU-China-Beziehungen und die Aufhebung des Embargos, in: Internationale Politik, 3 (2005), S. 70-77.

Umbach, Frank, Europas nächster Kalter Krieg. Die EU braucht endlich ein Konzept zur Versorgungssicherheit, in: Internationale Politik, Februar 2006, S. 6-14.

Voss, Silja, Mexiko 2020: tequilla sunrise: ein mittelfristiger Wachstumsausblick, Deutsche Bank Research 2006 (www.dbresearch.com/PROD/DBR
Internet DE-PROD/PROD0000000000199497.pdf).

Wagner, Christian, Indiens neue Rolle, GIGA Focus Asien, 4 (2006), Hamburg.

Wagner, Wolfgang, Die Konstruktion einer europäischen Außenpolitik. Deutsche, französische und britische Ansätze im Vergleich, Frankfurt: Campus-Verlag 2001.

Waltz, Kenneth, Theory of International Politics, New York: McGraw-Hill 1979.

Weber, Max, Wirtschaft und Gesellschaft, Tübingen 1972 (5. Auflage).

Weidenfeld, Werner (Hg.), Die Europäische Verfassung in der Analyse, Gütersloh 2005.

Weidenfeld, Werner, Rivalität der Partner. Die Zukunft der transatlantischen Beziehungen, Gütersloh 2005.

Weiler, Joseph/Wessels, Wolfgang, EPC and the Challenge of Theory, in: *Pijpers, Alfred/Regelsberger, Elfriede/Wessels, Wolfgang* (Hg.), European Political Cooperation in the 1980s: A Common Foreign Policy for Western Europe?, Dordrecht: Nijhoff 1988

Weinrod, Bruce, US and European Approaches to China, in: Mediterranean Quarterly, 17, 2 (2006), S. 17-31.

Weiss, Dieter, Freiheit und Entwicklung in der arabischen Welt, in: APuZ, 45 (2005), S. 37-45.

Weiss, Thomas, The Illusion of UN Security Council Reform, 26, 4 (Autumn 2003), S. 147-161.

Wessels, Wolfgang, The Amsterdam Treaty in Theoretical Perspective. Which Dynamics at Work?, in: *Monar, Jörg/Wesssels, Wolfgang* (Hg.), The European Union after the Treaty of Amsterdam, London/New York 2001, S. 70-84.

Wessels, Wolfgang, Theoretical Perspectives. CFSP beyond the Supranational and Intergovernmental Dichotomy, in: *Mahncke, Dieter/Ambos, Alicia/Reynold, Christopher* (Hg.), European Foreign Policy. From Rhetoric to Reality? Brussels: Peter Lang 2004, S. 61-96.

Williamson, John, What Should the Bank Think about the Washington Consensus? Institute for International Economics.
Abrufbar unter: www.iie.com/TESMONY/bankwc.html.

Winters, Alan, Regionalism and the Next Round, in: *Schott, Jeffrey* (Hg.), Launching new Global Trade Talks. An Action Agenda, Washington D.C.: Institute for International Economics, Special Report (September 1998), S. 47-60.

Woolcock, Stephen, European Trade Policy: Global Pressures and Domestic Constraints, in: *Wallace, Helen/Wallace, William* (Hg.), Policy-Making in the European Union, Oxford: Oxford University Press 2000, S. 373-400.
Wörtz, Eckart, Saudi-Arabien: Energieriese zwischen geopolitischer Neuausrichtung und innenpolitischer Reform. Analyse der Friedrich Ebert-Stiftung, Bonn, September 2006, S. 3 f.
Yang, Jiawen/Askari, Hossein/Forrer, John/Teegen, Hildy, US Economic Sanctions against China: Who gets hurt?, in: The World Economy, 27, 7 (July 2004), S. 1047-1081.
Zielonka, Jan (Hg.), Paradoxes of European Foreign Policy, The Hague: Kluwer Law International 1998

Weitere Quellen

Agreement on Partnership and Cooperation, December 1, 1997 (http://europa.eu.int/comm/external_relations/ceeca/pca/pca_russia.pdf).
Auswärtiges Amt, Friedensplan für Nahost, Berlin, 6. Mai 2003 (www.auswaertiges-amt.de/diplo/de/Aussenpolitik/RegionaleSchwerpunkte/Nahost/NO-roadmap.html).
Auswärtiges Amt (Hg.), Gemeinsame Außen- und Sicherheitspolitik der Europäischen Union (GASP), Bonn 1994 (10. Auflage).
Auswärtiges Amt, Bundesministerium des Inneren, Bundesministerium der Verteidigung, Bundesministerium für Wirtschaftliche Zusammenarbeit und Entwicklung, Das Afghanistan-Konzept der Bundesregierung, 12. September 2006. www.geopowers.com/Mächte/Deutschland/facts_ger/Afghanistan-Konzept_2006.pdf.
Bericht des Präsidenten zur Lage der Nation 2005, Teil I, US-Politik (2. Februar 2005). Amerika-Dienst Archiv (http://amerikadienst.usembassy.de).
Beschluss des Europäischen Rates vom 12/13 Dezember 2003 in Brüssel zum Papier „Europäische Verteidigung" (www.auswaertigesamt.de/www/de/infoservice/download/pdf/publication/ap2004/02europa.pdf).
Brahimi Report, Report of the Panel on United Nations Peace Operations (August 23, 2000). U.N. Doc. A/55/305-S/2000/809.
Broader Middle East/North Africa Partnership, Sea Island, 9. Juni 2004 (http://www.whitehouse.gov/news/releases/2004/06/20040609-30.html).
Center for Defence Information, Last of the Big Time Spenders: US Military Budget still the World's largest, and growing (www.cdi.org/budget/2004/world-military-spending.cfm; Zugang August 2005).
Civilian Headline Goal, in: EU Security and Defence. Core Documents 2004, Chaillot Papers (Hg. ISS), 75 (2005), S. 111-116.
Commission of the European Communities COM(2003) 104 final „Communication from the Commission to the Council and the European Parliament: Wider Europe – Neighbourhood: A Framework for Relations with our Eastern and Southern Neighbours", Brussels, March 11, 2003.

Commission of the European Communities, Proposal for a Directive of the European Parliament and of the Council on Services in the Internal Market, COM(2004) 2 final/3, Brüssel, 5. März 2004.
Communication from the Commission, Conflict Prevention, COM (2001) 211, Brussels, April 11, 2001.
Communication of the Commission to the Council and the European Parliament on Relations with Russia (COM 2004 106), Brussels, February 9, 2004.
Congressional Budget Office (CBO), NATO Burdensharing after Enlargement, Washington, D.C.: Government Printing Office, August 2001.
Council of the European Union, Capability Improvement Chart II/2004, Brüssel, 17. November 2004.
Council Regulation (EEC) 443/92 of 25 February 1992 on financial and technical assistance to, and economic co-operation with the developing countries in Asia and Latin America, in: Official Journal of the European Union, „Legislation" series 52 (27. Februar 1992).
Council Regulation 2666/2000 on assistance for Albania, Bosnia and Herzegovina, Croatia, the Federal Republic of Yugoslavia, and the Former Yugoslav Republic of Macedonia, in: Official Journal of the European Union, „Legislation" series 306 (7. Dezember 2000).
Council, General Affairs/Defence, Military Capabilities Commitment Declaration, Press Release, Brüssel, 20 November 2000, No.: 13427/2/00, S. 4 f. (http://www.ue.eu.int/pesc/military).
Declaration on European Military Capabilities, Brüssel, 22. November 2004, para. II.
Die Herausforderung annehmen. Die Lissabon-Strategie für Wachstum und Beschäftigung. Bericht der Hochrangigen Sachverständigengruppe unter Vorsitz von Wim Kok, Brüssel, November 2004.
Die Zukunft der Europäischen Union – Erklärung von Laeken (http://europa.eu.int/futurum/documents/offtext/doc151201_de.htm).
Erklärung von St. Malo und Pressekonferenz von Chirac, Jospin und Blair, S. Malo (4. Dezember 1998) (http://www.fco.gov.uk).
ESS, 12. Dezember 2003 (http://www. auswaertiges-amt.de/www/de/infoservice/download/pdf/friedenspolitik/ess.pdf).
EU Council, Presidency Report on the European Security and Defence Policy, 4 December 2000, Press Release No. 14056/2/00 (http://www.ue.eu.int/newsroom).
EU Military Capability Commitment Conference, „Declaration on European military capabilities", Brüssel, 22. November 2004, „The evolution of ECAP 2001-04", para. 4 (http://ue.eu.int/vedocs/cms_Data/Docs/pressData/eu/misc/32761.pdf).
EU-Kommission, AMECO-Datenbank, 2003 Prognose der EU-Kommission, Brüssel 2003.
EU-Kommission, Die China-Strategie der EU. Umsetzung der Grundsätze von 1998 und weitere Schritte zur Vertiefung des politischen Konzepts der EU. KOM (01) 265, Brüssel 2001.
EU-Kommission, Für eine umfassende Partnerschaft mit China. KOM (98) 181, Brüssel, März 1998.
EU-Russian Security Dimensions (hg. von Dov Lynch), EU Institute for Security Studies, Occasional Paper, 46, Paris 2003, S. 24 ff.

EU-Russland Energiedialog, 19. Dezember 2005 (www.euractiv.com/de/energie/eu-russland-energiedialog/article-151074-48k).
EU-US Declaration Supporting Peace, Progress and Reform in the Broader Middle East and in the Mediterranean, EU-US Summit, Dromoland Castle, June 26, 2004 (http://europe.eu.int/comm/external_relations/us/sum06_04/decl_me.pdf).
Europa-Rapid-Press Releases, Treffen der Ministertroika EU-Afghanistan, Berlin, 26. Januar 2007.
Europäische Gemeinschaft, Verordnung (EG) Nr. 3286/94 des Rates vom 22. Dezember 1994 zur Festlegung der Verfahren der Gemeinschaft im Bereich der gemeinsamen Handelspolitik zur Ausübung der Rechte der Gemeinschaft nach internationalen Handelsregeln, insb. den im Rahmen der Welthandelsorganisation vereinbarten Regeln, in: ABIEG 1994 Nr. L 349, S. 71, geändert durch VO (EG) Nr. 356/95, in: ABIEG 1995, Nr. L 41, S. 3.
Europäische Kommission, „Größeres Europa – Nachbarschaft: Ein neuer rahmen für die Beziehungen der EU zu ihren östlichen und südlichen Nachbarn", KOM (2003) 104 endgültig (http://europa.eu.int/comm/world/enp/pdf/com03_104_de.pdf).
Europäische Kommission, Grünbuch zur Beschaffung von Rüstungsgütern, Brüssel 2004.
Europäische Kommission, Handel und Erweiterung – Die Erweiterung der EU – eine gute Entwicklung für Drittländer (MEMO/03/72), Brüssel, 27. März 2003.
Europäische Kommission, Mitteilungen der Kommission. Eine neue Partnerschaft mit Südostasien (COM 2003, 299/4).
Europäische Kommission, Strukturindikatoren. Aktualisierter statistischer Anhang zum 2005 Bericht der Kommission für die Frühjahrstagung des Europäischen Rates, Brüssel, 11. März 2005 (http://europa.eu.int/comm/eurostat/structuralindicators).
Europäische Kommission, Vorschlag für einen Beschluss des Europäischen Parlaments und des Rates über das siebte Rahmenprogramm der Europäischen Gemeinschaft für Forschung, technologische Entwicklung und Demonstration (2007-2013). KOM(2005) 119, 2005, Brüssel, 6. April 2005.
Europäischer Konvent, Entwurf eines Vertrages über eine Verfassung für Europa, CONV 850/03, Brüssel, 18. Juli 2003.
Europäischer Rat von Lissabon, 23/24. März 2000. Schlussfolgerungen des Vorsitzes, Lissabon 2000.
Europäischer Rat, Action Plan for the Implementation of the Basic Principles for an EU Strategy against Proliferation of Weapons of Mass Destruction, Dok 10354/03, Brüssel, 10. Juni 2003 (http://register.consilium.eu.int/pdf/en/03/st10/st10354en03.pdf).
Europäischer Rat, Basic Principles for an EU Strategy against Proliferation of Weapons of Mass Destruction, Dok 10352/03, Brüssel, 10. Juni 2003 (http://register.consilium.eu.int/pdf/en/03/st10/st10352en03.pdf).
Europäischer Rat, Declaration on Combating Terrorism, Brüssel, 25. März 2004 (http://ue.eu.int/ueDocs/cmsUpload/79635.pdf).
Europäischer Rat, EU strategy against Proliferation of Weapons of Mass Destruction, Brüssel, 12. Dezember 2003 (http://www.eu.int/comm/external_relations/reform/document/com04_630_de.pdf).

Europäischer Rat, Schlussfolgerungen des Vorsitzes, Brüssel, 1. Februar 2005 (03.02). 16238/1/04 Rev. 1, Punkte 60-62.
Europäischer Rat, Schlussfolgerungen des Vorsitzes, Brüssel, 24 und 25. Oktober 2002. SN 300/ 02, S. 17.
European Commission, Fifth Euro-Mediterranean Conference of Foreign Ministers, Presidency Conclusions and Valencia Action Plan, 22-23. April 2002, Document 8254/02.
European Commission, GD IB, External Relations, Euro-Mediterranean Partnership, Brüssel 1995.
European Commission, Green Paper on Energy Efficiency. Doing more with less, Brüssel, COM (2005) 265 final, 22. Juni 2005.
European Commission, Trade Issues. Bilateral Trade Relations, Brussels, March 2004 (http://europa.eu.int/comm/trade/issues/bilateral/regions/candidates/ff040204_de.htm).
European Council Cologne, Presidency Conclusions, 3 and 4 June 1999, SN 150/99: 2 and Annex III, S. 33-42.
European Council Helsinki, Presidency Conclusions, 10 and 11 December 1999, SN 300/ 99, Annex IV, S. 19-29.
European Council Helsinki, Presidency Conclusions, December 10/11 1999, SN 300/99, Annex IV, S. 19-29.
European Council, Common Strategy of the European Union on Russia, Cologne June 4, 1999, 1999/414/CFSP (http://europa.eu.int/comm/external_relations/russia/common_strategy).
European Parliament Report with Proposals for European Parliament Recommendations to the Council on EU-Russia Relations (Final A5-0053-2004, PE 329.339), February 2, 2004.
European Policy Centre. Task Force on the European Growth Inititative. Final Report: Growth and Jobs, Brussels, March 2005.
Gemeinsame Aktion des Rates über ein Kooperationsprogramm der Europäischen Union für Nichtverbreitung und Abrüstung in der Russischen Föderation, 1999/878/GASP (http://europa.eu.int/eur-lex/pri/de/oj/dat/1999/l_331/1_33119991223de 00110016.pdf).
Gemeinsame Erklärung, EU-Russland-Gipfel am 30. Oktober 2000 in Paris (http:// europa.eu.int/comm/external_relations/russia/summit_30_10_00/statement_en.htm).
Grundsatzrede Romano Prodis am 5. Dezember 2002: http://europa.eu.int/constitution/ futurum/documents/offtext/sp051202_de.htm.
Independent International Commission on Kosovo, Kosovo Report: Conflict, International Response, Lessons Learned, Oxford/New York 2000.
Institut der deutschen Wirtschaft, Wirtschaftswachstum – Auch eine Frage der Bildung, 18. Juni 2003 (http://www.stellenboresen.de/aktuelles/institut-der-deutschen-wirtschaft/ 030618iwkoe).
IWF/WEO, Weltwirtschaftlicher Aufschwung setzt sich fort. Vereinigte Wirtschaftsdienste, 13. April 2005.
Kolloquium des International Institute of Economics in Washington 2005. Abrufbar unter: http://www.iie.com/prog_imf_reform.cfm.
KOM (2003) 104 endg., Brüssel, 11. März 2003.

KOM (2004) 373 endg., Brüssel, 12. Mai 2004.
KOM (2004) 795 endg., Brüssel, 9. Dezember 2004.
KOM (2004) endg., Brüssel, 29. September 2004.
Kommission der EG, Mit der engeren Partnerschaft wächst die Verantwortung. Strategiepapier für Handels- und Investitionspolitiken der EU gegenüber China. Wettbewerb und Partnerschaft. KOM (2006) 631 endgültig, Brüssel, 24. Oktober 2006.
Kommission der Europäischen Gemeinschaften, Welthandel als globale Herausforderung. Eine Marktöffnungsstrategie der Europäischen Union, Brüssel 1996.
Medium-term Strategy for Development of Relations between the Russian Federation and the European Union (2000-2010) (http://www.europa.eu.int/comm/external_relations/russia/russian_ medium_term_strategy/index.htm).
NATO and the European Union. Congressional Research Service (CRS). Report for Congress, April 6, 2004.
NATO-Russland-Rat, Rom, 28. Mai. 2002 (www.nato.int/docu/basictxt/b020528d.htm).
Politik als Mission. Die Agenda der zweiten Bush-Administration. Jahresbericht 2004. Friederich-Ebert-Stiftung, Büro Washington, 20. Januar 2005.
Present at the Creation. A survey of America's world role. The Economist, 29. Juni 2002.
Presseerklärung zum EU-Russland-Gipfel vom 21. Mai 2004 in Moskau (http://www.delrus.cec.eu.int/en/news_582.htm).
Rat der Europäischen Union, Schlussfolgerungen des Rates. 2482. Tagung des Rates Außenbeziehungen am 27. Januar 2003 in Brüssel.
Rede von Ferrero-Waldner vor dem Europäischen Parlament am 1. Dezember 2004: http://europa.eu.int/comm/external_relations/news/ferrero/20 04/speech04_506_de.pdf.
RIA Novosti, Politik-International: Energiecharta mit EU: „Russland strebt Ratifizierung nur bei grundsätzlichen Änderungen an", 17. November 2006 (http://de.rian.ru/world/20061117/55749778.html).
Russian Federation, Country Strategy Paper 2000-2006, National Indicative Programme, 2002-2003, European Commission, Brussels, 27 December 2001.
Schlussfolgerungen des Europäischen Rats, Brüssel, 16./17. Dezember 2004, Ziffer 17-22 (http://ue.eu.int/ueDocs/cms_Data/docs/pressData/de/ec/83221.pdf).
Second Northern Dimension Action Plan, 2004-2006, Commission Working Document, June 10, 2003. COM (2003) 343 final (http://www.europa.eu.int/comm/external_relations/north_dim/ddap/com03_343.pdf).
The EU's Relations with Russia – News from the General Affairs Council, February 23, 2004 (http://ec.europa.eu/comm./external_relations/Russia/intro/gac.html).
The European Institute for Security Studies (Hg.), A Secure Europe in a Better World. European security Strategy, Paris 2003 (ESS).
Verfügbar unter http://europa-eu-un.org/articles/lt/article_ 2449_lt.htm.
The National Security Strategy of the United States (September 2002) S. 14 f.
Abrufbar unter: http:/www.whitehouse.gov/nsc/nss.html.
The New York Times, January 11, 2007: Transcript of President Bush's Address to the Nation on US Policy in Iraq.

„The Responsibility to Protect", Report of the International Commission on Intervention and State Sovereignty, International Development Research Centre (Hg.), Ottawa, December 2001.

UN-Dokument A/59/565. Eine sichere Welt: Unsere Gemeinsame Verantwortung. Bericht der Hochrangigen Gruppe für Bedrohungen, Herausforderungen und Wandel, New York 2004.

United Nations: Arab Human Development Report 2004 – Towards Freedom in the Arab World, New York 2004.

US Working Paper for G-8 Sherpas. G-8 Greater Middle East Partnership (von der in London ansässigen arabischen Zeitschrift bereits am 13. Februar 2004 veröffentlichtes US-Papier, präsentiert auf dem G-8 Gipfel vom 8-10. Juni 2004 (http://english.daralhayat.com/Spec/02-20047Article-2004213-ac40bdaf-c0a8-01ed-004e-5e7ac897d678/story.html).

Verfassungsvertrag, unterzeichnet am 29. Oktober 2004 in Rom, CIG 87/2/04 Rev. 2, ABl. 2004, Nr. C 310, S. 1.

Vienna European Council, Presidency Conclusions, December 11-12, 1998, Annex II, para. 5.

VO (EG) Nr. 533/2004 des Rates, 22. März 2004, ABl. 2004, Nr. L 86.

Washington Post, March 9, 2007, A15.

Wegekarten zur Schaffung von vier Gemeinsamen Räumen: Wirtschaft; Freiheit, Sicherheit und Justiz; äußere Sicherheit; Forschung, Bildung und kulturelle Aspekte. EU-Russland-Gipfel in Moskau, Mai 2005 (http://europa.eu.int/comm/external_relations/russia/summit_05_05/index.htm).

Annotierte Bibliographie

Bei den folgenden Titeln zu den einzelnen Kapiteln handelt es sich um eine sehr knappe, möglichst aktuelle Auswahl, die lediglich einen Einstieg in die jeweilige Thematik liefert; weitere, nach wie vor wichtige ältere Darstellungen sind dem Gesamtverzeichnis zu entnehmen.

Grundsätzlich ist zunächst auf die regelmäßig erscheinenden Gesamtdarstellungen, Einzelstudien und Textbeiträge der inländischen Forschungsinstitute hinzuweisen. Das *Centrum für Angewandte Politikforschung* (München), die *Deutsche Gesellschaft für Auswärtige Politik* (Berlin), das *Institut für Europapolitik* (Berlin), die *Stiftung Wissenschaft und Politik* (Berlin), das *Südosteuropa-Institut* (München), das *Zentrum für Europäische Integrationsforschung* (Bonn) sowie vereinzelt das *Zentrum für Europäische Sozialforschung* (Mannheim) analysieren seit vielen Jahren die vertraglichen Veränderungen in der Union und beschäftigen sich dabei auch mit allen Aspekten Europäischer Außen- und Sicherheitspolitik. Gleiches gilt für den *Arbeitskreis Europäische Integration*, dessen Zeitschrift „*integration*" sowie Konferenzen kontinuierlich auch die Außendimension der Union behandeln. Unerlässlich für das vertiefte Studium der Europäischen Außen- und Sicherheitspolitik sind zudem die Webseiten der EU-Institutionen, insbesondere der *Kommission* und des *Rates* der Europäischen Union, sowie des *European Union Institute for Security Studies* (Chaillot Paper, Paris). Die Arbeit in Brüssel kommentieren zudem das *Centre for European Policy Studies*, das *European Policy Centre* sowie das *Royal Institute for International Relations.* Darüber hinaus sei stellvertretend für die umfangreiche englischsprachige Literatur vor allem auf die Studien in der *Macmillan/Palgrave-* und der *Oxford*-Reihe sowie die Beiträge in *Journal of Common Market Studies, Journal of European Public Policy* und *European Political Science* hingewiesen.

Einen guten Überblick über die Entwicklungen des Integrationsprozesses im Bereich der Außen- und Sicherheitspolitik der Union bieten zudem die relevanten Beiträge in dem seit 1990/91 unter der Herausgeberschaft von Werner Weidenfeld und Wolfgang Wessels erscheinenden *Jahrbuch der Europäischen Integration* (Bonn) und in der Reihe *Die Europäische Union* (Bonn).

Einführung (Kapitel 1)

Über die oben erwähnten Quellen hinaus einen guten Einstieg bieten:

Cameron, Fraser, The Foreign and Security Policy of the EU: Past, Present, Future, Sheffield 1999.

Carlsnaes, Walter/Sjursen, Helene/White, Brian (Hg.), Contemporary European Foreign Policy, London 2004.

Ginsberg, Roy, The European Union in World Politics, Boulder 2001.

Hill, Christopher/Smith, Karen (Hg.), European Foreign Policy: Key Documents, Routledge 2000.

Kohler-Koch, Beate/Conzelmann, Thomas/Knodt, Michèle (Hg.), Europäische Integration – Europäisches Regieren, Wiesbaden 2004.

Knodt, Michèle/Princen, Sebastiaan, Understanding the European Union's External Relations, London/New York 2003.

Mahncke, Dieter/Ambos, Alicia/Reynold, Christopher (Hg.), European Foreign Policy. From Rhetoric to Reality, Brussels 2004.

Nuttal, Simon, European Foreign Policy, Oxford 2000.

Eeckhout, Piet, External Relations of the EU. Legal and Constitutional Procedures, Oxford 2005.

Schubert, Klaus/Müller-Brandeck-Bocquet, Gisela (Hg.), Die Europäische Union als Akteur in er Weltpolitik, Opladen 2000.

Wallace, Helen/Wallace, William (Hg.), Policy-Making in the European Union, Oxford 2000.

Zur Theorie:

Hill, Christopher/Smith, Michael (Hg.), International Relations and the EU, Oxford 2005.

Holzinger, Katharina/Knill, Christopher/Peters, Dirk/Rittberger, Berthold/Schimmelfennig, Frank/Wagner, Wolfgang (Hg.), Die Europäische Union. Theorien und Analysekonzepte, Paderborn/München 2005.

Kelstrup, Morten/Williams, Michael (Hg.), International Relations Theory and the Politics of European Integration, London 2000.

Zu den Perspektiven der Mitgliedstaaten:

Bulmer, Simon/Lequesne, Christian (Hg.), Member States in the EU, Oxford 2005.

Manners, Ian/Whitman, Richard (Hg.), The Foreign Policies of the European Union Member States, Manchester 2000.

Wagner, Wolfgang, Die Konstruktion einer europäischen Außenpolitik. Deutsche, französische und britische Ansätze im Vergleich, Frankfurt a. M. 2001.

Zur Rolle der EU in der Welt (Kapitel 2)

Zu den verschiedenen Formen institutionalisierter Beziehungen:

Cosgrove-Sacks, Carol, Europe, Diplomacy and Development, Basingstoke 2001.
Smith, Hazel, European Union Foreign Policy. What it is and what it does, London 2002.

Zur Außenwirtschaftspolitik:

Bretherton, Charlotte/Vogler, John (Hg.), The EU as an Economic Power and Trade Actor, in: *dies.,* The European Union as a Global Actor, London 1999.
Elsig, Manfred, The EU's Commercial Policy. Institutions, Interests and ideas, Aldershot 2002.
Griller, Stefan/Weidel, Birgit (Hg.), External Economic Relations and Foreign Policy in the European Union, Vienna 2002.
Hermann, Christoph/Krenzler, Horst/Streinz, Rudolf (Hg.), Die Außenwirtschaftspolitik der EU nach dem Verfassungsvertrag, Baden-Baden 2006.
Johnson, Michael, European Community Trade Policy and the Article 113 Committee, London 1998.
Knodt, Michèle (Hg.), Regieren im europäischen Mehrebenensystem. Internationale Einbettung der EU in die WTO, Baden-Baden 2005.
Koopmann, Georg, Handelspolitik in der Europäischen Gemeinschaft, Hamburg 2004.
Princen, Sebastiaan, EU Regulation and Transatlantic Trade, The Hague/London/New York 2002.

Zur Entwicklungshilfepolitik:

Brüne, Stefan, Europas Außenbeziehungen und die Zukunft der Entwicklungshilfepolitik, Opladen 2004.
Cosgrove-Sacks, Carol, Europe, Diplomacy and Development, Basingstoke 2001.
Smith, Karen, The EU, Human Rights and Relations with Third Countries, in: *Smith, Karen/Light, Margot,* Ethics and Foreign Policy, Cambridge 2001.

Zur Erweiterungspolitik:

Beichelt, Tim, Die EU nach der Osterweiterung, Wiesbaden 2004.
Brimmer, Esther/Fröhlich, Stefan (Hg.), Strategic Implications of European Union Enlargement, Washington 2005.
Lippert, Barbara (Hg.), Bilanz und Folgeprobleme der EU-Erweiterung, Baden-Baden 2004.
Nugent, Neill (Hg.), European Union Enlargement, Palgrave-Macmillan 2004.

Zur Lissabon-Strategie:

Die Herausforderung annehmen. Die Lissabon Strategie für Wachstum und Beschäftigung. Bericht der Hochrangigen Sachverständigengruppe unter Vorsitz von *Wim Kok,* Brüssel 2004.

Die Gemeinsame Außen- und Sicherheitspolitik der Europäischen Union (Kapitel 3)

Zur GASP und ESVP:

Dannreuther, Roland (Hg.), European Union Foreign and Security Policy: Towards a New Neighbourhood Strategy, London 2004.

Ehrhart, Georg/Schmitt, Burckard, Die Sicherheitspolitik der EU im Werden, Baden-Baden 2004.

Gnesotto, Nicole (Hg.), Die Sicherheits- und Verteidigungspolitik der EU. Die ersten fünf Jahre (1999-2004), Paris 2004.

Gottschald, Marc, Die GASP von Maastricht bis Nizza, Baden-Baden 2001.

Hippel, Karin von, Europe confronts Terrorism, Palgrave-Macmillan 2005.

Müller-Brandeck-Bocquet, Gisela (Hg.), The Future of the Euroepan Foreign and Security Policy after Enlargement, Baden-Baden 2006.

Regelsberger, Elfriede, Die Gemeinsame Außen- und Sicherheitspolitik der EU, Baden-Baden 2004.

Regelsberger, Elfriede/Schoutheete/Wessels (Hg.), Foreign Policy of the EU. From EPC to CFSP, Boulder/London 1997.

Außenbeziehungen in der Praxis (Kapitel 4)

Das Verhältnis zu anderen Internationalen Organisationen:

Cameron, Fraser, The EU and International organizations: partners in crisis management, European Policy Centre, Brüssel 2005.

Zu den transatlantischen Beziehungen:

Hamilton, Dan/Quinlan, Joseph (Hg.), Partners in Prosperity. The Changing Geography of the Transatlantic Economy, Washington 2004.

Jäger, Thomas/Höse, Alexander/Oppermann, Kai (Hg.), Transatlantische Beziehungen, Wiesbaden 2005.

Kühnhardt, Ludger, Contrasting transatlantic interpretations. The EU and the US towards a Common Global Role, Stockholm 2003.

Varwick, Johannes (Hg.), Die Beziehungen zwischen NATO und EU, Opladen 2005.

Weidenfeld, Werner, Rivalität der Partner. Die Zukunft der transatlantischen Beziehungen, Gütersloh 2005.

Die Beziehungen zu Russland:

Bastian, Katrin, Die Europäische Union und Russland. Multilaterale und bilaterale Dimensionen in der europäischen Außenpolitik, Wiesbaden 2006.

Lynch, Dov (Hg.), EU-Russian Security dimensions, EU Institute for Security Studies, Paris 2003.

Mommsen, Margarete, Wer herrscht in Russland? Der Kreml und die Schatten der Macht, München 2003.
Trenin, Dimitri, Die gestrandete Weltmacht. Neue Strategien und die Wende zum Westen, Hamburg 2005.

Die Beziehungen zu China:

Gill, Bates/Wacker, Gudrun (Hg.), China's Rise: Diverging US-EU Perceptions and Approaches, SWP, Berlin 2005.
Edmonds, Richard Louis, China and Europe since 1978. A European Perspective, Cambridge 2002.
Möller, Kai, Die Außenpolitik der Volksrepublik China, Wiesbaden 2004.
Hilpert, Hanns Günther, Europa trifft Asien – Asien trifft Europa, SWP, Berlin 2004.
Preston, Peter/Gilson, Julie, The European Union and East Asia, Cheltenham 2001.

Außenpolitik gestalten (Kapitel 5)

Zur Europäischen Nachbarschaftspolitik:

Koopmann, Martin/Lequesne, Christian (Hg.), Partner oder Beitrittsperspektiven? Die Nachbarschaftspolitik der Europäischen Union auf dem Prüfstand, Baden-Baden 2006.
Marchetti, Andreas, The European Neighbourhood Policy. Foreign policy at the EU's Periphery, Zentrum für Europäische Integrationsforschung, Bonn 2006.
Varwick, Johannes/Lang, Kai-Olaf (Hg.), European Neighbourhood Policy. Challenges for the EU-Policy Towards the New Neighbours, Farmington Hills 2007.

Die EU und der „Greater Middle East':

Biscop, Sven, For a more active EU in the Middle East, Royal Institute for International Relations, Brüssel 2007.
Erhart, Hans Georg/Johannsen, Margret (Hg.), Herausforderung Mittelost. Übernimmt sich der Westen?, Baden-Baden 2005.
Jacobs, Andreas (Hg.), Euro-Mediterranean Cooperation: Enlarging and Widening the Perspective, Zentrum für Europäische Integrationsforschung, Bonn 2004.
Perthes, Volker, Orientalische Promenaden Der Nahe und Mittlere Osten im Umbruch, München 2006.

Perspektiven für die Union als globaler Akteur

Bertelsmann Foundation, Why the World Needs a strong Europe – and Europe needs to be strong, Gütersloh 2005.
Kühnhardt, Ludger, Constituting Europe. Identity, Institution-Building and the search for a new global role, Baden-Baden 2003.
Link, Werner, Auf dem Weg zu einem neuen Europa. Herausforderungen und neue Antworten, Baden-Baden 2006.

Personen- und Sachregister